"十四五"国家重点出版物出版规划重大工程

新能源汽车永磁同步电机驱动系统

李红梅 著

中国科学技术大学出版社

内容简介

本书囊括了作者数十年来在新能源汽车电驱动系统领域的技术积淀与创新性研发成果,阐述的新能源汽车电驱动系统设计及控制不仅具有理论深度和广度,且能与工程应用紧密结合,突破的关键技术已成功应用于国内主要汽车零部件企业、整车企业,不仅开辟了新能源汽车安全可靠运行的新途径,为新能源汽车电驱动系统技术水平的全面提升做出了新贡献,而且对推动新能源汽车电驱动系统学术理论的发展、电驱动系统新产品开发及推广应用也有深远的影响。

本书内容由浅入深、系统全面,不仅能够为工程技术人员开展新能源汽车电驱动系统设计提供参考和借鉴,也可以作为高等院校相关专业学生、科研与教学人员的参考用书。

图书在版编目(CIP)数据

新能源汽车永磁同步电机驱动系统/李红梅著. ―合肥:中国科学技术大学出版社,2022.6
(前沿科技关键技术研究丛书)

"十四五"国家重点出版物出版规划重大工程

ISBN 978-7-312-05309-2

Ⅰ. 新… Ⅱ. 李… Ⅲ. 新能源—汽车—永磁同步电机—驱动机构—控制系统—研究 Ⅳ. U469.7

中国版本图书馆 CIP 数据核字(2022)第 021079 号

新能源汽车永磁同步电机驱动系统

XIN NENGYUAN QICHE YONGCI TONGBU DIANJI QUDONG XITONG

出版	中国科学技术大学出版社
	安徽省合肥市金寨路96号,230026
	http://press.ustc.edu.cn
	https://zgkxjsdxcbs.tmall.com
印刷	合肥华苑印刷包装有限公司
发行	中国科学技术大学出版社
开本	787 mm×1092 mm 1/16
印张	17.5
字数	459 千
版次	2022 年 6 月第 1 版
印次	2022 年 6 月第 1 次印刷
定价	82.00 元

前　言

新能源汽车产业是我国战略性新兴产业。我国新能源汽车的主要战略方向为纯电驱动的新能源汽车,重点发展纯电动汽车、插电式(含增程式)混合动力汽车和燃料电池汽车,通过市场主导和政府扶持相结合,建立长期稳定的新能源汽车发展政策体系。新能源汽车广泛的推广应用,能够有效缓解我国的能源和环境压力,促进汽车产业转型升级与健康发展。

电驱动系统作为新能源汽车的核心与主要动力来源,其控制品质及稳定运行直接影响到新能源汽车的动力性、经济性、舒适性与安全性。永磁同步电机(Permanent Magnet Synchronous Motor,PMSM)拥有高效率、高转矩密度、高功率密度、低维护率及易于实现高性能控制等技术优势,在新能源汽车电驱动领域获得了广泛应用。

国内外在永磁同步电机设计分析的研究已取得了一定的成果,在电机建模、仿真和性能分析方面都积累了一定的经验,为更深入地研究提供了借鉴和参考。为了适应新能源汽车日益增长的推广和应用需求,满足各种综合经济技术性能场合的需要,在高效率、高功率密度、低转矩脉动及安全可靠运行等方面,对永磁同步电机设计研究提出了许多新的要求,电动汽车PMSM设计及多目标优化关键技术亟待突破。

电动汽车PMSM驱动系统采用矢量控制,设计转速控制器、电流控制器跟踪转速与电流指令,当电机转速较低时,PMSM运行于最大转矩电流比(Maximum Torque Per Ampere,MTPA)模式;当电机转速上升,控制定子电流实现PMSM弱磁扩速运行,电机运行于弱磁模式。电动汽车PMSM驱动系统宽调速运行时,需同时满足电流和电压约束,且多种不确定性与未知扰动并存。这一方面导致基于转矩指令的最优定子电流指令难以准确生成,另一方面导致系统数学模型失配,直接影响PMSM驱动系统的电流与转速控制性能,降低系统的转矩控制精度,甚至危及系统的安全稳定运行。

位置传感器与电流传感器是实现电动汽车PMSM驱动系统高性能控制的关

键传感器。其中，电动汽车电驱动系统电流检测多采用霍尔电流传感器，而旋转变压器(旋变)由于可靠性高、环境适应能力强及输出绝对位置等优点，是目前电动汽车电驱动系统中常用的位置传感器。一旦电流与位置传感器出现故障，轻则引起驱动电机的转矩脉动，重则可直接导致电驱动系统崩溃，影响电动汽车的安全可靠运行。

电动汽车 PMSM 驱动系统受安装空间与散热条件的限制，且运行工况复杂，多处于加减速运行、变负荷工况，并受 MTPA 与弱磁的联合控制，导致 PMSM 存在较强的电枢反应可能会引起永磁体退磁故障。此外，在高性能永磁同步电机设计中，多采用烧结永磁材料，这类材料特性较脆，在制造、装配及高速运行过程中易导致永磁体出现裂纹，从而导致永磁体出现局部退磁或均匀退磁故障。退磁故障的出现，一方面会降低转子永磁体磁链，直接影响电机的电磁转矩输出能力，另一方面，永磁体局部退磁故障的出现会形成大量的非整数次永磁体磁链谐波，并在电机电枢中产生相应的谐波电流，导致 PMSM 驱动系统出现电磁转矩与转速脉动。

针对新能源汽车永磁同步电机驱动系统的技术特点，本书重点突破永磁同步电机设计及多目标优化、永磁同步电机驱动系统宽调速运行的高转矩高精度鲁棒控制、高转速高精度鲁棒控制、兼顾转矩精度与系统损耗的多目标优化控制、关键传感器故障与永磁体退磁故障诊断及自适应容错控制等多项关键技术，解决强容错高精度新能源汽车电驱动系统产业化应用技术难题。对于培育自主新能源汽车及其核心零部件企业、带动和提升自主品牌核心零部件制造企业的研发制造能力以及提升我国电动汽车电驱动系统技术水准和实现自主创新，无疑具有重要的理论研究意义与工程应用前景。

李红梅
2022 年 4 月

目 录

前言 ··· （Ⅰ）

第1章　绪论 ··· （001）
　1.1　PMSM 多目标优化设计研究现状 ··· （001）
　1.2　PMSM 高性能电流控制研究现状 ··· （005）
　1.3　PMSM 永磁体退磁故障诊断方法国内外技术发展现状 ······················ （010）

第2章　PMSM 设计 ·· （021）
　2.1　PMSM 拓扑与运行原理 ··· （021）
　2.2　基于有限元分析的 PMSM 设计与优化 ··· （027）

第3章　永磁同步电机的多目标优化设计 ··· （034）
　3.1　电机多目标优化设计 ··· （034）
　3.2　基于差分进化算法的电机多目标优化设计 ······································· （037）
　3.3　基于田口正交矩阵实验的多目标优化设计 ······································· （040）

第4章　坐标变换与 SPWM 逆变器 ··· （045）
　4.1　坐标变换 ··· （045）
　4.2　SPWM 逆变器 ·· （049）
　4.3　SVPWM 逆变器 ·· （054）
　4.4　本章小结 ··· （058）

第5章　PMSM 驱动系统基础知识 ··· （059）
　5.1　PMSM 基本方程 ·· （059）
　5.2　PMSM 矢量控制系统 ·· （063）
　5.3　PMSM 矢量控制系统的宽调速运行 ··· （065）
　5.4　本章小结 ··· （073）

第6章　PMSM 驱动系统的精确转矩控制 ··· （074）
　6.1　双梯度下降法 ·· （074）
　6.2　基于 MFAC 的 IPMSM 驱动系统的精确转矩控制 ····························· （084）
　6.3　本章小结 ··· （097）

第 7 章　无模型控制与无模型无差拍预测控制……………………………………（098）
- 7.1　无模型电流控制 ………………………………………………………………（098）
- 7.2　SMPMSM 驱动系统的无模型无差拍电流预测控制 …………………………（109）
- 7.3　SMPMSM 驱动系统的无模型无差拍转速预测控制 …………………………（129）
- 7.4　本章小结 ………………………………………………………………………（147）

第 8 章　PMSM 驱动系统的有限控制集无模型预测控制 ………………………（149）
- 8.1　基于连续电压矢量的无模型电流预测控制 …………………………………（149）
- 8.2　基于 DSVM 的 PMSM 驱动系统有限控制集双目标预测控制 ………………（167）
- 8.3　基于有限控制集预测控制的 PMSM 驱动系统混合调制技术 ………………（182）
- 8.4　本章小结 ………………………………………………………………………（192）

第 9 章　PMSM 驱动系统关键传感器故障诊断与容错控制 ……………………（196）
- 9.1　PMSM 驱动系统的关键传感器 ………………………………………………（196）
- 9.2　电流传感器故障诊断与容错控制 ……………………………………………（197）
- 9.3　电流传感器故障诊断与容错控制实验 ………………………………………（207）
- 9.4　位置传感器故障诊断与容错控制 ……………………………………………（214）
- 9.5　集成旋变故障在线诊断与容错控制的 PMSM 驱动系统仿真研究 …………（224）
- 9.6　本章小结 ………………………………………………………………………（228）

第 10 章　永磁体退磁故障诊断与容错控制 ………………………………………（230）
- 10.1　PMSM 退磁故障与建模 ………………………………………………………（230）
- 10.2　PMSM 退磁故障诊断 …………………………………………………………（238）
- 10.3　PMSM 退磁故障模式识别、故障程度评估及容错控制 ……………………（254）
- 10.4　永磁体退磁故障诊断与容错控制实验研究 …………………………………（259）

第 1 章 绪 论

1.1 PMSM 多目标优化设计研究现状

我国素有"世界电动机生产制造基地"之称,据统计,现有各类电动机系统年耗电量超过 10^{12} kW·h,约占全国总发电量的 60%,约占工业耗电量的 75%。目前电动机平均效率比发达国家低 3%~5%,运行效率比国外先进水平低 10%~20%,由于效率低造成的每年电能浪费近 2×10^{11} kW·h,相当于 2.5 个三峡电站每年的发电量。因此,电动机既是耗电大户,也是最具有节能潜力的零部件。

电动机节能主要有两种途径:一方面从运行控制方式上进行合理的优化,改善电机在不同负载情况下的运行性能;另一方面对电机本体结构进行优化或全新的设计,从整体上提高电机性能。控制策略的优化可以在一定程度上提高系统效率,但无法弥补由于电机本体设计效率低下带来的能耗损失。因此,提高电机本体性能,才能从根本上提升电动机系统的能效水平。而作为节能电机典型代表的永磁电动机,逐渐受到国内外研究者们的关注。永磁电动机由永磁体产生磁场,因而无需励磁绕组和励磁电源,结构简单、损耗小,具有效率高、功率密度高等显著优点[1]。近年来,随着永磁材料性能的提高和完善,特别是稀土永磁材料的发展,永磁电动机的性能得到进一步提升,在能效方面表现出电励磁电动机难以匹敌的优越性[2]。

传统电励磁电动机的设计理论相对完善,为稀土永磁电动机的设计和分析提供了一定的参考和借鉴。但是永磁电动机拥有许多区别于电励磁电动机的新特点:结构特殊且形式多样,制成后磁场难以调节,电磁负荷高,起动性能不够理想,永磁体存在失磁风险,等等。显然,传统的设计理论、经验参数和分析计算方法,已难以满足研制高性能永磁电动机的要求,还需要综合运用电机理论、电磁场理论、磁性材料、数值计算、仿真技术、测试技术以及软件工程等多学科理论和现代设计手段,在永磁电动机设计的关键技术方面进行创新研究[3]。现阶段永磁电动机设计主要沿用电励磁电动机设计思路和步骤,结合磁路计算、电磁场解析或数值方法以及软件仿真分析来完成设计任务。通过这种设计模式得到的产品,在工况相对固定的应用场合能够表现出良好技术性能,但是在变工况场合下就表现出不足。因此,研究电机设计和分析中的关键技术,完善其设计理念和方法,开发面向应用场合具有最佳适应性的永磁电动机产品,意义重大。

永磁电动机的设计分析方法可以分为基于"路"、基于"场"和基于"场路结合"的三大类,主要有等效磁路法、等效磁网络法、电磁场解析法和数值计算方法,以及由电磁场计算衍生出的多种分析方法。

1.1.1 等效磁路法

等效磁路法是最为常见的传统电机设计方法，它是利用"场化路"的思想，把空间实际存在的不均匀分布的磁场转化成等效的多段磁路，并近似认为在每段磁路中磁通沿界面和长度均匀分布，将磁场的计算转换为磁路的计算。在永磁电动机的设计中，一般将永磁体等效为磁势源或磁通源，其余按照电励磁电机的磁路计算来进行[2]。该方法形象、直观，且计算量小，运用方便。但是永磁电动机的磁场分布复杂，仅依靠少量集中参数构成的等效磁路模型难以描述磁场的真实情况，一些关键参数如漏磁系数、极弧系数等，需要借助于经验系数或曲线来获得，而这些经验系数或曲线往往是针对特定永磁材料和特定结构尺寸，通用性较差。因此等效磁路法只适用于方案的估算、初始方案的设计和类似方案的比较，要获得比较精确的计算结果还必须辅以其他的分析手段[2]。

1.1.2 电磁场解析法

解析法是求解偏微分方程的经典方法，即设法找到一个连续函数，将它和它的各阶偏导数代入求解的偏微分方程后得到恒等式，且满足初始状态和区域边界上的定解条件。解析法的数学理论形成于19世纪，20世纪初开始应用于电机电磁场的计算，具体来说有分离变量法、格林函数法和积分变换法等。电磁场解析法已有多年发展历史，很多国内外文献论述了如何用该方法求取永磁电机的磁场参数以及性能[4-7]。解析法的优点是概念明确、易于理解，具有一定的普适性，表达式明确，能够反映参数之间的依赖关系，理论上具有精确解。但是该方法的适用范围非常有限，仅有极少数的问题可以直接求解，大多数问题需要设定很多假设前提，不能很好地考虑实际磁场的非线性、饱和及边端效应等问题，对计算精度有很大影响。因此，电磁场解析法主要用于理论分析，获取简单但具有典型意义的问题的解答，也可用于建立概念，得到定性解。

1.1.3 电磁场数值计算法

电磁场数值计算法的基本思想是将所求电磁场的区域划分为许多细小的网格，网格与网格之间通过网格边界和节点联结在一起，建立以网格上各节点的求解函数值为未知量的代数方程组，通过计算机求解得到各节点的函数值。只要节点足够密，这些节点上的函数值就能比较准确地反映场的分布。电磁场数值计算法主要包括有限差分法、有限元法、积分方程法和边界元法，近年来还发展产生了有限元法和边界元法相结合的混合法。其中，有限元法是最有效、目前应用最为广泛的方法。有限元法对各类电磁计算问题具有较强的适应性，可编制相应的软件系统，通过前处理过程高效地形成方程并求解。形成的代数方程具有系数矩阵对称、正定和稀疏特性，收敛性好，可节约大量计算机内存和占用CPU的时间，同时也能方便处理如铁磁饱和特性等非线性介质问题，非常适用于电机电磁场的计算。因此，有限元法相较于其他电磁场数值计算方法，尤为适应实际工程电磁问题分析的需要[2]。

1.1.4 场路结合分析法

场路结合指的是磁场和磁路的结合,其思路是:利用电磁场数值计算出漏磁系数、极弧系数、电枢有效长度等磁路法计算中不易准确获得的一些参数,然后将这些参数结合到等效磁路法的计算中。该方法可以提高磁路计算的准确性,减少对经验数据的依赖性,同时所需的计算机内存和CPU时间比完全采用数值计算法要少,可大大缩短电机设计周期[2]。目前已逐步形成了适用于计算机求解的以等效磁路法为主,用电磁场计算和实验验证得到的各种系数进行修正的一整套场路结合设计分析方法和计算机辅助软件[8]。

1.1.5 场路耦合时步有限元法

场路耦合时步有限元法将电机内部电磁场有限元方程、外电路方程和电机的机械运动方程相互耦合,计算时模拟电机转子的实际运动,从而可直接求出各物理量随时间的变化情况。该方法能够较为准确地考虑铁磁饱和的非线性、电动机齿槽区域边界的曲折性和材料分布的复杂性,充分考虑电机运动中涡流的影响、电枢反应的影响以及交流电机非正弦供电的影响等,是目前电机设计分析中较为理想的一种方法,近年逐渐受到国内外研究者的关注[9]。在给定电压信号和负载的情况下,通过场路耦合时步有限元法求解电机模型,可得到最接近于实际电机的计算结果,从而更加准确合理地分析电动机动态过程[10]。

1.1.6 永磁同步电机设计分析的国内外研究现状及进展

20世纪80年代,E. Richter等人运用等效磁路法比较了采用不同永磁材料时自起动永磁同步电动机的性能[11];T. Sebastian等人用等效磁路法设计了表面插入式和表面凸出式永磁转子结构的调速永磁同步电动机,对它们的动态转矩和短路电流进行了比较分析[12]。等效磁路法设计电机方便实用,一直沿用至今,并在后来发展起来的电磁场计算和实验验证的修正下,逐渐形成整套体系化的分析计算方法和计算机辅助设计软件。2006年,意大利帕多瓦大学的N. Bianchi等人研究了表面式永磁同步电动机的设计,提出了基于等效磁路法的高效表面式永磁电动机的设计标准[13]。国内,以唐任远院士为主的沈阳工业大学特种电机研究所对永磁电动机进行了多年的研究,编写的《现代永磁电机理论和设计》一书,以等效磁路法为主,结合电磁场数值计算对多种常见永磁电动机的设计特点和分析方法进行了总结[2]。西北工业大学李钟明等编写的《稀土永磁电机》一书,也比较全面地介绍了各类常规结构永磁电机的设计理论和计算方法[14]。山东大学王秀和等人编写的《异步起动永磁同步电动机:理论、设计与测试》一书,较为系统地介绍了异步起动永磁同步电动机及其基于等效磁路计算的设计、分析和测试方法。

等效磁网络法将磁路解析计算和有限元法相结合,在某些特定场合可以兼顾计算时间和精度。近年来主要研究成果有:日本的K. Nakamura等人采用等效磁网络法分析了内置式永磁电机的动态性能[15]。国内西安交通大学的周洁、谢卫等人应用等效磁网络法分析计算了钕铁硼永磁同步电动机参数,与有限元法相比计算量较小,但等效磁网络法无法考虑齿槽对气隙磁密分布的影响,且等效磁导划分偏离实际情况,导致一定的误差[16];上海大学郑文鹏、江建中等人采用三维等效磁网络法计算了E形铁心横向磁通电机的电磁场,且对影响电磁转矩的重要因素进行了分析[17]。

20世纪80年代,国内哈尔滨工业大学的顾其善等人运用解析计算法对永磁电机开槽效应、气隙磁场及永磁体边缘效应等进行了分析,是电磁场解析计算法在永磁电机中比较早期的应用[18-20]。20世纪90年代,英国谢菲尔德大学的Z. Q. Zhu和D. Howe等人采用解析法对永磁无刷直流电动机的性能进行了全面的分析,包括空载和负载磁场、电机气隙磁场分布以及齿槽转矩的研究,是永磁电动机电磁场解析计算法研究方面的代表性成果[4-7]。1998年,美国加州大学伯克利分校的U. Kim和D. K. Lieu采用电磁场解析法分析了永磁电动机转子偏心和齿槽效应对气隙磁场分布的影响[21]。

电磁场数值计算法与解析法几乎是同一时期开始在永磁电动机设计中得到应用的。1981年,P. Campbell等人最早把数值计算法用于永磁电机的设计,采用三维有限元法分析了一个磁极下的磁密分布情况[22]。1988年,美国的D. Pavlik等人利用有限元数值计算得到的分析结果来设计永磁体尺寸,并计算了永磁电动机的电抗参数。随着计算机技术的进步,20世纪90年代开始,有限元法在永磁电动机设计分析中得到了较为普遍的应用,并衍生出传统磁路设计与数值计算相结合的新方法[23]。

近年来,国内各大高校和研究机构在永磁电动机的设计分析方法研究方面做了大量工作,包括:山东大学的杨玉波等人通过结合解析法和有限元法研究了永磁电动机齿槽转矩的削弱技术,提出了不等槽口宽配合、磁极偏移、极弧系数优化组合等方法[24-27];上海大学的章跃进等人研究了永磁电动机旋转磁场的数值解析结合法,并提出了提高后处理计算精度的方法等[9,28]。

随着计算机技术的不断发展,电机设计分析也从公式计算、程序编写等模式,逐渐走向便捷化和智能化,各类用户界面友好、功能齐全的辅助设计分析软件得到开发和应用。目前已开发了多款商用电机设计和分析软件,包括ANSOFT、SPEED、JMAG、MAGNET等。

近年来,一种全新的研发模式——虚拟样机技术也在电机设计和生产领域得到了应用。虚拟样机技术实现了多角度的产品设计和优化,在概念设计阶段即可迅速分析、比较多种设计方案,预测产品在真实工况下的特征及响应,缩短了开发周期,减少了研发成本,有利于研发人员之间信息的交流和改进意见的反馈,从而提高产品的质量。在20世纪90年代初期国外就在电机定子虚拟样机建模技术上进行了研究。国内浙江大学与金龙电机厂联合,于2004年建立了电机虚拟设计开发平台,实现了普通电机的直接三维造型建模[29]。湘潭电机集团在2007年确立了采用虚拟设计技术的战略方向,采用三维CAD软件SolidWorks,构建电机虚拟设计仿真平台,实现复杂产品的虚拟设计,提高设计效率和质量[30]。2006年至今,华中科技大学研究人员充分利用虚拟样机技术进行新型永磁电动机的研发,包括盘式永磁无刷直流电动机、ALA-PM组合式转子电机和横向磁通电机等。

综上,国内外在永磁电动机设计分析的研究方面已取得了一定的成果,在电机建模、仿真和性能分析方面都积累了一定的经验,为更深入地研究提供了借鉴和参考。随着永磁电动机应用领域的不断拓展,对电机设计提出了许多新的要求。为了适应日益增长的应用需要,特别是满足追求高效性、可靠性、平稳性等综合经济技术性能场合的需要,对永磁电动机的研究和开发工作必然会不断深入开展,达到更高的水平[31-33]。

1.2 PMSM 高性能电流控制研究现状

PMSM 驱动系统中存在的电气参数不确定性,主要表征为电机负载运行伴随的温度变化[34]、铁磁材料的磁导率随温度变化[35]及磁路饱和程度不同,呈现出的非线性变化是引起电机参数变化的重要原因,在对电机功率密度要求较高的应用领域,电机温度变化范围较大,电枢电阻将会出现高达 40%的变化,铁磁材料的磁导率随温度变化及磁路饱和程度不同会导致定子电感在较大范围变化,永磁体磁链可能会出现高达 20%的变化[36]。预测控制在理论上可以实现零电流误差控制,特别适合于要求具有高动态响应的系统,因此预测控制作为 PMSM 驱动系统理想的控制方法之一而逐渐获得研究关注,且将在电机驱动系统的高性能控制中扮演重要的角色。

为了实现计及参数不确定性的 PMSM 控制,早期文献[37,38]通过基于标称参数模型的预测控制器与 PI 控制器的并联运行,提升系统对参数变化的鲁棒性,但是 PI 控制器难以直接应对系统中存在的参数变化,因此系统控制性能不佳。文献[39-41]将参考电流与实际电流误差为零的约束条件改变为前一采样周期电流误差的一半,降低预测控制输出参考电压中与定子电感相关项的权重,提升预测控制对于定子电感参数变化的鲁棒性。文献[42]则采取在预测模型中增加与定子交、直轴电流误差相关的权重因子的措施,降低预测控制与电机定子电感参数相关项的权重,解决因定子电感参数变化导致模型失配引起的系统控制性能下降,但是该方法仅能在一定程度上提高系统对定子电感参数变化的鲁棒性,且未能兼顾考虑变化的定子电阻和永磁体磁链及逆变器非线性对系统控制性能的影响。

因此,提升 PMSM 驱动系统电流控制对于多种电气参数不确定性的鲁棒性与逆变器非线性的合理补偿方面的研究自然获得了关注,若干先进的控制方法已陆续被提出,如鲁棒控制、自适应控制、扰动和不确定性估计及消除控制[43-45]等,如图 1.1 所示。

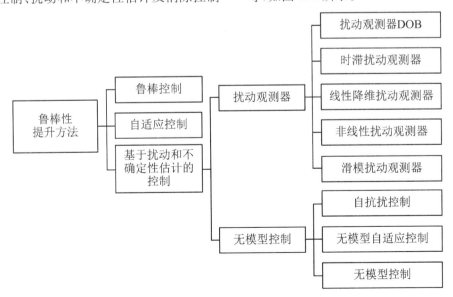

图 1.1 PMSM 驱动系统鲁棒性提升方法

鲁棒控制通过设计对于不确定性与扰动不敏感的控制器来实现系统的抗扰动控制,为了保证最恶劣情况下系统的稳定性与鲁棒性,鲁棒控制器设计通常存在过于保守的设计缺陷,在不确定性与扰动较少的情况下,过于保守的鲁棒控制器设计必然会牺牲系统的部分控制性能。

为了实现计及电气参数不确定性的 PMSM 控制,自适应控制通过在系统运行中电机参数的在线辨识实现控制器参数[46-48]或预测模型的实时更新[49-51],提升 PMSM 系统在不同工况下的电流控制性能。如文献[46]在假定直轴电感不变的前提下,根据迭代投影算法与最速下降法进行定子交轴电感、定子电阻以及永磁体磁链的在线估计,同时建立了 PI 参数与定子直轴电感、定子交轴电感与定子电阻的表达式,在线调整 PI 控制器参数,同时建立系统前馈补偿与定子直轴电感、定子交轴电感和永磁体磁链的表达式,实现了参数变化条件下 PMSM 定子交、直轴电流的解耦,使系统获得良好的电流控制性能,但是该方案忽略了定子直轴电感的变化。文献[47,48]将定子电阻与永磁体磁链视为缓变参数,定子交、直轴电感视为快变参数,采用两个不同时间尺度的最小二乘算法进行参数在线辨识,再将辨识结果互相更新,实现定子电阻、永磁体磁链、定子交、直轴电感的多参数同时在线辨识,再通过 PI 参数在线整定及前馈解耦控制确保存在参数不确定的内嵌式永磁同步电机(IPMSM)系统性能,但为了保证参数辨识算法收敛,该方法需要在 IPMSM 直轴注入脉动电流提升参数在线辨识的精度,但是,额外注入的脉动电流会引起电机的转矩脉动,同时,为了兼顾考虑参数辨识精度与转矩脉动,需要合理地设置注入电流的幅值与频率。

自适应控制主要应对的是系统内部不确定性[52],通过设计合适的自适应率实现控制器的动态调整,但是,自适应控制大都依赖于受控系统的数学模型,因而模型中未考虑到的不确定性、扰动与未建模动态都有可能引起系统控制性能的降低甚至导致系统的不稳定运行。

扰动和不确定性估计的 PMSM 驱动控制方法由扰动观测与反馈控制两部分组成,扰动观测通过在线观测受控系统的不确定性与扰动来提高系统的鲁棒性,反馈控制则用于调节受控系统的跟踪性能,实现系统鲁棒性与跟踪性能独立调节的两自由度控制。基于扰动和不确定性估计的 PMSM 控制方法,控制方案的设计思路主要有两种:一种是基于扰动观测器观测出扰动且通过前馈补偿予以消除,再进行控制器设计的实现思路,其优点是观测器和控制器可实现独立设计,反馈控制器设计与传统方法一致,且可灵活选择控制方法[53];另一种是通过扰动与不确定性估计建立计及扰动与不确定性的系统模型,再进行控制器设计的实现思路。

扰动和不确定性估计 PMSM 驱动系统控制方法的早期研究主要针对系统单一不确定性,或者仅用于消除系统中的关键扰动,其余的不确定性通过反馈闭环控制进行抑制,最有代表性的是基于扰动观测器、时滞扰动观测器、线性降维扰动观测器或滑模观测器的控制。

扰动观测器(disturbance observer,DOB)由 Ohnishi 团队于 20 世纪 80 年代首次提出,其基本思想是将受控系统的输出经过基于标称参数的系统逆模型,获得对应的控制输入,与实际输入比较获得两者间的误差,再经过滤波器后获得系统的扰动并通过前馈补偿,抵消不确定性与外部扰动对于系统控制性能的影响[54]。考虑到扰动观测器中逆模型对于测量噪声的放大作用,需要匹配设计低通滤波器抑制中高频率的测量噪声,因此,低通滤波器设计是 DOB 设计的关键,低通滤波器截止频率的选择需要兼顾考虑系统稳定性、鲁棒性、外部扰动的频率特性,随着 DOB 理论研究的深入,E. Sariyildiz 于 2014 针对最小相位系统、时滞系统、存在正实部零点或极点的非最小相位系统,给出了 DOB 中低通滤波器的设计依据[55]。为了实现系统扰动的准确估计,DOB 带宽设计得尽可能高,但系统中不可避免的高频测量噪声又会对 DOB 的观测产生影响,影响系统鲁棒性,因此,在抑制测量噪声的基础上兼顾实现高带宽 DOB 设计依然是设计难点。文献[56]根据离散的 PMSM 逆模型,基于实测的定子交、直轴电流计算 PMSM 在标称参数下的定子交、直轴电压,再与实际的定子交、直轴电压比较,其差值即为电气参数变化产生的电压扰动,前馈补偿到定子参考电压中,再通过无差拍电流预测控制,提升系统运行性能且兼顾实现对电机参数变化的鲁棒性。该方案的实现需对实际的定子交、直轴电流进行微分,为了避免噪声放大,需对电压扰动估计进行低通滤波,而滤波器带宽会影响观测器的性能。

线性降维扰动观测器的基本思想是基于受控系统的数学模型,将系统中的不确定性与扰动作为新的状态变量建立系统的状态方程,由于 PMSM 驱动系统状态变量中电机转速、定子电流可测量,可设计线性降维观测器获得系统的不确定性与扰动并进行补偿,相比于 DOB,线性降维扰动观测器通过定义与状态变量微分及扰动相关的中间变量,借助状态变换观测中间变量获取系统扰动,避免了对状态变量的微分计算。文献[57]基于实测的电机输入电压与定子电流,将电气参数不确定性在定子交、直轴引起的扰动电压作为状态变量,采用降维观测器估计扰动电压,再实施无差拍电流预测控制,改善系统中存在电气参数不确定性时的电流控制性能。

对于存在多种不确定性与扰动的 PMSM 系统,针对其存在的某单一不确定性或者仅用于消除系统中的关键扰动,在实际应用时仍然存在难以获得良好的控制性能及鲁棒性欠佳等诸多不足。为此,基于扰动和不确定性估计及消除的控制思路,进行 PMSM 驱动系统的控制方案设计,而将系统中的多种不确定性与扰动视为"总扰动",避免对不确定性与扰动的精确建模,通过"总扰动"观测、前馈补偿,再设计匹配的控制器,或者直接建立计及包含"总扰动"的数学模型,再匹配控制器的设计,提升系统控制性能且兼顾鲁棒性,是近些年来各国研究者重点予以探究的解决途径之一。

考虑到 PMSM 驱动系统电流环控制性能,易受电气参数变化、逆变器非线性、交直轴耦合的影响,H.Jin 提出将 PMSM 电流环中的电气参数变化、交直轴交叉耦合视作电流环内存在的总扰动,采用 DOB 在线观测并前馈补偿至交、直轴定子参考电压,再设计模型参考自适应电流控制器,改进电流环的控制性能[58]。Y. Mohamed 在假定逆变器非线性已补偿,即逆变器输出电压等于逆变器输入电压的条件下,提出将 PMSM 电气参数变化、谐波磁通与未建模动态视作电流环内存在的总扰动,基于逆变器输入电压,计算交、直轴定子电流,再与实际定子交、直轴电流比较获得误差方程,构造李雅普诺夫函数获得扰动观测的自适应率,观测定子交、直轴的总扰动,改善基于 PI 控制器控制的 PMSM 电流控制性能[59,60],但该方案采用的最速下降法有可能导致扰动观测值收敛速度的降低,影响系统的控制性能。

滑模观测器(SMO)的优点是鲁棒性强、易于工程实现,采用状态变量误差的开关函数代替误差的实际值,构建误差反馈,获得较高的增益特性来改善观测器的收敛速度,但是存在滑模面附近频繁的开关动作引起的抖振现象。文献[61]基于定子交、直轴参考电流与定子交、直轴实际电流之间的误差,设计滑模观测器,获得由于参数变化导致的系统扰动量,前馈补偿至定子参考电压中,再采用滑模电流控制器生成系统的定子交、直轴参考电压。该方法观测的扰动量与定子参考电流相关,因此当参考转矩突变导致参考电流突变时,有可能引起扰动观测量出现抖动从而影响系统控制性能,此外,在系统动态控制过程中,在扰动观测量尚未收敛时,滑模电流控制器的增益系数难以合理选取,易导致系统出现超调和调节时间较长。

基于参数辨识自适应更新控制器参数与扰动观测器的方案,均依赖 PMSM 交、直轴电压的准确获取,文献[48,56]中采用直接检测 PMSM 输入电压的方式获得交、直轴电压,实现电压与电流的同步准确采样是系统参数或扰动观测的基础,但是对于PWM逆变器供电的PMSM驱动系统,其输出电压为PWM信号,工程应用中难以直接测量并保证与电流的同步采样,这将导致观测结果的误差。文献[46,59,60]则假定逆变器非线性已经被很好地补偿,采用电流控制器输出的交直轴参考电压替代PMSM的交直轴电压,因此,逆变器非线性补偿的效果又必然影响观测的精度。

建立不依赖于电机参数的预测模型,再设计预测控制器,也是解决具有参数不确定性的系统控制方案[62-64],该方案的设计思想是首先建立每个开关周期内仅与电机电流变化相关的预测模型,再设计预测控制器,实现不依赖于PMSM参数的无模型预测控制。但是该方法预测模型的建立敏感依赖于对电流变化的检测精度,故文献[62]采用FPGA实现高速电流采样确保电流变化的检测精度,文献[63]则是通过每个开关周期检测电机电流两次且采用了16位的模数转换器确保电流变化的检测精度。文献[65]在此基础上进行了改进,将每个控制周期的电流采样次数减少到一次。类似的方法也被应用到同步磁阻电机以实现不依赖数学模型的预测控制[66]。但是,上述方法未考虑逆变器非线性对预测模型的影响。

逆变器非线性产生的主要原因有:为了避免同一桥臂直通而设置的死区时间、功率器件自身非理想的特性,如导通延迟、关断延迟与导通压降等。实际系统中,死区时间是已知的,但是功率器件的非理想特性受直流母线电压、通态电流、结温等因素的影响,因此难以直接获得。

通过增加额外的硬件检测电路可以实现对逆变器非线性的补偿,文献[67]采用电压传感器检测逆变器输出电压,进而得到其开关器件的实际开通时间,进而得到其与期望开通时间之间的误差,补偿逆变器非线性。但是,为了减少削减系统成本,降低硬件系统复杂性,采用软件方式实现逆变器非线性补偿是更为常用的方法。

文献[68-70]提出基于离线实验的方法,测量扰动电压或死区补偿时间再进行在线补偿的方案。文献[68]采用静止坐标系下给电机注入两次不同的直流电压获得直流电流的方法,实时计算逆变器非线性引起的扰动电压,再通过闭环控制不断调整死区补偿时间,直至扰动电压为零,获得合理的死区补偿时间。文献[69]将逆变器非线性造成的扰动电压分为两部分,分别为基于功率器件标称参数确定的扰动电压以及由实验等方法测定的不同通态电流时的扰动电压修正值,综合二者后采用查找表存储扰动电压实施在线补偿。文献[70]在电机静止状态连续注入不同的直流电流,根据检测电流计算实际电压再与参考电压比较,获得逆变器扰动电压与通态电流之间的关系,存储于查找表中实现在线补偿。基于离线实验的逆变器非线性补偿方法,虽然对电机参数的依赖性较少,但是难以考虑多种工况对逆变器非线性的影响,因而不易实现良好的补偿效果。

文献[71]提出将离线实验与在线动态补偿相结合的梯形波电压补偿方法,该方法首先通过离线实验获得较大通态电流情况下的扰动电压,再采用调制的方法提取直轴电流中含有的六次谐波分量,通过在线调整梯形波夹角,改变补偿电压的谐波分量组成,从而在改进小电流情况下,采用固定的扰动电压补偿易出现的过补偿或欠补偿问题。文献[72]对上述方法进行了改进,采用参考电流替代检测电流进行电流相位的判断,避免了原有方案中采用锁相环导致的动态性能下降以及小信号情况下难以跟踪的不足,同时,由于改变梯形波夹角对十二次谐波有较大影响,因此在动态补偿中引入十二次谐波分量,改善了死区补偿的效果。

逆变器的非线性与PMSM的参数变化类似,亦是系统中存在的不确定性,因而出现许多基于扰动观测器的逆变器非线性补偿方法,通过观测扰动电压或者死区补偿时间即可实现补偿。文献[73]假定电机参数不发生变化,基于PMSM数学模型,检测实际的定子交、直轴电流计算标称参数下的定子交、直轴电压,再与参考电压比较,基于 DOB 获得扰动电压进行前馈补偿,文献[74]也采用类似的观测器获得扰动电压。但是上述方法 DOB 中低通滤波器带宽的合理选取仍然需要综合考量观测精度与测量噪声的影响。文献[75]基于 PMSM 标称参数的交轴电压数学模型,设计观测器获得交轴扰动电压,求取相电流两次过零点之间的交轴扰动电压平均值,再结合直流母线电压与逆变器开关周期在线计算死区补偿所需的误差时间,用于逆变器非线性补偿。文献[76]采用模型参考自适应观测器,基于李雅普诺夫稳定性理论设计自适应控制率,使得可调模型的状态快速逼近参考模型,从而获得扰动电压。文献[77]忽略了 PMSM 参数的变化,基于标称参数的数学模型,将逆变器死区时间在定子交、直轴上引起的扰动电压作为系统的状态变量,设计降维观测器获得扰动并实施前馈补偿。

基于观测器的逆变器非线性补偿方案,其主要缺点是没有考虑电机存在的参数不确定性,因此必然影响扰动电压的观测精度,使得补偿效果变差。为此,文献[78]考虑 PMSM 定子电阻与永磁体磁链存在不确定性,基于 PMSM 的直轴数学模型设计模型参考自适应观测器避免永磁体磁链变化对扰动电压估计的影响,再选取合适的观测器积分周期使得包含定子电阻的项积分结果为零,避免了定子电阻变化对观测结果的影响,但是该方法仍然缺乏对系统中所有参数均存在不确定性的综合考量。文献[79]在线计算直轴电流六倍频脉动分量的斜率,通过 PI 控制器生成扰动电压使得斜率趋于零,补偿逆变器非线性,该方法不依赖于电机参数,但是斜率的计算需要判断相电流的周期,因此仅适用于系统稳态时的非线性补偿。

建立计及逆变器非线性的预测模型,也是提升预测控制的 PMSM 系统电流控制性能的有效措施。文献[80]建立了计及逆变器死区时间的 PMSM 驱动系统预测模型,但未考虑 PMSM 参数不确定性对系统控制性能的影响;文献[81]则是在文献[80]的研究基础上,基于有限元分析获得 PMSM 电感参数与电机电流之间的关系,设计考虑了逆变器死区时间与电感参数变化的 PMSM 预测控制器,但是系统性能依赖于有限元分析获取的 PMSM 定子电感参数的准确性,与实际系统必然存在误差。

综上所述,针对 PMSM 驱动系统存在的参数不确定性与逆变器非线性问题,通常的技术路线是分而治之,再合二为一的控制方案设计,例如文献[82]提出双扰动观测器的技术方案,分别观测逆变器非线性与系统参数不确定性引起的扰动电压,再实施前馈补偿以提高系统的电流控制性能。文献[79]同样是将基于模型参考自适应观测电气参数不确定性引起的扰动电压,再与逆变器非线性补偿策略相结合予以解决。易伯瑜等人提出采用线性降维扰动观测器分别观测 PMSM 交、直轴中由于电气参数变化等引起的所有不确定性,同时,建立电机的估计相电流与实际相电流的误差方程,基于李雅普诺夫理论设计自适应观测器获得逆变器非线性引起的扰动电压,再设计及扰动模型的无差拍预测电流控制器,同时解决电气参数不确定性与逆变器非线性对 PMSM 系统电流控制性能的负面影响[83]。然而,其线性扰动观测器设计忽略了逆变器非线性的影响,而逆变器非线性自适应观测器设计中忽略了电机参数变化的影响,易出现观测精度下降导致系统控制性能直接下降的不足。

针对具有不确定性与未知扰动的系统控制,不依赖于受控系统的数学模型,仅基于系统的输入和输出的无模型控制研究自 20 世纪 70 年代末被提出以来,不断获得研究关注且取得了长足的发展,而且已产生了许多新的无模型控制方法,如在 PID 控制基础上发展而来的由韩京清研究员提出的自抗扰控制、侯忠生教授提出的无模型自适应控制(model-free adaptive control,MFAC)和 Michel Fliess 提出的无模型控制(model-free control,MFC)等。

ADRC 思想清晰,存在 TD、ESO 和 NLSEF 三部分参数均需要整定,在参数整定过程中易导致选择局部最优解,无法实现系统最优控制。

无模型自适应控制的思想是首先建立非线性系统的紧格式、偏格式或全格式动态线性化模型,根据系统的输入、输出在线估计动态线性化模型中的伪偏导数或伪梯度,再设计控制器,进而实现无模型自适应控制[84]。文献[85]将紧格式无模型自适应控制应用于实现直线电机的位置跟踪控制,在输入位置控制信号为正弦波,控制信号频率与幅值改变,系统存在负载扰动等参数变化情况下,相比于 PID 控制与神经网络控制,采用 MFAC 的直线电机位置控制性能最优,且具有更强的鲁棒性。遗憾的是,对于不同的扰动,MFAC 需要调整参数与慎选伪偏导数初值才能获得良好的系统控制性能。对于存在复杂动态的非线性系统,鉴于仅采用紧格式 MFAC 难以获得良好的系统控制性能,如采用偏格式或全格式 MFAC,其输入输出数据窗口长度需根据被控对象的复杂程度选取,目前仍然缺乏足够的理论依据,且随着输入输出数据窗口长度的增加,伪梯度估计、控制器所需整定参数、伪偏导数初值合理选择的计算量也随之增加,对于多输入多输出系统更是如此,为此,其控制器参数整定与伪偏导数初值选取自然成为 MFAC 实际应用的难点。

无模型控制,其核心设计思想是基于系统输入、输出,采用代数参数辨识在线估计系统中未知结构、不确定性与扰动,通过在线建立不断更新的受控系统超局部模型(the ultra-local model),再基于超局部模型进行无模型控制器,属于通过扰动与不确定性估计且建立计及扰动与不确定性的系统模型,再进行控制器设计的实现思路。

相比于 ADRC,MFC 需整定的参数更少,不依赖受控系统数学模型、不需要受控系统的阶次信息且兼具强鲁棒性。MFC 目前已应用于直流电机伺服系统[86,87]、平面机械臂[88]、磁浮轴承[89]、航空系统[90]、绿色农业[91]、电液耦合系统[92]。文献[86]将 MFC 应用于直流电机驱动的柔性关节位置跟踪控制,建立柔性关节位置与直流电机输入电压之间的超局部模型,再实现无模型控制,解决了存在负载扰动与参数变化系统的高精度位置跟踪控制,且给出了系统仿真验证。文献[90]提供了 MFC 与紧格式无模型自适应控制[84]应用于双旋翼空气动力系统的性能比较,研究表明:二者控制性能相近,但 MFC 需整定参数数量少于紧格式无模型自适应控制,给出了 MFC 更具有技术优势的结论。

MFC 在 PMSM 驱动领域的研究与应用尚处于起步阶段,针对存在多种不确定性与未知扰动的 PMSM 驱动系统,亟须开展其超局部模型的在线准确建立,提出不依赖于系统数学模型、简洁直观的一体化控制方案,实现 PMSM 驱动系统电流控制性能的全面提升。

1.3 PMSM 永磁体退磁故障诊断方法国内外技术发展现状

PMSM 功率密度高、散热条件差、运行工况复杂,存在较强的电枢反应,加之自然老化等因素,容易出现永磁体局部退磁或均匀退磁故障,导致 PMSM 输出转矩降低并伴随出现转速脉动现象。目前在 PMSM 永磁体退磁故障诊断领域取得的研究成果根据所选故障诊断依据的不同,可分为基于数据驱动、基于模型驱动以及基于高频信号注入法 3 种类型的诊断方法。

1.3.1 基于数据驱动的 PMSM 永磁体退磁故障诊断方法

基于数据驱动诊断方法的基本思路是以 PMSM 驱动系统的终端测量数据为分析对象,通过有效的数据处理技术提取表征永磁体退磁的故障特征信号。由检索文献分析可知,该方法在电机故障诊断领域得到了广泛应用,并取得了大量的研究成果,尽管 PMSM 永磁体退磁故障的研究工作起步较晚,但采用该方法获得的技术成果却最为集中。该方法的分析对象主要集中在 PMSM 电流信号[60-64]、电压信号[65-67]、噪声与振动信号[68]等几个方面;而数据处理技术则主要集中在快速傅里叶变换(FFT)[60,62,64,66,69]、小波变换[61](wavelet transform)以及希尔伯特黄变换(HHT)[63,70]等几个领域。

1. 基于电流信号的数据驱动诊断

基于电流信号的数据驱动诊断方法通过对 PMSM 定子电流的分析与处理,提取能够表征 PMSM 永磁体局部退磁故障的特征信号。众多文献研究表明,当 PMSM 出现永磁体局部退磁故障时,电枢电流中将产生如式(1.1)所示的故障特征谐波,即有

$$f_{\text{fault}} = f_s \left(1 \pm \frac{k}{p}\right) \tag{1.1}$$

式中,f_s 为定子基波电流频率,p 表示电机极对数,k 取正整数。

一旦从 PMSM 定子电流中提取到上述故障特征谐波,即可将其作为 PMSM 永磁体局部退磁故障的诊断依据。

基于定子电流的 PMSM 永磁体局部退磁故障诊断方法[60-64],其诊断精度易受 PMSM 驱动系统逆变器谐波及负载变化的影响,导致系统在不同运行工况下特征信号的故障敏感度不同[64]。尤其在系统非平稳运行时,定子电流基波频率及与基波相关的故障特征谐波频率均随时间的变化而变化,且故障特征谐波幅值较小,极易被幅值较大的定子电流基波淹没,有效提取的难度较大。为避免负载变化对永磁体局部退磁故障诊断精度的影响,文献[64]采用零序电流作为永磁体局部退磁故障的特征信号,但受 PWM 调制策略及 PMSM 定子绕组不完全对称性的影响,永磁体健康状态下的 PMSM 驱动系统中也将存在一定大小的零序电流分量,因此,为保证该方法的可靠性,必须预先确定合理的故障门限阈值。

2. 基于电压信号的数据驱动诊断

对于采用电流闭环控制的电动汽车 PMSM 驱动系统而言,尽管基于定子电流的诊断方法可以实现所分析数据的直接获取而无需增加硬件开销,但定子绕组对称的 PMSM 出现永磁体局部退磁故障时,定子电流中并不会出现明显的如式(1.1)所示的故障特征谐波[65,66]。针对该问题,J. C. Urresty 等人引入零序电压,并将其作为 PMSM 永磁体局部退磁的故障特征信号[67],与文献[64]类似,受 PWM 调制策略及 PMSM 定子绕组不完全对称的影响,PMSM 定子电压中亦将出现一定大小的零序分量,因此,如何将其与永磁体局部退磁故障产生的零序电压分量进行有效区分,便成为该方法成功实现的技术关键。为此,文献[67]首先通过设置故障诊断阈值的方法消除 PMSM 结构不完全对称所导致的零序电压分量对永磁体退磁故障诊断可靠性的影响。逆变器产生零序电压的原因有二:一是逆变器调制方法所致;二是由 PWM 自身产生的,逆变器调制方法产生的零序电压分量可以通过图 1.2 中的电阻网络进行吸收,而后者产生的零序电压分量,由于其频率较高且远离永磁体局部退磁故障特征信号频率范围,影响相对较小,可以通过设置简单的硬件滤波电路予以滤除。

尽管基于零序电压信号的 PMSM 永磁体局部退磁故障诊断方法可以独立于负载变化,但需加装电压检测单元,增加了 PMSM 驱动系统的硬件开销,且需要获得 PMSM 定子绕组中性点,降低了该方法的适用性。

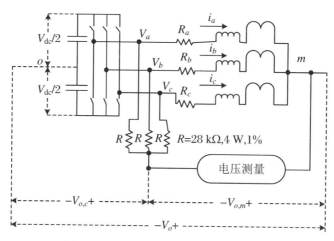

图 1.2　吸收逆变器零序电压的电阻网络

3. 基于噪声和振动信号的数据驱动诊断

一旦出现永磁体局部退磁故障，PMSM 气隙磁场将发生畸变，产生不对称电磁力，引起转速脉动并伴随机械噪声。为此，D. Torregrossa 等[68]人以机械噪声为分析对象，通过故障特征信号提取实现 PMSM 永磁体局部退磁故障的诊断。实际应用中，该方法极易引入高频干扰，故障特征信号的有效提取较为困难，影响了该方法的应用效果。

综上所述，基于数据驱动的永磁体退磁故障诊断方法以 PMSM 定子电流、零序电压及机械噪声为分析对象，采用快速傅里叶变换[60,62,64,66,69]、小波变换[61]以及希尔伯特黄变换[63,70]等数据处理技术提取故障特征信号，实现 PMSM 永磁体局部退磁故障的在线诊断。其中，快速傅里叶变换作为一种易于数字实现的频域分析方法，在 PMSM 永磁体局部退磁故障诊断领域得到广泛应用，但其作为一种稳态、全局变换，只能反映信号的静态频谱特性，无法实现非平稳数据的频谱分析，难以适应电动汽车的非平稳运行特性[71,72]，而作为时频变换工具的小波变换与希尔伯特黄变换则能够实现非平稳状态下故障特征信号的有效提取。小波变换虽可获得比短时傅里叶变换更为优异的时频窗口特性，但其本质仍为一种窗口可调的傅里叶变换，具有窗函数的局限性，且受海森测不准原理限制[72]；此外，小波变换的局部化能力取决于所选小波基在时域和频域上的局部化性质，不同小波基将产生不同的分析结果；因而，实际应用中同时保证全局最优和局部最优的小波基函数选择变得非常困难，限制了该方法在实际工程领域的应用[73]。希尔伯特黄变换在信号分解过程中，通过信号本身产生自适应基函数，且不受海森测不准原理限制，因此其在处理非平稳信号时具有更为优异的局部适应性和分解结果直观性，然而该方法由经验模态分解和希尔伯特变换两部分组成，计算量较大，且存在微弱故障特征信号湮没及基波成分附近故障特征信号难以有效分解的问题[74]，增加了对所分解信号进行物理解释和故障诊断的难度。

Riba Ruiz 等[75]人首次将分形维数引入至 PMSM 永磁体局部退磁故障诊断领域，针对 PMSM 永磁体局部退磁故障，采用时频分析方法中的 Choi-Williams 分布提取故障特征信号，对其进行盒维数计算，并将计算结果作为永磁体局部退磁故障的诊断依据。然而，作为 Cohen 类函数的一种，Choi-Williams 分布并没有完全解决交叉干扰项问题，存在交叉干扰项与时间-频率分辨率之间的矛盾。同时，为了获得故障前后较为明显的盒维数变化，文献对故障特征信号进行了二值化处理，处理过程中需要预先确定门限阈值，该门限阈值的确定是基于大量的实验分析,且随着电机运行工况的变化(驱动系统转速或负载变化)而变化的。因此,难以保证该方法的实际应用效果,但该方法的引入却为 PMSM 永磁体局部退磁故障诊断提供了解决问题的全新视角。

基于数据驱动的 PMSM 永磁体退磁故障诊断方法,可以在独立于电机参数和系统控制方式的前提下,通过对 PMSM 驱动系统输入、输出数据的分析与处理,获取 PMSM 永磁体退磁故障诊断依据。然而,对于该类方法而言,无论采取何种分析对象与处理技术,其本质均是利用 PMSM 局部退磁时所导致的永磁体等效物理结构的不对称性,处理并提取出表征故障的电气特征信号,并将其作为永磁体局部退磁故障的诊断依据。但对于永磁体均匀退磁而言,故障的存在并不会导致 PMSM 永磁体等效物理结构的变化,故不会出现上述表征永磁体局部退磁故障的电气特征信号,所以基于数据驱动的永磁体退磁故障诊断方法只适用于永磁体局部退磁故障的诊断,而不适用于永磁体均匀退磁故障的诊断。

此外,针对 PMSM 永磁体退磁故障诊断而言,一般采用无需增加驱动系统硬件开销的基于电流信号的诊断方法,而针对电动汽车这一特定应用领域,微弱的故障特征信号易受基波电流及 PMSM 驱动系统测量噪声影响而出现特征信号湮没问题,限制了其对永磁体局部退磁故障进行物理解释的难度和电气表征的直观性。为此,亟须开展微弱故障信号的有效提取及永磁体局部退磁故障直观表征的研究,实现 PMSM 永磁体局部退磁故障的有效准确诊断。

1.3.2 基于模型驱动的 PMSM 永磁体退磁故障诊断方法

基于模型驱动的永磁体退磁故障诊断方法通过对 PMSM 物理模型或数学模型分析而获得永磁体磁链全局信息,实现永磁体退磁故障的定性描述与定量诊断。

基于模型驱动的 PMSM 永磁体退磁故障诊断方法中,PMSM 有限元模型是实现永磁体退磁故障定性与定量诊断的有效手段[76,77],该方法通过对 PMSM 物理模型的分析与处理,获取 PMSM 永磁体磁链的准确信息,但其为物理模型,难以实现与实际 PMSM 驱动系统的衔接,且计算量大,无法实现 PMSM 永磁体磁链的实时获取及永磁体退磁故障的在线诊断,多用于 PMSM 设计过程中的永磁体抗退磁设计。

以进化算法为代表的人工智能由于具有较强的非线性处理能力,可以将 PMSM 永磁体磁链辨识问题转化为非线性系统的动态寻优问题,实现 PMSM 永磁体磁链的准确辨识,辨识结果可以用于永磁体退磁故障诊断,但如何降低其计算量,却仍是亟待解决的关键技术问题[78,79]。

另一类基于模型驱动的方法是采用动态数据处理技术构建永磁体磁链在线观测器,该方法能够为永磁体退磁故障诊断提供精确的定量数据,且便于与其他方案融合实现永磁体不同退磁故障模式识别与容错控制。为此,文献[80,81]分别采用龙伯格观测器和最小二乘法来实现永磁体磁链观测,然而由于该方法敏感于测量噪声,直接影响其实际应用效果。为解决噪声环境下的永磁体磁链辨识,清华大学肖曦团队采用扩展卡尔曼滤波算法,在假定其他 PMSM 参数恒定的条件下对永磁体磁链进行在线估计[82,83],取得了可供借鉴的研究成果;文传博等[84]人则将扩展卡尔曼滤波与小波变换相结合,提出一种同时在频域和时域进行永磁体磁链辨识的多尺度在线辨识方法,实现 PMSM 永磁体磁链的高精度在线辨识。然而受磁路饱和及运行温升的影响,定子电阻 R_s 和 d,q 轴电感 L_d,L_q 均将出现一定程度的变化[85],影响永磁体磁链辨识精度。为此,文献[86]将 R_s,L_d,L_q 变化对永磁体磁链辨识精度的影响程度用诊

断误差因子 μ 来表征，μ 较小时，认为 R_s、L_d、L_q 变化对永磁体磁链辨识精度的影响较小，基于最小二乘法获得的永磁体磁链辨识结果可以作为 PMSM 永磁体退磁故障定性诊断的依据；μ 较大时，则认为永磁体磁链辨识精度受参数 R_s、L_d、L_q 变化的影响较大，此时采用辨识结果上限与设定阈值的比较结果作为 PMSM 永磁体退磁故障定性诊断的依据。安群涛等[87]人建立了辨识 R_s、L_d、L_q 及永磁体磁链 ψ_f 的自适应模型，实现了 PMSM 多参数的同时辨识，消除 R_s、L_d、L_q 参数变化对永磁体磁链辨识结果的影响，然而采用自适应算法进行多参数同时辨识时，确保辨识参数收敛的自适应率确定较为困难[78]，极易出现因辨识方程欠秩而导致的辨识结果不收敛，且辨识结果的唯一性缺乏理论性支撑。为此，文献[89]针对面装式永磁同步电机（SMPMSM）提出了一种基于模型参考自适应算法的分步辨识方法，文献首先利用 d 轴电压方程估算出电枢电感 L_s，再利用获得的电枢电感来实现永磁体磁链 ψ_f 和定子电阻 R_s 的满秩辨识，由于 SMPMSM 多采用 $i_d=0$ 控制方式，为实现 ψ_f 和 R_s 的同时辨识，该方法需要注入一定频率及幅值的 d 轴扰动电流，影响了系统的稳态性能。文献[90]则基于内嵌式永磁同步电机（IPMSM）R_s、ψ_f、L_d、L_q 4 个电磁参数的不同时间尺度，将其分成缓变参数和速变参数，并采用两个不同时间尺度的最小二乘法实现两组参数的实时辨识，为了保证辨识算法收敛及慢时间尺度最小二乘法的辨识精度，该方法仍需注入频率及幅值合理的 d 轴扰动电流，直接影响 PMSM 驱动系统性能。

基于 PMSM 动态数学模型并与人工智能算法或动态数据递推相结合设计出的永磁体磁链观测器可以实现永磁体磁链幅值的直接观测，实现永磁体退磁故障的定性诊断，但无法识别不同退磁故障模式，即无法区分退磁故障是局部退磁故障还是均匀退磁故障，而且这类非线性辨识方法对待辨识参数初始值的设定要求较高[91,92]。同时，考虑到上述方法的辨识结果易受测量噪声、电机参数变化、辨识模型欠秩、确保多参数同时收敛的自适应率难以合理确定等一个或多个因素的联合影响与制约，此外，在实际应用中尚需统筹考虑辨识精度和辨识速度，解决在保证辨识结果唯一的前提下实现永磁体磁链辨识结果的全局最优，并对测量噪声拥有较强鲁棒性等关键技术。

1.3.3 基于高频信号注入法的 PMSM 永磁体退磁故障诊断方法

高频信号注入法[93,94]将永磁体退磁前后 PMSM 磁路状态的变化所引起的 PMSM 电气特性的改变作为永磁体退磁故障的诊断判据，该方法能够同时进行永磁体局部退磁故障、永磁体均匀退磁故障的诊断，实现两种故障模式的有效识别，基本实现思路为：PMSM 驱动系统运行过程中，受电机磁路饱和的影响，PMSM 定子瞬态电感与气隙磁通之间存在图 1.3 所示关系，在假设永磁体磁场 ϕ_m 不变前提下，若在 PMSM 静止状态下施加一方向和幅值均可控的外磁场 ϕ_s，即可改变 PMSM 磁路饱和状态，从而改变电机定子瞬态电感与定子电流。

外磁场 ϕ_s 可以通过向逆变器注入由式(1.2)描述的电压矢量产生[93]，即有

$$\begin{cases} v_{as}^*(\theta,\omega t) = V\cos\theta \times \text{squ}(\omega t) \\ v_{bs}^*(\theta,\omega t) = V\cos(\theta - 2\pi/3) \times \text{squ}(\omega t) \\ v_{cs}^*(\theta,\omega t) = V\cos(\theta + 2\pi/3) \times \text{squ}(\omega t) \end{cases} \quad (1.2)$$

式中，V 为电压幅值，$\text{squ}(\omega t)$ 代表频率为 ω 的方波信号。

定义：

$$I_{pn} = I_p + I_n \quad (1-3)$$

其中，I_p 表示 ϕ_m 与 ϕ_s 方向相同的定子电流，I_n 表示 ϕ_m 与 ϕ_s 方向相反的定子电流。

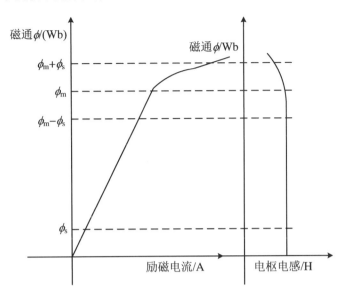

图 1.3　电感和磁通关系曲线

若 ϕ_s 为一幅值可控的脉振磁场，则 I_{pn} 将随 θ 变化呈现出图 1.4 所示的正弦变化规律[94]。一旦出现永磁体均匀退磁故障，在相同位置施加同一激励时，PMSM 磁路饱和程度下降，等效电感增加，导致 I_{pn} 峰值电流减小；若出现永磁体局部退磁故障，则合成磁场的中性面及 I_{pn} 过零点均将发生偏移。所以，该方法不仅能实现永磁体局部退磁与均匀退磁故障的诊断，亦可实现两种故障模式的有效识别[71]。

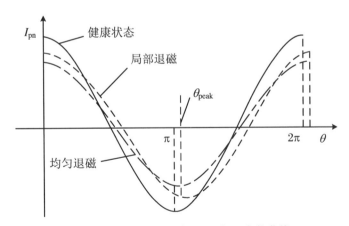

图 1.4　局部退磁和均匀退磁时 I_{pn} 变化曲线

尽管该方法所需高频信号可以通过 PMSM 驱动系统逆变器产生，并实现永磁体均匀退磁和局部退磁故障的诊断及两种不同故障模式的识别，但必须在电机静止状态下实施，无法做到实时、在线的永磁体退磁故障诊断，且需要根据永磁体退磁程度的不同叠加不同幅值的高频激励电流，因此会导致 PMSM 驱动系统损耗的增加。

参 考 文 献

[1] 王秀和. 永磁电机[M]. 北京：中国电力出版社，2011.

[2] 唐任远. 现代永磁电机理论与设计[M]. 北京：机械工业出版社，2016.

[3] 唐任远. 稀土永磁电机的关键技术与高性能电机开发[J]. 沈阳工业大学学报，2005，27(2)，162-170.

[4] Zhu Z，Howe D，Bolte E，et al. Instantaneous magnetic field distribution in brushless permanent magnet DC motors. I. Open-circuit field[J]. IEEE transactions on magnetics，1993，29，124-135.

[5] Zhu Z，Howe D. Instantaneous magnetic field distribution in brushless permanent magnet DC motors. II . Armature-reaction field[J]. IEEE transactions on magnetics，1993，29，136-142.

[6] Zhu Z，Howe D. Instantaneous magnetic field distribution in brushless permanent magnet DC motors. III. Effect of stator slotting[J]. IEEE transactions on magnetics，1993，29，143-151.

[7] Zhu Z，Howe D. Instantaneous magnetic field distribution in permanent magnet brushless DC motors. IV. Magnetic field on load[J]. IEEEtransactions on magnetics，1993，29，152-158.

[8] 张东. 新型双定子永磁电机的设计与研究[D]. 上海：上海大学，2008.

[9] 章跃进，江建中. 旋转电机磁场计算数值解析结合法研究[M]. 上海：上海大学出版社，2009.

[10] 刘瑞芳. 基于电磁场数值计算的永磁电机性能分析方法研究[D]. 南京：东南大学，2002.

[11] Richter E，Neumann T. Line start permanent magnet motors with different materials[J]. IEEEtransactions on magnetics[J]. 1984，20，1762-1764.

[12] Sebastian T，Slemon G，Rahman M，et al. Modelling of permanent magnet synchronous motors[J]. IEEEtransactions on magnetics，1986，22，1069-1071.

[13] Bianchi N，Bolognani S，Frare P，et al. Design criteria for high-efficiency SPM synchronous motors[J]. IEEEtransactions on energy conversion，2006，21，396-404.

[14] 李钟明，陈法善. 稀土永磁电机[J]. 航空科学技术，1996，19-22.

[15] Nakamura K，Saito K，Ichinokura O，et al. Dynamic analysis of interior permanent magnet motor based on a magnetic circuit model[J]. IEEE transactions on magnetics，2003，39，3250-3252.

[16] 周洁，谢卫，汪国梁，等. 用等效磁网络法与有限元法计算永磁电机参数的比较[J]. 西安交通大学学报，1998，032(004)，23-26.

[17] 郑文鹏，江建中，李永斌，等. 基于三维磁网络法E型铁心横向磁场电机的设计与研究[J]. 中国电机工程学报，2004，24(08)，138-141.

[18] Qishan G，Hongzhan G. Effect of slotting in PM electric machines[J]. Electric machines and power systems，1985，10，273-284.

[19] Qishan G，Hongzhan G. The fringing effect in PM electric machines[J]. Electric machines and power systems，1986，11，159-169.

[20] Qishan G，Hongzhan G. Air gap field for PM electric machines[J]. Electric machines and power systems，1985，10，459-470.

[21] Kim U，Lieu D K. Magnetic field calculation in permanent magnet motors with rotor eccentricity：with slotting effect considered[J]. IEEE transactions on magnetics，1998，34，2253-2266.

[22] Campbell P，Chari M，D'Angelo J. Three-dimensional finite element solution of permanent magnet machines[J]. IEEE transactions on magnetics，1981，17，2997-2999.

[23] Pavlik D，Garg V，Repp J，et al. A finite element technique for calculating the magnet sizes and

inductances of permanent magnet machines[J]. IEEE transactions on energy conversion, 1988, 3, 116-122.

[24] 杨玉波,王秀和,陈谢杰,等. 基于不等槽口宽配合的永磁电动机齿槽转矩削弱方法[J]. 电工技术学报, 2005, 20(03): 40-44.

[25] 杨玉波,王秀和,张鑫,等. 磁极偏移削弱永磁电机齿槽转矩方法[J]. 电工技术学报, 2006, 21(10): 22-25+61.

[26] Yang Y, Wang X, Zhang R, et al. The optimization of pole arc coefficient to reduce cogging torque in surface-mounted permanent magnet motors[J]. IEEE transactions on magnetics, 2006, 42, 1135-1138.

[27] 王秀和,杨玉波,丁婷婷,等. 基于极弧系数选择的实心转子永磁同步电动机齿槽转矩削弱方法研究[J]. 中国电机工程学报, 2005, 25(15): 146-149.

[28] 章跃进,江建中,崔巍. 数值解析结合法提高电机磁场后处理计算精度[J]. 中国电机工程学报, 2007, 27(03): 68-72.

[29] 母果姿,叶云岳. 基于SolidWorks的电机二维CAD系统的开发[J]. 机电工程, 2005, 22(05): 1-4.

[30] 王旻晖,许第洪. 基于SolidWorks平台的电机虚拟设计系统的研究[J]. 电气制造, 2008, 0(1): 66-69.

[31] 叶联琨. 无铁心直流永磁盘式电机虚拟样机技术[D]. 武汉: 华中科技大学, 2009.

[32] 邓维锋. 新型ALA-PM组合式转子电机虚拟样机技术[D]. 武汉: 华中科技大学, 2009.

[33] 吴迪. 新型横向磁通轮毂电机直驱系统专用电磁离合器研究[D]. 武汉: 华中科技大学, 2011.

[34] Liu K, Zhang Q A, Chen J T, et al. Online multiparameter estimation of nonsalient-pole PM synchronous machines with temperature variation tracking[J]. IEEE transactions on industrial electronics, 2011, 58, 1776-1788.

[35] Sebastian T. Temperature effects on torque production and efficiency of PM motors using NdFeB magnets[J]. IEEE transactions on industry applications, 1995, 31, 353-357.

[36] Ramakrishnan R, Islam R, Islam M, et al. Real time estimation of parameters for controlling and monitoring permanent magnet synchronous motors[C]. IEEE International Electric Machines & Drives Conference, 2009.

[37] Springob L, Holtz J. High-bandwidth current control for torque-ripple compensation in PM synchronous machines[J]. IEEE transactions on industrial electronics, 1998, 45, 713-721.

[38] Hoang L H, Slimani K, Viarouge P. Analysis and implementation of a real-time predictive current controller for permanent-magnet synchronous servo drives[J]. IEEE transactions on industrial electronics, 1994, 41, 110-117.

[39] 王宏佳,徐殿国,杨明. 永磁同步电机改进无差拍电流预测控制[J]. 电工技术学报, 2011, 26, 39-45.

[40] Wang H J, Yang M, Niu L, et al. Improved deadbeat predictive current control strategy for permanent magnet motor drives[C]. IEEE Conference on Industrial Electronics and Applications, 2011.

[41] Bode G H, Loh P C, Newman M J, et al. An improved robust predictive current regulation algorithm[J]. IEEE transactions on industry applications, 2005, 41, 1720-1733.

[42] 牛里,杨明,刘可述,等. 永磁同步电机电流预测控制算法[J]. 中国电机工程学报, 2012, 32, 131-137.

[43] Chen W H, Yang J, Guo L, et al. Disturbance-observer-based control and related methods-an overview[J]. IEEE transactions on industrial electronics, 2016, 63, 1083-1095.

[44] Guo L, Cao S Y. Anti-disturbance control theory for systems with multiple disturbances: a survey[J]. ISA transactions, 2014, 53, 846-849.

[45] Mohamed Y. A. R. I, El-Saadany F. Robust high bandwidth discrete-time predictive current control

with predictive internal model - A unified approach for voltage-source PWM converters[J]. IEEE transactions on power electronics, 2008, 23, 126-136.

[46] Mohamed Y, Lee T K. Adaptive self-tuning MTPA vector controller for IPMSM drive system[J]. IEEE transactions on energy conversion, 2006, 21, 636-644.

[47] Underwood S J, Husain I. Online parameter estimation and adaptive control of permanent-magnet synchronous machines[J]. IEEE transactions on industrial electronics, 2010, 57, 2435-2443.

[48] 杨立永, 张云龙, 陈智刚, 等. 基于参数辨识的PMSM电流环在线自适应控制方法[J]. 电工技术学报, 2012, 27, 86-91.

[49] Jeong S J, Song S H. Improvement of predictive current control performance using online parameter estimation in phase controlled rectifier[J]. IEEE transactions on power electronics, 2007, 22, 1820-1825.

[50] Mohamed Y. A. R. I, El-Saadany E F. An improved deadbeat current control scheme with a novel adaptive self-tuning load model for a three-phase PWM voltage-source inverter[J]. IEEE transactions on industrial electronics, 2007, 54, 747-759.

[51] Gatto G, Marongiu I, Serpi A. Discrete-time parameter identification of a surface-mounted permanent magnet synchronous machine[J]. IEEE transactions on industrial electronics, 2003, 60, 4869-4880.

[52] Huang Y, Xue W C. Active disturbance rejection control: methodology and theoretical analysis[J]. ISA transactions, 2014, 53, 963-976.

[53] 左月飞, 符慧, 刘闯, 等. 永磁同步电机调速系统的一种新型二自由度控制器[J]. 电工技术学报, 2016, 31, 140-146.

[54] Ohishi K, Ohnishi K, Miyachi K. Torque-speed regulation of DC motor based on load torque estimation method[C]. Proceedings of the International Power Electronics Conference, Tokyo, Japan, March 27-31, 1983

[55] Sariyildiz E, Ohnishi K. A guide to design disturbance observer[J]. Journal of dynamic systems measurement and control, 2014, 136.

[56] Kyeong-Hwa K, Myung-Joong Y. A simple and robust digital current control technique of a PM synchronous motor using time delay control approach[J]. IEEE transactions on power electronics, 2001, 16, 72-82.

[57] Kyeong-Hwa K, In-Cheol B, Gun-Woo M, et al. A current control for a permanent magnet synchronous motor with a simple disturbance estimation scheme[J]. IEEE transactions on control systems technology, 1999, 7, 630-633.

[58] Jin H, Lee J. An RMRAC current regulator for permanent-magnet synchronous motor based on statistical model interpretation[J]. IEEE transactions on industrial electronics, 2009, 56, 169-177.

[59] Mohamed Y. Design and implementation of a robust current-control scheme for a PMSM vector drive with a simple adaptive disturbance observer[J]. IEEE transactions on industrial electronics, 2007, 54, 1981-1988.

[60] Le Roux W, Harley R G, Habetler T G. Detecting rotor faults in low power permanent magnet synchronous machines[J]. IEEE transaction on power electronics, 2007, 22(1), 322-328.

[61] Riba Ruiz J R, Rosero J A, Garcia E, et al. Detection of demagnetization faults in permanent magnet synchronous motors under non-stationary conditions[J]. IEEE transactions on magnetics, 2009, 45(7), 2961-2969.

[62] Zhao G X, Tian L J, Shen Q P, et al. Demagnetization analysis of permanent magnet synchronous machines under short circuit fault[C]. Proceedings of the Asia-Pacific Power and Energy Engineering

Conference, Chengdu, China, March 28-31, 2010

[63] Rosero J A, Romeral L, Ortega J A, et al. Demagnetization fault detection by means of Hilbert-Huang transforms of the stator current decomposition in PMSM[C]. Proceedings of the International Symposium on Industrial Electronics, Cambridge, UK, June 30-July 2, 2008

[64] Resero J A, Cusido J, Garcia A, et al. Study on the permanent magnet demagnetization fault in permanent magnet synchronous machines[C]. Proceedings of the 32nd Annual Conference on IEEE Industrial Electronics, Paris, France, November 6-10, 2006

[65] Urresty J, Riba J, Saavedra H, et al. Analysis of demagnetization faults in surface-mounted permanent magnet synchronous motors with symmetric windings[C]. Proceedings of the 8th IEEE Symposium on Diagnostics for Electrical Machines, Power Electronics and Drives, Bologna, Italy, September 5-8, 2011

[66] Casadei D, Filippetti F, Rossi C, et al. Magnets fault characterization for permanent magnet synchronous motors[C]. 2009 IEEE International Symposium on Diagnostics for Electric Machines, Power Electronics and Drives, Cargese, 2009, 1-6.

[67] Urresty J C, Riba J R, Delgado M, et al. Detection of demagnetization faults in surface mounted permanent magnet synchronous motors by means of the zero-sequence voltage component [J]. IEEE transaction on energy conversion, 2012, 27, 42-51.

[68] Torregrossa D, Khoobroo A, Fahimi B. Prediction of acoustic noise and torque pulsation in PM synchronous machines with static eccentricity and partial demagnetization using field reconstruction method[J]. IEEE transaction on industrial electronics, 2012, 59(2), 934-944.

[69] Liu L. Robust fault detection and diagnosis for permanent magnet synchronous motors [D]. Florida: florida state university, 2006.

[70] Espinosa A G, Rosero J, Cusido J, et al. Fault detection by means of Hilbert-Huang Transform of the stator current in a PMSM with demagnetization[J]. IEEE transaction on energy conversion. 2010, 25(2), 312-318.

[71] Rosero J, Romeral L, Rosero E, et al. Fault detection in dynamic conditions by means of discrete wavelet decomposition for PMSM running under bearing demage[C]. 24th Annual IEEE Applied Power Electronics Conference and Exposition, Washington, 2009, 952-956.

[72] Wang Z F, Yang J Z, Ye H P, et al. A review of permanent magnet synchronous motor fault diagnosis[C]. IEEE Transporation Electrificaiton Conference and Expo, Beijing, 2014, 1-5.

[73] Lobos T, Rezmer J, Sikorski T, et al. Power distortion issues in wind turbine power systems under transient states[J]. Turkish Journal of Electrical Engineering and Computer Science, 2008, 16(3), 229-238.

[74] 冯志华, 朱忠奎, 刘刚, 等. 经验模态分解的小波消失现象[J]. 数据采集于处理, 2006, 21(4), 478-481.

[75] Riba Ruiz J R, Urresty J C, Ortega J. A Feature extraction of demagnetization faults in permanent-magnet synchronous motors based on box-counting fractal dimension [J]. IEEE transactions on industry electronics, 2011, 58(5), 1594-1605.

[76] Ruschetti C, Bossio G, De Angelo C, et al. Effects of partial rotor demagnetization on permanent magnet synchronous machines[C]. International Conference on Industrial Technology, Vina del Mar, 2010, 1233-1238.

[77] Kim K C, Kim K, Kim H J, et al. Demagnetization analysis of permanent magnets according to rotor types of interior permanent magnet synchronous motor[J]. IEEE transactions on magnetics, 2009, 45(6), 2799-2802.

[78] 肖曦, 许青松, 王雅婷, 等. 基于遗传算法的内埋式永磁同步电机参数辨识方法[J]. 电工技术学报,

2014,29(3),21-26.

[79] Liu G H, Zhang J, Liu Z H. Parameter identification of PMSM using immune clonal selection differential evolution algorithm[J]. Mathematical problems in engineering, 2014,1-10.

[80] Henwood N, Malaize J, Praly L. A robust nonlinear Luenberger observer for the sensorless control of SMPMSM: Rotor position and magnets flux estimation[C]. 38th Annual Conference on IEEE Industrial Electronics Society, Canada, Montreal, 2012, 1625-1630.

[81] Wang S. Windowed least square algorithm based PMSM parameters estimation[J]. Mathematical problems in engineering, 2013, 2013(1), 1-11.

[82] 肖曦,张猛,李永东. 永磁同步电机永磁体状况在线监测[J]. 中国电机工程学报,2007,27(24):43-47.

[83] Xiao X, Chen C M, Zhang M. Dynamic permanent magnet flux estimation of permanent magnet synchronous machines[J]. IEEE Transactions on applied superconductivity, 2010, 20(3), 1085-1088.

[84] 文传博,齐亮. 永磁同步电机磁链信息在线监测新方法[J]. 电力系统及其自动化学报,2010,22(2),22-26.

[85] Ramakrishnan R, Islam R, Islam M, et al. Real time estimation of parameters for controlling and monitoring permanent magnet synchronous motors[C]. IEEE International electric machines and drives conference, United State, Miami, 2009:1194-1199.

[86] Lee J, Jeon Y J, Choi D C, et al. Demagnetization fault diagnosis method for PMSM of electric vehicle[J]. 39th Annual Conference of the IEEE industrial Electronics Society, 2013:2709-2713.

[87] 安群涛,孙力,赵克. 一种永磁同步电动机参数的自适应在线辨识方法[J]. 电工技术学报,200,23(6),31-36.

[88] Liu K, Zhang Q, Chen J T, et al. Online multiparameter estimation of nonsalient-pole PM synchronous machines with temperature variation tracking[J]. IEEE Transactions on industrial electronics, 2011,58(5),1776-1788.

[89] 杨宗军,王莉娜. 表贴式永磁同步电机的多参数在线辨识[J]. 电工技术学报,2014,29(3),111-118.

[90] Underwood S J, Husain I. Online parameter estimation and adaptive control of permanent-magnet synchronous machines[J]. IEEE Transactions on industrial electronics, 2010,57(7),2435-2443.

[91] Fliess M, Sira-Ramırez H. An algebraic framework for linear identification[J]. Control, optimization and calculus of variations,2003, 9,151-168.

[92] Cortes-Romero J A, Luviano-Juarez A, Alvarez-Salas R, et al. Fast identification and control of an uncertain brushless DC motor using algebraic methods[C]. Power Electronics Congress,2010,9-14.

[93] Hong J, Hyun D, Lee S B, et al. Automated monitoring of magnet synchronous motors at standstill [J]. IEEE Transactions on industry applications,2010,46(4),1397-1405.

[94] Hong J, Hyun D, Kang T J, et al. Detection and classification of rotor demagnetization and eccentricity faults for PM motors[C]. 3rd Annual IEEE Conversion Congress and Exposition, Phoenix, 2011, 2512-2519.

第 2 章　PMSM 设计

2.1　PMSM 拓扑与运行原理

磁场是电机能量转换的基础。根据建立磁场的方法,电机可分为电励磁电机和永磁电机。与传统的电励磁电机相比,永磁电机,特别是稀土永磁电机具有结构简单、运行可靠、体积小、质量轻、损耗少、效率高以及电机的形状和尺寸可以灵活多样等优点[1-2]。

永磁同步电机(PMSM)按照其电枢绕组所流过的电流波形分类,可以分为两类:一类是方波或梯形波供电的永磁无刷直流电机(BDCM);另一类是正弦波供电的正弦波永磁同步电机。通常所说的永磁同步电机指的是正弦波永磁同步电机。与一般同步电机相同,正弦波PMSM 定子绕组通常采用三相对称的正弦分布绕组,转子则采用特殊形状的永磁体来确保气隙磁密沿空间呈正弦分布。这样,当电机定子绕组通入三相对称正弦波电流时,定子三相绕组所感应出的电势则为正弦波电势,电机将产生连续的电磁转矩,正弦波永磁同步电机即由此得名。

PMSM 按转子上有无起动绕组,又可分为无起动绕组的电动机(用于变频器供电的场合,利用频率的逐步升高而起动,并随着频率的改变而调节转速,常称为调速永磁同步电动机)和有起动绕组的电动机(既可用于调速运行,又可在某一频率和电压下利用起动绕组所产生的异步转矩起动,常称为异步起动永磁同步电动机)。永磁同步电动机按工作主磁场方向的不同,可分为径向磁场式和轴向磁场式;按电枢绕组位置的不同,可分为内转子式和外转子式[3]。近年来,外转子永磁同步电动机在一些领域得到了广泛的应用。它的主要优点在于电动机绕组转动惯量比常规永磁同步电动机大,且电枢铁心直径可以做得较大,从而提高了在不稳定负载下电动机的效率和输出功率。外转子永磁同步电动机除结构与常规永磁同步电动机有区别外,其他均相同,本书不再对其进行详细讨论。下面以内转子式 PMSM 为例分析其拓扑与运行原理。

2.1.1　PMSM 拓扑结构

2.1.1.1　PMSM 结构

与其他旋转电机一样,PMSM 由定子和转子组成,定子与转子之间存在气隙,图 2.1 为典型的永磁同步电动机横截面结构示意图。

1. 定子结构

永磁同步电动机的定子结构与感应电动机相同。为减小磁场引起的涡流损耗和磁滞损耗,定子铁心通常由 0.5 mm 厚的硅钢片叠压而成,上面冲有均匀分布的槽,内嵌三相对称绕组。定子槽形通常采用半闭口槽,如图 2.2 所示,定子梨形槽的槽面积利用率高,冲模寿命长,且槽绝缘的弯曲程度较小,不易损伤,应用广泛。定子绕组通常由圆铜线绕制而成,为减小杂散损耗,大多采用双层短距和星形接法,小功率电动机中也有的采用单层绕组。一般来说,矩形波永磁同步电动机通常采用集中式整距绕组,而正弦波永磁同步电动机更常采用分布式短距绕组。

在永磁同步电动机中,为减小绕组产生的磁动势空间谐波,使之更接近正弦分布以提高电动机的有关性能,采用了一些非常规绕组,可大大减小电动机转矩脉动,提高电动机运行平稳性。同时,永磁同步电动机的气隙长度是关键设计变量,尽管它对这类电动机无功电流的影响不如对感应电动机那么敏感,但是它对电动机的交、直轴电抗影响很大,进而影响到电动机的其他性能。此外,气隙长度的大小还对电动机的装配工艺和电动机的杂散损耗有着较大的影响。

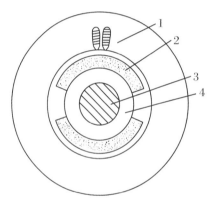

图 2.1 永磁同步电机横截面示意图
1—定子 2—永磁体 3—转轴 4—转子铁心

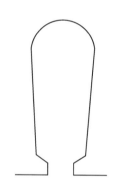

图 2.2 定子梨形槽结构

2. 转子结构

如图 2.1 所示的永磁同步电机横截面示意图,转子结构一般由转子铁心、转轴、永磁体组成。转子铁心可以做成实心的,也可以采用叠片叠压而成。按照转子是否有起动笼,可将转子结构分为实心永磁转子和笼型永磁转子两种。实心永磁转子磁极结构如图 2.3 所示,铁心由整块钢加工而成,上面铣出槽以放置永磁体。这种结构可借由旋转磁场在转子铁心感应的涡流产生的转矩起动,无需起动绕组。有时为提高起动转矩,采用表面镀铜的方法增大涡流。笼型永磁转子是最常见的结构,转子铁心由 0.5 mm 厚的硅钢片叠压而成,上面冲有均匀分布的槽,通常采用半闭口槽,但由于转子上要放置永磁体,槽一般不深,电流的趋肤效应没有同功率感应电动机那么明显。

2.1.1.2 PMSM 的转子磁路结构

永磁同步电动机永磁体放置在转子上,其放置方式影响到气隙磁通、漏磁乃至电机的性能,是永磁同步电动机设计中的核心问题。因此,根据永磁体在转子上位置的不同,永磁同步电动机主要可分为表面式和内置式两种转子磁路结构。

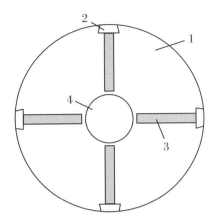

图 2.3 实心永磁转子磁极结构
1—铁心 2—槽楔 3—永磁体 4—转轴

1. 表面式转子磁路结构

表面式永磁同步电机的转子拓扑结构,特点是永磁体位于转子表面,并且根据永磁体的具体位置不同,即是否嵌入转子铁芯从而对电机的 d,q 轴电感产生影响分为表面凸出式和表面插入式两种,分别如图 2.4(a)和 2.4(b)所示。表面凸出式永磁同步电机的永磁体位于转子铁芯外表面,转子不具有凸极效应,因而不产生磁阻转矩。此外,由于表面凸出式结构的永磁体直接暴露在电枢反应场中容易发生退磁,因此电机的弱磁能力受到限制。而表面插入式结构的永磁体是嵌入转子铁芯中的,直轴电感大于交轴电感,转子具有凸极效应,因而有磁阻转矩产生,可以利用磁阻转矩有效提高电机的功率密度。但是与表面凸出式转子结构相比,表面插入式转子结构电机的漏磁系数和制造成本均较大。

表面式转子磁路结构的优点有制造工艺简单、成本低等,因而应用较为广泛,适用于矩形波永磁同步电动机[4],但由于其表面无法安装起动绕组,不能实现异步起动。

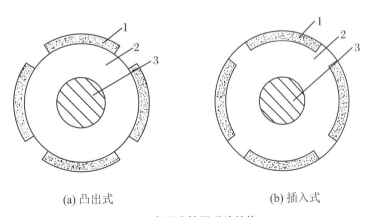

(a) 凸出式　　　　　　　　(b) 插入式

图 2.4 表面式转子磁路结构
1—永磁体 2—转子铁心 3—转轴

2. 内置式转子磁路结构

内置式永磁同步电动机的转子拓扑结构,特点是永磁体在转子内部,因此这种转子结构具有稳定、可以防止电机在高速运转时发生永磁体脱落等优点,电机运行的安全性比较高。具备这种结构的电机转子,通常交轴磁阻小于直轴磁阻,转子磁路不对称,由此产生的磁阻转矩可以使电机过载能力和功率密度获得提高,还能使电机弱磁能力获得提高,在恒功率运行区域易于实现弱磁扩速。内置式结构的缺点是漏磁大,需要采取一定的隔磁措施,转子机械强度也较差。

根据永磁体充磁方向的不同,可以将内置式永磁同步电机的转子结构分为径向式、切向式和混合式3种。下面以异步启动永磁同步电机为例分析3种转子磁路结构。

图2.5中给出了径向式转子拓扑结构的示意图,永磁体沿径向充磁,其特点为转子机械强度较高,结构简单可靠,不需要在转轴上采取相应的隔磁措施,能够充分调整极弧系数,永磁体的安装固定工艺较为简单等。图2.5(a)和2.5(b)分别是一字形和V字形磁路结构,永磁体轴向插入永磁体槽并通过隔磁磁桥限制漏磁,结构简单、运行可靠,转子机械强度高,因而近年来应用较为广泛。图2.5(b)比图2.5(a)提供了更大的永磁体空间,可进一步提高电磁转矩。

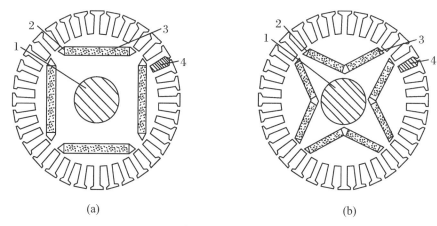

图 2.5　内置径向式转子磁路结构

1—转轴　2—永磁体槽　3—永磁体　4—转子导条

图2.6中给出了切向式转子拓扑结构的示意图,永磁体沿切向充磁这种结构能够有效增大磁通面积,提高有效气隙磁通。但是采用这种结构会面临电机漏磁这种较大的问题,尤其是当电机高速运行时,永磁体会承受很大的离心力,因此这种结构的应用对机械结构的要求比较高,即采用切向式转子磁拓扑结构的内置式永磁同步电机时制造成本较高。

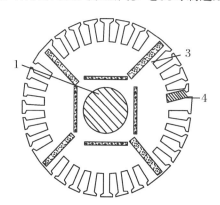

图 2.6　内置切向式转子磁路结构

图 2.7 中给出了混合式转子拓扑结构的示意图,每块永磁体的充磁方向既不平行于径向,也不平行于切向,并且都可以分解得到径向分量和切向分量,这种结构兼具了上述两种转子结构的优点。与此同时,其结构和制造工艺也更加复杂,相应的制造成本也较高[4]。

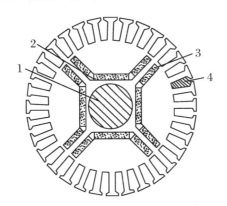

图 2.7 内置混合式转子磁路结构
1—转轴 2—永磁体槽 3—永磁体 4—转子导条

2.1.2 PMSM 运行原理

当三相电流通入永磁同步电机的三相对称绕组中时,电流产生的磁动势合成为幅值大小不变的旋转磁动势,由于其幅值大小不变,这个旋转的磁动势轨迹形成一个圆,被称为圆形旋转波磁动势,其大小正好为单相磁动势最大幅值的 1.5 倍,即

$$F = \frac{3}{2}F_{\varphi 1} = \frac{3}{2} \times 0.9k\frac{NI}{p} \tag{2.1}$$

式中,$F_{\varphi 1}$ 表示单相磁动势最大幅值(A);K 表示基波绕组系数;p 表示电机极对数;N 表示每一线圈的串联匝数;I 表示线圈中流过电流的有效值(A)。

由于永磁同步电机转速恒为同步转速,转子主磁场和定子圆形旋转磁动势产生的旋转磁场保持相对静止。两个磁场相互作用,在定子与转子之间的气隙中形成一个合成磁场,它与转子主磁场相互作用便产生电机旋转的电磁转矩。

$$T_e = kB_R B_\delta \sin\theta \tag{2.2}$$

式中,T_e 表示电磁转矩(N·m);θ 表示功率角(rad);B_R 表示转子主磁场(T);B_δ 表示气隙合成磁场(T)。

永磁同步电动机与电励磁凸极同步电动机拥有相似的内部电磁关系,故可采用双反应理论来研究。需要指出的是,由于永磁同步电动机转子直轴磁路中永磁体的磁导率很小,使得电动机直轴电枢反应电感一般小于交轴电枢反应电感。针对这一特点,在分析永磁同步电动机时,经常把负载电流分解为直轴电流和交轴电流两个分量。永磁同步电机物理模型如图 2.8 所示,以平行于转子合成磁场为 d 轴,垂直于转子合成磁场为 q 轴建立 d,q 轴坐标系[5-6]。

电动机稳定运行于同步转速时,当永磁同步电机容量较大时通常忽略电阻 R,根据双反应理论可写出永磁同步电动机的电压方程,即

$$U = E_0 + jI_d I_d + jI_q I_q \tag{2.3}$$

式中,U 表示电机相电压(V);E_0 表示单相的空载反电动势有效值(V);I_d,I_q 表示直、交轴

电枢电流(A);X_d,X_q表示直、交轴同步电抗。

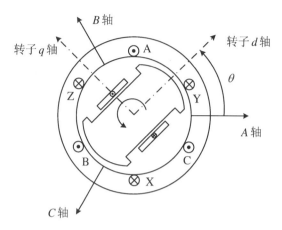

图 2.8 永磁同步电动机物理模型

永磁同步电机从电源吸收的有功功率扣除在三相绕组中消耗的铜损耗后,为电机电磁功率,如果忽略三相绕组的电阻,电磁功率可表示为

$$P_{em} = 3P_S = 3U_S I_S \cos \varphi \tag{2.4}$$

式中,P_{em}表示电机总电磁功率(W);P_S表示单相电磁功率(W);U_S表示定子单相电压(V);I_S表示定子单相电流(A);φ表示功率因数角。d,q轴的电压方程为

$$\begin{cases} I_d X_d = E_0 - U_S \cos \theta \\ I_q X_q = U_S \sin \theta \end{cases} \tag{2.5}$$

根据永磁同步电动机的电压方程式可以画出相量图,如图 2.9 所示。

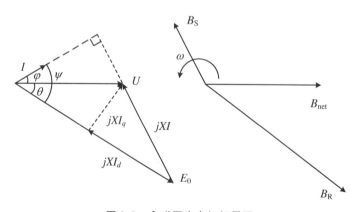

图 2.9 永磁同步电机相量图

由永磁同步电动机的相量图可知 $\varphi = \psi - \theta$,于是有

$$P_{em} = UI_S \cos \psi \cos \theta + UI_S \sin \psi \sin \theta \tag{2.6}$$

另外,根据相量图可得

$$\begin{cases} I_d = I_S \sin \psi \\ I_q = I_S \cos \psi \end{cases} \tag{2.7}$$

联立式(2.5)~式(2.7)可得

$$P_{em} = U \cos \theta \frac{U \sin \theta}{X_q} + U \sin \theta \frac{E_0 - U \cos \theta}{X_d}$$

$$= \frac{E_0 U \sin\theta}{X_d} + \frac{1}{2} U^2 \left(\frac{1}{X_q} - \frac{1}{X_d} \right) \sin 2\theta \qquad (2.8)$$

考虑永磁同步电动机的三相功率，P_{em} 表示为

$$P_{em} = 3\frac{E_0 U}{X_d}\sin\theta + \frac{3}{2}U^2\left(\frac{1}{X_q} - \frac{1}{X_d}\right)\sin 2\theta \qquad (2.9)$$

由电磁功率可获得电磁转矩，其中 Ω 为转子机械角速度，则有

$$T_{em} = \frac{P_{em}}{\Omega} = 3\frac{E_0 U}{\Omega X_d}\sin\theta + \frac{3U^2(X_d - X_q)}{2\Omega X_q X_d}\sin 2\theta \qquad (2.10)$$

可见，永磁同步电动机电磁功率有两部分：前一部分称为永磁转矩，是主要的转矩；后一部分是由 $X_d \neq X_q$ 引起的，称为磁阻转矩。由电磁转矩的表达式可以看出，永磁同步电机的电磁转矩 T_{em} 是仅与 θ 有关的函数，当 θ 角改变时，T_{em} 也跟着变化，永磁同步电动机的矩角特性如图 2.10 所示。

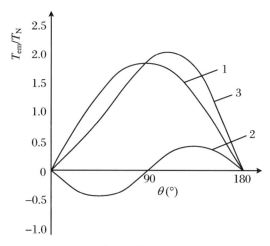

图 2.10 永磁同步电机矩角特性

图 2.10 中，曲线 1 为式(2.10)中第 1 项由永磁气隙磁场与定子电枢反应磁场相互作用产生的基本电磁转矩，又称永磁转矩；曲线 2 为式(2.10)中第 2 项，即由于电动机 d、q 轴磁路不对称而产生的磁阻转矩；曲线 3 为曲线 1 和曲线 2 的合成。由于永磁同步电动机直轴同步电抗 X_d 一般小于交轴同步电抗 X_q，磁阻转矩为负正弦函数，因而矩角特性曲线上转矩最大值所对应的转矩角大于 90°，而不像电励磁同步电动机那样小于 90°，是永磁同步电动机的特点之一[3]。

2.2 基于有限元分析的 PMSM 设计与优化

常规电机的设计通常采用磁路的计算方法，引入一些修正系数，如气隙系数等，将电机中复杂的磁场问题进行简化和近似，再利用等效电路计算电机的性能。该方法方便、高效且基本满足工程设计要求。然而，随着电机技术的不断发展，新结构、新原理的电机不断出现，尤其是在永磁电机中，磁路结构灵活多样、磁场分布复杂，给磁路计算带来了较大的困难，难以得到准

确的磁路计算结果。要保证设计计算的准确性,需要进行磁场的数值计算与分析。

电机磁场数值方法包括有限元法、有限差分法、边界单元法等,目前应用最广泛的是有限元法。有限元的分析方法是把求解区域分割成许多离散化的小区域,这些小的区域就是"有限元",先求解每个小区域,然后把各个区域的结果加起来即可得到整个求解区域的解。

该方法突出的优点是:

① 适用于具有复杂边界形状或边界条件、含有复杂媒质的定解问题;

② 分析过程易于实现标准化,可得到通用的计算程序,且有较高的计算精度;

③ 能求解非线性问题。

因此有限元法特别适合于求解电机边界形状复杂、存在材料非线性的磁场问题。下文将重点阐述有限元法的基本原理,再介绍基于 ANSYS 软件的 PMSM 优化设计。

2.2.1 电磁场有限元分析的基本理论

有限元分析的数值方法是基于麦克斯韦方程组,采用有限元离散形式,将工程中的电磁场计算转变为庞大的矩阵求解。19 世纪麦克斯韦总结前人成果,提出了电磁场的经典描述——麦克斯韦方程组,成为了电磁场分析的理论基础。麦克斯韦方程组由安培环路定律、法拉第电磁感应定律、高斯电通定律和高斯磁通定律 4 个方程组成,其表达式为

$$\begin{cases} \oint_r \boldsymbol{H} \cdot \mathrm{d}l = \oiint_\Omega \left(\boldsymbol{J} + \frac{\partial \boldsymbol{D}}{\partial t}\right) \cdot \mathrm{d}\boldsymbol{S} & (安培环路定律) \\ \oint_r \boldsymbol{E} \cdot \mathrm{d}l = -\oiint_\Omega \frac{\partial \boldsymbol{B}}{\partial t} \cdot \mathrm{d}\boldsymbol{S} & (法拉第电磁感应定律) \\ \oiint_r \boldsymbol{D} \cdot \mathrm{d}\boldsymbol{S} = \oiiint_v \rho \mathrm{d}v & (高斯电通定律) \\ \oiint_r \boldsymbol{B} \cdot \mathrm{d}\boldsymbol{S} = 0 & (高斯磁通定律) \end{cases} \quad (2.11)$$

式中,J 表示传导电流密度(A/m^2);D 表示电通密度(C/m^2);E 表示电场强度(V/m);B 表示磁感应强度(T);ρ 表示电荷体密度(C/m^3);v 表示闭合曲面 S 所围成的体积区域(m^2)。

通过这 4 个基本方程,可以推导出用于电磁场有限元分析的微分方程,对应形式如下:

$$\begin{cases} \nabla \times \boldsymbol{H} = \boldsymbol{J} + \frac{\partial \boldsymbol{D}}{\partial t} \\ \nabla \times \boldsymbol{B} = -\frac{\partial \boldsymbol{B}}{\partial t} \\ \nabla \times \boldsymbol{D} = \rho \\ \nabla \times \boldsymbol{B} = 0 \end{cases} \quad (2.12)$$

其中,4 个场量 D,B,H,E 间的关系由媒质的性质决定,可以分别表示为

$$\begin{cases} \boldsymbol{D} = \varepsilon \boldsymbol{E} \\ \boldsymbol{B} = \mu \boldsymbol{H} \\ \boldsymbol{J} = \sigma \boldsymbol{E} \end{cases} \quad (2.13)$$

式中,ε 表示介质的介电常数(F/m);μ 表示介质的磁导率(H/m);σ 表示介质的电导率(S/m)。

电磁场的计算与分析最终归结为求微分方程的解:有限元分析法就是将要求解区域分割

成许多小的单元,把要求解的微分方程转化为变分或泛函极值问题进行计算[7]。

有限元分析是利用数学近似的方法对真实物理系统(几何和载荷工况)进行模拟。利用简单而又相互作用的元素,即单元,就可以用有限数量的未知量去逼近无限未知量的真实系统。

有限元法是在变分法原理的基础上产生的,其基本思想:首先将偏微分方程的边值问题等价为条件变分问题;再利用合适的单元类型对求解区域进行剖分,在单元上构造相应的插值函数,对各个单元进行单元分析,得到各单元内能量的表达式和单元能量对3个节点磁位的导数;然后对所有单元的分析结果进行总体合成,将能量泛函的极值问题转化为多元能量函数的极值问题,建立以各节点磁位为变量的代数方程组,并按第一类边界条件进行修正;最后求解该方程组,得到各节点的磁位,进而得到相应的磁场量。

在电机电磁场有限元分析中应用较为广泛的则是 Ansys 软件,其中包括 Maxwell 2D、Maxwell 3D 模块以及 Rmxprt 模块等,Maxwell 2D 和 Maxwell 3D 模块可以完成电机的二维和三维的建模分析。Ansys 中除了嵌入 Maxwell 模块,还包括 RMxprt 电机分析模块,利用电机的等效电路和磁路来进行电机设计,该方法简单快捷,具有一键导入 Maxwell 模块的功能,并具备一定的设计精度。该模块可分析13大类16种常用电机,基本上囊括了工业生产所需要的各种电机。下面以 Maxwell 2D 模块介绍 PMSM 有限元分析过程。

对电机进行有限元分析的求解过程为:

(1)按照设计的永磁同步电机结构尺寸,绘制电机二维有限元模型,并对模型按照对称形式进行简化。

(2)选择有限元求解模式,根据需要,可采用静态和瞬态场的求解方式。

(3)对需要分析的几何体进行边界条件的定义和激励的加载。在瞬态分析中,电机绕组采用电流源激励或电压源激励,如三相对称绕组的电流设置,则有

$$\begin{cases} I_A = \sqrt{2} I_m \cos \theta_r \\ I_B = \sqrt{2} I_m \cos \left(\theta_r - \frac{2}{3}\pi \right) \\ I_C = \sqrt{2} I_m \cos \left(\theta_r + \frac{2}{3}\pi \right) \end{cases} \quad (2.14)$$

(4)设置运动边界条件、初始转矩、转动惯量、转子转速及初始位置等。

(5)进行网格划分,设置求解时间及步长等条件。网格的质量与分析精度密切相关。网格太大往往不能得到准确的结果,也就失去了有限元分析的意义;网格太小则严重占用计算机资源,使得分析时间过长。因此需要合理制订网格划分的策略。

气隙磁场是定子与转子之间的空隙磁场,是磁能与电能转化的关键部位。在电机运行时,气隙磁场变化频繁而显著。尤其是转子磁钢包围永磁体并且靠近气隙磁场的部位,通常都是高度磁饱和的部位。因此,为了提高有限元分析的精度,气隙的网格划分要细。

(6)在完成网格剖分之后,就可以设置求解选项。一般而言,对应一个工程文件,可以同时添加多个求解设置项,每个求解设置项都是相互独立的。不同的求解设置可以用来计算不同的工况,以此来尽可能地增加模型的重复利用率[8]。

2.2.2 基于有限元分析的 PMSM 优化设计

电磁场数值计算不仅是电机 CAD 的高级辅助分析手段,而且伴随着大容量计算机的出

现和计算方法的发展，正逐步形成通过电磁场有限元分析直接进行电机设计的现代设计方法。

借助有限元计算结果对电机结构进行调整，需要人工试探，不仅工作繁琐而且很难达到设计最佳值。这就促使人们把优化技术和有限元计算相结合，通过有限元计算直接进行电磁装置结构优化，从而形成电磁场逆问题的研究方法。电机的电磁场逆问题研究是指在开发一种新电机时，借助电磁场数值分析，可以判别设计方案的合理性，辅助设计者对设计方案进行合理调整。同时，对已成型的产品，也可借助电磁场数值分析，改进现有结构，使电机结构更趋合理。

目前，电磁场逆问题的求解都是将逆问题分解为一系列正问题，然后利用一定的数学工具，如线性规划、非线性规划或整数规划以及优化算法，使问题的解逐渐接近真解。为了解决电机结构优化的复杂问题，多采用有限元分析与优化算法相结合的方法，由于每一步迭代计算都需要进行一次甚至若干次电磁场数值计算和其他一些辅助计算，计算量大，占用计算机内存和 CPU 时间多，选择适当的优化方法对减少迭代次数、提高计算效率极为重要。为此，优化方法的研究一直是电磁场逆问题研究中的一个重要问题。

由于工程中的逆问题大多为全局优化问题，需选用合适的全局优化算法。目前，在电磁场逆问题中采用的全局优化算法很多，如模拟退火算法、遗传算法、蚁群算法等。下面简单介绍几种全局优化算法的优化，并以永磁电机磁路结构形状和尺寸的优化为例说明磁场逆问题的求解过程。

2.2.2.1 全局优化算法简介

1. 模拟退火算法

模拟退火（simulated annealing，SA）算法最早是由 Metropolis 等人提出的，它源于固体物质的退火原理。在退火过程中，原子失去热动力时有充裕的时间重新分布达到有序状态，从而使系统能量最低，系统能量服从 Boltzmann 概率分布，即系统处于能量为 E 的热平衡状态的概率 $P(E)$ 为

$$P(E) = e - \frac{E}{\theta T} \tag{2.15}$$

式中，T 为温度；θ 为 Boltzmann 常数。

模拟退火算法首先要确定一个能量函数即目标函数，求解最优化问题一般通过 Metropolis 抽样和"退火"两个过程来实现。Metropolis 抽样过程是在某一给定温度 T 下对解的状态空间进行随机抽样，当能量降低（$\Delta E<0$）时，接受当前状态；当能量升高（$\Delta E>0$）时，则根据概率 $P(\Delta E)$ 有条件地接受当前状态。经过充分的抽样之后，系统达到当前温度的平衡状态，最优化过程也将在降低目标函数的过程中跳出局部极小点。退火过程则使系统的温度降低，在新的温度下，继续 Metropolis 抽样过程，重复进行抽样和退火过程，直到满足收敛条件。

连续变量 SA 算法的基本过程描述如下：

（1）初始化：任选初始解 x，$f_{opt} = f(x)$，置循环变量初值。

（2）在可行域内随机产生一新状态 y。

（3）计算 $\Delta f = f(y) - f(x)$。

（4）若 $\Delta f<0$，接受新点 y，令 $x_{opt} = y$，$f_{opt} = f(y)$，转步骤(6)。

（5）判断种群<random [0,1]（random [0,1]为介于 0 和 1 之间的随机数）是否满足，若满足转步骤(7)。

(6) $x = y$，$f(x) = f(y)$。

(7) 判断 N 个坐标方向是否全部变化完毕，未完毕则转步骤(2)，并在下一个坐标方向上随机产生点。

(8) 判断步长是否需要调整，不调整则转步骤(2)。

(9) 对步长进行自适应调整。

(10) 判断 Metropolis 过程是否稳定，若不稳定则转步骤(2)。

(11) 降低温度。

(12) 判断是否满足收敛判据，若满足则转步骤(15)。

(13) 判断是否应该从当前最优点开始下一轮搜索，若不是则转步骤(2)。

(14) $x = x_{opt}$，$f(x) = f_{opt}$，转步骤(2)。

(15) 输出 x_{opt} 和 f_{opt}，算法终止。

2. 遗传算法

遗传算法(generic algorithm, GA)是一种基于自然选择原理和自然遗传机制的随机搜索(寻优)方法。它模拟自然界中的生命进化机制，在人工系统中实现特定指标的优化。遗传算法包含3个基本算子，即繁殖、交叉、变异，其基本步骤如下：

(1) 编码。把要求解问题的可行解从其解空间转换到遗传算法所能处理的搜索空间，称为编码。通常采用简单、直观、搜索效率高的二进制编码方式，具体做法是：对每一个设计变量进行二进制编码，这个二进制编码就代表该设计变量的取值，将各设计变量的二进制编码连到一起组成一个二进制编码串，它表示优化问题的一个可能解。

(2) 产生初始群体。编码后，首先随机产生一定数量的个体组成初始群体。群体的大小影响着遗传算法的运算效率以及进化过程所得到的解的精度。群体越大则群体中个体的多样性就越多，陷入局部解的可能性就越小，但计算效率会降低。遗传算法是从初始群体出发开始它的寻优过程的。

(3) 选择。选择操作是遗传算法中环境对个体适应性的评价方式。根据个体适应度，按照选择概率的大小，对适应度大的个体赋予大的选择概率，这样可使优良个体的优良特性得以保留和遗传。

(4) 交叉。交叉运算是产生新个体的主要方法。它是指随机搭配成对的染色体，根据交叉概率来执行交叉操作，即在染色体范围内随机选择一位为交叉点，交换交叉点后的子串，产生新的个体。交叉概率越高，产生新个体的概率越高，优良基因丢失速度也相应升高；交叉概率太低则可能导致搜索阻滞。

(5) 变异。变异是群体保持多样性的有效方法。在二进制编码方式下，它按照一定的变异概率，使个体上的基因值取反。一般应使变异概率取值较小，使父辈信息在下一代中保持相对稳定。反复执行步骤(3)~步骤(5)，使群体适应度逐渐升高，个体逐渐接近最优解，直至满足规定的收敛判据，即找到全局最优解为止。

2.2.2.2 永磁电机磁路结构优化

在永磁电机特别是稀土永磁电机中，电机的价格很大程度上取决于永磁材料的用量。优化磁极几何形状或磁极结构尺寸对降低稀土永磁电机的成本有重要作用，目前电磁场逆问题也主要用于解决这两方面的问题。通常可选永磁体体积为目标函数，而将永磁体结构尺寸及有关变量作为设计变量。在约束条件中，除了将电机的外形尺寸等作为约束条件外，一般将性能指标也作为约束条件,以保证降低成本而电机的性能又不至于降低。此外,在利用电磁场计算进行电机优化设计时,局部失磁问题也应作为约束条件予以考虑。

1. 磁极局部几何形状优化

在永磁电机的设计中,常常需要通过优化设计得到合理的磁极结构与尺寸。例如对于永磁直流电动机,为了改善技术性能并节约永磁材料,可将瓦片形磁极改为组合磁极结构,即在永磁体旁附加一块软铁,利用负载时电枢反应时的增磁作用,增大主磁通。为不增大电机的体积,定子轭部及其他尺寸,如电机定、转子内径、转子外径等保持不变,只改变磁极结构,如图 2.11 所示。以永磁体体积 V_m 为目标函数,磁极极弧系数 α_1、软铁极弧系数 α_2 及软铁与永磁体间的距离 α_3 为优化变量,在尽量减少永磁体用量的同时,必须保证不发生局部失磁,同时额定转矩和起动转矩要保证大于要求值,空载转速大于一定值,其数学模型为

$$\begin{cases} \min: V_m(\alpha_1, \alpha_2, \alpha_3) \\ \text{s.t.} B_{\min} > B_k, \quad T_{emN} > T_N, \quad T_{st} > T_{st0}, \quad n_0 > n_0' \end{cases} \tag{2.16}$$

利用一定的优化方法产生设计点,通过电磁场数值计算该设计点下电机的性能指标,然后根据其满足约束条件的情况决定对设计点的取舍。经过一定次数的迭代,可得到问题的最优解。

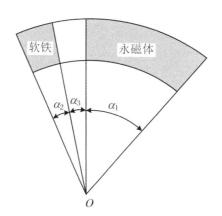

图 2.11 组合磁极结构

2. 电机的结构尺寸优化

对于一定结构的永磁电机,可以通过优化计算得到更为合理的结构尺寸。例如,盘式直流电机的有效气隙较大,永磁体用量较大,为降低成本,在设计时应尽量减少永磁材料的用量。如在原有样机的基础上进行优化,可选永磁材料体积最小作为目标函数。为简化起见,令电枢绕组的线规及厚度等不变,只要保证主磁通大于一定值,总长度和外径不大于要求值即可,相应的数学模型为

$$\begin{cases} \min: f(X) = \alpha_p (D_{mo}^2 - D_{mi}^2) h_M \\ X = (D_{mo}, D_{mi}, h_M, \alpha_p, \Delta_1, \Delta_2)T \\ \text{s.t.} \Phi \geqslant \Phi_0, \quad \sum h \leqslant h_0, \quad D_0 \leqslant D_{\max} \end{cases} \tag{2.17}$$

式中,$\sum h$ 表示电机总长度,$\sum h = h_M + \delta + \Delta_1 + \Delta_2$;$\Delta_1$ 和 Δ_2 分别为两铁轭的厚度;D_{mi} 和 D_{mo} 分别为永磁体的内径和外径。

结构尺寸的优化问题同样需要通过一定的优化方法产生设计点,通过电磁场分析求得电

机在某一设计下的性能,经过反复迭代计算找到问题的最优解。

参 考 文 献

[1] 王秀和. 永磁电机[M]. 北京:中国电力出版社,2007.
[2] 陈荣. 永磁同步电机控制系统[M]. 北京:中国水利水电出版社,2009.
[3] 唐任远. 现代永磁电机理论与设计[M]. 北京:机械工业出版社,1997.
[4] 胡文鸾. 不同转子拓扑结构内置式永磁同步电机性能优化的研究[D]. 北京:北京交通大学,2019.
[5] 温有东. 电动汽车用永磁同步电机的研究[D]. 哈尔滨:哈尔滨工业大学,2012.
[6] 汤蕴璆. 电机学[M]. 北京:机械工业出版社,2011.
[7] 杨鑫. 基于有限元分析的混合励磁开关磁阻电机参数多目标优化设计[D]. 沈阳:沈阳工业大学,2018.
[8] 赵博. Ansoft12在工程电磁场中的应用[M]. 北京:中国水利水电出版社,2010.

第 3 章 永磁同步电机的多目标优化设计

3.1 电机多目标优化设计

3.1.1 多目标优化问题的基本概念

现实中的优化问题往往涉及多个优化目标与多个设计参数,这些优化目标之间相互联系,并且彼此相互制约,很难同时使多个目标同时达到最优,因此,多目标优化方法的研究非常必要。

在优化设计的过程中,数学模型是应用优化方法的基础,不仅可以定量分析和求解问题,同时也可以为以后相同类型问题的分析提供研究途径。同样,进行多目标优化时,应先确定待优化问题的基本模型、涉及的优化变量以及约束条件等,然后在充分分析该优化模型之后,采用合理的策略求解该问题。对于待求解问题,不同的优化目标可能有不同的表现形式,这些目标可能是最大化目标函数,也有可能是最小化目标函数。而且,最大化问题和最小化问题具有能够相互转化的特点,有

$$\max\{f(\boldsymbol{x})\} \iff \max\{-f(\boldsymbol{x})\} \tag{3.1}$$

任何一个多目标优化问题都可以用一个通用的数学模型表示,如下:

$$\begin{aligned}
\min \quad & \boldsymbol{y} = f(\boldsymbol{x}) = (f_1(\boldsymbol{x}), f_2(\boldsymbol{x}), \cdots, f_m(\boldsymbol{x}))^{\mathrm{T}} \\
\text{s.t.} \quad & \begin{cases} g_j(\boldsymbol{x}) \leqslant 0 & (j=1,2,\cdots,p) \\ h_j(\boldsymbol{x}) \leqslant 0 & (j=1,2,\cdots,q) \\ x_i^{\min} \leqslant x_i \leqslant x_i^{\max} & (i=1,2,\cdots,n) \\ \boldsymbol{x} = (x_1, x_2, \cdots, x_n)^{\mathrm{T}} \in \Theta \\ \boldsymbol{y} = (y_1, y_2, \cdots, y_n)^{\mathrm{T}} \in \Psi \end{cases}
\end{aligned} \tag{3.2}$$

式中,m 表示需要被同时优化的目标函数个数;Θ 为 n 维搜索域空间,它由决策变量的上限 $x^{\max} = (x_1^{\max}, x_2^{\max}, \cdots, x_n^{\max})^{\mathrm{T}}$ 与下限 $x^{\min} = (x_1^{\min}, x_2^{\min}, \cdots, x_n^{\min})^{\mathrm{T}}$ 共同决定;Ψ 为 m 维的目标函数向量空间,它由 Θ 与目标函数 $f(\boldsymbol{x})$ 共同决定;$g_j(\boldsymbol{x}) \leqslant 0 (j=1,2,\cdots,p)$ 与 $h_j(\boldsymbol{x}) \leqslant 0 (j=1,2,\cdots,q)$ 分别是 p 个不等式约束与 q 个不等式约束,当 $p=q=0$ 时,该问题则成为一个无约束的多目标优化问题。

定义 1 对于一个解向量 $\boldsymbol{x} \in \Theta$,对于所有的 $i=(1,2,\cdots,p)$ 和 $j=(1,2,\cdots,p)$,如果同

时满足 $g_j(x) \leq 0$ 和 $h_j(x) \leq 0$,则称这个解向量是可行解,否则称为不可行解。

定义 2 如果一个可行解 x 对于某个不等式约束满足 $g_j(x) \leq 0 (j = 1,2,\cdots,p)$,那么就称该约束条件是活跃的。因此,任何等式约束对所有可行解都是活跃的。

定义 3 对于决策变量空间的两个向量 $a = (a_1,\cdots,a_n)^T$ 和 $b = (b_1,\cdots,b_n)^T$,称 a 支配 b,表示为 $a \succ b$,则必须满足下面的条件:

$$\begin{aligned} \forall i \in \{1,\cdots,m\}, \quad f_i(a) \leq f_i(b) \\ \exists j \in \{1,\cdots,m\}, \quad f_j(a) < f_j(b) \end{aligned} \quad (3.3)$$

对应的,称向量 b 被向量 a 支配,表示为 $b \prec a$。

定义 4 对于目标函数空间的向量 $u = (u_1,\cdots,u_m)^T$ 和 $v = (v_1,\cdots,v_n)^T$,称 u 支配 v,表示 $u \succ v$,则必须满足下面的条件:

$$\begin{aligned} \forall i \in \{1,\cdots,m\}, \quad u_i \leq v_i \\ \exists j \in \{1,\cdots,m\}, \quad u_j < v_j \end{aligned} \quad (3.4)$$

对应的,称个体 v 被个体 u 支配,表示为 $v \prec u$。

定义 5 记 $\hat{N}(x_0, \delta)$ 为 x_0 的去心领域,如果存在一个充分小的 n 维正向量 δ,对任意 $x \in \hat{N}(x_0, \delta)$,$\neg \exists x \succ x_0$,称 x_0 为 Pareto 局部最优解,简称局部最优解。

定义 6 如果向量 $x^* = (x_1^*, x_2^*, \cdots, x_n^*)^T$ 满足 $\neg \exists x \in \Theta, x \succ x^*$,称 x^* 为一个 Pareto 全局最优解(Pareto optimal solution),简称最优解。所有的 Pareto 最优解组成一个 Pareto 最优解集(Pareto optimal set),表示为 PS^*。

定义 7 一个多目标优化问题的最优解集在目标函数空间的表现形式为该问题的 Pareto 最优边界(Pareto optimal front),它可以表示为

$$PF^* = \{f(x^*) \mid x^* \in PS^*\} \quad (3.5)$$

定义 8 在进化计算过程中,对每一代进化种群,其最优解称为非支配解(non-dominated solution),它们没有被任何其他解支配。所有这些非支配解构成一个非支配解集(non-dominated solutions,NDS)。多目标优化的目的就是寻找这样一个非支配解集,使得它不断地逼近真实最优解集。

为了更加形象的说明上面的定义,图 3.1 为个两个目标优化问题决策空间和目标函数空间之间的关系示意图,其中左侧为决策空间图,右侧为对应的目标函数空间图,它们之间通过映射关系相互关联。图中阴影部分为不可行域,由约束条件确定。可以看出,决策空间的 5 个点通过映射到目标函数空间之后,可以得到这些点的优劣关系。其中 B 为不可行解,E 和 C 为当前非支配解,且有 $E \succ A, A \succ D, C \succ D, A \approx C$。

3.1.2 电机多目标优化设计

电机多目标优化设计属于非常复杂的工程规划问题,其难点在于:

1. 高非线性

电机的铁磁材料存在饱和问题,在不同工况下电机的饱和程度不同,而且,即使是同一时刻,电机硅钢片中各处的磁密也不同。一般来说,定子齿尖处磁密较大而轭部则较小,其对应的饱和程度也不同,电机的电磁计算面临的是非线性复杂问题的求解。

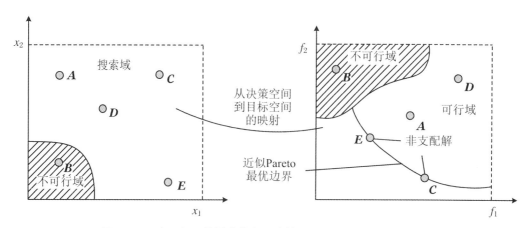

图 3.1 两个目标函数最小化问题决策空间和目标函数空间关系

2. 多变量

电机中的变量复杂,既存在连续变量,如结构参数,也存在离散变量,如槽数、极对数等。对于永磁同步电机,仅定子结构参数就包括定子外径、内径、铁芯长度、槽口宽度、槽深等多个变量。为此,在电机优化设计过程中有必要对电机的各结构参数进行选取,忽略对电机性能影响小的参数而选取对电机性能有较大影响的参数。由于各类电机的结构不同,工作原理不同,参数的敏感度也不同。所以要求电机设计者必须对所设计电机的重要参数有所了解。

3. 有约束

一方面,电机的各结构参数受限于加工工艺、应力、可靠性等要求,如硅钢片、永磁体的尺寸有一定的限制范围,永磁体充磁方向也难以做到连续变化。另一方面,考虑到实际应用时,电机的效率、功率因数等也都有限定范围。因此电机设计过程中的约束条件较多。

4. 强耦合

电机的参数间相互耦合,取值相互受限。如对于外尺寸一定的外转子电机,内定子齿身的长度变化会导致定子齿宽的取值范围变化。另外,电机的各个性能参数之间也相互耦合,性能间既有"合作",也有"竞争",电机优化设计过程中存在着协同过程。

要实现电机的多目标优化设计,首先应构建电机优化设计模型,受众多因素影响,通过简单数学模型不能准确地予以描述,只能通过数学和逻辑比较运算反映其内在联系,所以建立的优化模型也具有一定的复杂性,旨在实现电机的综合性能达到最佳。

若电机各个优化结构参数用 $x_1, x_2, \cdots, x_n$ 表示,用矩阵形式 $\boldsymbol{X} = (x_1, x_2, \cdots, x_n)^T$ 表示电机的性能技术指标。在约束条件个数为 m 的情况下可表示为

$$\begin{cases} g_1(\boldsymbol{X}) = g_1(x_1, x_2, \cdots, x_n) \leqslant 0 \\ g_2(\boldsymbol{X}) = g_2(x_1, x_2, \cdots, x_n) \leqslant 0 \\ \cdots \\ g_m(\boldsymbol{X}) = g_m(x_1, x_2, \cdots, x_n) \leqslant 0 \end{cases} \tag{3.6}$$

同时,电机的转矩、效率等性能指标也是 $\boldsymbol{X}$ 的函数:

$$f(\boldsymbol{X}) = f(x_1, x_2, \cdots, x_n) \tag{3.7}$$

考虑到电机优化的特殊性,电机优化设计的模型可表示为如下数学模型:

$$\begin{cases} \max f(x) \boldsymbol{X} \in D \in \mathbf{R}^n \\ D = \{\boldsymbol{X} \mid g_i(\boldsymbol{X}) \leqslant 0\}, \quad j = 1, 2, \cdots, m \end{cases} \tag{3.8}$$

之后，选择目标函数，分析确定合适的优化变量，根据电机尺寸的变化范围确定电机约束条件，建立电机的多目标优化模型。详细步骤描述如下：

(1) 目标函数的选择

电机优化设计是通过确定目标函数对电机进行参数优化的，所以目标函数的选取至为关键，在实际电机设计过程中，目标函数可以是电机的重量、生产成本、体积等，也可以是转矩、效率等性能指标，单目标只需要考虑单个目标函数最大或者最小即可，但是难以获得满足设计需求的设计效果。多目标优化与单目标优化的不同之处在于需要同时兼顾两个或者两个以上的优化目标，大多数情况下不能同时达到最优解，因为两者之间没有必然的联系，并且多存在矛盾性，但是目标函数越多，综合得出的设计效果就越好。通过对不同的目标函数的最优解进行协调处理，在符合相关技术标准和设计要求的情况下综合考虑，从而得到整体的最优解。

(2) 优化变量的选取

优化变量的合理选取非常关键。优化变量选取的个数越多，计算量越大，计算时间越长，计算效率越低；变量过少容易导致无法获得最优解。可根据设计变量对于目标函数的影响权重来确定电机的优化变量，旨在电机优化变量取值变动较小的情况下，最大限度地提高电机性能。

电机优化变量选取的步骤如下：

① 通过敏感性分析，挑选出对于目标函数影响权重大的电机设计变量为优化变量，在电机优化变量尺寸变化范围内，确定电机尺寸大小，并且要易于确定其他结构参数。

② 各优化变量之间要相互独立，以防影响电机的目标函数，防范出现计算结果不准确的情况。

③ 优化变量的个数要适宜。优化变量过少容易使可变空间较小导致优化过程陷入局部最优，从而无法获得全局最优解；优化变量过多则计算量过大，导致计算效率低下，且容易出现不符合现实结构尺寸的设计方案。

(3) 约束条件的确定

在确定了优化变量之后，通过结合实际情况，对变量施加约束条件，其中边界约束是在有限元分析中进行参数范围设置的基础，若不设置约束条件，可能导致基于智能算法所获得的最优解超出变量的实际取值范围，从而失去优化的实际意义。对于边界约束，优化变量的取值范围在满足电机优化设计的基础上得出，通过智能算法直接进行处理。

根据电机设计需求，电机的质量、定转子轭部磁通密度都可以设置为电机约束条件，或者约束电机质量、硅钢片、绕组和永磁体材料的用料等，因为磁密过高容易导致电机铁心发热严重，从而降低电机效率。槽满率过高容易导致电机的定子绕组下线困难，也可设置为约束条件。

3.2 基于差分进化算法的电机多目标优化设计

对于多目标优化问题，由于各个优化目标之间的相互联系和相互制约，让所有的优化目标同时取得最优性能很难。因此，较好的办法就是利用智能算法在多个目标之间进行协调，寻找折中的最优解。

传统的优化算法，如牛顿迭代法、单纯形法等主要是针对单目标优化问题。这类优化算法通常从一个给定的初始点出发，根据梯度等下降信息计算下一个迭代点，具有搜索效率高、收敛速度快等特点。这对求解那些便于计算梯度信息的优化问题效率很高。但是，对于那些不能计算梯度信息或者是计算梯度信息需要很大计算量的问题，传统优化算法则表现得无能为力。同时，对于那些优化目标函数是多峰、多模态的问题，传统优化方法易陷入局部最优解，而且很难跳出局部最优范围。此外，传统的优化算法每次迭代运行只会搜索到一个单一的解，且解的质量很大程度上取决于初始点的设定。如果初始点选取合理，则算法容易找到全局最优解。因此，采用传统的优化方法来求解复杂优化问题，特别是多目标优化问题存在着一定的局限性。

进化算法（evolutionary algorithm，EA）是一类模拟自然界生态系统中"优胜劣汰"行为的启发式搜索算法，具有很强的自适应性和自组织性。与传统优化算法相比，进化算法是一种建立在种群基础之上的概率搜索方法，它既不需要提供额外的初始点，也不需要计算优化目标函数的梯度信息。因此，进化算法特别适合求解那些不能计算梯度信息或者是计算梯度信息需要很大计算量、目标函数不连续以及传统优化算法无法求解的优化问题。

进化算法一般从随机初始化一组候选解开始，通过不断迭代的实施进化操作，如交叉、变异和选择操作等，最终收敛到全局最优解。同时，进化算法在一次独立运行过程中可以得到多个解，符合多目标优化问题的折中最优解的特点。另外，进化算法潜在的并行性和分布式特点使其在解决大规模优化问题时拥有明显的优势。因此，进化算法解决了传统优化方法在处理复杂多目标优化问题时所面临的局限性问题。当前许多智能优化算法都可以归纳为进化算法范畴，包括遗传算法、文化基因算法、差分进化算法、蚁群优化算法等。

差分进化算法（differential evolution，DE）是一类具有代表性的进化算法，具有结构简单、可调参数少、收敛速度快、鲁棒性强等特点。作为一类新兴的优化算法，差分进化算法在处理多目标优化问题方面具有很强的优势，并且已经广泛运用于科学研究和工程实践当中。其基本思想为从一个随机产生的初始种群开始，通过把种群中任意两个个体的向量差与第三个个体求和来产生新个体，然后将新个体与当代种群中相应的个体相比较，如果新个体的适应度优于当前个体的适应度，则在下一代用新个体取代旧个体，否则仍保存旧个体。通过不断进化，保存优良个体，淘汰劣质个体，引导搜索向最优解逼近。

相比于其他的智能算法，DE 算法主要特点包括：

（1）采用的是浮点数编码，因而特别适合处理连续空间的优化问题。

（2）DE 同样需要执行变异和交叉操作，但是 DE 的变异是基于差分向量的，结构简单，易于实现，且一般是先执行变异操作，后执行交叉操作。

（3）DE 的可调控制参数比较少，因而简单的参数控制策略就能取得满意的优化效果。

（4）DE 的贪婪选择具有保持最优解的特性。

DE 主要控制参数包括种群规模 l、缩放因子 f 和交叉概率 cr。l 主要反映算法中种群信息量的大小，l 值越大种群信息包含的信息越丰富，但是带来的后果就是计算量变大，不利于求解；反之，较小的 l 值使种群多样性受到限制，不利于算法求得全局最优解，甚至会导致搜索停滞。cr 主要反映的是在交叉过程中，子代与父代、中间变异体之间交换信息的大小程度，cr 值越大，信息量交换的程度越大；反之，如果 cr 的值偏小，将会使种群的多样性快速变小，不利于全局寻优。差分进化算法主要分为四步：种群初始化、变异、交叉、选择，实施过程如图 3.2 所示。

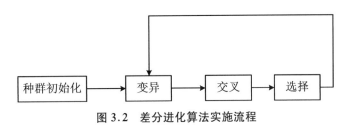

图 3.2 差分进化算法实施流程

种群初始化是在解空间均匀地产生 l 个个体,针对有 m 个待优化变量的多目标优化问题,将所有待优化变量写成维数为 m 的个体向量,则每代种群中有 l 个维数为 m 的个体向量。初始种群中每个个体向量的初始值从对应的待优化变量上、下边界内随机选取,设第 j 个优化变量的上、下边界为 $x_j^L < x_j < x_j^U$,则初始种群中第 i 个个体向量的第 j 个元素的初始值可表示为

$$x_{ij,0} = \text{rand}(0,1)(x_j^U - x_j^L) + x_j^L \tag{3.9}$$

式中,rand(0,1)为[0,1]之间的一个随机数。$i=1,\cdots,l;j=1,\cdots,m$。

变异操作可使种群从上一代种群中诞生新种群参与进化流程,对于当前种群中的第 i 个个体向量 $x_{i,g}(i=1,\cdots,l)$,其变异操作可表示为

$$V_{i,g+1} = x_{r_1,g} + f(x_{r_2,g} - x_{r_3,g}) \tag{3.10}$$

式中,$V_{i,g+1}$ 为变异后的个体向量,r_1,r_2 和 r_3 为 $(1,2,\cdots,l)$ 内互不相同的 3 个随机数且与当前个体向量序号 i 也不同,且必须满足 $l \geqslant 4$。$f \in [0,2]$ 为变异算子,且是实常数。

f 主要用来控制差分向量 $x_{r_2,g} - x_{r_3,g}$ 的放大程度。f 值越小,则差分向量步长越小,搜索密度越大,收敛耗时较长,比较适合于单目标问题;对于多目标优化问题,f 过小,导致陷入局部最优区域的可能性加大。针对双目标优化问题,变异算子 f 一般取值为[0.5,1.0]时效果较好,具体取值可根据实际收敛情况进行调整。

交叉操作使新个体与旧个体之间互换部分代码,主要用来保证变异操作产生的新个体 $V_{i,g+1}$ 的基因能有效遗传,丰富种群的多样性,以此来形成新种群。

$$u_{ij,g+1} = \begin{cases} V_{ij,g+1} & ([\text{rand}(0,1)] \leqslant cr) \\ x_{ij,g+1} & ([\text{rand}(0,1)] \geqslant cr) \end{cases} \tag{3.11}$$

式中,cr 是范围在[0,1]之间的交叉概率,rand(0,1)是随机产生一个[0,1]之间的随机数。

当 rand(0,1)小于 cr 时,$u_{ij,g+1}$ 就可以从 $V_{ij,g+1}$ 继承一个基因,以此来提升种群的多样性。cr 的值越大则新一代种群中交叉数目越多,虽可提高搜索到最优解的概率,但是会影响收敛速度,变异算子越小则会提升收敛速度,但是不易找到全局最优解。

选择操作通过比较新个体 $u_{i,g+1}$ 与旧个体 $x_{i,g}$ 评价函数 $f(x_{i,g})$ 的数值大小,来评价新个体 $u_{i,g+1}$ 与旧个体 $x_{i,g}$ 的优劣,且有

$$x_{i,g+1} = \begin{cases} u_{i,g+1} & (u_{i,g+1} \leqslant f(x_{i,g})) \\ x_{i,g} & (u_{i,g+1} > f(x_i,g)) \end{cases} \tag{3.12}$$

如果新个体 $u_{i,g+1}$ 的评价优于旧个体 $x_{i,g}$,则新个体 $u_{i,g+1}$ 取代旧个体 $x_{i,g}$ 参与进化,如果新个体 $u_{i,g+1}$ 的评价劣于旧个体 $x_{i,g}$,则保持旧个体 $x_{i,g}$ 不变,新个体 $u_{i,g+1}$ 淘汰掉,以此保证当前种群始终优于上一代种群。

DE 算法的优化流程如下:

(1) 确定 DE 算法控制参数种群大小 l、缩放因子 f 与交叉概率 cr,确定适应度函数。

(2) 随机产生初始种群。

(3) 对初始种群进行成本函数评价,即计算初始种群中每个个体的适应度函数。

(4) 判断是否达到终止条件或进化代数达到最大。若是,则终止进化,将得到的最佳个体作为最优解输出,否则继续执行算法。

(5) 进行变异和交叉操作,得到中间种群。

(6) 在原种群和中间种群中选择个体,得到新一代种群。

(7) 判断进化代数,转步骤(4)。

3.3 基于田口正交矩阵实验的多目标优化设计

由前文论述可知,各种优化算法应用在工程领域中已有很长的历史,传统优化方法如牛顿法、共轭梯度法、模式搜索法、单纯形法等因其搜索策略的确定性且有完整而扎实的理论基础,在相当长一段时间内为工程人员所用,起着不可忽视的作用。然而,随着时间的推移,工程中的优化问题变得越来越复杂,规模越来越大,传统优化算法渐渐暴露出了其不足之处,它们大多需要函数连续可导,无法处理离散问题,对函数的构造也有着严格的要求,并且算法的解会受到迭代时的初始值影响,只能在局部进行深度的搜索。为了解决全局优化问题,现代优化算法,如遗传算法、蚁群算法(ant colony optimization,ACO)、粒子群优化算法、神经网络等应需而生。它们对函数的可导性、连续性、凹凸性、是否线性等没有特殊的要求,算法解与初始值无关,兼顾搜索广度和深度,具有良好的全局优化性能。

田口算法(Taguchi method,TM)作为一种新颖的全局优化方法,是由日本的知名统计学家与工程管理专家田口玄一博士在20世纪50年代提出的,它实现简单且基于正交阵列,能够有效减少设计过程中所需的实验次数,快速寻找到最佳的参数组合,对于降低成本、提高实验效率有很好的效果。作为一种在正交试验设计基础上发展起来的全局优化算法,田口算法的核心思想是参数设计,即运用多因素、多水平的正交试验设计方法来设计参数的水平值组合,利用信噪比判断各参数水平值组合的优劣,通过多次迭代寻找到最佳参数的水平值组合,从而实现快速的多参数优化。与传统的优化算法和一些现代优化算法相比具有实验次数少、鲁棒性强、收敛速度快等优点。田口算法通过建立正交表进行正交实验,选择合理的参数水平数,以最少的实验次数实现最佳的优化参数组合,从而减少优化时间,节约优化成本。此外,田口算法允许在同一次试验中拥有多个参数和优化目标,确保了各参数水平被赋予相等的权重。可以根据电机各个参数对应于优化目标的比重,实现关键优化变量的筛选。由于田口算法具有这些优势,已经被广泛应用于诸多领域,如化工、机械工程、电力电子等行业。

3.3.1 正交试验与正交表

正交试验设计是一种用部分试验代替全面试验,处理和研究多参数问题的高效试验设计方法。20世纪50年代,田口玄一博士将试验设计中应用最广泛的正交设计表格化,称为正交表(orthogonal arrays,OA)。

在田口算法的设计流程中,正交表用符号$OA(N,k,s,t)$表示,其中N为正交表的行数,用来表示试验次数;k 为正交表的列数,用来表示最多可优化的参数个数;s 为参数的水平数,通常水平数 3 就已经足够解决大多数问题;强度 $t(0 \leqslant t \leqslant k)$ 则表示参数之间的相关性,当强度为 2 时,考虑 2 个参数之间的影响,如果强度为 3,则同时考虑 3 个参数之间的影响,当强度增加时,试验次数会急剧增加,通常 t 取 2 就可以满足大部分问题要求。

表 3.1 为一个 9 行 4 列的正交表 OA(9,4,3,2)。列数 4 表示实验当中需要优化 4 个参数 a,b,c,d,每一列中的数字 1,2,3 表示参数可以选择的 3 种水平数。行数 9 表示有 9 种不同的参数水平数组合。对于不同的参数,水平数 1,2,3 可以代表不同的参数取值。例如,若参数 a 的取值范围为(0,1),则对应水平 1,2,3 分别表示参数取值 0.25,0.5,0.75;若参数 b 的取值范围为(-2,0),则对应水平数 1,2,3 分别表示参数取值 -1.5,-1,-0.5。

表 3.1 OA(9,4,3,2)正交表

试验号	参数			
	a	b	c	d
1	1	1	1	1
2	1	2	2	2
3	1	3	3	3
4	2	1	2	3
5	2	2	3	1
6	2	3	1	2
7	3	1	3	2
8	3	2	1	3
9	3	3	2	1

考虑到正交试验的构成原理,全因子试验是所有参数的水平的全部组合,正交试验是根据正交性从全面试验中选择部分进行试验的。假设需对 4 个参数进行试验,每个参数有 3 个水平,全因子试验需进行 $3^4 = 81$ 次试验,而利用正交表进行试验只需进行 9 次,大大降低了试验成本,提高了试验效率。

此外,正交表还具有均衡特性和正交特性。

以表 3.1 的正交表为例,均衡特性是指正交表 OA(9,4,3,2)每一列中水平数 1,2,3 出现的次数相等,同一参数的不同水平值都进行了相同的试验,且任选两列($t=2$)都可以得到 9 组水平数组合(1,1)、(1,2)、(1,3)、(2,1)、(2,2)、(2,3)、(3,1)、(3,2)、(3,3),进行试验时每一种水平数组合出现的频率相同。

正交特性是指对于任意正交表 OA(N,k,s,t),若去除任意一列或者几列,得到的仍然是正交表,可表示为 OA(N,k',s,t'),其中 $k'<k,t'<k'$。正交表的这种特性有利于根据优化参数的个数调整正交表列数,减少冗余数据,不会影响试验结果。

3.3.2 田口算法的基本流程

本节利用田口算法进行简单的永磁同步电机优化来说明其基本流程,该试验电机的额定

功率为 50 kW,额定转速为 2800 rpm,额定输出转矩为 170 N·m。图 3.3 所示为电机定子槽型与转子结构示意图。

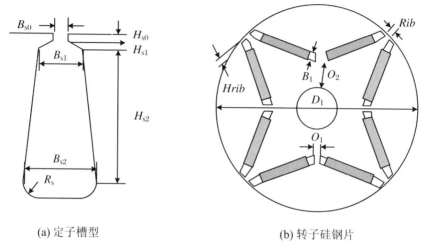

(a) 定子槽型　　　　　　　　(b) 转子硅钢片

图 3.3　电机定子槽型与转子结构

1. 选择合适的正交表

正交表的选择主要依赖于所需优化参数的个数,基于设计经验,可选择 9 个影响电机性能的电机设计变量作为优化参数,如图 3.3 所示。每个参数选取 3 个水平数($s=1,2,3$),强度取 $2(t=2)$ 对于此问题比较适宜,因此选择正交表 OA(27,13,3,2)。根据正交表的特性,可以根据参数个数删减正交表的列数而不影响优化结果。因此,删除正交表 OA(27,13,3,2) 多余的最后 4 列,得到正交表 OA(27,9,3,2) 作为优化用正交表,试验中所用参数的水平数组合见表 3.2。

表 3.2　正交表 OA(27,9,3,2)

试验号	参数								
	Wt	H_{s0}	H_{s2}	B_{s0}	Rib	O_1	O_2	B_1	$Hrib$
1	1	1	1	1	1	1	1	1	1
2	1	1	1	1	2	2	2	2	2
3	1	1	1	1	3	3	3	3	3
4	1	2	2	2	1	1	1	2	3
5	1	2	2	2	2	2	2	3	1
6	1	2	2	2	3	3	3	1	2
⋮	⋮	⋮	⋮	⋮	⋮	⋮	⋮	⋮	⋮
22	3	2	1	3	1	3	2	2	3
23	3	2	1	3	2	1	3	3	1
24	3	2	1	3	3	2	1	1	2
25	3	3	2	1	1	3	2	3	2
26	3	3	2	1	2	1	3	1	3
27	3	3	2	1	3	2	1	2	1

2. 确定各个参数的水平值

基于设计经验，同时为避免各变量取值的相互限制，结合电机有限元分析结果，参数化各设计变量并通过适当处理后给出每个参数的合理变化范围，见表 3.3。

表 3.3 电机设计变量及其变化范围

参数	变化范围(mm)
Wt	4～6
H_{s0}	1～1.4
H_{s2}	26.02～28.02
B_{s0}	1.5～3.5
$Hrib$	2.4～2.5
B_1	3～4
O_1	1.48～1.72
O_2	7～7.3
Rib	9.5～10.5

同时，根据各个参数的水平数和其变化范围，各个参数各个水平的值可确定，见表 3.4。

表 3.4 各参数的水平值

参数	水平 1(mm)	水平 2(mm)	水平 3(mm)
Wt	4	5	6
H_{s0}	1	1.2	1.4
H_{s2}	26.02	27.02	28.02
B_{s0}	1.5	2.5	3.5
B_1	3	3.5	4
O_1	1.48	1.6	1.72
O_2	7	7.15	7.3
Rib	9.5	10	10.5
$Hrib$	2.4	2.45	2.5

3. 得到正交实验的结果表

将各个参数的各水平值带入正交表中进行仿真试验，可得到结果表，见表 3.5。

表 3.5 正交实验仿真结果表

试验号	平均转矩(N·m)	转矩脉动	电机效率
1	179.5	22.13%	95.86%
2	184.2	12.59%	95.96%
3	178.6	16.46%	96.02%
4	180.7	20.39%	96.06%

续表

试验号	平均转矩(N·m)	转矩脉动	电机效率
5	184.8	11.36%	96.11%
6	174	17.64%	95.87%
⋮	⋮	⋮	⋮
22	176.8	26.96%	96.01%
23	184.4	14.15%	96.12%
24	173.3	24.11%	95.74%
25	183.6	7.043%	95.35%
26	176.1	19.69%	95.09%
27	180.9	8.667%	95.23%

4. 计算影响权重并构造比重表

通过方差分析公式(3.13)和(3.14)对实验结果进行分析,求出各个参数对每个优化目标的影响比重。

$$T = \sum_{i=1}^{n} y_i \tag{3.13}$$

$$S_j = \frac{1}{t}\sum_{m=1}^{m} S_{jm}^2 - \frac{1}{n}T^2 \tag{3.14}$$

式中,m 为各参数的水平数,n 为试验次数,t 为参数 j 每个水平的实验次数;y_i 为各试验指标的第 i 次试验记录值;S_{jm} 是第 j 列因子水平 m 的 t 次试验所对应的品质特性和。

由公式(3.13)和(3.14)计算出的各参数对于永磁同步电机平均转矩、转矩脉动优化目标的影响比重,见表3.6。

表3.6 对优化目标的影响比重表

参数	对于平均转矩的影响比重	对于转矩脉动的影响比重
Wt	0.0836%	0.2758%
H_{s0}	0.9235%	4.6192%
H_{s2}	14.5797%	0.3540%
B_{s0}	13.9233%	25.7339%
Rib	0.2769%	9.7462%
O_1	3.6941%	1.6969%
O_2	0.0304%	0.4626%
B_1	66.3727%	50.4314%
$Hrib$	0.1158%	6.6799%

由比重表可知,相对于其他参数,B_1,B_{s0},H_{s2},O_1,H_{s0},Rib,$Hrib$ 这7个参数对于电机性能影响较大,可将其选为电机优化参数,进行更细致的多目标优化设计研究。

第 4 章 坐标变换与 SPWM 逆变器

永磁同步电机(PMSM)是高阶多变量强耦合系统,坐标变换的引入,可以简化永磁同步电机的数学模型;永磁同步电机由二电平电压源型逆变器供电,逆变器采用脉宽调制(PWM),因此,逆变器供电的永磁同步电机控制实质是控制逆变器功率开关的通断,逆变器输出电压供电给 PMSM,实现 PMSM 的实时控制。

4.1 坐 标 变 换

首先介绍三相变量的空间矢量表示与性质,设一组对称三相变量的时间余弦函数为

$$\begin{cases} f_A = F_\mathrm{m}\cos\theta_\mathrm{e} \\ f_B = F_\mathrm{m}\cos\left(\theta_\mathrm{e} - \dfrac{2}{3}\pi\right) \\ f_C = F_\mathrm{m}\cos\left(\theta_\mathrm{e} + \dfrac{2}{3}\pi\right) \end{cases} \tag{4.1}$$

式中,f 表示电机 A,B,C 三相电压,电流或磁链等变量的瞬时值;F_m 为其幅值,$\theta_\mathrm{e} = \omega t + \theta_\mathrm{e}(0)$,$\omega$ 为余弦函数的交变角频率,表示电机转子旋转角速度,$\theta_\mathrm{e}(0)$ 为 $t=0$ 时的初始相位。

如图 4.1 所示,这样一组余弦函数可以看作一个正交的三维 ABC 坐标系中的空间矢量 F_{ABC} 分别在 3 个坐标轴上投影。

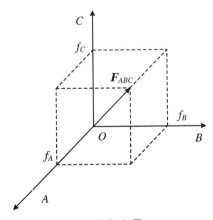

图 4.1 空间矢量 F_{ABC}

设 3 个坐标轴上的单位矢量为 e_A，e_B 和 e_C，则空间矢量 $\boldsymbol{F}_{ABC}$ 可以由单位矢量表示出：

$$\boldsymbol{F}_{ABC} = f_A e_A + f_B e_B + f_C e_C \tag{4.2}$$

空间矢量 $\boldsymbol{F}_{ABC}$ 由三相变量的时间余弦函数决定，具有下述的性质：

(1) 空间矢量的长度恒定，为

$$|\boldsymbol{F}_{ABC}| = \sqrt{f_A^2 + f_B^2 + f_C^2} = \sqrt{\frac{3}{2}} F_m \tag{4.3}$$

(2) 当三相坐标系 ABC 正序排列时，空间矢量以角速度 ω 逆时针旋转。

(3) 三相变量对称：$f_A + f_B + f_C = 0$。

式(4.2)为一个过坐标系原点的平面方程式。则根据空间矢量的性质可知，在 ABC 坐标系中，空间矢量 $\boldsymbol{F}_{ABC}$ 在一个过原点的平面内以恒定的角速度 ω 逆时针旋转，且矢量长度一定，尖端轨迹形成一个圆。

空间矢量 $\boldsymbol{F}_{ABC}$、其旋转速度矢量 $\dfrac{\mathrm{d}\boldsymbol{F}_{ABC}}{\mathrm{d}t}$ 以及矢量运动所形成的平面法线矢量 $\boldsymbol{n} = e_A + e_B + e_C$，三矢量相互垂直。利用它们建立一个新的正交的三维旋转 dqn 坐标系。首先定义 dqn 坐标系中三个坐标轴上的单位矢量。

(1) n 轴单位矢量(以法线矢量 $\boldsymbol{n}$ 为 n 轴)：

$$e_n = \frac{\boldsymbol{n}}{|\boldsymbol{n}|} = \frac{1}{\sqrt{3}}(e_A + e_B + e_C) \tag{4.4}$$

(2) d 轴单位矢量(以空间矢量 $\boldsymbol{F}_{ABC}$ 为 d 轴)：

$$e_d = \frac{\boldsymbol{F}_{ABC}}{|\boldsymbol{F}_{ABC}|} = \frac{\boldsymbol{F}_{ABC}}{\sqrt{\dfrac{3}{2}} F_m} = \sqrt{\frac{2}{3}}\left[\cos\theta_e e_A + \cos\left(\theta_e - \frac{2}{3}\pi\right)e_B + \cos\left(\theta_e + \frac{2}{3}\pi\right)e_C\right] \tag{4.5}$$

(3) q 轴单位矢量(以速度矢量 $\dfrac{\mathrm{d}\boldsymbol{F}_{ABC}}{\mathrm{d}t}$ 为 q 轴)：

$$e_q = \frac{\dfrac{\mathrm{d}\boldsymbol{F}_{ABC}}{\mathrm{d}t}}{\left|\dfrac{\mathrm{d}\boldsymbol{F}_{ABC}}{\mathrm{d}t}\right|} = \sqrt{\frac{2}{3}}\left[-\sin\theta_e e_A - \sin\left(\theta_e - \frac{2}{3}\pi\right)e_B - \sin\left(\theta_e + \frac{2}{3}\pi\right)e_C\right] \tag{4.6}$$

dqn 坐标系中的单位矢量满足 $e_d \times e_q = e_n$ 的位置关系。ABC 坐标系与 dqn 坐标系位置关系如图 4.2 所示。dqn 坐标系中的单位矢量可以由 ABC 坐标系中的单位矢量表示，如式(4.4)~式(4.6)所示，其逆变换关系为

$$\begin{cases} e_A = \sqrt{\dfrac{2}{3}}\left[\cos\theta_e e_d - \sin\theta_e e_q + \dfrac{1}{\sqrt{2}} e_n\right] \\ e_B = \sqrt{\dfrac{2}{3}}\left[\cos\left(\theta_e - \dfrac{2}{3}\pi\right)e_d - \sin\left(\theta_e - \dfrac{2}{3}\pi\right)e_q + \dfrac{1}{\sqrt{2}} e_n\right] \\ e_C = \sqrt{\dfrac{2}{3}}\left[\cos\left(\theta_e + \dfrac{2}{3}\pi\right)e_d - \sin\left(\theta_e + \dfrac{2}{3}\pi\right)e_q + \dfrac{1}{\sqrt{2}} e_n\right] \end{cases} \tag{4.7}$$

将式(4.7)代入式(4.2)得到

$$\boldsymbol{F}_{ABC} = \sqrt{\frac{2}{3}}\left[f_A\cos\theta_e + f_B\cos\left(\theta_e - \frac{2}{3}\pi\right) + f_C\cos\left(\theta_e + \frac{2}{3}\pi\right)\right]e_d$$

$$+ \sqrt{\frac{2}{3}}\Big[-f_A\sin\theta_e - f_B\sin\Big(\theta_e - \frac{2}{3}\pi\Big) - f_C\sin\Big(\theta_e + \frac{2}{3}\pi\Big)\Big]\boldsymbol{e}_q$$

$$+ \frac{1}{\sqrt{3}}[f_A + f_B + f_C]\boldsymbol{e}_n \tag{4.8}$$

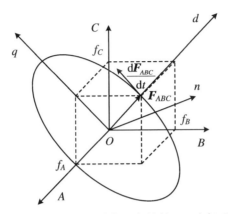

图 4.2 静止 ABC 坐标系与旋转 dqn 坐标系

空间矢量 $\boldsymbol{F}_{ABC}$ 在 dqn 坐标系中表示为 $\boldsymbol{F}_{dqn}$，用单位矢量表示为

$$\boldsymbol{F}_{dqn} = f_d\boldsymbol{e}_d + f_q\boldsymbol{e}_q + f_n\boldsymbol{e}_n \tag{4.9}$$

式中，f_d、f_q 和 f_n 为空间矢量 $\boldsymbol{F}_{dqn}$ 在各个坐标轴上的投影，即为空间矢量在 dqn 坐标系中的坐标。将式(4.8)与式(4.9)对比，根据 $\boldsymbol{F}_{ABC}$ 与 $\boldsymbol{F}_{dqn}$ 为同一空间矢量，可得到空间矢量在 dqn 坐标系中的轴分量与 ABC 坐标系中的轴分量的关系为

$$\begin{cases} f_d = \sqrt{\dfrac{2}{3}}\Big[f_A\cos\theta_e + f_B\cos\Big(\theta_e - \dfrac{2}{3}\pi\Big) + f_C\cos\Big(\theta_e + \dfrac{2}{3}\pi\Big)\Big] \\ f_q = \sqrt{\dfrac{2}{3}}\Big[-f_A\sin\theta_e - f_B\sin\Big(\theta_e - \dfrac{2}{3}\pi\Big) - f_C\sin\Big(\theta_e + \dfrac{2}{3}\pi\Big)\Big] \\ f_n = \dfrac{1}{\sqrt{3}}[f_A + f_B + f_C] \end{cases} \tag{4.10}$$

由此可得到三相变量在静止 ABC 坐标系与任意速度旋转的 dqn 坐标系之间的坐标变换关系，可用矩阵表示为

$$\boldsymbol{f}_{dqn} = \boldsymbol{T}(\theta_e)\boldsymbol{f}_{ABC} \tag{4.11}$$

其中，$\boldsymbol{f}_{dqn} = [f_d, f_q, f_n]^T$，$\boldsymbol{f}_{ABC} = [f_A, f_B, f_C]^T$，

$$\boldsymbol{T}(\theta_e) = \sqrt{\frac{2}{3}}\begin{pmatrix} \cos\theta_e & \cos\Big(\theta_e - \dfrac{2}{3}\pi\Big) & \cos\Big(\theta_e + \dfrac{2}{3}\pi\Big) \\ -\sin\theta_e & -\sin\Big(\theta_e - \dfrac{2}{3}\pi\Big) & -\sin\Big(\theta_e + \dfrac{2}{3}\pi\Big) \\ \dfrac{1}{\sqrt{2}} & \dfrac{1}{\sqrt{2}} & \dfrac{1}{\sqrt{2}} \end{pmatrix}$$

$\boldsymbol{T}(\theta_e)$ 即为静止 ABC 轴系到任意速度旋转 dqn 轴系的坐标变换矩阵，其逆变换矩阵为

$$T(\theta_e)^{-1} = \sqrt{\frac{2}{3}} \begin{pmatrix} \cos\theta_e & -\sin\theta_e & \frac{1}{\sqrt{2}} \\ \cos\left(\theta_e - \frac{2}{3}\pi\right) & -\sin\left(\theta_e - \frac{2}{3}\pi\right) & \frac{1}{\sqrt{2}} \\ \cos\left(\theta_e + \frac{2}{3}\pi\right) & -\sin\left(\theta_e + \frac{2}{3}\pi\right) & \frac{1}{\sqrt{2}} \end{pmatrix} \qquad (4.12)$$

至此,已经获得了静止 ABC 坐标系与旋转 dqn 坐标系间的坐标变换关系。在实际应用中,只要按照上述原则选定 d,q,n 坐标轴线以后,可以将 d 轴取任意初始角度与任意旋转速度,得到任意初始角度与任意速度旋转的 dqn 坐标系。

下面介绍三相静止 ABC 坐标系、两相静止 DQ 坐标系和两相同步旋转 dq 坐标系间的坐标变换。

1. 三相静止坐标系与两相静止坐标系间的变换

当 dqn 坐标系静止且初始相位角为零,即将 $\theta_e = 0$ 代入式(4.11),并由 $f_n = 0$ 得到三相静止 ABC 轴系与两相静止 DQ 轴系间的坐标变换关系为

$$f_{DQ} = C_{3s/2s} f_{ABC} \qquad (4.13)$$

式中,$f_{DQ} = [f_D, f_Q]^T$,$C_{3s/2s} = \sqrt{\frac{2}{3}} \begin{pmatrix} 1 & -\frac{1}{2} & -\frac{1}{2} \\ 0 & \frac{\sqrt{3}}{2} & -\frac{\sqrt{3}}{2} \end{pmatrix}$。$C_{3s/2s}$ 为三相静止 ABC 轴系到两相静止 DQ 轴系的坐标变换矩阵。

两相静止 DQ 轴系到三相静止 ABC 轴系的坐标逆变换矩阵 $C_{2s/3s}$ 即为

$$C_{2s/3s} = \sqrt{\frac{2}{3}} \begin{pmatrix} 1 & 0 \\ -\frac{1}{2} & \frac{\sqrt{3}}{2} \\ -\frac{1}{2} & -\frac{\sqrt{3}}{2} \end{pmatrix} \qquad (4.14)$$

2. 三相静止坐标系与两相同步旋转坐标系间的变换

选取 dqn 坐标系旋转角速度为 ω,与空间矢量同步速旋转,瞬时角度为 θ_e。且由 $f_n = 0$ 得到三相静止 ABC 轴系到两相同步旋转 dq 轴系的坐标变换矩阵为

$$C_{3s/2r}(\theta_e) = \sqrt{\frac{2}{3}} \begin{pmatrix} \cos\theta_e & \cos\left(\theta_e - \frac{2\pi}{3}\right) & \cos\left(\theta_e + \frac{2\pi}{3}\right) \\ -\sin\theta_e & -\sin\left(\theta_e - \frac{2\pi}{3}\right) & -\sin\left(\theta_e + \frac{2\pi}{3}\right) \end{pmatrix} \qquad (4.15)$$

两相同步旋转 dq 轴系到三相静止 ABC 轴系的坐标逆变换矩阵为

$$C_{2r/3s}(\theta_e) = \sqrt{\frac{2}{3}} \begin{pmatrix} \cos\theta_e & -\sin\theta_e \\ \cos\left(\theta_e - \frac{2\pi}{3}\right) & -\sin\left(\theta_e - \frac{2\pi}{3}\right) \\ \cos\left(\theta_e + \frac{2\pi}{3}\right) & -\sin\left(\theta_e + \frac{2\pi}{3}\right) \end{pmatrix} \qquad (4.16)$$

3. 两相静止坐标系与两相同步旋转坐标系间的变换

由式(4.14)和式(4.16)可知

$$f_{ABC} = C_{2s/3s}f_{DQ} = C_{2r/3s}(\theta_e)f_{dq} \tag{4.17}$$

则

$$f_{dq} = C_{3s/2r}(\theta_e)C_{2s/3s}f_{DQ} \tag{4.18}$$

两相静止 DQ 轴系到两相同步旋转 dq 轴系的坐标变换矩阵为

$$C_{2s/2r}(\theta_e) = C_{3s/2r}(\theta_e)C_{2s/3s} = \begin{bmatrix} \cos\theta_e & \sin\theta_e \\ -\sin\theta_e & \cos\theta_e \end{bmatrix} \tag{4.19}$$

两相同步旋转 dq 轴系到两相静止 DQ 轴系的坐标逆变换矩阵为

$$C_{2r/2s}(\theta_e) = C_{2s/2r}^{-1}(\theta_e) = \begin{bmatrix} \cos\theta_e & -\sin\theta_e \\ \sin\theta_e & \cos\theta_e \end{bmatrix} \tag{4.20}$$

将上式三相变量用电流、电压或磁链替代可以得到电流、电压与磁链的坐标变换矩阵。上述变换矩阵的系数 $\sqrt{\frac{2}{3}}$ 满足功率不变原则，也可以取系数为 $\frac{2}{3}$，使得三相坐标系中的幅值与两相坐标系中的幅值相同，但相应的转矩与功率计算公式需要改变。应用于 PMSM 驱动系统的三相静止坐标系、两相静止坐标系与两相同步旋转坐标系之间的关系如图 4.3 所示，圆即为空间矢量所形成的运动轨迹。

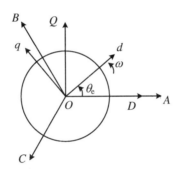

图 4.3 应用于 PMSM 驱动系统的各坐标系

4.2 SPWM 逆变器

逆变器理想的输出电压是正弦波，为了使逆变器输出近似正弦波的交流电压，脉宽调制（pulse width modulation，PWM）技术，特别是正弦脉宽调制（sinusoidal PWM，SPWM）技术在逆变器控制中得到广泛应用。

1. SPWM 基本原理

PWM 控制技术是对脉冲宽度进行调制的技术，即通过对开关器件进行高频通、断控制，从而输出一系列脉冲宽度可调的 PWM 波，通过对 PWM 波的脉冲宽度进行调制，等效获得所需波形。

PWM 控制是基于采样控制理论中的冲量等效原理：冲量（窄脉冲的面积）相等而形状不同的窄脉冲作用于惯性环节时，其效果基本相同，即指惯性环节的输出响应波形经傅里叶分解后低频段基本相同，仅在高频段略有差异。如图 4.4 所示的正弦半波被分成 N 等份，将正弦

半波看作由 N 个相连的脉冲组成。这些脉冲宽度相等，但是幅值不同，脉冲的顶部是正弦曲线的一部分，幅值按照正弦规律变化。将上述脉冲用同样数量的矩形脉冲序列等效，使矩形脉冲中点与相应正弦脉冲中点重合，且各矩形脉冲面积与相应正弦脉冲面积相等。可以看出，矩形脉冲波的宽度是按照正弦规律变化的，用同样方法可以得到正弦波负半周的等效矩形脉冲序列。这样得到的宽度按正弦规律变化且与正弦波等效的矩形脉冲序列即为正弦脉宽调制波形。

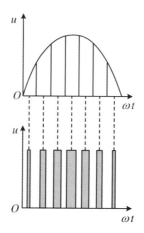

图 4.4 与正弦波等效的等幅脉冲序列波
（上面的图形为正弦波形，下面的为等效 SPWM 波形）

在给出正弦波频率、幅值和半个周期内的脉冲数后，按上述原理可以准确计算出 SPWM 波形各脉冲的宽度和间隔，按照计算结果控制逆变器各开关元件通断，则可以得到所需波形，但是计算过程非常繁琐。

调制法是将两个信号波叠加，在交点时刻控制逆变器开关元件通断来获得所需波形，把希望得到的波形作为调制波，把接受调制的信号作为载波，通过对载波的调制得到所期望的波形。当调制信号波为正弦波时，调制后得到的就是 SPWM 波形。这种方法更加实用，运用更为广泛。

2．SPWM 逆变器工作原理

采用 IGBT 作为功率器件的单相电压型正弦波逆变器原理电路如图 4.5 所示，U_{dc} 为直流侧电压，通过功率器件连接阻感负载。对于单相电压型正弦波逆变器，可以采用单极性 SPWM 控制和双极性 SPWM 控制两种方式。

（1）单极性 SPWM 控制

单极性 SPWM 控制是指逆变器的输出脉冲具有单极性特征。即在正弦波正半周时，只输出正极性脉冲；在负半周时，输出脉冲全为负极性。为此，三角载波极性与正弦调制波极性必须相同，称为单极性调制。

单极性 SPWM 及逆变器的输出调制波形如图 4.6 所示。调制波 u_r 为正弦波，载波 u_c 在 u_r 的正半周为正极性的三角波，在 u_r 的负半周为负极性的三角波。在 u_r 和 u_c 的交点时刻控制 IGBT 的通断。在 u_r 的正半周，V_1 保持通态，V_2 保持断态，当 $u_r > u_c$ 时，V_4 导通，V_3 关断，$u_o = U_{dc}$；当 $u_r < u_c$ 时，V_4 关断，V_3 导通，$u_o = 0$。在 u_r 的负半周，V_1 保持断态，V_2 保持通态，当 $u_r < u_c$ 时，V_3 导通，V_4 关断，$u_o = -U_{dc}$；当 $u_r > u_c$ 时，V_3 关断，V_4 导通，$u_o = 0$。这样就得

到了 SPWM 波形 u_o，图 4.6 中的虚线 u_{of} 表示 u_o 中的基波分量。

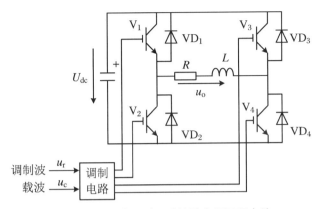

图 4.5 单相电压型正弦波逆变器原理电路

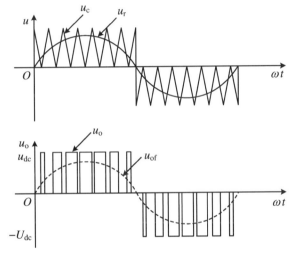

图 4.6 单极性 SPWM 控制的调制波形

(2) 双极性 SPWM 控制

双极性 SPWM 控制是指逆变器的输出脉冲具有双极性特征。即无论输出正、负半周，三角波都具有正、负对称的双极性，输出 PWM 脉冲为正、负极性跳变的双极性脉冲。图 4.5 单相电压型正弦波逆变器在采用双极性控制时的调制及逆变器输出电压波形如图 4.7 所示。在 u_r 的半个周期内，三角波载波不再是单极性的，而是有正有负，所得的 PWM 波也是有正有负。在 u_r 的一个周期内，输出波形只有 $\pm U_{dc}$ 两种电平，而不像单极性控制时有零电平。在 u_r 的正、负半周，对各功率器件的控制规律相同。即当 $u_r > u_c$ 时，V_1 和 V_4 导通，V_2 和 V_3 关断，这时如果 $i_o > 0$，则 V_1 和 V_4 导通；若 $i_o < 0$，则 VD_1 和 VD_4 导通，均有 $u_o = U_{dc}$。当 $u_r < u_c$ 时，V_2 和 V_3 导通，V_1 和 V_4 关断，这时如果 $i_o < 0$，则 V_2 和 V_3 导通；若 $i_o > 0$，则 VD_2 和 VD_3 导通，此时 $u_o = -U_{dc}$。

可以看出，单相电压型正弦波逆变器既可采用单极性调制，也可采用双极性调制，由于对功率器件通断控制的不同，逆变器的输出电压波形也有较大的差别。

对于图 4.8 所示的三相电压型逆变器电路，三相桥臂采用双极性 SPWM 控制，使用相同的三角载波信号，调制波采用三相对称的正弦波信号，其调制波形如图 4.9 所示。

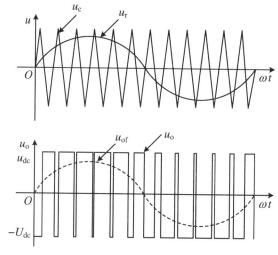

图 4.7 双极性 SPWM 控制时的调制波形

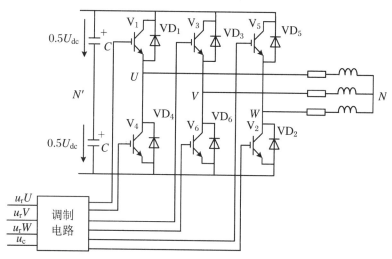

图 4.8 三相电压型正弦波逆变器原理电路

观察图 4.9 所示的三相双极性 SPWM 相关波形,总结其主要特点如下:

(1) 逆变器输出电压 $u_{UN'}$、$u_{VN'}$ 和 $u_{WN'}$ 的幅值均为 $\pm U_{dc}/2$。

(2) 逆变电路输出的线电压波形为单极性 SPWM 波形,且幅值为 $\pm U_{dc}$。

(3) 任何 SPWM 调制瞬间,逆变电路每相桥臂有且只有一个功率器件导通(功率管或二极管)。为了防止上下两个桥臂直通而造成短路,在上下两桥臂切换时需预留一小段上下臂都施加关断信号的死区时间,死区时间的长短主要由功率器件的关断时间来决定,且会对逆变器的输出电压产生影响。

3. SPWM 逆变器控制方式

在 SPWM 逆变器中,载波频率 f_c 与调制波频率 f_r 之比 $N = f_c/f_r$ 称为载波比,也称为调制比。根据载波比是否变化,SPWM 逆变器分成同步调制与异步调制两种控制方式。

(1) 同步调制

同步调制控制方式中,载波比 N 为常数,在变频时载波信号的频率与调制波信号的频率保持同步变化。在这种调制方式下，调制波信号频率变化时载波比不变，因此，逆变器输出电压半个周期内的矩形脉冲数一定。在三相 SPWM 逆变器中取 N 为 3 的整数倍以使三相输出波形严格对称，同时，为了使一相的波形正、负半周对称，N 取值应为奇数。

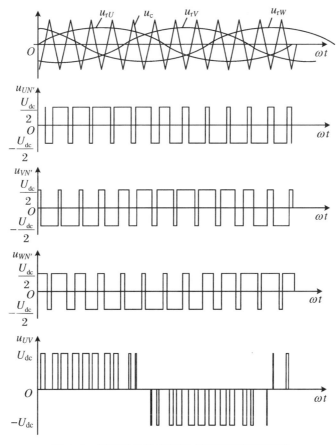

图 4.9 三相双极性 SPWM 控制时的调制波形

同步调制方式由于半周期内输出脉冲数目一定，在逆变器输出频率很低时，相邻脉冲间距增大，会增加谐波，产生较大转矩脉动和噪声。

(2) 异步调制

异步调制控制方式中，在逆变器的整个变频范围内，载波比 N 不为常数，一般是改变调制波信号频率 f_r 时保持三角载波频率 f_c 不变。这样逆变器输出电压半周期内的矩形脉冲数可随输出频率的降低而增加，改善低频工作特性。但是当载波比随输出频率改变而变化时，会使逆变器输出电压波形及相位发生变化，难以保持三相输出对称关系。

(3) 分段同步调制

为扬长避短，可将同步和异步两种调制方式结合，在一定频率范围内采用同步调制，保持输出波形对称的优点。当频率降低较多时，使载波比分段有级地增加，发挥异步调制的优势。

4.3 SVPWM 逆变器

空间矢量脉宽调制（space vector PWM，SVPWM）技术采用逆变器空间电压矢量的切换以获得准圆形旋转磁场，从而获得较 SPWM 技术更好的控制性能，其主要优点包括：① 消除谐波效果优于 SPWM 且可以提高电压利用率；② 可以提高电机的动态响应速度；③ 减小电机的转矩脉动，并且更适合于数字化控制系统。本节主要介绍两电平空间矢量脉宽调制技术在线性调制区内的基本原理与设计方法。

1. SVPWM 基本原理

三相电压源型逆变器的结构如图 4.10 所示，主电路由 6 个功率器件组成。对于任意一组桥臂来说，其上、下两个功率器件的开关状态是互补的，因此逆变器的工作状态可以只用 3 个上桥臂功率器件的开关状态来描述。三相电压源逆变器总共有 8 种开关状态，可对应于逆变器的 8 个工作模式。

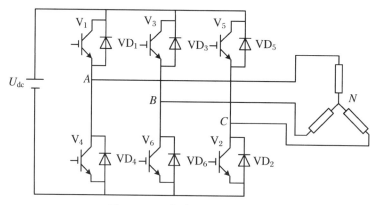

图 4.10　三相电压源型逆变器

图 4.10 中，以 S_a，S_b 以及 S_c 表示三组桥臂上半部分功率器件的开关状态，以 V_1 为例，当其开通且 V_4 关断时，S_a 为 1；当 V_1 关断 V_4 开通时，S_a 为 0。以此可以确定逆变器输出的线电压矢量 $(u_{AB}, u_{BC}, u_{CA})^T$ 与开关变量矢量 $(S_a, S_b, S_c)^T$ 之间的关系为

$$\begin{bmatrix} u_{AB} \\ u_{BC} \\ u_{CA} \end{bmatrix} = U_{dc} \begin{bmatrix} 1 & -1 & 0 \\ 0 & 1 & -1 \\ -1 & 0 & 1 \end{bmatrix} \begin{bmatrix} S_a \\ S_b \\ S_c \end{bmatrix} \qquad (4.21)$$

在三相平衡负载条件下，三相电压之间有如下关系：

$$u_{AN} + u_{BN} + u_{CN} = 0 \qquad (4.22)$$

由式（4.21）和式（4.22），可推导出三相电压矢量 $(u_{AN}, u_{BN}, u_{CN})^T$ 与开关变量矢量 $(S_a, S_b, S_c)^T$ 之间的关系为

$$\begin{bmatrix} u_{AN} \\ u_{BN} \\ u_{CN} \end{bmatrix} = \frac{1}{3} U_{dc} \begin{bmatrix} 2 & -1 & -1 \\ -1 & 2 & -1 \\ -1 & -1 & 2 \end{bmatrix} \begin{bmatrix} S_a \\ S_b \\ S_c \end{bmatrix} \qquad (4.23)$$

定子电压矢量可表示为

$$u_s = \sqrt{\frac{2}{3}}(U_{AN} + e^{j2\pi/3}U_{BN} + e^{j4\pi/3}U_{CN}) \tag{4.24}$$

逆变器的 8 种工作状态对应 8 个空间电压矢量,包括 6 个非零电压矢量:$U_1(001)$,$U_2(010)$,$U_3(011)$,$U_4(100)$,$U_5(101)$,$U_6(110)$,其空间矢量长度均为 $\sqrt{2/3}U_{dc}$;当 3 组桥臂的开关状态相同时,生成 2 个零电压矢量:$U_0(000)$ 和 $U_7(111)$。将基本空间电压矢量映射至如图 4.11 所示的复平面中,即可得到空间电压矢量图,将复平面划分为 6 个区,称为扇区。零电压矢量位于六边形的原点,相邻两个非零电压矢量之间的夹角为 60°。利用 8 个空间电压矢量的不同线性组合,根据平均值等效原理就能够得到电压矢量六边形中任意幅值及相位的空间电压矢量,从而叠加成逼近圆形旋转磁场的磁链圆。

根据伏秒平衡原则:在逆变器功率器件一个开关周期内通过对基本空间电压矢量进行组合,可输出电压矢量六边形中任意幅值及相位的空间电压矢量。期望功率器件动作次数尽可能小以减小开关造成的损耗,因此使用相邻的两个非零电压矢量与零电压矢量在时间上进行不同组合,即可以得到该扇区内的任意电压矢量。

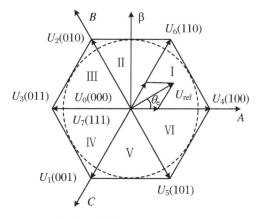

图 4.11 逆变器空间电压矢量图

如图 4.11 所示,以第 I 扇区为例,利用相邻电压矢量 U_4,U_6 及零电压矢量按照伏秒平衡原则合成期望输出的空间电压矢量 U_{ref},即

$$T_{PWM} = T_4 + T_6 + T_0 \tag{4.25}$$

$$U_{ref}T_{PWM} = U_4 T_4 + U_6 T_6 + U_{0/7} T_0 \tag{4.26}$$

式中,T_{PWM} 为 PWM 开关周期,T_4,T_6,T_0 为 U_4,U_6 及零矢量(U_0 或 U_7)的作用时间。式(4.26)表示在 T_{PWM} 时间内,参考电压矢量 U_{ref} 作用所产生的效果与在 T_4,T_6,T_0 时间内 U_4,U_6 及零矢量分别作用的叠加效果相同。

易知 U_4,U_6 及 U_{ref} 在两相静止坐标系所形成的复平面中可表达为

$$U_4 = \frac{2}{3}U_{dc}(1 + j0) \tag{4.27}$$

$$U_6 = \frac{2}{3}U_{dc}\left(\frac{1}{2} + j\frac{\sqrt{3}}{2}\right) \tag{4.28}$$

$$U_{ref} = U_\alpha + jU_\beta \tag{4.29}$$

式中,U_α,U_β 为 U_{ref} 在两相静止坐标系下的分量。

综合以上3式以及前述矢量的合成原理,可以得到下式:

$$\frac{2}{3}U_{dc}T_4 + \frac{2}{3}U_{dc}\left(\frac{1}{2} + j\frac{\sqrt{3}}{2}\right)T_6 = (U_\alpha + jU_\beta)T_{PWM} \quad (4.30)$$

由于零电压矢量幅值为零,因此其在矢量合成时只是用来补足非零电压矢量的作用时间。利用实部和虚部分别相等,对式(4.30)进行求解,可得各矢量的作用时间分别为

$$T_4 = \left(\frac{3}{2}U_\alpha - \frac{\sqrt{3}}{2}U_\beta\right)T_{PWM}/U_{dc} \quad (4.31)$$

$$T_6 = \sqrt{3}U_\beta T_{PWM}/U_{dc} \quad (4.32)$$

$$T_0 = T_{PWM} - T_4 - T_6 \quad (4.33)$$

随着参考电压矢量 U_{ref} 幅值的不断增加,U_4、U_6 的作用时间 T_4、T_6 也线性增加,零电压矢量的作用时间则不断减少。为了使逆变器工作在线性调制区,必须满足 $T_4 + T_6 \leqslant T_{PWM}$,则合成电压矢量幅值的最大值为 $U_{dc}/\sqrt{2}$(其他扇区情况相同)。SVPWM 调制波形相当于在正弦调制波中注入了三角波,与 SPWM 相比,SVPWM 对于逆变器直流母线电压利用率提高了 15.47%,并且可以明显减少逆变器所输出电压的谐波,因此电机的谐波损耗以及转矩脉动也同时降低。

2. SVPWM 算法实现

根据 SVPWM 基本原理介绍,下面将给出 SVPWM 算法的实现流程。

(1) 确定参考电压矢量扇区

基于 SVPWM 的基本原理,首先需要判断参考电压矢量所处的扇区以及基本空间电压矢量的作用时间。

参考电压矢量 U_{ref} 所在的扇区可以用 U_α 与 U_β 来确定,首先定义以下变量:

$$\begin{cases} U_{ref1} = U_\beta \\ U_{ref2} = \sqrt{3}U_\alpha - U_\beta \\ U_{ref3} = -\sqrt{3}U_\alpha - U_\beta \end{cases} \quad (4.34)$$

如果 $U_{ref1} > 0$,则 $A = 1$,否则 $A = 0$;
如果 $U_{ref2} > 0$,则 $B = 1$,否则 $B = 0$;
如果 $U_{ref3} > 0$,则 $C = 1$,否则 $C = 0$。

A、B 和 C 共有 8 种组合,但是由于 3 个变量不会同时为 1 或 0,因此实际上只有 6 种不同组合,当 A、B 和 C 取不同值时,参考电压矢量分别对应不同的扇区,令

$$N = A + 2B + 4C \quad (4.35)$$

根据式(4.35),可计算出当 N 为 1~6 时,对应参考电压矢量所在的扇区,见表 4.1。

表 4.1 参考电压矢量扇区判定表

N	1	2	3	4	5	6
U_{ref} 所在扇区	II	VI	I	IV	III	V

(2) 两相邻非零电压矢量作用时间的计算

确定参考电压矢量所处扇区后,选择该扇区两个相邻的非零电压矢量来合成参考电压矢量,并计算两个非零电压矢量的作用时间,定义

$$\begin{cases} X = \dfrac{\sqrt{3}U_\beta T_{\text{PWM}}}{U_{\text{dc}}} \\ Y = \dfrac{(3U_\alpha + \sqrt{3}U_\beta)T_{\text{PWM}}}{2U_{\text{dc}}} \\ Z = \dfrac{(3U_\alpha - \sqrt{3}U_\beta)T_{\text{PWM}}}{2U_{\text{dc}}} \end{cases} \quad (4.36)$$

各扇区两相邻非零电压矢量的作用时间见表 4.2。其中，T_x 代表 100、010、001 矢量的作用时间，T_y 代表 110、011、101 矢量的作用时间。

如果出现 $T_x + T_y \geqslant T_{\text{PWM}}$，$T_x$，$T_y$ 则按式(4.37)进行调整，即

$$\begin{cases} T'_x = T_x T_{\text{PWM}}/(T_x + T_y) \\ T'_y = T_y T_{\text{PWM}}/(T_x + T_y) \end{cases} \quad (4.37)$$

表 4.2　各扇区两相邻非零电压矢量作用时间表

扇区	I	II	III	IV	V	VI
T_x	Z	$-Z$	X	$-X$	$-Y$	Y
T_y	X	Y	$-Y$	$-Z$	Z	$-X$

(3) 计算功率器件的切换时刻

在获得各扇区空间电压矢量作用时间后，需要计算并确定每个空间电压矢量的切换时刻，即各功率器件的开通与关断时刻。定义空间电压矢量切换时刻为

$$\begin{cases} T_a = (T_{\text{PWM}} - T'_x - T'_y)/4 \\ T_b = T_a + T'_x/2 \\ T_c = T_b + T'_y/2 \end{cases} \quad (4.38)$$

根据参考电压矢量所处的扇区，表 4.3 开关切换时刻表给出了不同扇区内比较器的分配值。

表 4.3　开关切换时刻表

扇区	I	II	III	IV	V	VI
T_{cm1}	T_a	T_b	T_c	T_c	T_b	T_a
T_{cm2}	T_b	T_a	T_a	T_b	T_c	T_c
T_{cm3}	T_c	T_c	T_b	T_a	T_a	T_b

T_{cm1}，T_{cm2}，T_{cm3} 分别用来控制 A，B，C 相功率器件切换的比较器信号，通过与三角载波的比较确定各功率器件的开关状态。图 4.12 为参考电压矢量位于第 I 扇区时 SVPWM 的输出时序图，在前半个开关周期里，首先施加零电压矢量 $U_0(000)$，接着依次施加非零电压矢量 $U_4(100)$ 与 $U_6(110)$，最后施加零电压矢量 $U_7(111)$，以保证每次电压矢量切换时只有一个桥臂的功率器件动作。

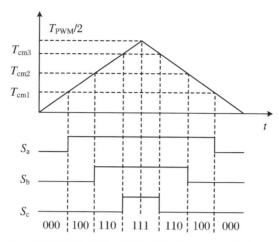

图 4.12 参考电压矢量位于第 I 扇区时 SVPWM 的输出时序图

4.4 本章小结

本章主要介绍坐标变换理论与脉宽调制技术。首先详细推导证明坐标变换原理并介绍永磁同步电机控制常用的三相静止坐标系、两相静止坐标系与两相同步旋转坐标系间的坐标变换关系,再阐述正弦脉宽调制逆变器与空间矢量脉宽调制逆变器的基本原理与实现过程,为实现 PMSM 的驱动控制奠定了理论基础。

第 5 章　PMSM 驱动系统基础知识

1971 年德国西门子工程师 F. Blaschke 提出了矢量控制,借由坐标变换,将交流电机等效为一台直流电机,实现了交流电机高性能控制。1985 年,德国鲁尔大学 M. Depenbrock 教授与日本学者 I. Takahashi 分别针对感应电机提出了直接转矩控制。目前,矢量控制与直接转矩控制都已成为交流电机高性能控制的常用控制技术,并且尚在不断完善和发展,实现了交流电机控制性能的显著提高。

与直接转矩控制相比,矢量控制从理论上实现了 PMSM 励磁控制与转矩控制的解耦,且具有较小的转矩脉动和更宽的调速范围的技术特色。因此,本章首先介绍 PMSM 基本方程,然后介绍 PMSM 矢量控制系统,再介绍 PMSM 矢量控制系统宽调速运行。

5.1　PMSM 基本方程

永磁同步电动机由电励磁三相同步电动机发展而来,它用永磁体代替了电励磁系统,也省去了集电环和电刷,因此只需要列写出 PMSM 定子基本方程。

根据永磁体安装形式的不同,PMSM 又分为面装式永磁同步电动机(SMPMSM)和内嵌式永磁同步电动机(IPMSM),下面将列写这两种电机的基本方程。

5.1.1　SMPMSM 基本方程

为了简化分析,在列写之前,假设如下:
(1) 忽略定、转子铁芯磁阻,不计涡流与磁滞损耗。
(2) 忽略定子绕组的齿槽对气隙磁场分布的影响。
(3) 永磁体产生的励磁磁场与三相绕组产生的电枢反应磁场在气隙中均为正弦分布。
(4) 三相定子绕组采用 Y 形接法,转子上没有阻尼绕组。
(5) 永磁体的电导率为零,永磁体内部的磁导率与空气相同。

对于面装式转子,永磁体内部的磁导率接近于空气,其内部的气隙是均匀的,直轴同步电抗与交轴同步电抗相等。因此,SMPMSM 可等效于一台转子励磁不可调的电励磁三相隐极同步电动机。

1. ABC 坐标系下的 SMPMSM 基本方程

永磁同步电机物理模型如图 5.1 所示,其中,u_A、u_B、u_C 为定子侧三相电压,i_A、i_B、i_C 为定子侧三相电流,ψ_f为永磁体磁链,其电角度与转子位置角θ_r相同,ω_e为转子电角速度。

定子电压方程可表示为

$$\begin{cases} u_A = R_s i_A + \dfrac{\mathrm{d}\psi_A}{\mathrm{d}t} \\ u_B = R_s i_B + \dfrac{\mathrm{d}\psi_B}{\mathrm{d}t} \\ u_C = R_s i_C + \dfrac{\mathrm{d}\psi_C}{\mathrm{d}t} \end{cases} \tag{5.1}$$

其中,ψ_A、ψ_B、ψ_C分别表示定子A、B、C相绕组的全磁链。

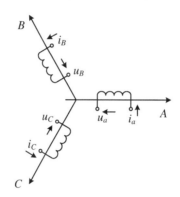

图 5.1 永磁同步电机物理模型

为书写方便,将式(5.1)写成以下形式:

$$\boldsymbol{u}_{ABC} = R_s \boldsymbol{i}_{ABC} + \dfrac{\mathrm{d}\boldsymbol{\psi}_{ABC}}{\mathrm{d}t} \tag{5.2}$$

定子电流产生的磁链以及永磁体磁链组成三相全磁链,其表达式为

$$\begin{pmatrix} \psi_A \\ \psi_B \\ \psi_C \end{pmatrix} = \begin{pmatrix} L_{AA} & L_{AB} & L_{AC} \\ L_{BA} & L_{BB} & L_{BC} \\ L_{CA} & L_{CB} & L_{CC} \end{pmatrix} \begin{pmatrix} i_A \\ i_B \\ i_C \end{pmatrix} + \psi_f \begin{pmatrix} \cos\theta_r \\ \cos\left(\theta_r - \dfrac{2\pi}{3}\right) \\ \cos\left(\theta_r + \dfrac{2\pi}{3}\right) \end{pmatrix} \tag{5.3}$$

其中,L_{AA}、L_{BB}、L_{CC}为各相绕组自感,其余为相位绕组间的互感。

由于 SMPMSM 气隙均匀,故ABC绕组的自感和互感与转子位置无关,且均为常值,则有

$$L_{AA} = L_{BB} = L_{CC} = L_{ms} + L_{ls} \tag{5.4}$$

其中,L_{ms}与L_{ls}分别为定子侧相绕组励磁电感及漏电感。

各相间的互感有

$$L_{AB} = L_{BA} = L_{AC} = L_{CA} = L_{BC} = L_{CB} = L_{ms}\cos(2\pi/3) = -L_{ms}/2 \tag{5.5}$$

将式(5.4)、式(5.5)代入式(5.3),同时有$i_A + i_B + i_C = 0$,可得

$$\begin{pmatrix} \psi_A \\ \psi_B \\ \psi_C \end{pmatrix} = L_s \begin{pmatrix} i_A \\ i_B \\ i_C \end{pmatrix} + \begin{pmatrix} \psi_{fA} \\ \psi_{fB} \\ \psi_{fC} \end{pmatrix} \tag{5.6}$$

式中,$L_s = L_m + L_{ls}$为同步电感;$L_m = 3L_{ms}/2$为等效励磁电感。

将式(5.6)可简写为

$$\boldsymbol{\psi}_{ABC} = L_s \boldsymbol{i}_{ABC} + \boldsymbol{\psi}_{fABC} \tag{5.7}$$

其中，ψ_{fA}，ψ_{fB}，ψ_{fC} 分别表示永磁磁链在定子 A，B，C 相绕组上的磁链分量。

根据机电能量转换原理，电磁转矩 T_e 为磁场储能对机械角位移 θ_m 的偏导，因此有

$$T_e = \frac{1}{2} p_0 \frac{\partial}{\partial \theta_m}(\boldsymbol{i}_{ABC}^T \cdot \boldsymbol{\psi}_{fABC}) \tag{5.8}$$

2. $\alpha\beta$ 坐标系下的 SMPMSM 基本方程

$\alpha\beta$ 坐标系下永磁同步电机物理模型如图 5.2 所示，α 轴与 ABC 坐标系中的 A 轴相一致，β 轴超前 α 轴 90°。对 ABC 坐标系下的 SMPMSM 定子电压方程进行 Clark 变化，由式(5.2)可得

$$\boldsymbol{C}_{3s/2s}\boldsymbol{u}_{ABC} = \boldsymbol{C}_{3s/2s}R_s\boldsymbol{i}_{ABC} + \boldsymbol{C}_{3s/2s}\frac{d\boldsymbol{\psi}_{ABC}}{dt} \tag{5.9}$$

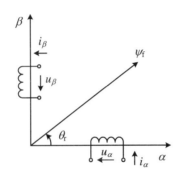

图 5.2 永磁同步电机在 $\alpha\beta$ 坐标系下的物理模型

即有

$$\boldsymbol{u}_{\alpha\beta} = R_s\boldsymbol{i}_{\alpha\beta} + \frac{d\boldsymbol{\psi}_{\alpha\beta}}{dt} \tag{5.10}$$

其中，$\boldsymbol{f}_{\alpha\beta} = (f_\alpha, f_\beta)^T$，$f_\alpha$，$f_\beta$ 为定子电压、电流或者磁链在 α，β 轴上的分量。

$\alpha\beta$ 坐标系下的定子磁链方程可表示为

$$\begin{bmatrix} \psi_\alpha \\ \psi_\beta \end{bmatrix} = \begin{bmatrix} L_\alpha & 0 \\ 0 & L_\beta \end{bmatrix} \begin{bmatrix} i_\alpha \\ i_\beta \end{bmatrix} + \psi_f \begin{bmatrix} \cos\theta_r \\ \sin\theta_r \end{bmatrix} \tag{5.11}$$

其中，L_α，L_β 分别表示 $\alpha\beta$ 坐标系下的定子电感。

$\alpha\beta$ 坐标系下的转矩方程可表示为

$$T_e = \frac{3}{2} p_0 (\psi_\alpha i_\beta - \psi_\beta i_\alpha) \tag{5.12}$$

3. dq 坐标系下的 SMPMSM 基本方程

dq 坐标系下的永磁同步电机物理模型如图 5.3 所示，其中，d 轴沿着转子永磁体磁链，q 轴超前 d 轴 90°，u_d，u_q，i_d，i_q 分别表示定子电压、电流在 dq 坐标系下的分量，由坐标变换可得 SMPMSM 在 dq 轴系下的电压方程为

$$\boldsymbol{u}_{dq} = R_s\boldsymbol{i}_{dq} + \frac{d\boldsymbol{\psi}_{dq}}{dt} + \omega_e \boldsymbol{X}\boldsymbol{\psi}_{dq} \tag{5.13}$$

其中，$\boldsymbol{f}_{dq} = (f_d, f_q)^T$，$\boldsymbol{X} = \begin{pmatrix} 0 & -1 \\ 1 & 0 \end{pmatrix}$，$f_d$，$f_q$ 统一表示定子电压、电流或者磁链在 d，q 轴上的分量。

SMPMSM 的磁链方程可表示为

$$\psi_d = L_d i_d + \psi_f$$
$$\psi_q = L_q i_q \tag{5.14}$$

其中，L_d，L_q 为直轴同步电感与交轴同步电感，对于 SMPMSM，L_d 与 L_q 相等。

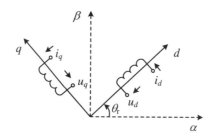

图 5.3 永磁同步电机在 dq 坐标系下的物理模型

将式(5.14)代入式(5.13)，则有

$$u_d = R_s i_d + L_s \frac{\mathrm{d}i_d}{\mathrm{d}t} - \omega_e L_s i_q$$
$$u_q = R_s i_q + L_s \frac{\mathrm{d}i_q}{\mathrm{d}t} + \omega_e L_s i_d + \omega_e \psi_f \tag{5.15}$$

dq 坐标系下电磁转矩可表示为

$$T_e = p_0 \boldsymbol{\psi}_s \times \boldsymbol{i}_s \tag{5.16}$$

SMPMSM 在 dq 坐标系下的电磁转矩表达式为

$$T_e = p_0 \psi_f i_q \tag{5.17}$$

5.1.2 IPMSM 基本方程

IPMSM 的永磁体内嵌于转子铁芯，因此其气隙是不均匀的。在幅值相同的定子电流 i_s 作用下，产生的电枢反应磁场会因为其相位角的不同而不同。此时，等效励磁电感不再是常值，而是随着电流相位角的变化而变化，这给定量计算电枢反应磁场与分析电枢反应作用带来挑战。本章将采用双反应理论列写出 IPMSM 基本方程。

1. dq 坐标系下的 IPMSM 基本方程

IPMSM 在 dq 轴系下的物理模型如图 5.3 所示，根据双反应理论，可分别求得 i_d 和 i_q 产生的电枢反应磁场，有

$$\psi_{md} = L_{md} i_d$$
$$\psi_{mq} = L_{mq} i_q \tag{5.18}$$

其中，L_{md} 和 L_{mq} 为直轴和交轴的等效励磁电感，且 $L_{md} < L_{mq}$。

于是，定子磁场在 dq 轴上的分量为

$$\psi_d = L_d i_d + \psi_f$$
$$\psi_q = L_q i_q \tag{5.19}$$

其中，L_d 为直轴同步电感，$L_d = L_{md} + L_{ls}$；L_q 为交轴同步电感，$L_q = L_{mq} + L_{ls}$。

将式(5.19)代入式(5.13)，得到 IPMSM 在 dq 轴系下的电压方程为

$$u_d = R_s i_d + L_d \frac{\mathrm{d}i_d}{\mathrm{d}t} - \omega_e L_q i_q$$

$$u_q = R_s i_q + L_q \frac{di_q}{dt} + \omega_e L_d i_d + \omega_e \psi_f \tag{5.20}$$

将式(5.19)代入式(5.16),可得 IPMSM 在 dq 坐标系下的电磁转矩表达式为

$$T_e = p_0[\psi_f i_q + (L_d - L_q)i_d i_q] \tag{5.21}$$

可见 IPMSM 存在两种类型的电磁转矩:$p_0\psi_f i_q$ 为电枢电流在永磁体励磁磁场作用下产生的励磁转矩;$p_0(L_d - L_q)i_d i_q$ 为直、交轴磁阻不同所引起的磁阻转矩。正是由于这一特性,使得 IPMSM 在转矩输出、弱磁调速等方面具有独特优势,相较于 SMPMSM,其应用领域更加广阔。

2. $\alpha\beta$ 坐标系下的 IPMSM 基本方程

与 SMPMSM 相类似,$\alpha\beta$ 坐标系下 IPMSM 电压方程可写为

$$u_{\alpha\beta} = R_s i_{\alpha\beta} + \frac{d\psi_{\alpha\beta}}{dt} \tag{5.22}$$

其中,$f_{\alpha\beta} = [f_\alpha, f_\beta]^T$,$f_\alpha$,$f_\beta$ 统一表示为定子电压、电流或磁链 α、β 轴上的分量。

磁链方程为

$$\begin{pmatrix} \psi_\alpha \\ \psi_\beta \end{pmatrix} = \begin{pmatrix} L_0 + L_1\cos(2\theta_r) & L_1\sin(2\theta_r) \\ L_1\sin(2\theta_r) & L_0 - L_1\cos(2\theta_r) \end{pmatrix} \begin{pmatrix} i_\alpha \\ i_\beta \end{pmatrix} + \psi_f \begin{pmatrix} \cos\theta_r \\ \sin\theta_r \end{pmatrix} \tag{5.23}$$

其中,$L_0 = (L_d + L_q)/2$,为均值电感;$L_1 = (L_d - L_q)/2$,为差值电感。

可见,$\alpha\beta$ 坐标系下的 IPMSM 电感矩阵不对称,且随转子位置而变化。

从 PMSM 基本方程可以看出:永磁同步电动机具有非线性、多变量、强耦合的特点。ABC 三相静止坐标系下的 PMSM 基本方程,物理意义清晰直观,但控制变量较多,且均为交流量,不便于实时控制。$\alpha\beta$ 两相静止坐标系下的 PMSM 基本方程,虽然控制变量数变少,但控制变量间仍然相互耦合;dq 两相旋转坐标系下的 PMSM 基本方程,控制变量已由交流量转化为直流量,转矩与磁场的控制相互解耦,从控制角度看,PMSM 已等效为"直流电动机"。

5.2 PMSM 矢量控制系统

5.2.1 PMSM 的矢量控制

PMSM 电磁转矩是由定子磁场与转子磁场的相互作用所产生的,而定子磁场则由空间对称的三相绕组通以时间对称的三相电流生成。若用一个单轴线圈来等效定子三相绕组,并产生完全等效的定子磁场,则该单轴线圈通入的电流 i_s 可表示为

$$i_s = \frac{2}{3}(i_A + ai_B + a^2 i_C) \tag{5.24}$$

其中,a 表示 e^{-j120}。

单轴线圈具有如下特性:

(1) 运动的轨迹为圆形,圆的半径为每相电流幅值,且以电角速度 ω_s 旋转,ω_s 为三相电流角频率。

(2) 当 a 相电流达到正向幅值时,单轴线圈与定子 a 相绕组轴线重合;当 a 相电流达到负向幅值时,单轴线圈与定子 a 相绕组反向轴线重合。

显然,该单轴线圈已经具有"空间"意义,称为电流矢量 i_s。因此,实际静止的三相定子绕组通以正弦电流与同步旋转的单轴线圈通以直流电流完全等效,换言之,通过控制电流矢量的幅值与相位即可控制 PMSM 的三相电流。

PMSM 的转子磁极在物理上是可观测的,通过传感器可直接检测到转子磁场的轴线位置。将 PMSM 永磁励磁磁场轴线定义为 d 轴,q 轴沿着旋转方向超前 d 轴 90°电角度,以此建立同步速旋转的 dq 坐标系。在同步速旋转的 dq 坐标系下的定子电流矢量将变为一个静止矢量,对其进行分解,则 d 轴电流分量用于调节磁场,q 轴电流分量用于产生电磁转矩,由于两者相互垂直,励磁与转矩的控制上可实现相互解耦。

因此,PMSM 转矩取决于定子电流矢量 i_s 在空间的相位与幅值,通过控制 d、q 轴定子电流 i_d 与 i_q 即可实现 PMSM 转矩的控制。由图 5.4,可知

$$i_q = i_s \sin \beta \tag{5.25}$$

$$i_d = i_s \cos \beta \tag{5.26}$$

式中,β 指定子电流矢量 i_s 与永磁体励磁磁场轴线 d 轴的夹角,又称转矩角。

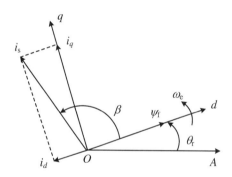

图 5.4 PMSM 空间矢量

将式(5.25)、式(5.26)代入式(5.21),则有

$$T_e = p_0 \left[i_s \psi_f \sin \beta + \frac{1}{2}(L_d - L_q) i_s^2 \sin 2\beta \right] \tag{5.27}$$

综上,永磁同步电动机矢量控制是借由坐标变换实现转子磁场定向的,在同步速旋转的坐标系下,定子电压、定子电流交流量转化为直流量,将定子电流矢量分解为产生磁场的励磁电流分量和产生转矩的转矩电流分量,实现励磁与转矩的相互解耦。此时,在转子磁场定向的同步速旋转坐标系下,永磁同步电动机等效为一台直流电动机,可实现励磁与转矩的单独控制,获得媲美甚至超过直流电机驱动系统的控制性能。

5.2.2 矢量控制的 PMSM 系统

PMSM 转矩、转速的控制实质上都是对电流的控制,两电平电压源型逆变器供电的 PMSM 矢量控制系统,也是通过控制逆变器输出电压来实现对 PMSM 定子电流的控制的。由式(5.20)可以看出:d 轴与 q 轴的定子电压方程仍存在交叉耦合项,且这种耦合作用随着转速的增大而逐渐明显,一定程度上降低了电流的动态控制性能。为了降低 d、q 轴交叉耦合

产生的负面影响,多采用前馈解耦的方法进行补偿,即

$$\begin{cases} u_d^* = u_d - \omega_e L_q i_q \\ u_q^* = u_q + \omega_e L_d i_d + \omega_e \psi_f \end{cases}$$

其中,u_d 和 u_q 为电流调节器的输出,u_d^* 和 u_q^* 为实施了前馈补偿之后的输出。

PMSM 矢量控制系统一般采用转速、电流双闭环级联控制结构。转速 PI 调节器基于参考转速与转速反馈输出参考转矩,根据参考转矩和不同的控制方式,生成相应的 d、q 轴定子电流参考 i_d^* 与 i_q^*,再通过电流内环 d、q 轴电流 PI 调节器生成逆变器 d、q 轴参考电压 u_d 与 u_q,经前馈补偿之后,生成逆变器参考电压 u_d^*,u_q^*,逆变器采用 SVPWM 生成逆变器功率开关器件的驱动信号,实现对转速指令的跟踪控制,其结构图 5.5 所示。

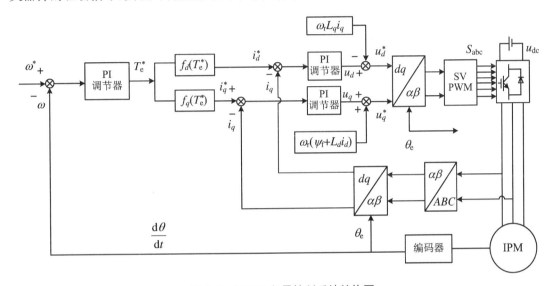

图 5.5 PMSM 矢量控制系统结构图

5.3 PMSM 矢量控制系统的宽调速运行

在许多应用场合,要求 PMSM 系统能够实现宽调速范围运行。以新能源电动汽车为例,永磁同步电机可运行于 2~3 倍的额定转速。在本节中,将对 PMSM 恒转矩区与恒功率区运行原理、最优运行点以及控制策略分别予以介绍。

5.3.1 MTPA 控制与弱磁控制

1. MTPA 控制

速度与转矩的控制性能是衡量 PMSM 系统性能的首要指标,然而,系统的运行效率同样值得重点关注。为了获得最小的铜耗,PMSM 系统在基速下一般采取最大转矩电流比(maximum torque per ampere,MTPA)控制,即以最小幅值的定子电流去获得最大的电磁转矩输出。

SMPMSM 的 d,q 轴电感相同,无磁阻转矩,由式可知,当 $i_s = i_q$ 时,产生同样的转矩所需定子电流幅值最小,因此,SMPMSM 矢量控制系统的 MTPA 控制可直接采用 $i_d = 0$ 的控制。

IPMSM 由于其 d,q 轴电感不同,电磁转矩中存在磁阻转矩,如图 5.6 所示,当在电机绕组中通有幅值相同的定子电流时,IPMSM 获得最大电磁转矩的电流矢量角 β 在 90°~135°之间,而不同于面装式永磁同步电机的 $\beta = 90°$。因此,在相同幅值的定子电流下,控制系统运行于 MTPA,充分利用其磁阻转矩,使 IPMSM 输出最大电磁转矩,对于提高 IPMSM 系统的运行效率具有重要意义。

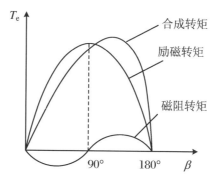

图 5.6 IPMSM 转矩-电流矢量角特性

2. 弱磁控制

PMSM 弱磁控制的基本思想源于他励直流电动机的弱磁控制,当他励直流电动机定子端电压达到其额定值时,只能通过降低励磁电流来改变他励直流电动机的励磁磁通,实现定子电压平衡,电机以恒功率方式运行至更高的转速。PMSM 由于其励磁磁动势由永磁体产生而无法进行调节,伴随着电机转速的提高,当 PMSM 定子电压达到逆变器所能输出的最大电压($u_s = u_{max}$)时,要想继续提高电机转速,只能通过增加 d 轴去磁电流分量以实现定子电压平衡,即通过弱磁实现 PMSM 的扩速运行。

当 PMSM 弱磁控制运行时,其定子电压可表示为

$$u_s = \omega_e \sqrt{(L_q i_q)^2 + (L_d i_d + \psi_f)^2} \tag{5.28}$$

受电机额定电流以及逆变器容量限制,PMSM 运行时,其定子电流需要满足

$$i_s^2 = i_d^2 + i_q^2 \leqslant i_{smax}^2 \tag{5.29}$$

式中,i_{smax} 为最大定子电流。

受逆变器直流母线电压的限制,PMSM 运行时,逆变器最大输出电压需满足

$$u_s^2 = u_d^2 + u_q^2 \leqslant u_{smax}^2 \tag{5.30}$$

式中,u_{smax} 为逆变器最大输出电压。

PMSM 稳态运行时的定子电压方程为

$$\begin{cases} u_d = R_s i_d - \omega_e L_q i_q \\ u_q = R_s i_q + \omega_e L_d i_d + \omega_e \psi_f \end{cases} \tag{5.31}$$

当 PMSM 在高速运行时,定子电阻压降所占比例较低,可以忽略不计,将上式代入式(5.30),可以获得电压极限圆为

$$(L_q i_q)^2 + (L_d i_d + \psi_f)^2 \leqslant (u_{smax}/\omega_e)^2 \tag{5.32}$$

式中，ω_e 为 PMSM 的电角速度。

于是，式(5.29)与式(5.31)形成了 PMSM 宽调速运行时的电流极限圆与电压极限圆约束。其中电流极限圆是以原点为圆心、i_{smax} 为半径的圆；电压极限圆是以 $(-\psi_f/L_d, 0)$ 为圆心、$u_{smax}/\omega_e L_d$ 为长半轴，$u_{smax}/\omega_e L_q$ 为短半轴的椭圆，随着电机转速的增加，电压极限圆逐渐缩小，形成一组椭圆簇，如图 5.7 所示。对于 SMPMSM，由于 d、q 轴定子电感相等，电压极限圆为圆形。稳态运行时，PMSM 的定子电流矢量既不能超越电压极限圆，也不能超越电流极限圆，必须同时满足二者的约束。

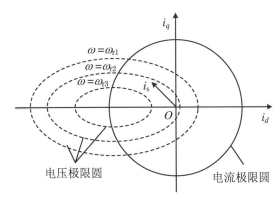

图 5.7 PMSM 宽调速运行时的电流极限圆与电压极限圆约束

5.3.2 定子电流指令生成

5.3.2.1 电流矢量最优运行轨迹分析

如图 5.8 所示，基于矢量控制的 PMSM 系统 MTPA 与弱磁控制思想，IPMSM 宽调速范围运行模式可分为：MTPA 控制、恒转矩弱磁控制、恒功率弱磁控制、降功率弱磁控制 4 种工作模式。

MTPA 控制：图 5.8 中 OA 轨迹，图 5.9 中 $0 \sim \omega_1$ 区间，此时矢量控制的 PMSM 系统采用 MTPA 控制，定子参考电流选取依据为等转矩曲线与 MTPA 轨迹的交点，如式(5.35)所示。以参考转矩 T_e^* 为例，电机沿 MTPA 曲线运行直至机械转速达到 ω_1，即图 5.8 中 A 点，若电机转速继续升高，电压极限圆将继续缩小，定子电流矢量将超出电压极限圆的限制，系统将进入恒转矩弱磁控制模式。

恒转矩弱磁控制：图 5.8 中 AB 轨迹，图 5.9 中 $\omega_1 \sim \omega_2$ 区间，定子参考电流的选取依据为等转矩曲线与电压极限圆的交点，参考转矩 T_e^* 对应的等转矩曲线与电压极限圆相交于两点，选取其中更靠近坐标原点的作为定子参考电流，内嵌式 PMSM 运行于恒转矩弱磁控制，输出转矩保持恒定值。当电机转速达到 ω_2 时，即图 5.8 中 B 点，若电机转速继续升高，参考转矩 T_e^* 对应的等转矩曲线与电压极限圆的两个交点都将位于电流极限圆外，系统将进入恒功率弱磁控制模式。

恒功率弱磁控制：图 5.8 中 BC 轨迹，图 5.9 中 $\omega_2 \sim \omega_3$ 区间，定子参考电流的选取依据为电压极限圆与电流极限圆的交点。电机运行于该区域时，由于需要同时满足电压极限圆与电流极限圆的约束，电机将无法保持参考转矩的恒定输出，最大输出转矩将随转速升高不断降低。当电机转速达到 ω_3 时，即图 5.8 中 C 点，若电机转速继续升高，电压极限圆与电流极限圆的交点不再是 PMSM 最大输出转矩，系统将进入降功率弱磁控制模式。

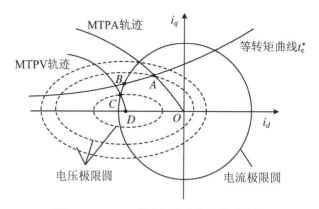

图 5.8　IPMSM 的定子电流矢量轨迹分析

降功率弱磁控制：图 5.8 中 CD 轨迹，图 5.9 中转速大于 ω_3 区间，此时采用 MTPV 控制，定子参考电流的选取依据为等转矩曲线与电压极限圆的切点。这一弱磁运行模式存在的前提条件是电压极限圆圆心 $(-\psi_f/L_d, 0)$ 在电流极限圆内，若电压极限圆圆心在电流极限圆外，则不存在降功率弱磁控制模式。D 点为 PMSM 的极限运行点，此处 d 轴电流将永磁体磁链全部抵消，理论上可以使电机转速达到无限大。

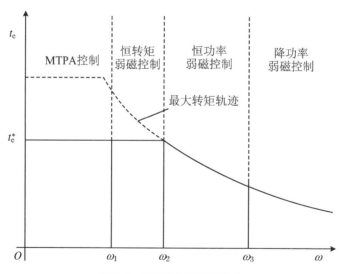

图 5.9　IPMSM 的运行模式

同理，SMPMSM 宽调速运行模式可分为：MTPA 控制、恒转矩弱磁控制、恒功率弱磁控制和降功率弱磁控制模式。

MTPA 控制：图 5.10 中 OA 轨迹，图 5.9 中 $0\sim\omega_1$ 区间。

恒转矩弱磁控制：图 5.10 中 AB 轨迹，图 5.9 中 $\omega_1\sim\omega_2$ 区间。

恒功率弱磁控制：图 5.10 中 BC 轨迹，图 5.9 中 $\omega_2\sim\omega_3$ 区间。

降功率弱磁控制：图 5.10 中 CD 轨迹，图 5.9 中转速大于 ω_3 区间。

SMPMSM 的弱磁控制模式的运行分析与 IPMSM 相同，不再赘述。

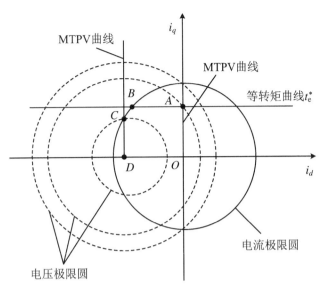

图 5.10 SMPMSM 定子电流矢量轨迹分析

5.3.2.2 PMSM 矢量控制系统宽调速运行的定子参考电流

1. MTPA 模式的定子参考电流

为了实现 IPMSM 的 MTPA 控制，在给定参考转矩的条件下，d、q 轴定子参考电流的获得，需求解下列优化问题：

$$\begin{aligned}\min\ & i_d^2 + i_q^2 \\ \text{s.t.}\ & T_e^* = p_0[\psi_f i_q + (L_d - L_q)i_d i_q]\end{aligned} \tag{5.33}$$

利用拉格朗日乘数法求解的条件极值，得到关于 d 轴电流的一元四次方程

$$i_d^4 + A_1 i_d^3 + B_1 i_d^2 + C_1 i_d + D_1 = 0 \tag{5.34}$$

其中，$A_1 = \dfrac{3\psi_f}{(L_d - L_q)}$，$B_1 = \dfrac{3\psi_f^2}{(L_d - L_q)^2}$，$C_1 = \dfrac{\psi_f^3}{(L_d - L_q)^3}$，$D_1 = -\dfrac{t_e^*}{p_0^2(L_d - L_q)^2}$。

采用费拉里方法，求解上述一元四次方程，获得基于 MTPA 控制的 d 轴定子参考电流，再基于电磁转矩公式计算出相应的 q 轴定子参考电流，即有

$$\begin{cases} i_{d\text{-MPTA}}^* = -\dfrac{A_1}{4} - \dfrac{\eta_1}{2} - \dfrac{\mu_1}{2} \\ i_{q\text{-MPTA}}^* = \dfrac{\dfrac{t_e^*}{p_0}}{\psi_f + (L_d - L_q)i_{d\text{-MPTA}}^*} \end{cases} \tag{5.35}$$

其中，

$$\alpha_1 = \dfrac{1}{3}(3A_1 C_1 - 12 D_1 - B_1^2)$$

$$\beta_1 = \dfrac{1}{27}(-2B_1^3 + 9A_1 B_1 C_1 + 72 B_1 D_1 - 27 C_1^2 - 27 A_1^2 D_1)$$

$$\gamma_1 = \dfrac{B_1}{3} + \sqrt[3]{-\dfrac{\beta_1}{2} + \sqrt{\dfrac{\beta_1^2}{4} + \dfrac{\alpha_1^3}{27}}} + \sqrt[3]{-\dfrac{\beta_1}{2} - \sqrt{\dfrac{\beta_1^2}{4} + \dfrac{\alpha_1^3}{27}}}$$

$$\eta_1 = \sqrt{\frac{A_1^2}{4} - B_1 + \gamma_1}$$

$$\mu_1 = \sqrt{\frac{3}{4}A_1^2 - \eta_1^2 - 2B_1 - \frac{1}{4\eta_1}(4A_1B_1 - 8C_1 - A_1^3)}$$

2. 恒转矩弱磁控制模式的定子参考电流

恒转矩弱磁控制模式的定子参考电流为等转矩曲线与电压极限圆的交点，即

$$\begin{cases} (L_q i_q)^2 + (L_d i_d + \psi_f)^2 = (u_{smax}/\omega_e)^2 \\ t_e^* = p_0[\psi_f i_q + (L_d - L_q)i_d i_q] \end{cases} \quad (5.36)$$

整理后得到关于 d 轴定子电流的一元四次方程，且有

$$i_d^4 + A_2 i_d^3 + B_2 i_d^2 + C_2 i_d + D_2 = 0 \quad (5.37)$$

式中，

$$A_2 = \frac{2\psi_f}{(L_d - L_q)}\left(2 - \frac{L_q}{L_d}\right)$$

$$B_2 = \frac{\psi_f^2}{(L_d - L_q)^2} + \frac{4\psi_f^2}{L_d(L_d - L_q)} + \frac{\psi_f^2}{L_d^2} - \frac{u_{smax}^2}{\omega_e^2 L_d^2}$$

$$C_2 = \frac{2\psi_f}{L_d}\left[\frac{\psi_f^2}{(L_d - L_q)^2} + \frac{\psi_f^2}{L_d(L_d - L_q)} - \frac{u_{smax}^2}{\omega_e^2 L_d(L_d - L_q)}\right]$$

$$D_2 = \frac{1}{(L_d - L_q)^2}\left(\frac{\psi_f^4}{L_d^2} + \frac{L_q^2}{L_d^2}\frac{t_e^{*2}}{p_0^2} - \frac{u_{smax}^2}{\omega_e^2}\frac{\psi_f^2}{L_d^2}\right)$$

求解方程获得恒转矩弱磁控制模式 d 轴定子参考电流与 q 轴定子参考电流为

$$\begin{cases} i_{d\text{-FW}}^* = -\frac{A_2}{4} - \frac{\eta_2}{2} - \frac{\mu_2}{2} \\ i_{q\text{-FW}}^* = \dfrac{\dfrac{t_e^*}{p_0}}{\psi_f + (L_d - L_q)i_{d\text{-FW}}^*} \end{cases} \quad (5.38)$$

式中，

$$\alpha_2 = \frac{1}{3}(3A_2 C_2 - 12D_2 - B_2^2)$$

$$\beta_2 = \frac{1}{27}(-2B_2^3 + 9A_2 B_2 C_2 + 72B_2 D_2 - 27C_2^2 - 27A_2^2 D_2)$$

$$\gamma_2 = \frac{B_2}{3} + \sqrt[3]{-\frac{\beta_2}{2} + \sqrt{\frac{\beta_2^2}{4} + \frac{\alpha_2^3}{27}}} + \sqrt[3]{-\frac{\beta_2}{2} - \sqrt{\frac{\beta_2^2}{4} + \frac{\alpha_2^3}{27}}}$$

$$\eta_2 = \sqrt{\frac{A_2^2}{4} - B_2 + \gamma_2}$$

$$\mu_2 = \sqrt{\frac{3}{4}A_2^2 - \eta_2^2 - 2B_2 - \frac{1}{4\eta_2}(4A_2 B_2 - 8C_2 - A_2^3)}$$

3. 恒功率弱磁控制的定子参考电流

恒功率弱磁控制的定子参考电流为电压极限圆与电压极限圆的交点，即

$$\begin{cases} (L_q i_q)^2 + (L_d i_d + \psi_f)^2 = (u_{smax}/\omega_e)^2 \\ i_d^2 + i_q^2 = i_{smax}^2 \end{cases} \quad (5.39)$$

整理后得到关于 d 轴电流的一元二次方程，且有

$$A_3 i_d^2 + B_3 i_d + C_3 = 0 \tag{5.40}$$

式中,$A_3 = L_d^2 - L_q^2$,$B_3 = 2L_d \psi_f$,$C_3 = \psi_f^2 + L_q^2 i_{smax}^2 - \dfrac{u_{smax}^2}{\omega_e^2}$。

求解方程获得恒功率弱磁控制模式 d 轴定子参考电流与 q 轴定子参考电流为

$$\begin{cases} i_{d\text{-FW}}^* = \dfrac{-B_3 + \sqrt{B_3^2 - 4A_3 C_3}}{2A_3} \\ i_{q\text{-FW}}^* = \sqrt{i_{smax}^2 - i_d^2} \end{cases} \tag{5.41}$$

4. 降功率弱磁控制模式的定子参考电流

降功率弱磁控制的定子参考电流为等转矩曲线与电压极限圆的切点,即

$$\begin{cases} (L_q i_q)^2 + (L_d i_d + \psi_f)^2 = (u_{smax}/\omega_e)^2 \\ t_e^* = p_0 [\psi_f i_q + (L_d - L_q) i_d i_q] \\ \mathrm{d} t_e / \mathrm{d} u_s = 0 \end{cases} \tag{5.42}$$

求解方程获得降功率弱磁控制模式 d 轴定子参考电流与 q 轴定子参考电流为

$$\begin{cases} i_{d\text{-FW}}^* = \dfrac{\lambda_d^* - \psi_f}{L_d} \\ i_{q\text{-FW}}^* = \dfrac{\sqrt{(u_{smax}/\omega_e)^2 - \lambda_d^{*2}}}{L_q} \end{cases} \tag{5.43}$$

式中,$\lambda_d^* = \dfrac{-L_q \psi_f + \sqrt{L_q^2 \psi_f^2 + 8(L_d - L_q)^2 (u_{smax}/\omega_e)^2}}{4(L_d - L_q)}$。

弱磁控制模式定子参考电流的获取实质是研究电机在电压极限圆与电流极限圆的约束条件下产生最大电磁转矩的定子电流矢量轨迹。当电机达到电压极限且未达到电流极限时,运行于恒转矩弱磁模式,此时电机输出转矩保持恒定;当电机同时达到电压极限与电流极限时,运行于恒功率弱磁模式,电机以最大电压和最大电流运行,功率保持恒定;当电压极限圆的中心位于电流极限圆内部时,存在降功率弱磁模式,永磁磁链逐渐趋向于被完全抵消,理论上 PMSM 可以达到无限转速。通过上述分析计算,可获得 PMSM 在不同弱磁控制模式下运行时 d,q 轴定子参考电流,但由于求解过程复杂,不便于实时实现。

5.3.2.3 PMSM 矢量控制系统的弱磁控制方法

PMSM 矢量控制系统的弱磁控制,是为了获得在满足电流极限圆与电压极限圆约束条件下,使电机输出最大电磁转矩的定子参考电流。PMSM 矢量控制系统的弱磁控制方法可分为下述几种。

1. 基于双电流调节器的查表法

该方法基于 PMSM 的数学模型,采用在线计算或查表法获得参考转矩与实际转速、直流母线电压相对应的 d,q 轴定子参考电流,实现 PMSM 矢量控制系统的弱磁控制,如图 5.11 所示。这种方法的优点是控制结构简单,但是对 PMSM 参数具有极强的依赖性,易受电机参数变化的影响,因此在实际应用中,需要预先确定出 PMSM 在不同工况下的定子电阻、定子电感与永磁体磁链等参数,才能准确生成 d,q 轴定子参考电流。

2. 基于双电流调节器的电压闭环反馈法

基于双电流调节器的电压闭环反馈法是目前应用最为广泛的弱磁控制方法之一。该类方

法中最典型的方法为负直轴电流补偿法。如图5.12所示,其基本思想是将电流环输出的电压参考值幅值与实际的母线最大电压相比较,经PI调节在线校正电流指令。该方法对于PMSM参数变化具有较强鲁棒性,而且可以实现MTPA模式与弱磁模式之间的平滑过渡,但其PI调节器参数的整定较为困难,为了避免对系统电流闭环控制产生影响,通常PI调节器会设置较低的带宽,因此,难以保证系统的动态性能。

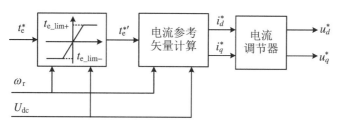

图5.11 基于查表法的PMSM弱磁控制框图

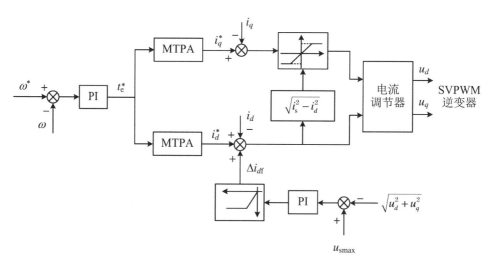

图5.12 基于电压闭环反馈的PMSM弱磁控制框图

3. 单电流调节器法

双电流调节器的弱磁控制方法,由于d轴与q轴交叉耦合的影响,电流调节器很容易进入积分饱和状态并相互干扰,从而直接影响弱磁性能。为了克服这一现象,单电流调节器法应运而生,该方法是将q轴电流调节器移除,仅保留d轴电流调节器,旨在最大限度地减轻PMSM弱磁控制运行时d轴与q轴电流调节器间的相互影响。

定q轴电压指令的单电流调节器法,其d轴电压指令仍然从d轴电流PI调节器来获取,而q轴电压指令则为直接给定的恒定值U_{qfw}。该方法明显改善了PMSM弱磁控制运行时双电流环交叉耦合的问题,但U_{qfw}的设定往往需要根据实际工况不断调节测试。为了克服定q轴电压指令带来的转矩输出受限和运行效率降低的缺点,变q轴电压的单电流调节器法对q轴电压指令进行了优化,将其设计为d轴电压的函数,如图5.13所示。

4. 电压角弱磁法

PMSM弱磁控制运行时,逆变器输出电压的幅值已达到极限,可调的只有逆变器输出电压之相位,因此有学者提出了电压角弱磁控制法,PI调节器的输出为逆变器参考电压的相位角,如图 5.14 所示。但该方法的控制变量实际上是电压矢量,因此对电流轨迹的规划能力和控制能力较弱。

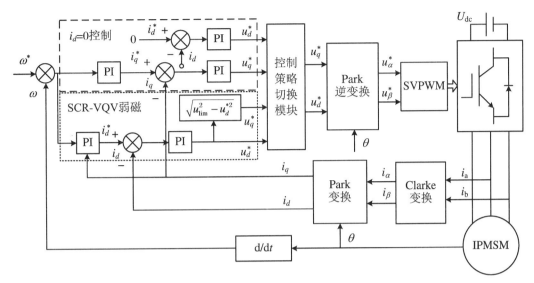

图 5.13 变 q 轴电压的单电流调节器弱磁结构图

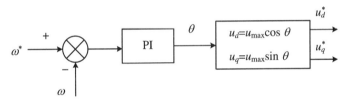

图 5.14 电压角弱磁法结构框图

5.4 本章小结

本章主要介绍了永磁同步电机矢量控制系统。首先详细介绍了 PMSM 的基本方程,再介绍 PMSM 的矢量控制,基于级联控制架构的 PMSM 矢量控制系统,然后推导了 PMSM 系统宽调速运行时不同运行模式下的定子参考电流,最后介绍了常用的弱磁控制方法,为矢量控制的 PMSM 系统宽调速实施运行提供了理论基础。

第6章 PMSM驱动系统的精确转矩控制

新能源汽车 PMSM 驱动系统通常运行于转矩控制模式,系统的转矩控制精度是新能源汽车电驱动新系统的重要技术指标。PMSM 驱动系统通过整车控制器给定的转矩指令生成 d, q 轴定子电流指令,采用双闭环控制实现对定子电流的控制,最终实现对于转矩指令的跟踪。对于某一给定的转矩指令,存在无数种对应的 d,q 轴电流指令组合,因此,最优定子电流指令的生成,对于 PMSM 驱动系统宽调速范围运行的转矩控制精度至关重要。

费拉里方法能够获得参数精确已知情况下的最优定子电流指令,但是,由于 PMSM 驱动系统在不同运行工况下会引起电机参数变化,上述计算方法必然受到影响,导致系统转矩控制精度的降低。针对在全速度范围内最优电流指令生成,控制电机的输出转矩实时跟踪指令转矩关键技术问题,本章首先分析传统梯度下降法存在的技术不足,提出基于双梯度下降法的 IPMSM 精确转矩控制;在此基础上,研究提出了基于无模型自适应控制(MFAC)的 PMSM 驱动系统精确转矩控制方案,旨在重点解决 PMSM 驱动系统参数不确定性及逆变器所导致的电机输出转矩精度降低问题。

6.1 双梯度下降法

6.1.1 梯度下降法

传统的梯度下降法用于电流指令生成时,主要由弱磁区域的判定和电流参考值修正两部分组成,从而实现 PMSM 驱动系统的自动弱磁运行。利用图 6.1 所示的恒转矩方向与电压下降方向之间的角度 θ,可以判定电机运行的弱磁区域。在基速范围内,工作点在 MTPA 线上。在恒转矩区,$\theta<90°$。在 MTPV 区,$\theta \geqslant 90°$。因此,通过对转矩求导获得恒转矩方向,再根据梯度下降法描述的电压下降方向,能够获得用来确定工作点处弱磁区域的 θ 或者 $\cos\theta$。

确定电机运行的弱磁区域之后,为了对电流参考值进行修正,需要知道相应的修正方向和幅度。修正方向由电机的转矩和电压方程得到,修正幅度由输出电压误差得到。在基速以下运行时,电流参考值根据 MTPA 轨迹获得,与梯度下降法弱磁控制无关。当电机转速超过基速后,若判定其运行于恒转矩弱磁区,则沿着恒转矩方向对电流参考值进行修正。当电机进一步升高运行于降功率弱磁区,则沿着 MTPV 轨迹方向对电流参考值进行修正,修正幅值需要满足电压极限圆约束。

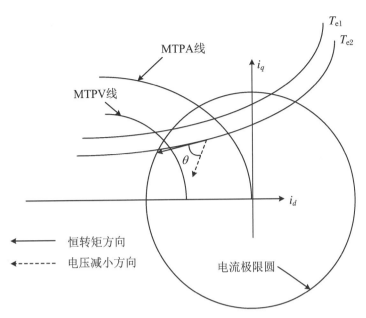

图 6.1 基于恒转矩和电压减小方向之间夹角判断弱磁区域

基于传统梯度下降法的控制并未考虑转矩突变引起的定子电流指令突变的情况，对于给定参考转矩的 PMSM 驱动系统，会出现实际转矩不能准确跟踪任意变化指令转矩问题。本章提出基于双梯度下降法的 IPMSM 驱动系统精确转矩控制，其控制结构框图如图 6.2 所示，包含基于双梯度下降法的电流指令生成模块、电流调节器模块、转矩观测器模块以及坐标变换和 SVPWM 模块。其中基于双梯度下降法的电流指令生成模块根据给定转矩指令生成定子电流指令，由两部分组成：固定查表部分为查表获得的 MTPA 指令以及可变修正部分为双梯度下降法获得的修正电流指令。电流调节器通过 d,q 轴 PI 调节器加前馈解耦控制方式生成逆变器参考电压矢量。转矩观测器实时估计电机的输出转矩，从而通过转矩反馈闭环实现 PMSM 驱动系统的精确转矩控制。

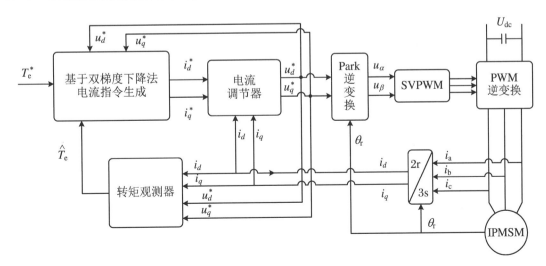

图 6.2 IPMSM 驱动系统精确转矩控制结构框图

6.1.2 转矩观测器

为实现 IPMSM 驱动系统的精确转矩控制,准确获得电机的实际输出转矩是关键因素,故需设计转矩观测器,旨在克服电机参数变化对电机输出转矩实时估计的影响,通过转矩闭环实现 IPMSM 驱动系统的精确转矩控制。

当电机稳态运行时,电机端电压方程可以表示为

$$\begin{cases} u_d = R_s i_d - \omega_e L_q i_q \\ u_q = R_s i_q + \omega_e (L_d i_d + \psi_f) \end{cases} \tag{6.1}$$

将式(6.1)代入电机转矩方程,可得电机电磁转矩估计表达式为

$$\hat{T}_e = P_0 \left(\frac{u_d i_d + u_q i_q - R_s (i_d^2 + i_q^2)}{\omega_e + \varepsilon} \right) \tag{6.2}$$

式中,u_d,u_q 是逆变器输出电压,忽略逆变器非线性特性的影响,实际上可取电流调节器的输出电压 u_d^*,u_q^*,而 ε 则取非常小的经验值,避免电机启动时转速为 0 造成算法失效。

设计的转矩观测器利用式(6.2)实现电机电磁转矩的实时估计,与直接利用转矩公式计算电磁转矩相比,这种方法利用的是可真实检测的数据,不受电机由于磁路饱和及交叉耦合效应引起的电感变化、电机温度改变引起的永磁体基波磁链变化的影响。

6.1.3 基于双梯度下降法的电流指令生成

基于双梯度下降法电流指令生成的详细框图如图 6.3 所示,全速度范围内的电流指令与梯度下降法中的电流指令相似,由两个部分组成,分别是固定查表部分和可变修正部分,具体可表示为

$$\begin{cases} i_d^* = i_{d\_o} + i_{d\_m} \\ i_q^* = i_{q\_o} + i_{q\_m} \end{cases} \tag{6.3}$$

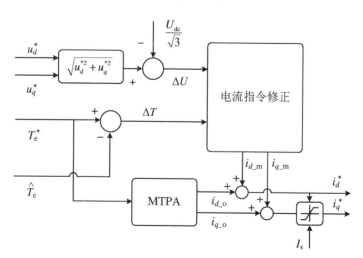

图 6.3 基于双梯度下降法电流指令生成

固定查表部分的电流指令是标称电机参数下的 MTPA 电流指令,由费拉里方法计算获

得,并制作成表格,实际控制时利用给定转矩指令查询表格,生成对应的电流指令 i_{d_o} 和 i_{q_o}。电流指令中的可变修正部分则根据双梯度下降法修正获得,具体算法流程如图 6.4 所示,根据电机运行区域的不同,电流指令修正值的计算公式也随之相应改变。

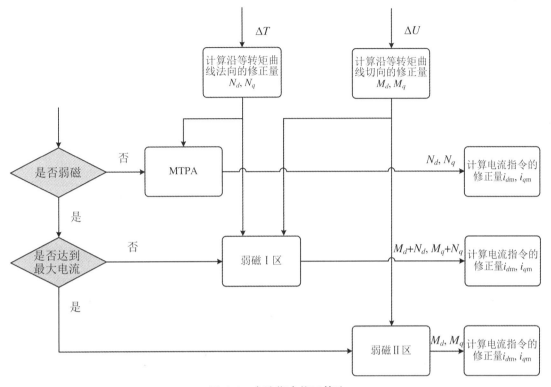

图 6.4　电流指令修正算法

1. MTPA 控制

IPMSM 在基速以下运行时,采用 MTPA 控制,若电机参数不发生变化,根据分析可以基于费拉里方法计算获得 MTPA 定子电流指令,此时电机的输出转矩就可以跟踪指令转矩;然而实际运行时,电机的参数会发生变化,以上方式获得的电流指令并不能使得电机输出转矩准确跟踪转矩指令。本节提出的方法,充分考虑了电机参数的变化,首先基于费拉里方法计算获得 MTPA 定子电流指令并制作成表格,实际算法中根据转矩指令查表产生最优定子电流指令的固定部分,而利用转矩观测器实时估计的电机转矩与给定指令转矩的误差,结合等转矩曲线的法线方向,产生最优定子电流指令的修正值,其中定子电流指令的修正方向如图 6.5 所示。

等转矩曲线的法向量为

$$(T_d, T_q) \equiv \left(\frac{\partial T_e}{\partial i_d}, \frac{\partial T_e}{\partial i_q}\right) = P_0((L_d - L_q)i_q, [\psi_f + (L_d - L_q)i_d]) \quad (6.4)$$

$$T = \sqrt{T_d^2 + T_q^2} \quad (6.5)$$

则转矩指令与转矩观测器估计的电机电磁转矩的误差为

$$\Delta T = T_e^* - \hat{T}_e \quad (6.6)$$

由于控制目标是确保 IPMSM 驱动系统稳态时的输出转矩控制精度,为此设定判断系统输出转矩进入稳态后,才按式(6.6)计算给定转矩指令与转矩观测器估计的电机电磁转矩之间的误差,在转矩响应瞬态期间,此误差设为 0,即停止沿等转矩曲线法向的修正。

定义

$$\begin{cases} N_d = \beta \Delta T \dfrac{T_d}{T} \\ N_q = \beta \Delta T \dfrac{T_q}{T} \end{cases} \tag{6.7}$$

其中,N_d,N_q 表示某采样周期内电流在等转矩曲线法向的修正值,β 是比例系数。

因此,算法如图 6.4 所示,MTPA 控制方式下的电流指令修正值可以表示为

$$\begin{cases} i_{d\_m1} = \int N_d \mathrm{d}t \\ i_{q\_m1} = \int N_q \mathrm{d}t \end{cases} \tag{6.8}$$

通过固定查表部分和可变修正部分的结合,组成 MTPA 控制方式下的电流指令,从而实现 IPMSM 驱动系统对给定参考转矩的准确跟踪。

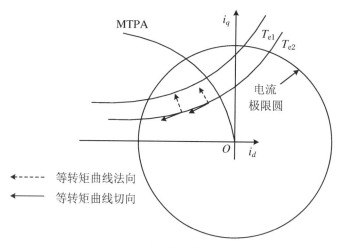

图 6.5 定子电流修正方向

2. 弱磁控制

IPMSM 在基速以上运行时,采用弱磁控制。因为电机的运行转速在基速以上,电机的反电动势达到逆变器输出的最大电压,此时不能通过提高逆变器的输出电压来增大电机转速。从电压、电流约束条件来看,就是电流指令受到了电压极限圆的约束。在弱磁 I 区,若想在保持原有输出转矩的情况下继续增大电机的转速,必须沿等转矩曲线切线方向来修正原有的电流指令,提供额外的弱磁电流,从而使得电流指令满足电压极限圆的约束。定子电流的修正方向如图 6.5 所示,而这种电流指令修正的趋势则随电机转速的改变而改变:当电机转速上升时,电流指令沿着等转矩曲线切向正方向变化,即沿着电压极限圆收缩的方向而变化,使得新的电流指令满足电压极限圆约束;当电机转速下降时,电流指令沿着等转矩曲线切向负方向变化,即沿着电压极限圆扩张的方向而变化,新的电流指令依然满足电压极限圆约束,并且为最优电流指令。

以上提供的沿等转矩曲线切向的修正方法虽然能在弱磁区提供满足电压极限圆的弱磁电流指令,但这种方法在转矩指令发生变化时输出转矩不能准确跟踪指令转矩,也就不能实现

IPMSM 驱动系统在弱磁区的精确转矩控制。因此,需要在弱磁区也引入沿等转矩曲线法向的修正方法,如同上述 MTPA 区,通过转矩估计实现转矩的闭环控制。将这两种修正方式相结合,实现 IPMSM 驱动系统在弱磁区的精确转矩控制。

等转矩曲线的切向量为

$$(X_d, X_q) \equiv \left(-\frac{\partial T_e}{\partial i_q}, \frac{\partial T_e}{\partial i_d}\right) = P_0(-[\psi_f + (L_d - L_q)i_d], (L_d - L_q)i_q) \quad (6.9)$$

$$X = \sqrt{(X_d)^2 + (X_q)^2} \quad (6.10)$$

给定参考电压与电流调节器输出电压误差为

$$\Delta U \equiv U_{\text{mag}} - \frac{U_{\text{dc}}}{\sqrt{3}} \quad (6.11)$$

$$U_{\text{mag}} = \sqrt{(U_d^*)^2 + (U_q^*)^2} \quad (6.12)$$

利用 ΔU,则有

$$\begin{cases} M_d = \alpha \times \Delta U \times \dfrac{X_d}{X} \\ M_q = \alpha \times \Delta U \times \dfrac{X_q}{X} \end{cases} \quad (6.13)$$

其中,M_d,M_q 表示某采样周期内电流在等转矩曲线切向修正值,α 是比例系数。

根据以上分析以及图 6.4 的算法示意图,在恒转矩弱磁区需要沿等转矩曲线的切向以及法向两个方向来修正电流指令,因此将两个方向修正值相加,获得弱磁区定子电流指令修正值为

$$\begin{cases} i_{d\_m2} = \int (M_d + N_d) \mathrm{d}t \\ i_{q\_m2} = \int (M_q + N_q) \mathrm{d}t \end{cases} \quad (6.14)$$

在弱磁 I 区,当电机转矩继续上升,为实现 IPMSM 驱动系统恒转矩运行,定子电流矢量会继续增大,当达到电机的最大电流时,电机不能靠继续增大电流矢量来维持恒转矩输出,此时电机进入弱磁 II 区。随着电机转速继续增加,电机不能输出恒定转矩,只能在满足电压极限圆的情况下输出最大电流矢量,从而在当前转速下输出最大转矩。

根据分析,在弱磁 II 区,电机不能按给定转矩指令准确产生相应的输出转矩,所以转矩闭环不能产生作用,但要维持电流指令在弱磁区满足电压极限圆,因此只在沿等转矩曲线切线的方向上对电流指令进行修正。如图 6.4 所示的算法示意图,在弱磁 II 区定子电流指令修正值为

$$\begin{cases} i_{d\_m3} = \int M_d \mathrm{d}t \\ i_{q\_m3} = \int M_q \mathrm{d}t \end{cases} \quad (6.15)$$

然而,定子电流指令的幅值不能超过电机能承受的最大电流 I_s,为此要对原先获得的 d,q 轴电流指令进行相应的调整,通过限制 q 轴电流指令的幅值来限制电机的输出电流,其表达式为

$$\begin{cases} i_d^* = i_{d\_0} + i_{d\_m3} \\ i_q^* = \sqrt{i_{\text{smax}}^2 - i_d^{*2}} \end{cases} \quad (6.16)$$

综上所述，兼顾 MTPA 和弱磁控制方式，提出了基于双梯度下降法的电流指令生成方案，电流指令由两部分组成：固定查表部分和可变修正部分。在获取修正电流时，利用参考电压幅值与逆变器最大输出电压幅值进行比较，沿等转矩曲线切线方向修正电流指令，实现弱磁；同时利用给定转矩指令与实时估计转矩进行比较，沿等转矩曲线法线方向修正电流指令，实现输出转矩准确跟踪指令转矩，最后根据电机运行区域选择合适的电流修正方式，将获得的修正电流指令与查表获得的固定电流指令相结合，生成整体电流指令，控制系统实现了宽调速范围内 IPMSM 驱动系统的精确转矩控制。

6.1.4　系统仿真研究

为了验证本章提出的基于双梯度下降法的 IPMSM 驱动系统精确转矩控制方法中电流指令生成的合理有效性，基于 Matlab/Simulink 仿真模型设置了系统的仿真实现。

1．电机参数不变

首先在假设电机参数不变的情况下进行仿真，仿真中设置电机的参数均为标称参数值。

设置给定指令转矩为 120 N·m，IPMSM 驱动系统由负载电机拖动，转速从 0 逐渐增加至 6000 rpm，系统动态响应如图 6.6 所示，电机运行状态经历了 MTPA、弱磁Ⅰ区和弱磁Ⅱ区的全部运行区域，如图 6.6 中第一幅图所示，实现了各个运行区域内电流指令的平滑切换。IPMSM 运行于 MTPA 区域时，电机反电动势小于逆变器最大输出电压，$\Delta U < 0$，此时根据查表以及双梯度下降法产生的电流指令，电机输出转矩准确跟踪指令转矩；IPMSM 转速上升进入弱磁Ⅰ区，电机反电动势达到逆变器最大输出电压，$\Delta U > 0$，此时需增加沿等转矩曲线法向和切向两个方向的电流指令修正值，如图 6.6 中最后一幅图所示，增加的弱磁电流使得 d 轴

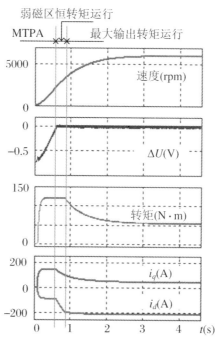

图 6.6　IPMSM 系统弱磁区恒转矩运行

电流逐渐减小，IPMSM 系统始终输出恒定转矩；IPMSM 转速继续上升，弱磁电流继续增加，电机电流达到最大值时电机进入弱磁Ⅱ区，此时电机无法继续保持恒定的输出转矩，输出最大电流矢量，使得电机输出最大转矩。IPMSM 驱动系统整个运行过程中，定子电流指令的轨迹如图 6.7 所示。

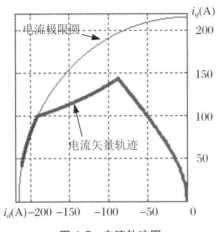

图 6.7 电流轨迹图

为了测试基于双梯度下降法的 IPMSM 精确转矩控制方式的转矩控制精度，设置给定指令转矩从 60 N·m 增加到 80 N·m 后又回到 60 N·m，在此期间内 IPMSM 驱动系统由负载电机拖动，转速从 0 逐渐上升至 4000 rpm，系统输出转矩的动态和稳态性能测试结果如图 6.8 所示。根据对传统梯度下降法的分析，当电机运行于弱磁区且转速改变的时候，若给定指令转矩发生突变，传统的梯度下降法不能准确生成对应于指令转矩的最优定子电流指令，实现输出转矩对给定指令转矩的准确跟踪，而基于双梯度下降法的 IPMSM 驱动系统能够实现输出转矩准确跟踪给定指令转矩，如图 6.8 放大的波形所示。

以下将基于双梯度下降法生成的不同转速、不同转矩下的最优定子指令电流，与同样运行工况下利用费拉里方法离线计算获取的最优定子指令电流进行比较，从而测试双梯度下降法在全速度范围内的合理有效性。

设置指令转矩从 20 N·m 变化至 160 N·m，而 IPMSM 驱动系统由负载电机拖动至稳定运行，转速分别为 3000 rpm、4000 rpm、5000 rpm。测试中首先由负载电机将 IPMSM 转速拖动到指定转速，然后按每次 20 N·m 的增量依次递加指令转矩，最后记录每个 IPMSM 稳态运行测试点的最优定子电流指令，根据所有测得的电流指令数据绘制如图 6.9 所示的电流指令图，图中"○"代表基于费拉里方法计算获得的最优定子电流指令，"＊"代表基于双梯度下降法生成的最优定子电流指令。

通过对比数据发现由费拉里方法计算获得的最优定子电流指令与基于双梯度下降法生成的最优定子电流指令之间存在微小误差，根据分析，基于费拉里方法计算获取定子最优电流指令忽略了电机电阻对端电压约束方程的影响，而本节提出的双梯度下降法是利用参考电压矢量反馈调节，通过修正生成最优定子电流指令，从而计及了电机电阻对电机端电压约束方程的影响，这也导致了两者间的最优定子电流指令存在差距。鉴于电流指令误差在允许范围内，因此也足以证实基于双梯度下降法的 IPMSM 驱动系统精确转矩控制策略能够较准确地获取电机稳态运行的最优定子电流指令。

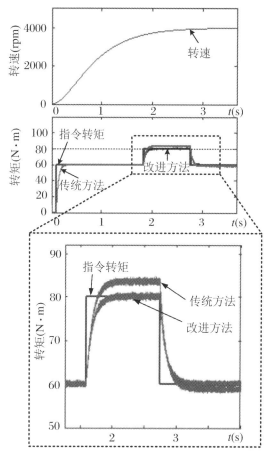

图 6.8 不同弱磁控制策略下 IPMSM 系统的转矩输出动态

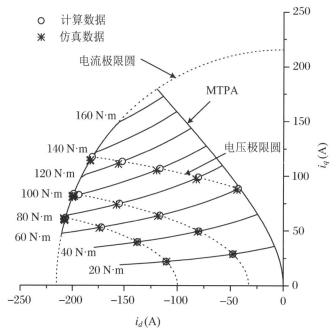

图 6.9 不同工作点下最优定子电流指令比较图

以上仿真结果和测试数据分析表明:针对任意变化的给定指令转矩,本节提出的基于双梯度下降法的 IPMSM 驱动系统精确转矩控制策略能够实现全速度范围内输出转矩对于指令输入转矩的实时准确跟踪。

2. 电机参数变化

实际系统中,电机的参数会随电机的运行工况甚至是故障状况而发生变化,为验证基于双梯度下降法的 IPMSM 驱动系统精确转矩控制策略能够克服电机参数变化的影响,实现对输出转矩的准确跟踪,以下将针对电机参数变化情况进行仿真,仿真中设置电机的永磁体基波磁链较标称参数减小 10%,电感较标称参数减小 30%,其他参数不变。

设置 IPMSM 驱动系统由负载电机拖动到 1000 rpm,0.1 s 时给系统施加转矩指令 120 N·m,0.3 s 时转矩指令变为 80 N·m,系统输出转矩的动态和稳态性能测试结果如图 6.10(a)所示,仿真结果显示电机运行在 MTPA 区域时,在电机参数变化的情况下,系统依然能够实现对指令转矩的准确跟踪。设置 IPMSM 驱动系统由负载电机拖动到 4000 rpm,0.1 s 时给系统施加转矩指令 80 N·m,0.3 s 时转矩指令变为 60 N·m,系统输出转矩的动态和稳态性能测试结果如图 6.10(b)所示,仿真结果显示电机运行在弱磁Ⅰ区时系统输出恒定转矩,在电机参数变化的情况下,系统依然能够实现对指令转矩的准确跟踪。设置 IPMSM 驱动系统由负载电机拖动到 5000 rpm,0.1 s 时给系统施加转矩指令 80 N·m,0.3 s 时转矩指令变为 40 N·m,系统输出转矩的动态和稳态性能测试结果如图 6.10(c)所示,仿真结果显示电机运行在 5000 rpm 时不能输出 80 N·m 电磁转矩,此时电机运行在弱磁Ⅱ区,电机输出当前状态下的最大电磁转矩,当指令转矩将为 40 N·m 时,电机准确跟踪指令转矩。通过分析图 6.10 不同转速情况下系统转矩响应波形,可以验证基于双梯度下降法的 IPMSM 驱动系统能够实现电机参数变化情况下在全速度范围内对指令转矩的准确跟踪。

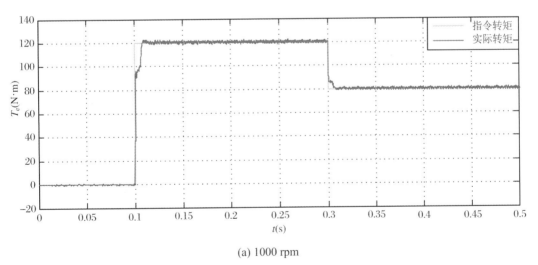

(a) 1000 rpm

图 6.10 不同转速下的电机转矩动态

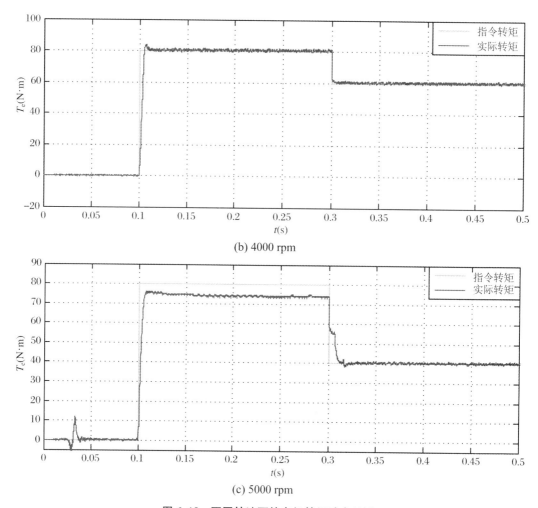

图 6.10 不同转速下的电机转矩动态(续)

6.2 基于 MFAC 的 IPMSM 驱动系统的精确转矩控制

针对给定参考转矩的电流闭环控制 IPMSM 驱动系统,上一节提出了基于双梯度下降法的电流指令生成方案,而电流环则采用传统基于转子磁场定向的矢量控制结构,通过 d, q 轴解耦以及电流 PI 调节器,实现 IPMSM 在宽调速范围内的动态转矩控制,遗憾的是该控制结构依赖于电机系统的准确建模,然而实际运行的 IPMSM 驱动系统,由于磁路的饱和及交叉耦合效应、温度的变化及逆变器非线性特性等,使 IPMSM 存在建模不确定性和参数不确定性,导致传统的给定参考转矩的电流闭环控制结构不能实现电机输出转矩的精确控制,同时伴随着系统稳态和动态控制性能的下降。

为了实现复杂工况甚至故障情况下电动汽车 IPMSM 驱动系统的精确转矩输出,提高电驱动系统的安全可靠性,本节将研究基于无模型自适应控制(MFAC)的 IPMSM 驱动系统精确转矩控制方案。首先分析考虑电机参数不确定的 IPMSM 数学模型,将其等效为参考模型与误差模型的结合;然后提出利用无模型自适应控制器控制由于参数不确定引起的误差模型,从而将具有参数不确定性的 IPMSM 系统镇定至基于参考模型的 IPMSM 系统;再基于无模型自适应控制器输出实时估计电机输出转矩,通过转矩闭环实现系统的精确转矩控制。最后,在 IPMSM 驱动系统建模的基础上,建立基于 MFAC 的 IPMSM 驱动系统的仿真模型,通过仿真分析验证建议方案的合理有效性。

6.2.1 考虑参数不确定性的 IPMSM 数学模型

为了方便控制器设计,考虑参数不确定性的 IPMSM 定子电压方程可表示为

$$\begin{cases} u_d = R_0 i_d + L_{d0} \dfrac{\mathrm{d} i_d}{\mathrm{d} t} - \omega_e L_{q0} i_q + \Delta u_d \\ u_q = R_0 i_q + L_{q0} \dfrac{\mathrm{d} i_q}{\mathrm{d} t} + \omega_e (L_{d0} i_d + \psi_{f0}) + \Delta u_d \end{cases} \tag{6.17}$$

式中,i_d, i_q 分别表示 d,q 轴定子电流,u_d, u_q 分别表示 d,q 轴定子电压,ω_e 表示电机电角速度,L_{d0}, L_{q0} 表示电机 d,q 轴标称电感,R_0 是标称定子电阻,ψ_{f0} 为永磁体基波磁链的标称值,$\Delta u_d, \Delta u_q$ 表示由于参数不确定和未建模动态引起的电压不确定量,其表达式为

$$\begin{cases} \Delta u_d = \Delta R i_d + \Delta L_d \dfrac{\mathrm{d} i_d}{\mathrm{d} t} - \omega_e \Delta L_q i_q + \varepsilon_d \\ \Delta u_q = \Delta R i_q + \Delta L_q \dfrac{\mathrm{d} i_q}{\mathrm{d} t} + \omega_e (\Delta L_d i_d + \Delta \psi_m) + \varepsilon_q \end{cases} \tag{6.18}$$

式中,$\Delta R = R - R_0, \Delta L_d = L_d - L_{d0}, \Delta L_q = L_q - L_{q0}, \Delta \psi_f = \psi_m - \psi_{m0}, \varepsilon_d, \varepsilon_q$ 表示未建模动态引起的不确定量。

为表示方便,将公式(6.17)化简为状态空间形式:

$$\dot{\boldsymbol{x}} = \boldsymbol{A}_0 \boldsymbol{x} + \boldsymbol{B}_0 (\boldsymbol{u}_s - \Delta \boldsymbol{u}_s) \tag{6.19}$$

其中,

$$\boldsymbol{x} = (i_d, i_q)^{\mathrm{T}}$$
$$\boldsymbol{v}_s = \boldsymbol{u}_s - \boldsymbol{e}_0$$
$$\boldsymbol{u}_s = (u_d, u_q)$$
$$\boldsymbol{e}_0 = (-\omega_e L_{q0} i_q, \omega_e (L_{d0} i_d + \psi_{m0}))^{\mathrm{T}}$$
$$\Delta \boldsymbol{u}_s = (\Delta u_d, \Delta u_q)^{\mathrm{T}}$$
$$\boldsymbol{A}_0 = \begin{pmatrix} -R_0/L_{d0} & 0 \\ 0 & -R_0/L_{q0} \end{pmatrix}$$
$$\boldsymbol{B}_0 = \begin{pmatrix} 1/L_{d0} & 0 \\ 0 & 1/L_{q0} \end{pmatrix}$$

在电机参数和未建模动态引起的电压不确定量完全消除的情况下,可以获得 IPMSM 参考模型为

$$\dot{\boldsymbol{x}}_m = \boldsymbol{A}_0 \boldsymbol{x}_m + \boldsymbol{B}_0 \boldsymbol{u}_s \tag{6.20}$$

其中,$\boldsymbol{x}_m = (i_{dm}, i_{qm})^{\mathrm{T}}$ 对应电机在标称参数条件下的 d,q 轴定子电流。

若电机可以等效为式(6.20)的参考模型,则可以根据基于模型设计的思路设计控制器参数,系统的动态和稳态性能都能得到保证。因此本节提出基于 MFAC 的精确转矩控制,通过

设计无模型自适应控制器,来控制电机参数和未建模动态引起的电压不确定量,从而使得电机系统等效为标称参数的参考模型。

利用式(6.19)减去式(6.20),得到计及参数不确定性影响后 IPMSM 误差模型,表示为

$$\dot{e} = A_0 e - B_0 \Delta u_s \tag{6.21}$$

其中,$e = x - x_m$。

由式(6.21)可知,误差模型中状态量为误差 e,Δu_s 表示参数不确定引起的定子扰动电压。因此通过无模型自适应控制器控制扰动电压,使得误差为 0,就能将整个电机系统镇定为参考模型。

电磁转矩表达式为

$$T_e = P_0(\psi_f i_q + (L_{d0} - L_{q0}) i_d i_q) + \Delta T_e \tag{6.22}$$

式中,ΔT_e 表示参数不确定引起的转矩不确定量。

6.2.2 无模型自适应控制

无模型自适应控制(model free adaptive control,MFAC)是侯忠生首次提出的,该方法仅利用受控系统的输入/输出数据来设计控制器,控制器中不包含受控系统数学模型的任何信息。其基本思想是利用一个新引入的伪梯度向量(或者伪 Jacobi 矩阵)和伪阶数的概念,在受控系统轨线附近用一系列动态线性时变模型(紧格式、偏格式、全格式线性化模型)来替代一般离散时间非线性系统,并利用受控系统的输入/输出数据来在线估计系统的伪梯度向量,从而实现非线性系统的无模型自适应控制。

与传统的工业应用上广泛采用的 PID 控制器相比,无模型自适应控制器具备自主适应系统结构和参数的功能,能有效克服 PID 控制器不能处理强非线性、时变性系统的控制问题。无模型自适应控制是受控系统模型未知或者存在结构变化的系统较为完美的控制方式。为了便于设计无模型自适应控制器,本小节首先对基于紧格式线性化方法的无模型自适应控制进行简单介绍。

对于一般的非线性离散时间系统

$$y(k+1) = f(y(k), \cdots, y(k-n_y), u(k), \cdots, u(k-n_u)) \tag{6.23}$$

其中,$u(k)$ 和 $y(k)$ 分别表示第 k 时刻系统的输入量和输出量,n_u 和 n_y 分别表示系统输入量和输出量的阶数,$f(\cdots)$ 是系统非线性函数。

根据定理可知,在满足一定条件下,对于单输入、单输出的非线性离散时间系统,当 $\Delta u(k) = u(k) - u(k-1) \neq 0$ 时,一定存在伪偏导数 $\varphi(k)$,使得

$$\Delta y(k+1) = \varphi(k) \Delta u(k) \tag{6.24}$$

根据式(6.24),则系统式(6.23)基于紧格式线性化方法的动态线性化模型为

$$y(k+1) = y(k) + \varphi(k) \Delta u(k) \tag{6.25}$$

为了获得控制律 $u(k)$,考虑以下准则函数:

$$J(u(k)) = |y^*(k+1) - y(k+1)|^2 + \lambda |u(k) - u(k-1)|^2 \tag{6.26}$$

其中,$y^*(k+1)$ 为下一时刻系统的期望输出量。

将式(6.25)代入以上准则函数式(6.26),对 $u(k)$ 求导,令其等于 0,求得

$$u(k) = u(k-1) + \frac{\rho \varphi(k)(y^*(k+1) - y(k))}{\lambda + |\varphi(k)|^2} \tag{6.27}$$

其中,ρ 为步长序列,通常取 $0 < \rho < 1$,λ 为正的权重系数,对控制量 $u(k)$ 的变化起到限制作用。

鉴于实际系统的伪偏导数 $\varphi(k)$ 无法得知,所以将 $\varphi(k)$ 的在线估计值 $\hat{\varphi}(k)$ 代入控制律公式,得到

$$u(k) = \frac{\rho \hat{\varphi}(k)(y^*(k+1) - y(k))}{\lambda + |\hat{\varphi}(k)|^2} \tag{6.28}$$

伪偏导数的估计准则函数为

$$J(\varphi(k)) = |y(k) - y(k-1) - \varphi(k)\Delta u(k-1)|^2 + \mu |\varphi(k) - \hat{\varphi}(k-1)|^2 \tag{6.29}$$

同理得到伪偏导数的在线估计算法为

$$\hat{\varphi}(k) = \hat{\varphi}(k-1) + \frac{\eta(\Delta y(k) - \hat{\varphi}(k-1)\Delta u(k-1))}{\mu + |\Delta u(k-1)|^2} \tag{6.30}$$

其中,η 为步长序列,通常取 $0<\eta<1$,μ 为正的权重系数,对伪偏导数估计量 $\hat{\varphi}(k)$ 的变化起到限制作用。

根据式(6.28)以及式(6.30)就可以实时获得无模型自适应控制的控制律。

6.2.3 基于 MFAC 的 IPMSM 驱动系统精确转矩控制

电机驱动系统在复杂工况下运行时,电机参数不确定性表征为电机参数会随着运行状态和温度的改变而发生变化,为了实现参数不确定条件下 IPMSM 系统具有良好的动态和静态性能,且具有输出转矩精确控制功能,本小节提出一种新型的 IPMSM 驱动系统精确转矩输出的控制方案。在基于双梯度下降法获得电机电流指令的基础上,利用无模型自适应控制器来控制由于参数和未建模动态引起的电压不确定量,将电机等效为标称参数的参考模型,从而利用基于模型设计的方法设计电流环 PI 调节器,保证系统的动态和稳态性能。针对逆变器非线性特性对控制系统的影响,也提出了相应的补偿方法。因此整个 IPMSM 驱动系统精确转矩控制结构包含基于双梯度下降法电流指令生成模块、转矩观测器、无模型自适应控制器以及逆变器非线性补偿模块,建议的系统控制结构框图如图 6.11 所示。

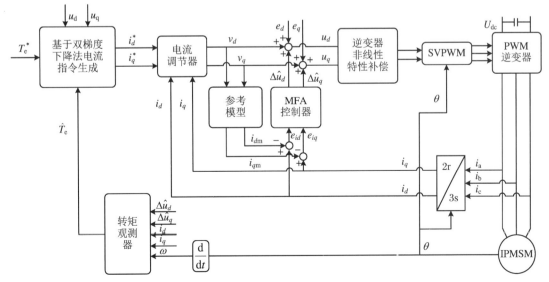

图 6.11 具有精确转矩输出控制的 IPMSM 驱动系统控制结构图

6.2.4 逆变器非线性特性补偿

逆变器的非线性特性可以表示为逆变器的输出电压矢量与参考电压矢量的差异,实际情况下,逆变器的参考电压矢量并不完全等于输出到电机端的电压矢量,因此为了提高系统的稳态性能,本小节研究逆变器非线性特性的补偿,消除逆变器非线性特性的影响,使得参考电压矢量等于逆变器的输出电压矢量。

影响逆变器非线性特性的因素非常复杂,这与逆变器自身的结构特点有关系。通常情况下,三相电压型逆变器采用 IGBT 功率半导体器件,而 IGBT 本身存在开通延时和关断延时,其时间可以分别表示为 t_{on} 和 t_{off};并且 IGBT 存在正向导通压降 V_s,反向续流二极管导通时存在导通压降 V_d;最重要的还有为了避免同一桥臂上下开关管出现直通,主动在上下桥臂的驱动信号中添加死区时间 T_d,这些因素的存在使逆变器呈现出非线性特性。

众多学者针对逆变器非线性特性提出了相应的解决方案,其中大多数都采用平均电压补偿的方法,认为一个开关周期内逆变器非线性特性造成的平均损失电压为 V_{dead},然后在参考电压矢量上叠加 V_{dead},抵消逆变器非线性特性的影响。有学者提出了离线补偿方案,逆变器每相电压误差与每相电流方向有关,可以表示为

$$V_{a\_dead} = V_{dead} \text{sgn}(i_a) \tag{6.31}$$

式中,V_{dead} 可以表示为

$$V_{dead} = \frac{T_d + t_{on} + t_{off}}{T_s}(V_{dc} - V_s + V_d) + \frac{V_s + V_d}{2} \tag{6.32}$$

利用开关管的参数,再根据式(6.31)和式(6.32)就可以计算出相应的死区电压,从而补偿到每相的逆变器参考电压矢量中。该方法虽然可以在一定程度上补偿逆变器的非线性特性,但是补偿的精确度不能得到保证,因为根据式(6.32)计算的死区电压受到开关管参数的影响,而开关管的参数在整个运行工况下是实时变化的,因此计算得到的死区电压不能适用于全部工作范围。

为了保证全部工况下补偿方案的有效性,部分学者提出了实时在线补偿的方案。根据分析,在 dq 旋转坐标系下,逆变器死区电压的存在将表现为定子 d,q 轴电流中出现六倍频电流频率的脉动,实时在线补偿方法是基于提取电流的六次谐波特征,通过闭环控制并利用调节器在线调节补偿电压,抑制 d,q 轴定子电流中的六次谐波,获得对应的补偿电压。鉴于实时在线补偿方法可以提高补偿的准确度,因此本节采用实时在线补偿方法,抵消逆变器非线性特性对于系统控制性能的影响,逆变器非线性特性补偿模块的控制结构图如图 6.12 所示。

首先要判断系统是否进入稳定状态,利用当前时刻电机转速 ω_k 与上一时刻电机转速 ω_{k-1} 比较,当式(6.33)成立时,则判断电机处于稳定运行状态,当式(6.33)不成立时,则电机没进入稳态,继续等待下个采样时刻进行判断。

$$|\omega_k - \omega_{k-1}| \leqslant 0.01 \times |\omega_{k-1}| \tag{6.33}$$

在电机稳定运行时,可以得到电机的稳态电流周期 T,而 d 轴电流脉动的周期为 $T/6$。接下来要计算 d 轴电流脉动的斜率,实现思路是计算获得整个电流周期 T 时间内 d 轴电流脉动的最大值和最小值的平均值,然后除以时间 $T/6$ 获得 d 轴电流脉动的斜率。

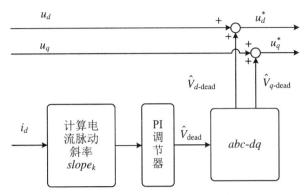

图 6.12 逆变器非线性特性补偿模块结构图

$$\begin{cases} i_{d\max\_avg} = \dfrac{1}{6}\sum_{N=1}^{6} i_{d\max} \\ i_{d\min\_avg} = \dfrac{1}{6}\sum_{N=1}^{6} i_{d\min} \end{cases} \tag{6.34}$$

当前采样时刻的斜率 $slope_k$ 表示为

$$slope_k = \dfrac{i_{d\max\_avg} - i_{d\min\_avg}}{T/6} \tag{6.35}$$

通过 PI 调节器获得补偿电压的估计值 $\hat{V}_{dead}$,其表达式为

$$\hat{V}_{dead} = \left(k_p + \dfrac{k_1}{s}\right) \times slope_k \tag{6.36}$$

当获得的斜率小于前一时刻获得的斜率时,PI 调节器连续工作,当获得的斜率大于前一时刻获得的斜率时,PI 调节器停止工作,避免过分补偿。

损失电压获得后,根据相电流的方向得到每相的误差电压,稳态 d,q 轴电流指令通过坐标变换来判断各相电流的方向,稳态运行时这种判断方法是有效的,且简单易行。然后利用各相误差电压进行坐标变换转换到 dq 坐标系下,最后与逆变器 d,q 轴参考电压矢量相加,获得补偿后的逆变器 d,q 轴参考电压矢量。

$$\begin{cases} \hat{V}_{a\_dead} = \hat{V}_{dead}\text{sgn}(i_a) \\ \hat{V}_{b\_dead} = \hat{V}_{dead}\text{sgn}(i_b) \\ \hat{V}_{c\_dead} = \hat{V}_{dead}\text{sgn}(i_c) \end{cases} \tag{6.37}$$

$$\begin{pmatrix} \hat{V}_{d\_dead} \\ \hat{V}_{q\_dead} \end{pmatrix} = T_{abc\text{-}dq} \begin{pmatrix} \hat{V}_{a\_dead} \\ \hat{V}_{b\_dead} \\ \hat{V}_{c\_dead} \end{pmatrix} \tag{6.38}$$

其中,$T_{abc\text{-}dq}$ 为坐标变换矩阵。

$$\begin{pmatrix} V_d^* \\ V_q^* \end{pmatrix} = \begin{pmatrix} V_d + \hat{V}_{d\_dead} \\ V_q + \hat{V}_{q\_dead} \end{pmatrix} \tag{6.39}$$

在逆变器非线性特性得到很好的补偿情况下，参考电压矢量$(V_d,V_q)^T$就等效为输出到电机端的电压矢量，再利用参考电压矢量$(V_d,V_q)^T$进行转矩估计和计算。

6.2.5 无模型自适应控制器设计

根据前面的分析，考虑参数不确定性的 IPMSM 数学模型可以等效为标称参数的参考模型和含有扰动量的误差模型的结合。由于误差模型包含了系统参数不确定引起的误差量和未建模动态，因此设计无模型自适应（MFA）控制器来控制误差模型，最终将考虑参数不确定的 IPMSM 驱动系统镇定至基于标称参数的参考模型，提高系统的动态性能。

通常情况下，IPMSM 驱动系统采用基于 DSP 的数字控制方式，因此整个系统为离散时间系统，并且采样时间等于逆变器的开关周期，在本书中采用 100 μs。为此，以下将描述一个采样周期时间内控制算法产生参考电压矢量的过程，设当前采样时刻为 k。

由控制结构图可以看出，参考电压矢量包含 3 个部分，分别是 PI 调节器输出的电压矢量 $(v_d(k),v_q(k))^T$、前馈的反电动势补偿量 $(e_d(k),e_q(k))^T$ 和无模型自适应控制器输出的电压扰动量 $(\Delta\hat{u}_d(k),\Delta\hat{u}_q(k))^T$。

$$\begin{bmatrix} u_d(k) \\ u_q(k) \end{bmatrix} = \begin{bmatrix} v_d(k)+e_d(k)+\Delta\hat{u}_d(k) \\ v_q(k)+e_q(k)+\Delta\hat{u}_q(k) \end{bmatrix} \tag{6.40}$$

其中，

$$\begin{bmatrix} e_d(k) \\ e_q(k) \end{bmatrix} = \begin{bmatrix} -\omega_e(k)L_{q0}i_q(k) \\ \omega_e(k)(L_{d0}i_d(k)+\psi_{m0}) \end{bmatrix} \tag{6.41}$$

式中，$\omega_e(k)$、$i_d(k)$ 和 $i_q(k)$ 分别表示当前采样时刻的电机电角速度、d 轴定子电流和 q 轴定子电流。

由 6.2.1 小节分析可知，若电机由于参数变化引起的电压扰动量 $(\Delta\hat{u}_d(k),\Delta\hat{u}_q(k))^T$ 能够通过无模型自适应控制器准确输出，误差模型的输出量控制到 0，则整个系统被镇定至标称参数的参考模型，此时对于变参数电机的控制就等效为对于标称参数电机的控制。

为了设计无模型自适应控制器来控制误差，首先要对被控对象即误差模型进行分析，由式（6.21）可知，误差模型描述了控制量为 Δu_s、输出量为实际电机定子电流与参考模型输出的参考定子电流之间误差 e 的非线性系统，将式（6.25）离散化后获得双输入、双输出的离散时间非线性系统为

$$e(k+1) = f(e(k),u(k)) \tag{6.42}$$

其中，$u(k)$ 是当前采样时刻误差模型的输入量，而 $e(k)$ 是当前采样时刻误差模型的输出量，$e(k+1)$ 则是下一采样时刻误差模型的输出量。

$$u(k) = \Delta v_s(k) = (\Delta v_d(k),\Delta v_q(k))^T \tag{6.43}$$

$$e(k+1) = (e_{id}(k+1),e_{iq}(k+1))^T \tag{6.44}$$

$$e(k) = (e_{id}(k),e_{iq}(k))^T \tag{6.45}$$

为此，设计无模型控制器输出系统控制量 $u(k)$，使得误差模型的输出为 0。

为了设计对应于误差模型的双输入、双输出无模型控制器，根据 6.2.2 小节的分析，类似于单输入、单输出系统，首先将误差模型系统等价表示为基于数据的紧格式动态线性化

(CFDL)模型。根据定理可知,在满足一定条件下,当 $\Delta u(k) \neq 0$ 时,一定存在伪 Jacobi 矩阵 $\boldsymbol{\Phi}_c(k)$,使得

$$\Delta e(k+1) = \boldsymbol{\Phi}_c(k) \Delta u(k) \tag{6.46}$$

其中,系统伪 Jacobi 矩阵 $\boldsymbol{\Phi}_c(k) = \begin{bmatrix} \varphi_{11}(k) & \varphi_{12}(k) \\ \varphi_{21}(k) & \varphi_{22}(k) \end{bmatrix} \in \mathbf{R}^{2 \times 2}$。

根据式(6.46),则误差模型系统基于紧格式线性化方法的动态线性化模型为

$$e(k+1) = e(k) + \boldsymbol{\Phi}_c(k) \Delta u(k) \tag{6.47}$$

类似于单输入、单输出系统,获得控制律向量 $u(k)$,即

$$u(k) = u(k-1) + \frac{\rho \hat{\boldsymbol{\Phi}}_c(k)(e^*(k+1) - e(k))}{\lambda + \|\hat{\boldsymbol{\Phi}}_c(k)\|^2} \tag{6.48}$$

其中,ρ 为步长序列,通常取 $0 < \rho < 1$,λ 为正的权重系数,对控制量 $u(k)$ 的变化起到限制作用。

而 $\hat{\boldsymbol{\Phi}}_c(k)$ 是系统伪 Jacobi 矩阵 $\boldsymbol{\Phi}_c(k)$ 的在线估计值,其表达式为

$$\hat{\boldsymbol{\Phi}}_c(k) = \hat{\boldsymbol{\Phi}}_c(k-1) + \frac{\eta(\Delta e(k) - \hat{\boldsymbol{\Phi}}_c(k-1) \Delta u(k-1)) \Delta u^{\mathrm{T}}(k-1)}{\mu + \|\Delta u(k-1)\|^2} \tag{6.49}$$

如果 $\mathrm{sign}(\hat{\varphi}_{ij}(k)) \neq \mathrm{sign}(\hat{\varphi}_{ij}(1))$,则 $\hat{\varphi}_{ij}(k) = \hat{\varphi}_{ij}(1)$ 或 $|\hat{\varphi}_{ij}(k)| \leqslant \varepsilon$。其中,$\eta$ 为步长序列,通常取 $0 < \eta < 1$,μ 为正的权重系数。

利用 $\boldsymbol{\Phi}_c(k)$ 的在线估计公式(6.49)以及控制律公式(6.48),就构成了无模型自适应控制器,输出电压扰动量 $[\Delta \hat{u}_d(k), \Delta \hat{u}_q(k)]^{\mathrm{T}}$。

然而根据以上无模型自适应控制器的公式,需要获得误差模型系统的输出量,即实际电机定子电流与参考模型输出的参考定子电流之间的误差 $e(k)$。标称参数的参考模型如公式(6.20),利用差分代替微分将其离散化得到离散形式的表达式为

$$\frac{1}{T_s} \begin{bmatrix} i_{dm}(k) - i_{dm}(k-1) \\ i_{qm}(k) - i_{qm}(k-1) \end{bmatrix}$$
$$= \begin{bmatrix} -R_0/L_{d0} & 0 \\ 0 & -R_0/L_{q0} \end{bmatrix} \begin{bmatrix} i_{dm}(k-1) \\ i_{qm}(k-1) \end{bmatrix} + \begin{bmatrix} 1/L_{d0} & 0 \\ 0 & 1/L_{q0} \end{bmatrix} \begin{bmatrix} v_d(k) \\ v_q(k) \end{bmatrix} \tag{6.50}$$

利用式(6.38)以及电流 PI 调节器的输出量 $v_d(k), v_q(k)$ 计算获得参考定子电流 $i_{dm}(k)$,$i_{qm}(k)$:

$$\begin{cases} i_{dm}(k) = (1 - R_0 T_s/L_{d0}) i_{dm}(k-1) + (T_s/L_{d0}) v_d(k) \\ i_{qm}(k) = (1 - R_0 T_s/L_{q0}) i_{qm}(k-1) + (T_s/L_{q0}) v_q(k) \end{cases} \tag{6.51}$$

则可以得到实际电机定子电流与参考模型输出的参考定子电流之间的误差

$$e(k) = \begin{bmatrix} e_{id}(k) \\ e_{iq}(k) \end{bmatrix} = \begin{bmatrix} i_d(k) - i_{dm}(k) \\ i_q(k) - i_{qm}(k) \end{bmatrix} \tag{6.52}$$

综上所述,根据获得的实际电机定子电流与参考模型输出的参考定子电流之间的误差 $e(k)$,输入到无模型自适应控制器,利用式(6.48)和式(6.49)可以输出控制量 $u(k)$,即电机由于参数变化引起的电压扰动量 $(\Delta \hat{u}_d(k), \Delta \hat{u}_q(k))$。通过控制电压扰动量 $(\Delta \hat{u}_d(k)$,$\Delta \hat{u}_q(k))$,使得输出的误差 $e(k)$ 为 0,从而使得整个变参数电机系统镇定至标称参数电机系统。

6.2.6 电流 PI 调节器设计

传统交流电机驱动系统采用矢量控制方式，通过坐标变换将交流电机等效为同步旋转坐标系下的直流电机，从而可以分别控制电流矢量的励磁和转矩分量来控制电机的输出转矩。而这些直流分量的控制则可以通过 PI 调节器完成，因此设计电流 PI 调节器直接影响系统的输出转矩响应性能。前面已经分析，电机的参数随着工况的改变而实时变化，而原先设计好的 PI 调节器参数不能满足电机所有参数下的稳态和动态性能。因此设计了无模型自适应控制器，通过对由于电机参数变化引起的电压扰动量的估计，使得实际电机系统等效为标称参数系统，从而可以根据标称参数设计电流 PI 调节器，满足电机的动态和稳态性能。

根据图 6.11 所示的 IPMSM 系统控制结构图，在逆变器非线性特性完全补偿的情况下，可以得到如图 6.13 所示的系统控制结构图，为了避免 PI 调节器深度饱和，所设计的 PI 调节器具有抗饱和功能，其详细结构图如图 6.14 所示。

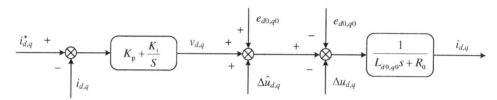

图 6.13 系统控制结构图

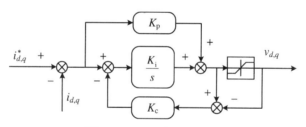

图 6.14 PI 调节器结构图

根据图 6.14，有

$$(i_{d,q}^* - i_{d,q}) \frac{K_P s}{s} \cdot \frac{1}{L_{d0,q0} s + R_0} = i_{d,q} \tag{6.53}$$

设置 $K_p = L_{d0,q0}\omega_{cc}$，$K_i = R_0\omega_{cc}$，$\omega_{cc}$ 为电流环截止频率，化简得到电流环闭环传递函数：

$$\begin{cases} (i_{d,q}^* - i_{d,q}) \dfrac{\omega_{cc}}{s} = i_{d,q} \\ i_{d,q} = \dfrac{\omega_{cc}}{s + \omega_{cc}} \cdot i_{d,q}^* \end{cases} \tag{6.54}$$

分析式(6.54)可以得到，电流环闭环传递函数是惯性环，时间常数 $T = 1/\omega_{cc}$，则在设计电流 PI 调节器时通过设置电流环截止频率来调节电流环的响应时间，设置抗饱和系数 $K_c = 1/K_p$。

6.2.7 改进的转矩观测器

为了提高转矩估计的动态性能,对转矩观测器进行更新设计。考虑电机参数不确定性的影响,IPMSM 电磁转矩表达式如式(6.22)所示,包含了转矩确定量以及电机参数变化产生的转矩不确定量两部分。

利用电机的标称参数,获得 IPMSM 电磁转矩确定量表达式为

$$T_e = P_0(\psi_{m0} i_q + (L_{d0} - L_{q0}) i_d i_q) \tag{6.55}$$

利用无模型自适应控制器的输出量,获得 IPMSM 电磁转矩不确定量 ΔT_e 的表达式为

$$\Delta T_e = P_0 \frac{\Delta \hat{u}_d i_d + \Delta \hat{u}_q i_q}{\omega_e + \varepsilon} \tag{6.56}$$

其中,ε 为设定的常值,避免电机转速为 0 时算法失效。

因此,转矩观测器输出的转矩实时观测值表达式为

$$\hat{T}_e = T_e + \Delta T_e \tag{6.57}$$

根据转矩指令以及转矩观测器估计的电机实时转矩,利用双梯度下降法生成电流指令,实现 IPMSM 驱动系统的精确转矩控制。

6.2.8 系统仿真研究

在 Matlab/Simulink 环境下进行基于 MFAC 的 IPMSM 精确转矩输出控制系统的仿真研究。采用基于双梯度下降法电流指令生成模块方法,电流 PI 调节器包括直轴电流 PI 控制器和交轴电流 PI 控制器,而电流 PI 调节器的参数按照电机标称参数整定,仿真中选取电流环的截止频率为 400 Hz,通过计算获得 d,q 轴电流 PI 控制器参数为 $K_{pd} = 0.6, K_{id} = 32.67, K_{pq} = 2.1, K_{iq} = 32.67$。

设置电机仿真参数均为标称参数。IPMSM 驱动系统先由负载电机拖动到转速 1000 rpm,在 0.1 s 时给电机施加指令转矩 80 N·m,系统转速以及转矩动态仿真结果如图 6.15 所示,从仿真结果可以看出 IPMSM 输出转矩能够准确跟踪指令转矩,而且系统兼具较好的动态和稳态性能。图 6.16 显示了无模型自适应控制输出的电机参数不确定引起的参考电压的不确定量,由于本次仿真中电机参数均为标称参数,所以无模型自适应控制器的输出均在 0 附近。根据无模型自适应控制器的输出利用转矩观测器可以实时估计电机的电磁转矩,如图 6.17 所示的是电机的实际输出转矩与转矩观测器输出的估计转矩比较波形,通过无模型自适应控制器能够准确估计电机参数引起的电压不确定量,因此转矩估计的精度得到了保证。

考虑到在电机实际运行时参数是实时变化的,如电机电阻、电感、永磁体磁链,系统测试中设置电机永磁体磁链减小 10%,电感相应减小 30%。

同样地,IPMSM 驱动系统先由负载电机拖动到 1000 rpm,然后在 0.1 s 时给电机施加 80 N·m 的转矩指令。未使用无模型自适应控制器以及双梯度下降法情况下,申机的转矩动态响应如图 6.18(a)所示,分析可知 IPMSM 系统在电机参数变化时,系统输出转矩稳态无法准确跟踪指令转矩,因为控制系统并没有自适应选择参数改变以后指令转矩对应的电流矢量,并且基于标称参数设计的 PI 调节器参数不能满足参数改变后转矩响应的动态要求,出现了超

调;而基于 MFAC 的 IPMSM 精确转速控制系统,系统的转矩动态响应如图 6.18(b)所示,利用无模型自适应控制器估计由于参数变化引起的电压扰动量,从而实时估计电机的电磁转矩,在此基础上采用双梯度下降法,自适应获取电机参数变化后的最优电流矢量,实现精确转矩控制,其中无模型自适应控制器输出的电压扰动量如图 6.19 所示,转矩观测器输出的估计转矩与实际转矩的比较波形如图 6.20 所示。

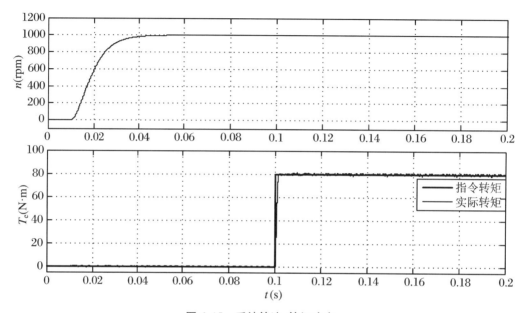

图 6.15 系统转速、转矩响应

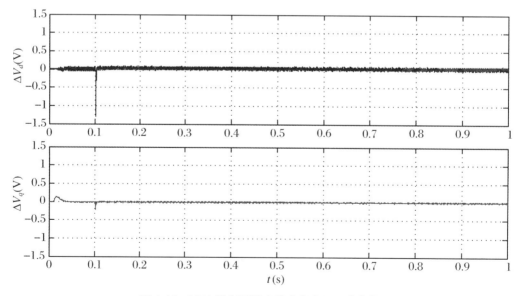

图 6.16 MFA 控制器输出的参考电压不确定量

为了验证所述基于 MFAC 的 IPMSM 精确转矩控制策略在全速度范围内转矩控制的精确度,设置 IPMSM 驱动系统由负载电机分别拖动到 4000 rpm、5000 rpm 稳定运行,然后在 0.1 s 时给电机施加 80 N·m 的转矩指令,系统转矩响应波形如图 6.21 所示。由仿真分析可知,系统在弱磁Ⅰ区能够准确输出指令转矩,而当系统运行在弱磁Ⅱ区时,指令转矩超出了系统所能输出的最大转矩,此时系统以最大转矩输出。

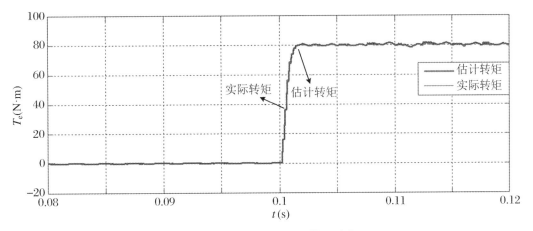

图 6.17 估计转矩与实际转矩对比

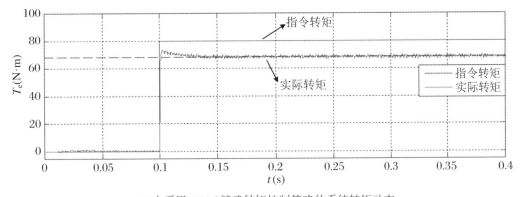

(a) 未采用MFAC精确转矩控制策略的系统转矩动态

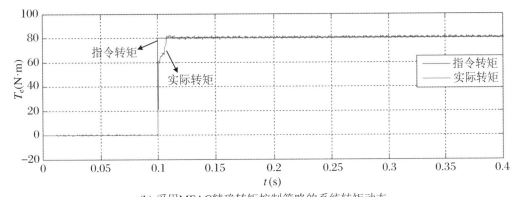

(b) 采用MFAC精确转矩控制策略的系统转矩动态

图 6.18 电机参数变化时 IPMSM 驱动系统的转矩动态比较

综合以上仿真,基于 MFAC 的 IPMSM 精确转矩控制策略能够在复杂工况甚至故障状况下实现对指令转矩的实时准确跟踪,提高了系统的转矩控制精确,实现了系统的安全可靠运行。

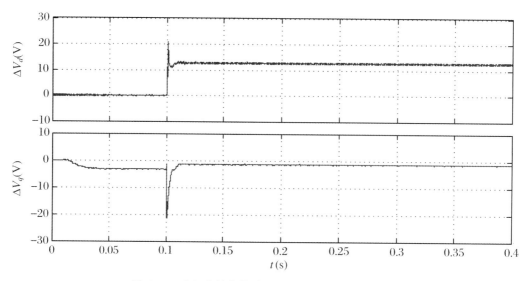

图 6.19 电机参数变化时 MFAC 输出的电压扰动量

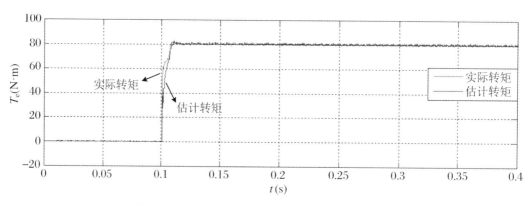

图 6.20 电机参数变化时估计转矩与实际转矩对比

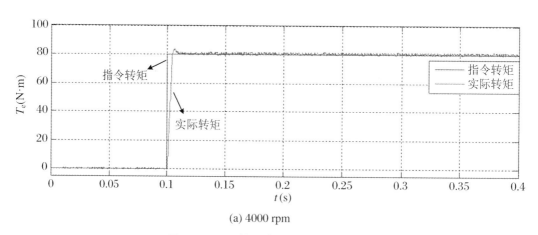

(a) 4000 rpm

图 6.21 不同转速情况下系统转矩响应

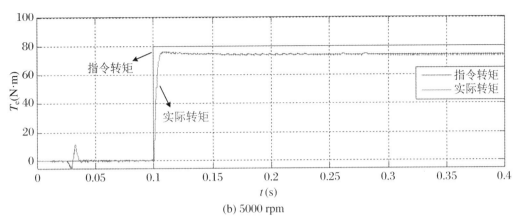

(b) 5000 rpm

图 6.21 不同转速情况下系统转矩响应(续)

6.3 本章小结

本章首先从 IPMSM 系统 MTPA 控制和弱磁控制的最优定子电流指令生成入手,分析了基于梯度下降法的弱磁控制无法实现指令转矩准确跟踪的原因,提出了基于双梯度下降法生成系统宽调速运行的最优定子电流指令。然后,利用计及参数不确定性的 IPMSM 模型可以等效为标称参数的参考模型和参数不确定性引起的误差模型的特点,提出了基于 MFAC 的 IPMSM 精确转矩控制方案,通过无模型自适应控制器的设计,将具有参数不确定性的 IPMSM 驱动系统镇定至基于参考模型的 IPMSM 驱动系统,并利用 MFAC 输出的定子电压扰动量,实现电机转矩的实时集成所提出的双梯度下降法,实现了 IPMSM 驱动系统宽调速范围内及复杂运行工况下的精确转矩控制。

第7章 无模型控制与无模型无差拍预测控制

随着现代控制理论的发展,众多的先进算法不断应用到电机控制领域,一方面,它们在很大程度上克服了传统 PI 控制的不足;但另一方面,这类控制方法敏感依赖于系统数学模型。

为了解决电机参数不确定性以及逆变器非线性对 PMSM 驱动系统的不利影响,本章将无模型控制应用于 SMPMSM 驱动系统,建立计及参数不确定性与逆变器非线性影响的 SMPMSM 驱动系统数学模型,再研究并建立系统超局部模型,开展基于系统超局部模型的无模型电流控制器设计。

无差拍预测控制(DPC)具有开关频率固定、易于在数字控制系统中实现的优点,且电流谐波分量低,但是,在预测控制中,DPC 对于预测模型的依赖性强,系统中存在的不确定性或未知扰动会导致基于 DPC 的 PMSM 驱动系统电流控制性能的直接降低,甚至导致系统失稳。因此,本章将 SMPMSM 驱动系统的超局部模型与无差拍预测控制相结合,提出无模型无差拍预测控制,旨在提升 SMPMSM 驱动系统电流与转速控制性能的同时,兼顾实现系统对于多种不确定性与未知扰动的鲁棒性。

7.1 无模型电流控制

7.1.1 SMPMSM 驱动系统电流超局部模型

不考虑电流环电气参数的不确定性、逆变器非线性以及未知扰动等因素,SMPMSM 驱动系统在同步旋转的 dq 坐标系下的数学模型为

$$\begin{cases} \dfrac{\mathrm{d}i_d}{\mathrm{d}t} = \dfrac{1}{L_s}u_d - \dfrac{R_s}{L_s}i_d + n_p\Omega_r i_q \\ \dfrac{\mathrm{d}i_q}{\mathrm{d}t} = \dfrac{1}{L_s}u_q - \dfrac{R_s}{L_s}i_q - \dfrac{1}{L_s}n_p\Omega_r(L_s i_d + \psi_f) \end{cases} \tag{7.1}$$

其中,i_d, i_q 为 d, q 轴定子电流;u_d, u_q 为 d, q 轴定子电压;Ω_r 为转子机械角速度;R_s, L_s 与 ψ_f 分别表示定子电阻、定子电感与永磁体磁链的标称参数。

考虑电气参数不确定性与逆变器非线性后,SMPMSM 驱动系统在同步速旋转的 dq 坐标系下的数学模型为

$$\begin{cases} \dfrac{\mathrm{d}i_d}{\mathrm{d}t} = \dfrac{1}{L_\mathrm{s}}u_d^* - \dfrac{R_\mathrm{s}}{L_\mathrm{s}}i_d + n_\mathrm{p}\Omega_\mathrm{r} i_q - \dfrac{1}{L_\mathrm{s}}(V_{d,\mathrm{par}} + V_{d,\mathrm{dead}}) \\ \dfrac{\mathrm{d}i_q}{\mathrm{d}t} = \dfrac{1}{L_\mathrm{s}}u_q^* - \dfrac{R_\mathrm{s}}{L_\mathrm{s}}i_q - \dfrac{1}{L_\mathrm{s}}n_\mathrm{p}\Omega_\mathrm{r}(L_\mathrm{s}i_d + \psi_\mathrm{f}) - \dfrac{1}{L_\mathrm{s}}(V_{q,\mathrm{par}} + V_{q,\mathrm{dead}}) \end{cases} \quad (7.2)$$

其中,u_d^*,u_q^* 为 d,q 轴定子参考电压;$V_{d,\mathrm{par}},V_{q,\mathrm{par}}$ 为电气参数不确定性在定子 d,q 轴上引起的扰动电压;$V_{d,\mathrm{dead}},V_{q,\mathrm{dead}}$ 为逆变器非线性在定子 d,q 轴上引起的扰动电压,该扰动电压是与转子同步旋转频率相关的脉动分量。

电气参数不确定性在定子 d,q 轴上引起的扰动电压可表示为

$$\begin{cases} V_{d,\mathrm{par}} = \Delta R_\mathrm{s} i_d - \Delta L_\mathrm{s} n_\mathrm{p}\Omega_\mathrm{r} i_q + \Delta L_\mathrm{s} \dfrac{\mathrm{d}i_d}{\mathrm{d}t} \\ V_{q,\mathrm{par}} = \Delta R_\mathrm{s} i_q + \Delta L_\mathrm{s} n_\mathrm{p}\Omega_\mathrm{r} i_d + \Delta \psi_\mathrm{f} n_\mathrm{p}\Omega_\mathrm{r} + \Delta L_\mathrm{s} \dfrac{\mathrm{d}i_q}{\mathrm{d}t} \end{cases} \quad (7.3)$$

其中,$\Delta R_\mathrm{s} = R - R_\mathrm{s}, \Delta L_\mathrm{s} = L - L_\mathrm{s}, \Delta \varphi_\mathrm{f} = \varphi - \varphi_\mathrm{f}$;$\Delta R, \Delta L$ 与 $\Delta \psi_\mathrm{f}$ 表示 SMPMSM 实际参数与标称参数之间的偏差;R, L 与 ψ_f 分别表示定子电阻、定子电感与永磁体磁链的实际参数。

对于两电平三相电压源型逆变器,逆变器非线性引起的平均输出电压为

$$V_\mathrm{dead} = \dfrac{T_\mathrm{dead} + T_\mathrm{on} - T_\mathrm{off}}{T_\mathrm{s}}(V_\mathrm{dc} - V_\mathrm{sat} + V_d) + \dfrac{V_\mathrm{sat} + V_d}{2} \quad (7.4)$$

其中,T_dead 是死区时间;$T_\mathrm{on}, T_\mathrm{off}$ 为功率器件的开通与关断时间;T_s 表示采样周期;$V_\mathrm{dc}, V_\mathrm{sat}, V_d$ 分别表示直流母线电压、功率器件的饱和压降、体二极管的导通压降。

逆变器每相输出电压误差可以表示为

$$\begin{cases} V_{a,\mathrm{dead}} = V_\mathrm{dead}\mathrm{sgn}(i_a) \\ V_{b,\mathrm{dead}} = V_\mathrm{dead}\mathrm{sgn}(i_b) \\ V_{c,\mathrm{dead}} = V_\mathrm{dead}\mathrm{sgn}(i_c) \end{cases} \quad (7.5)$$

其中,$\mathrm{sgn}(\ )$ 表示符号函数;i_a, i_b 与 i_c 分别表示电机的三相定子电流。

基于三相静止坐标系到两相旋转坐标系的坐标变换,计及逆变器非线性后在定子 d,q 轴上引起的扰动电压为

$$\begin{bmatrix} V_{d,\mathrm{dead}} \\ V_{q,\mathrm{dead}} \end{bmatrix} = \boldsymbol{K}(\theta_\mathrm{r}) \begin{bmatrix} V_{a,\mathrm{dead}} \\ V_{b,\mathrm{dead}} \\ V_{c,\mathrm{dead}} \end{bmatrix} \quad (7.6)$$

其中,$\boldsymbol{K}(\theta_\mathrm{r})$ 表示坐标变换矩阵。

单输入、单输出系统的一阶超局部模型可以表示为

$$\dfrac{\mathrm{d}y}{\mathrm{d}t} = F + \alpha u \quad (7.7)$$

其中,u 和 y 分别表示系统的输入与输出;α 为系统输入的比例因子,通常由设计者进行选择;F 既包含系统已知部分,也包含未知部分。

将考虑电气参数变化与逆变器非线性后 SMPMSM 驱动系统数学模型为

$$\begin{cases} \dfrac{\mathrm{d}i_d}{\mathrm{d}t} = \left(\left(\dfrac{1}{L_s} - \alpha_d\right)u_d^* - \dfrac{R_s}{L_s}i_d + n_p\Omega_r i_q \right. \\ \qquad\qquad \left. - \dfrac{1}{L_s}(V_{d,\mathrm{par}} + V_{d,\mathrm{dead}})\right) + \alpha_d u_d^* \\ \dfrac{\mathrm{d}i_q}{\mathrm{d}t} = \left(\left(\dfrac{1}{L_s} - \alpha_q\right)u_q^* - \dfrac{R_s}{L_s}i_q - \dfrac{1}{L_s}n_p\Omega_r(L_s i_d + \psi_f)\right. \\ \qquad\qquad \left. - \dfrac{1}{L_s}(V_{q,\mathrm{par}} + V_{q,\mathrm{dead}})\right) + \alpha_q u_q^* \end{cases} \quad (7.8)$$

其中，α_d 与 α_q 分别表示定子 d,q 轴参考电压的比例因子，通常可取 $1/L_s$；通过与 SMPMSM 数学模型的对比分析，等式(7.8)右边括号中的第一项代表比例因子与电机定子电感 $1/L_s$ 之间误差产生的扰动电压，第二项代表定子电阻压降，第三项代表 SMPMSM 的反电动势，第四项代表 SMPMSM 驱动系统电气参数变化与逆变器非线性引起的扰动电压。

定义 SMPMSM 驱动系统的输入为 u_d^* 与 u_q^*，系统的输出量为 i_d 与 i_q，用 F_d 与 F_q 分别表示式(7.8)中等式右边括号内的分量，获得 SMPMSM 驱动系统的电流超局部模型为

$$\begin{cases} \dfrac{\mathrm{d}i_d}{\mathrm{d}t} = F_d + \alpha_d u_d^* \\ \dfrac{\mathrm{d}i_q}{\mathrm{d}t} = F_q + \alpha_q u_q^* \end{cases} \quad (7.9)$$

其中，F_d 与 F_q 表示系统已知与未知部分，在较短的采样间隔内可以认为是常数，在实时实现时通过不断地在线更新实现系统电流超局部模型的在线建模。对比式(7.1)、式(7.2)与式(7.9)可知，F_d 与 F_q 包含反电动势、定子电阻压降、多种不确定性与扰动，同时，由于采用逆变器参考电压作为系统输入，避免了对逆变器输出电压的直接采样。

7.1.2 SMPMSM 驱动系统的无模型电流控制

由于 d,q 参考电流通常采用通信等数字方法传输，因而不含有噪声信号，所以采用一阶差分的方式近似获得 q 轴参考指令的微分如下：

$$\dfrac{\mathrm{d}i_q^*}{\mathrm{d}t} = \dfrac{i_q^*[m] - i_q^*[m-1]}{T} \quad (7.10)$$

分别设计 d,q 轴无模型电流控制器，且有

$$\begin{cases} u_d^* = \dfrac{-\hat{F}_d + \mathrm{d}i_d^*/\mathrm{d}t + K_{dp}(i_d^* - i_d)}{\alpha_d} \\ u_q^* = \dfrac{-\hat{F}_q + \mathrm{d}i_q^*/\mathrm{d}t + K_{qp}(i_q^* - i_q)}{\alpha_q} \end{cases} \quad (7.11)$$

其中，$\hat{F}_d$，$\hat{F}_q$ 分别表示估计值；K_{dp}，K_{qp} 分别表示 d,q 轴比例控制器系数；i_d^*，i_q^* 分别表示 d，q 轴参考电流。

为了实现 SMPMSM 驱动系统的最大转矩/电流比(MTPA)控制，给定 d 轴参考电流为 0，则 q 轴电流全部用于产生电磁转矩，因此，d 轴参考电流的微分为 0，即 $\mathrm{d}i_d^*/\mathrm{d}t = 0$。

将式(7.11)代入 SMPMSM 驱动系统的电流超局部模型，则有

$$\begin{cases} \dot{e}_d + K_{dp}(i_d^* - i_d) = \hat{F}_d - F_d \\ \dot{e}_q + K_{qp}(i_q^* - i_q) = \hat{F}_q - F_q \end{cases} \quad (7.12)$$

其中，$\dot{e}_d = \mathrm{d}i_d^*/\mathrm{d}t - \mathrm{d}i_d/\mathrm{d}t$，$\dot{e}_q = \mathrm{d}i_q^*/\mathrm{d}t - \mathrm{d}i_q/\mathrm{d}t$。

假设能够实现 F_d 与 F_q 的精确估计，则上式可简化为

$$\begin{cases} \dot{e}_d + K_{dp}(i_d^* - i_d) = 0 \\ \dot{e}_q + K_{qp}(i_q^* - i_q) = 0 \end{cases} \quad (7.13)$$

由式(7.13)可知，无模型电流控制的 SMPMSM 驱动系统是渐进稳定的。

基于代数参数辨识方法，假设 F 在较短的采样间隔内为常数，并用 $\hat{F}$ 来表示 F 的估计值。基于拉普拉斯变换获得超局部模型在频域下的表达式为

$$sY = \frac{\hat{F}}{s} + \alpha U + y_0 \quad (7.14)$$

其中，$\hat{F}$ 为常数；y_0 表示系统输出的初始状态。

对式(7.14)左右两边同时对 s 求微分，消除系统输出初始状态的影响，则有

$$Y + s\frac{\mathrm{d}Y}{\mathrm{d}s} = -\frac{\hat{F}}{s^2} + \alpha \frac{\mathrm{d}U}{\mathrm{d}s} \quad (7.15)$$

为了避免测量噪声微分引起的噪声放大，将式(7.15)两边同时乘以 s^{-2}，则有

$$s^{-4}\hat{F} = -s^{-2}Y - s^{-1}\frac{\mathrm{d}Y}{\mathrm{d}s} + s^{-2}\alpha\frac{\mathrm{d}U}{\mathrm{d}s} \quad (7.16)$$

由于频域中 $\mathrm{d}/\mathrm{d}s$ 与时域中 $-t$ 等效，因此，可以获得在采样间隔 $[0, T_F]$ 内式(7.16)的逆变换为

$$\begin{aligned}\frac{T_F^3}{3!}\hat{F} &= -\int_0^{T_F}\int_0^{\delta}y(\tau)\mathrm{d}\tau\mathrm{d}\delta - \int_0^{T_F}(-\delta)y(\delta)\mathrm{d}\delta \\ &\quad + \int_0^{T_F}\int_0^{\delta}\alpha(-\tau)u(\tau)\mathrm{d}\tau\mathrm{d}\delta \\ &= -\int_0^{T_F}\mathrm{d}\tau\int_\tau^{T_F}y(\tau)\mathrm{d}\delta - \int_0^{T_F}(-\delta)y(\delta)\mathrm{d}\delta \\ &\quad + \int_0^{T_F}\mathrm{d}\tau\int_\tau^{T_F}\alpha(-\tau)u(\tau)\mathrm{d}\delta \\ &= -\int_0^{T_F}(T_F-\delta)y(\delta)\mathrm{d}\delta - \int_0^{T_F}(-\delta)y(\delta)\mathrm{d}\delta \\ &\quad + \int_0^{T_F}\alpha(-\delta)(T_F-\delta)u(\delta)\mathrm{d}\delta \\ &= -\int_0^{T_F}((T_F-2\delta)y(\delta) + \alpha\tau(T_F-\delta)u(\delta))\mathrm{d}\delta\end{aligned} \quad (7.17)$$

获得基于代数参数辨识方法的 F 估计在时域下的表达式为

$$\hat{F} = -\frac{3!}{T_F^3}\int_0^{T_F}((T_F-2\delta)y(\delta) + \alpha\delta(T_F-\delta)u(\delta))\mathrm{d}\delta \quad (7.18)$$

采用复化梯形公式求解式(7.18)中定积分的数值解，则 F 的估计在线实时实现公式为

$$\hat{F} = -\frac{3!}{(n_F T)^3}\int_0^{n_F T}f(\delta)\mathrm{d}\delta$$

$$= -\frac{3!}{(n_F T)^3}\left(\int_0^T f(\delta)d\delta + \cdots + \int_{(n_F-1)T}^{n_F T} f(\delta)d\delta\right)$$

$$= -\frac{3!}{(n_F T)^3}\left(\frac{T}{2}(f(0)+f(T)) + \cdots + \frac{T}{2}(f((n_F-1)T)+f(n_F T))\right)$$

$$= -\frac{3!}{(n_F T)^3}\Big(\frac{T}{2}(n_F T - 0)y[0] + \alpha \cdot 0 \cdot (n_F T - 0)u[0]$$
$$+ (n_F T - 2T)y[1] + \alpha T(n_F T - T)u[1]) + \cdots$$
$$+ \frac{T}{2}((n_F T - 2(n_F-1)T)y[n_F - 1]$$
$$+ \alpha(n_F - 1)T(n_F T - (n_F - 1)T)u[n_F - 1]$$
$$+ (n_F T - 2n_F T)y[n_F] + \alpha n_F T(n_F T - n_F T)u[n_F])$$

$$= -\frac{3}{n_F^3 T}\sum_{m=1}^{n_F}(((n_F - 2(m-1))\times y[m-1]$$
$$+ \alpha(m-1)T(n_F - (m-1))\times u[m-1]$$
$$+ (n_F - 2m)\times y[m] + \alpha mT(n_F - m)\times u[m]) \quad (7.19)$$

其中，m 表示第 k 个控制周期的采样点；$T_F = n_F T$，n_F 表示时间窗口长度，T 表示控制周期；在每一控制周期采样获得的系统输入与输出分别表示为 $u[0],\cdots,u[n_F]$ 与 $y[0],\cdots,y[n_F]$；函数 $f(\delta) = (T_F - 2\delta)y(\delta) + \alpha\delta(T_F - \delta)u(\delta)$。

考虑处理器实际运行过程中存在的一拍滞后问题，第 $k-2$ 个控制周期的参考电压生成第 k 个控制周期的定子电流，因此，基于式(7.19)可以获得 F_d 的在线估计公式为

$$\hat{F}_d[k] = -\frac{3}{n_F^3 T}\sum_{m=1}^{n_F}((n_F - 2(m-1))\times y[m-1]$$
$$+ \alpha_d(m-1)T(n_F - (m-1))\times u[m-1]$$
$$+ (n_F - 2m)\times y[m] + \alpha_d mT(n_F - m)\times u[m]) \quad (7.20)$$

其中，

$$\begin{cases} u[0] = u_d^*[k - n_F - 2] \\ \cdots \\ u[n_F] = u_d^*[k-2] \end{cases}, \quad \begin{cases} y[0] = i_d[k - n_F] \\ \cdots \\ y[n_F] = i_d[k] \end{cases}$$

同理，F_q 的在线估计公式为

$$\hat{F}_q[k] = -\frac{3}{n_F^3 T}\sum_{m=1}^{n_F}((n_F - 2(m-1))\times y[m-1]$$
$$+ \alpha_q(m-1)T(n_F - (m-1))\times u[m-1]$$
$$+ (n_F - 2m)\times y[m] + \alpha_q mT(n_F - m)\times u[m]) \quad (7.21)$$

其中，

$$\begin{cases} u[0] = u_q^*[k - n_F - 2] \\ \cdots \\ u[n_F] = u_q^*[k-2] \end{cases}, \quad \begin{cases} y[0] = i_q[k - n_F] \\ \cdots \\ y[n_F] = i_q[k] \end{cases}$$

联立式(7.10)、式(7.11)、式(7.20)与式(7.21)，完成 SMPMSM 驱动系统 d，q 轴无模型电流控制器的设计，控制器内部框图如图 7.1 所示，无模型电流控制的 SMPMSM 驱动系统结构框图如图 7.2 所示。

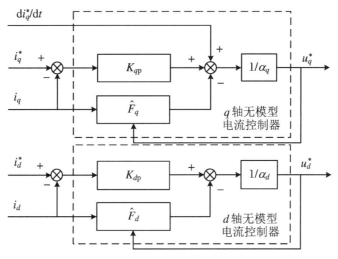

图 7.1 无模型电流控制器结构框图

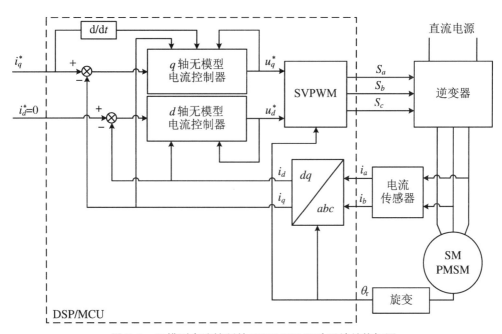

图 7.2 无模型电流控制的 SMPMSM 驱动系统结构框图

实际上,无模型控制器与 PI 控制器参数间存在一定的内在关联关系,PI 控制器的连续形式表示为

$$u(t) = k_p e(t) + k_i \int e(\tau) \mathrm{d}\tau \qquad (7.22)$$

其中,k_p 表示比例系数;k_i 表示积分系数。

定义系统控制周期为 T,则积分调节器可以改写为如下形式:

$$\int e(\tau) \mathrm{d}\tau \approx I(t) = I(t-T) + T e(t) \qquad (7.23)$$

其中,$I(t)$ 为黎曼和。

于是,将式(7.23)代入式(7.22),可以将 PI 控制器改写为

$$u(t) = k_p e(t) + k_i I(t) = k_p e(t) + k_i I(t-T) + k_i T e(t) \quad (7.24)$$

由于

$$u(t-T) = k_p e(t-T) + k_i I(t-T) \quad (7.25)$$

将式(7.25)代入式(7.24)，获得增量形式的 PI 控制器为

$$u(t) = u(t-T) + k_p (e(t) - e(t-T)) + k_i T e(t) \quad (7.26)$$

基于比例调节器的无模型控制器，则有

$$u(t) = \frac{-F + \dot{y}^*(t) + K_p(t)}{\alpha} \quad (7.27)$$

由于系统的超局部模型为

$$\dot{y} = F + \alpha u \quad (7.28)$$

假定 F 由 $\dot{y}(t) - \alpha u(t-T)$ 表示，并用 y 的一阶差分代替一阶微分，即

$$F = \frac{y(t) - \dot{y}(t-T)}{T} - \alpha u(t-T) \quad (7.29)$$

同理，y^* 的一阶微分也由一阶差分获得，即

$$\dot{y}^*(t) = \frac{y^*(t) - y^*(t-T)}{T} \quad (7.30)$$

将式(7.29)与式(7.30)代入无模型控制器中得到

$$\begin{aligned}
u(t) &= \frac{-F + \dot{y}^*(t) + K_p e(t)}{\alpha} \\
&= \frac{-\left[\frac{y(t) - y(t-T)}{T} - \alpha u(t-T)\right] + \frac{y^*(t) - y^*(t-T)}{h} + K_p e(t)}{\alpha} \\
&= \frac{\frac{e(t) - e(t-T)}{T} + \alpha u(t-T) + K_p e(t)}{\alpha} \\
&= u(t-T) + \frac{e(t) - e(t-T)}{\alpha T} + \frac{K_p}{\alpha} e(t)
\end{aligned} \quad (7.31)$$

比较式(7.26)的 PI 控制器与式(7.31)的无模型控制器，可以获得两者参数间的内在关系为

$$\begin{cases} k_p = \dfrac{1}{\alpha T} \\ k_i = \dfrac{K_p}{\alpha T} \end{cases} \quad (7.32)$$

从式(7.32)可以得出，改变无模型控制器中的比例因子 α 与系统控制周期 T 对应于改变 PI 控制器的比例系数；改变无模型控制器中的比例系数 K_p、比例因子 α 与系统控制周期 T 则等效于改变 PI 控制器的积分系数，基于上述的不同控制器参数间内在关系分析，不仅有助于深入理解无模型控制，而且为无模型控制器参数整定提供定性指导，提高无模型控制器参数整定的准确性与效率。

7.1.3 系统仿真与实验研究

为了分析无模型电流控制的 SMPMSM 驱动系统运行性能，基于 Matlab/Simulink 软件建立了 SMPMSM 驱动系统的仿真模型，同时基于 Simscape 建立了理想的测功机模型，通过"机械转轴"与被测 SMPMSM 进行连接，用于控制被测电机的转速。将所提出的无模型电流

控制方法与基于 PI 前馈解耦的电流控制方法进行了系统控制性能的对比研究,两种控制方法均没有采用额外的逆变器非线性补偿策略。

SMPMSM 标称参数如表 7.1 所示,逆变器直流母线电压为 48 V。逆变器开关频率为 10 kHz。所提出的无模型电流控制方法与基于前馈解耦的 PI 电流控制方法的控制周期均为 100 μs,与 PWM 载波周期相同。q 轴参考电流 i_q^* 根据参考转矩计算获得,d 轴参考电流 i_d^* 设置为 0。逆变器死区时间设置为 9 μs,同时,假定系统中存在电气参数不确定性,且有 $R = 1.4R_s, L = 0.8L_s, \varphi = 0.8\psi_f$。

表 7.1 SMPMSM 标称参数

参数	数值
额定电流	19 A_{rms}
额定转矩	13 N·m
额定转速	500 r/min
极对数	12
永磁体磁链	0.027 Wb
转动惯量	0.01015 kg·m^2
定子电阻	0.0957 Ω
定子电感	1 mH

在不考虑控制器延时与参数不确定性的情况下,设计 PI 前馈解耦的电流控制器参数。基于 SMPMSM 的标称参数、测量转速与电流,通过前馈补偿方式对 d,q 轴进行解耦控制后,SMPMSM 等效为一阶低通滤波器。再采用 PI 控制器的零点消除系统的极点,则 PI 控制器的比例系数与积分系数可以设置为 $K_p = \omega_{cc}L_s, K_i = \omega_{cc}R_s$,其中 ω_{cc} 表示系统电流环带宽。设定电流环带宽 ω_{cc} 为 400 Hz,可以获得 d,q 轴 PI 控制器参数 $K_p = 2.51, K_i = 240.52$。无模型电流控制器参数设置为 $n_F = 10, K_{dp} = K_{qp} = 1500, \alpha_d = \alpha_q = 750$。

SMPMSM 驱动系统的转速由测功机控制在 100 r/min。d,q 轴定子参考电流开始时设置为 $i_d^* = i_q^* = 0$,之后给定阶跃 q 轴定子参考电流 $i_q^* = 26.75$ A(13 N·m)。系统仿真结果如图 7.3 所示,由于参数不确定性引起 d,q 轴无法完全解耦以及逆变器非线性的影响,导致传统的 PI 前馈解耦控制的 d,q 轴电流响应速度明显降低,并且在稳态时出现持续脉动。而基于无模型电流控制的 d,q 轴电流响应速度快,且稳态时的电流脉动分量明显降低。图 7.4 为 F_d 与 F_q 的在线估计结果,从中可以发现,估计值能够快速收敛到稳态,实现了 SMPMSM 驱动系统电流超局部模型的在线建立,为所提出的无模型电流控制获得快速电流响应与良好的稳态控制精度奠定了基础。

用测功机拖动 SMPMSM 驱动系统转速至 28 r/min,d,q 轴定子参考电流设置为 $i_d^* = 0$,$i_q^* = 5.15$ A(2.5 N·m)。图 7.5(a)是传统的 PI 前馈解耦控制定子电流稳态响应仿真结果,由于没有逆变器非线性补偿策略,d,q 轴定子电流出现六倍频脉动分量,电机相电流波形也发生畸变。采用提出的无模型电流控制方法的定子电流稳态仿真结果如图 7.5(b)所示,d,q 轴定子电流中的六倍频分量明显降低,同时电机相电流中谐波分量减少。系统仿真研究证实了所提出的无模型电流控制方法能够有效提高 SMPMSM 驱动系统的电流控制性能,同时拥有对于电机参数不确定性与逆变器非线性的强鲁棒性。

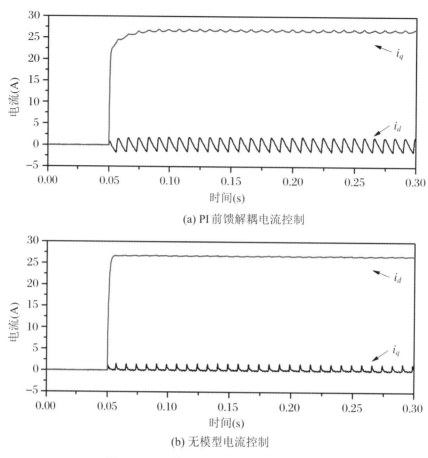

图 7.3　d,q 轴定子电流阶跃响应仿真结果

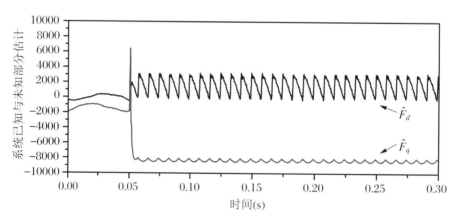

图 7.4　F_d 与 F_q 的在线估计仿真结果

为了开展系统实验研究,基于一台 900 W 的面装式永磁同步电机与一台 2.2 kW 的异步电动机搭建了 SMPMSM 驱动系统的实验测试平台,其中 SMPMSM 为被测电机,异步电动机为测功机。三相交流电源通过调压器、三相不可控整流桥与直流侧电解电容,将 380 V 三相交流电源转换为 SMPMSM 驱动系统所需的 48 V 直流电源。被测 SMPMSM 配有一对极的旋转变压器用于转子位置的检测,相电流传感器为 LEM 的 LA25-P。异步电机由 ABB ACS00 系

列变频器与 PSG 能量回馈单元组成,可以实现四象限运行。实验测试过程中,测功机运行于转速控制模式,SMPMSM 驱动系统运行于转矩控制模式。

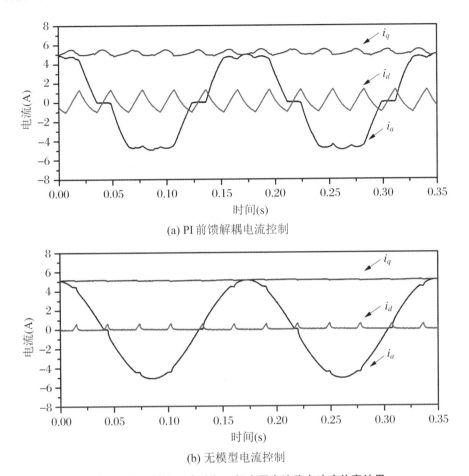

(a) PI 前馈解耦电流控制

(b) 无模型电流控制

图 7.5　d,q 轴定子电流与 a 相定子电流稳态响应仿真结果

采用基于 DSP 与 IGBT 功率模块的 SMPMSM 驱动系统开展实验验证,所提出的控制方法通过自动代码生成下载到 DSP 中,d,q 轴定子参考电流、控制信号通过 CCS 软件发送至 DSP,检测获得的 d,q 轴定子电流采用数模转换器输出,并通过示波器捕获电流动态响应的波形。

测功机拖动被测 SMPMSM 到 100 r/min,给定阶跃 q 轴定子参考电流 $i_q^* = 26.75$ A。图 7.6(a)为采用传统 PI 电流控制时的 d,q 轴定子电流动态响应的实验结果。无模型电流控制的系统实验结果如图 7.6(b)与图 7.7 所示。实验结果表明:两种不同控制方法的电流调节时间分别为 40 ms 与 5 ms,无模型电流控制的 d,q 轴定子电流动态响应速度获得了显著提升。此外,图 7.7 中 F_d 与 F_q 估计的稳态收敛值与图 7.4 仿真结果不同,这是因为实验与仿真研究中系统不确定性与扰动不同,导致 F_d 与 F_q 估计结果收敛到不同的稳态。

测功机控制 SMPMSM 驱动系统转速为 28 r/min,同样给定 q 轴参考电流为 5.15 A (2.5 N·m)。两种不同控制方法的 d,q 轴定子电流与 a 相定子电流稳态响应的实验结果如图 7.8 所示,实验结果与仿真结果拥有一致性,清楚地揭示出无模型电流控制有效降低了 d,q 轴定子脉动电流与 a 相定子电流谐波分量,说明无模型电流控制方法在存在电机参数不确定及逆变器非线性情况下,依然能够实现低速轻载工况下系统良好的电流控制性能,同时兼具鲁棒性强的技术优势。

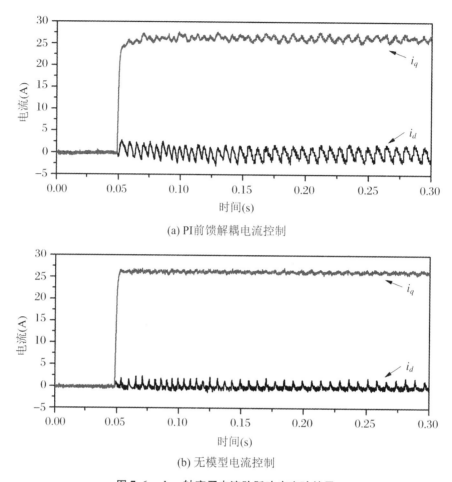

(a) PI前馈解耦电流控制

(b) 无模型电流控制

图 7.6 d,q 轴定子电流阶跃响应实验结果

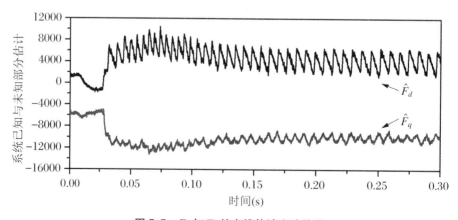

图 7.7 F_d 与 F_q 的在线估计实验结果

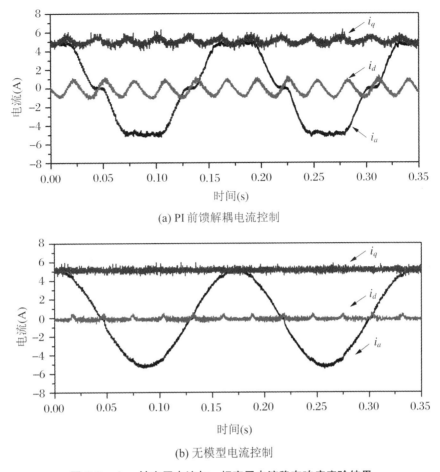

图 7.8 d,q 轴定子电流与 a 相定子电流稳态响应实验结果

7.2 SMPMSM 驱动系统的无模型无差拍电流预测控制

为提高 PMSM 电流控制系统的稳态控制精度与动态响应能力,诸多学者将无差拍预测控制应用于 PMSM 的驱动控制。无差拍预测控制利用 PMSM 的数学模型来预测系统的动态,反求出能够使预测电流值与给定电流值相等的输入值,具有响应速度快、控制精度高的优点。但无差拍控制作为一种基于模型的控制,当电机实际参数与控制所用参数偏差较大时,甚至会出现系统失稳的现象。将无模型控制与无差拍预测控制相结合,既能克服传统无差拍预测控制鲁棒性差的不足,又能充分发挥其优良的控制性能,在提升 SMPMSM 驱动系统电流控制性能的同时,兼顾提升系统对于多种不确定性与未知扰动的鲁棒性。

7.2.1 SMPMSM 驱动系统的无模型无差拍电流控制

1. 控制系统时序分析

理想的数字控制器能够同时完成采样、计算、PWM 信号更新这一过程,然而,在实际情况下这是无法做到的。常用的 DSP 控制器,A/D 采样、计算、信号输出均需要时间。无模型无差拍电流控制在数字控制器中的控制时序如图 7.9 所示,图中 T 为控制周期。$u_d^*[k]$,$u_q^*[k]$,$i_d^*[k]$,$i_q^*[k]$ 分别表示第 k 个控制周期计算或采样获得的 d、q 轴参考电压与定子电流,每一控制周期各进行一次电流采样与 PWM 更新。

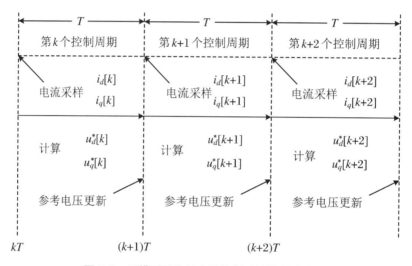

图 7.9 无模型无差拍电流控制系统控制时序图

以第 k 个控制周期为例,在控制周期起始时刻采样电机相电流与转子位置,通过坐标变换获得 d、q 轴定子电流 $i_d[k]$ 与 $i_q[k]$,接着基于所提出的方法计算获得第 k 个控制周期的 d、q 轴参考电压 $u_d^*[k]$ 与 $u_q^*[k]$,在第 k 个控制周期结束的时刻更新 PWM 信号,并作用于第 $k+1$ 个控制周期,基于无差拍预测控制的思想使得 $k+1$ 个控制周期结束时刻的 d、q 轴定子电流跟踪参考电流。综上,从定子电流采样至实现定子电流的跟踪控制,理论上存在两个控制周期的延迟。

2. SMPMSM 驱动系统的无模型无差拍电流控制

SMPMSM 驱动系统的电流超局部模型为

$$\begin{cases} \dfrac{\mathrm{d}i_d}{\mathrm{d}t} = F_d + \alpha_d u_d^* \\ \dfrac{\mathrm{d}i_q}{\mathrm{d}t} = F_q + \alpha_q u_q^* \end{cases} \tag{7.33}$$

将式(7.33)改写为状态空间表达式,即有

$$\frac{\mathrm{d}\boldsymbol{i}_{dq}}{\mathrm{d}t} = \boldsymbol{F}_{dq} + \boldsymbol{\alpha}_{dq} \boldsymbol{u}_{dq}^* \tag{7.34}$$

其中,$\boldsymbol{i}_{dq} = \begin{bmatrix} i_d \\ i_q \end{bmatrix}$,$\boldsymbol{F}_{dq} = \begin{bmatrix} F_d \\ F_q \end{bmatrix}$,$\boldsymbol{\alpha}_{dq} = \begin{bmatrix} \alpha_d & 0 \\ 0 & \alpha_q \end{bmatrix}$,$\boldsymbol{u}_{dq}^* = \begin{bmatrix} u_d^* \\ u_q^* \end{bmatrix}$。

基于控制系统的时序分析,系统的总控制延时为两个控制周期,为了使得第 $k+2$ 个控制周期的采样电流跟踪参考电流,因此,在第 k 至 $k+2$ 个控制周期内,采用一阶欧拉法对 SMPMSM 驱动系统的电流超局部模型进行离散化可得

$$\frac{\boldsymbol{i}_{dq}[k+2]-\boldsymbol{i}_{dq}[k]}{2T}=\boldsymbol{F}_{dq}[k]+\boldsymbol{\alpha}_{dq}\frac{\boldsymbol{u}_{dq}^{*}[k-1]+\boldsymbol{u}_{dq}^{*}[k]}{2} \quad (7.35)$$

其中,$\boldsymbol{i}_{dq}[k+2]=\begin{pmatrix}i_d[k+2]\\i_q[k+2]\end{pmatrix}$, $\boldsymbol{i}_{dq}[k]=\begin{pmatrix}i_d[k]\\i_q[k]\end{pmatrix}$, $\boldsymbol{F}_{dq}[k]=\begin{pmatrix}F_d[k]\\F_q[k]\end{pmatrix}$, $\boldsymbol{u}_{dq}^{*}[k]=\begin{pmatrix}u_d^{*}[k]\\u_q^{*}[k]\end{pmatrix}$;$T$ 表示控制周期;$[k]$ 表示第 k 个控制周期的采样或计算结果;式(7.35)中最后一项表示第 $k-1$ 个与第 k 个控制周期计算获得的平均定子参考电压,也是第 k 个与第 $k+1$ 个控制周期的逆变器输出电压。

近似认为定子参考电压在两个相邻控制周期不发生改变,即 $\boldsymbol{u}_{dq}^{*}[k-1]=\boldsymbol{u}_{dq}^{*}[k]$,于是,离散的 SMPMSM 驱动系统的电流超局部模型可以改写为如下形式:

$$\boldsymbol{i}_{dq}[k+2]-\boldsymbol{i}_{dq}[k]=2T(\boldsymbol{F}_{dq}[k]+\boldsymbol{\alpha}_{dq}\boldsymbol{u}_{dq}^{*}[k]) \quad (7.36)$$

其他更复杂情况,可采用线性外推法来近似计算相邻控制周期内的定子参考电压。

基于无差拍预测控制的思想,用 d,q 轴定子参考电流替代式中第 $k+2$ 个控制周期的定子电流 $\boldsymbol{i}_{dq}[k+2]$,获得 d,q 轴定子控制电压 $\boldsymbol{u}_{dq}^{**}[k]$ 为[118]

$$\boldsymbol{u}_{dq}^{**}[k]=\frac{1}{2T}\boldsymbol{\alpha}_{dq}^{-1}(\boldsymbol{i}_{dq}^{*}[k+2]-\boldsymbol{i}_{dq}[k])-\boldsymbol{\alpha}_{dq}^{-1}\boldsymbol{F}_{dq}[k] \quad (7.37)$$

其中,$\boldsymbol{u}_{dq}^{**}[k]=\begin{pmatrix}u_d^{**}[k]\\u_q^{**}[k]\end{pmatrix}$, $\boldsymbol{i}_{dq}^{*}[k+2]=\begin{pmatrix}i_d^{*}[k+2]\\i_q^{*}[k+2]\end{pmatrix}$。

假设能够实现 $\boldsymbol{F}_{dq}[k]$ 的准确估计,根据式(7.20)与式(7.21)中 $\boldsymbol{F}_{dq}[k]$ 的估计结果,将 d,q 轴定子控制电压 $\boldsymbol{u}_{dq}^{**}[k]$ 重写为

$$\boldsymbol{u}_{dq}^{**}[k]=\frac{1}{2T}\boldsymbol{\alpha}_{dq}^{-1}(\boldsymbol{i}_{dq}^{*}[k+2]-\boldsymbol{i}_{dq}[k])-\boldsymbol{\alpha}_{dq}^{-1}\hat{\boldsymbol{F}}_{dq}[k] \quad (7.38)$$

其中,$\hat{\boldsymbol{F}}_{dq}[k]=\begin{pmatrix}\hat{F}_d[k]\\\hat{F}_q[k]\end{pmatrix}$。

采用线性调制的 SVPWM 逆变器能够输出的电压最大幅值为 $U_{dc}/\sqrt{3}$,其中 U_{dc} 为直流母线电压。当系统处于动态过程中,如给定阶跃参考电流,根据式(7.38)计算获得的 d,q 轴定子控制电压幅值可能超过逆变器能够提供的最大电压,当出现这种情况时,需要调整 d,q 轴定子控制电压以满足逆变器输出电压的约束。基于最小相位误差方法,对控制电压重新调整获得 d,q 轴定子参考电压为

$$\boldsymbol{u}_{dq}^{*}[k]=\begin{cases}\dfrac{U_{dc}/\sqrt{3}}{u_s[k]}\boldsymbol{u}_{dq}^{**}[k], & u_s[k]>\dfrac{U_{dc}}{\sqrt{3}}\\\boldsymbol{u}_{dq}^{**}[k], & u_s[k]\leqslant\dfrac{U_{dc}}{\sqrt{3}}\end{cases} \quad (7.39)$$

其中,$u_s[k]$ 表示 d,q 轴定子控制电压幅值,且 $u_s[k]=\sqrt{(u_d^{**}[k])^2+(u_q^{**}[k])^2}$,

$$u_{dq}^*[k] = \begin{bmatrix} u_d^*[k] \\ u_q^*[k] \end{bmatrix}。$$

联立式(7.20)、式(7.21)、式(7.38)与式(7.39),设计出 SMPMSM 驱动系统 d,q 轴无模型无差拍电流控制器,无模型无差拍电流控制的 SMPMSM 驱动系统结构框图如图 7.10 所示。

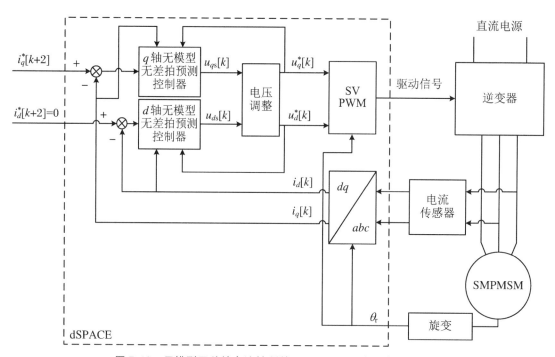

图 7.10 无模型无差拍电流控制的 SMPMSM 驱动系统结构框图

3. 系统稳定性分析

基于系统的电流超局部模型,在第 k 至 $k+1$ 个控制周期内,对 SMPMSM 驱动系统的电流超局部模型进行离散化后得到

$$\boldsymbol{i}_{dq}[k+2] = \boldsymbol{i}_{dq}[k+1] + T(\boldsymbol{F}_{dq}[k+1] + \boldsymbol{\alpha}_{dq}\boldsymbol{u}_{dq}^*[k]) \tag{7.40}$$

忽略系统动态过程中的电压动态调整,将式(7.38)中的 d,q 轴定子控制电压代入式(7.40),则有

$$\boldsymbol{i}_{dq}[k+2] = \boldsymbol{i}_{dq}[k+1] + T\left(\boldsymbol{F}_{dq}[k+1] + \frac{1}{2T}(\boldsymbol{i}_{dq}^*[k+2] - \boldsymbol{i}_{dq}[k]) - \hat{\boldsymbol{F}}_{dq}[k]\right) \tag{7.41}$$

用于估计 $\boldsymbol{F}_{dq}[k]$ 的代数参数辨识方法不依赖于系统的初始状态,具有非渐进收敛的技术优势。假设能够准确实现 SMPMSM 驱动系统未知与已知部分 $\boldsymbol{F}_{dq}[k]$ 的准确估计,同时,由于 $\boldsymbol{F}_{dq}[k]$ 中包含与 SMPMSM 机械转速相关的反电动势项,因而可以认为电流环相邻控制周期内 $\boldsymbol{F}_{dq}[k]$ 近似不变,则式(7.41)可以简化为

$$\boldsymbol{i}_{dq}[k+2] = \boldsymbol{i}_{dq}[k+1] + \frac{1}{2}(\boldsymbol{i}_{dq}^*[k+2] - \boldsymbol{i}_{dq}[k]) \tag{7.42}$$

则系统的闭环传递函数为

$$\begin{cases} \dfrac{i_d(z)}{i_d^*(z)} = \dfrac{z^2}{2z^2 - 2z + 1} \\ \dfrac{i_q(z)}{i_q^*(z)} = \dfrac{z^2}{2z^2 - 2z + 1} \end{cases} \quad (7.43)$$

解出系统的极点,因其位于单位圆内($|z|=1$),故无模型无差拍电流控制的 SMPMSM 驱动系统是稳定的系统。

4. 控制器参数整定

所提出的 SMPMSM 驱动系统无模型无差拍电流控制,涉及 α_d,α_q 与 n_F 三个参数需要整定。其中 α_d 和 α_q 整定依据是使得 $\mathrm{d}i_d/\mathrm{d}t$ 与 $\alpha_d u_d^*$ 以及 $\mathrm{d}i_q/\mathrm{d}t$ 与 $\alpha_q u_q^*$ 具有相同的尺度,由于 SMPMSM 驱动系统的 d,q 轴定子参考电压具有相同的比例系数,且基于对系统数学模型与电流超局部模型的对比分析,α_d 与 α_q 可以选择 $1/L_s$ 作为初值。所提出的无模型无差拍电流控制,增大 α_d 与 α_q 可以提高系统定子电流的响应速度,但是也会引起额外的超调,因此 α_d 与 α_q 的取值需要在动态响应与超调之间平衡取舍。

根据无模型控制已有的研究成果,更短的时间窗口长度有助于建立更为精确的超局部模型,这是因为超局部模型基于时间窗口内的输入与输出数据对系统进行线性化辨识。但是如果窗口长度过短,则可能由于采样噪声等的影响,引起基于数据的超局部模型的建模不精确。因此,通常情况下,数据窗口长度可以设置为电流环控制周期的 5~20 倍,同时需要小于系统的电气时间常数。

7.2.2 系统仿真与实验研究

为了测试所提出的无模型无差拍电流控制的技术优势,对于无模型无差拍电流控制、具有前馈解耦的 PI 电流控制、基于模型的无差拍电流控制的 SMPMSM 驱动系统开展电流控制性能的综合对比研究。

SMPMSM 驱动系统的转速由测功机控制,3 种不同控制方法的控制周期均为 $100\ \mu\mathrm{s}$,均没有额外的逆变器非线性补偿策略,SMPMSM 标称参数与表 7.1 相同。

基于前馈解耦的 PI 电流控制器参数整定,d,q 轴前馈解耦均基于 SMPMSM 的标称参数,综合考虑动态响应速度与超调,选取电流环带宽为 400 Hz,获得 PI 电流控制器的比例系数为 $K_\mathrm{p} = \omega_\mathrm{cc} L_\mathrm{s} = 2.51$,积分系数为 $K_\mathrm{i} = \omega_\mathrm{cc} R_\mathrm{s} = 240.52$。根据无模型无差拍电流控制的参数选取依据,选取控制参数为 $\alpha_d = \alpha_q = 750, n_F = 10$。

首先,给定仿真条件为系统中不存在参数不确定性与逆变器非线性,比较具有前馈解耦的 PI 电流控制、基于模型的无差拍电流预测控制与无模型无差拍电流控制的 SMPMSM 驱动系统阶跃电流响应性能。SMPMSM 转速分别为 100 r/min(20 Hz)与 400 r/min(80 Hz),然后在 0.01 s 时分别给定 q 轴参考电流 i_q^* 为 10.2881 A (5 N·m)与 20.5761 A(10 N·m),d 轴参考电流 $i_d^* = 0$ 以实现 MTPA 控制。3 种不同控制方法的 d,q 轴定子电流阶跃响应的仿真结果如图 7.11 与图 7.12 所示,阶跃电流动态响应速度类似,并无明显差别。

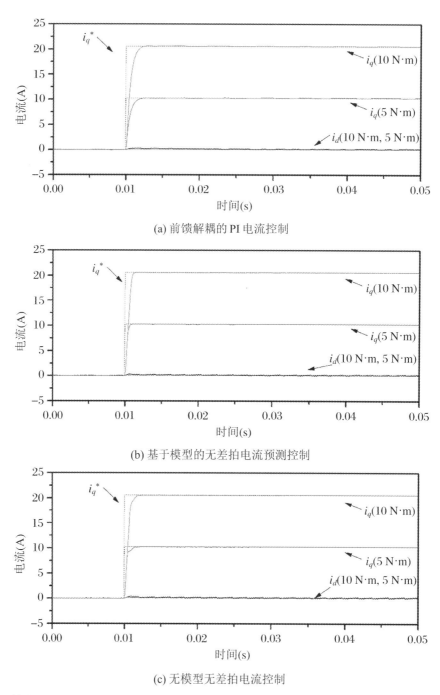

图 7.11 转速为 100 r/min 且不存在参数不确定性与逆变器非线性时 d,q 轴定子电流阶跃响应仿真结果

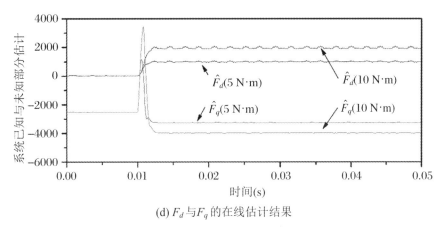

(d) F_d 与 F_q 的在线估计结果

图 7.11　转速为 100 r/min 且不存在参数不确定性与逆变器非线性时 d,q 轴定子电流阶跃响应仿真结果(续)

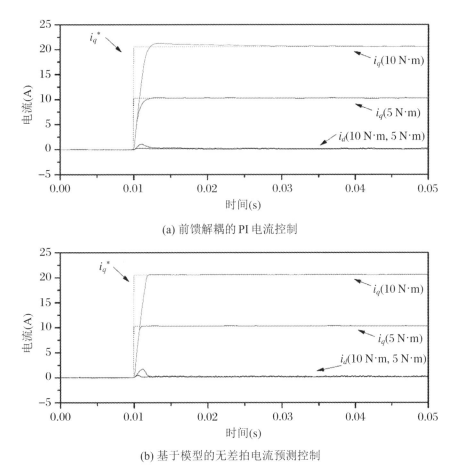

(a) 前馈解耦的 PI 电流控制

(b) 基于模型的无差拍电流预测控制

图 7.12　转速为 400 r/min 且不存在参数不确定性与逆变器非线性时 d,q 轴定子电流阶跃响应仿真结果

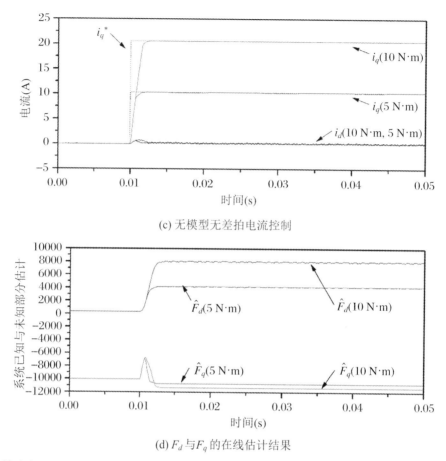

(c) 无模型无差拍电流控制

(d) F_d 与 F_q 的在线估计结果

图 7.12 转速为 400 r/min 且不存在参数不确定性与逆变器非线性时 d,q 轴定子电流阶跃响应仿真结果(续)

其次,给定仿真条件为系统中存在电机参数不确定性与逆变器非线性,SMPMSM 的参数为 $R=1.4R_s$, $L=0.8L_s$, $\varphi=0.8\psi_f$,同时设置逆变器死区时间为 $2~\mu s$。图 7.13 与图 7.14 为 3 种不同控制方法的 d,q 轴定子电流动态响应仿真结果,其中前馈解耦的 PI 电流控制的调节时间明显增加,而基于模型的无差拍电流预测控制虽然具有快速的电流响应,但是由于系统中存在的参数不确定性与逆变器非线性,稳态时出现跟踪误差。相比之下,所提出的无模型无差拍电流控制能够实现 d,q 轴定子电流快速无超调的控制,并且稳态时电流脉动最小。图 7.13(d)与图 7.14(d)中的仿真结果,F_d 与 F_q 的在线估计中包含频率分别为 120 Hz 与 480 Hz 的脉动分量,频率为相电流基波频率的六倍,该脉动分量为逆变器非线性引起的扰动。此外,由于参数不确定性与逆变器非线性的存在,F_d 与 F_q 的在线估计的稳态值与前一仿真条件下的结果不同。系统仿真研究结果表明:所提出的无差拍电流预测控制方法能够有效消除电机参数不确定性与逆变器非线性对系统电流控制性能的影响,而且兼具鲁棒性强的技术优势。

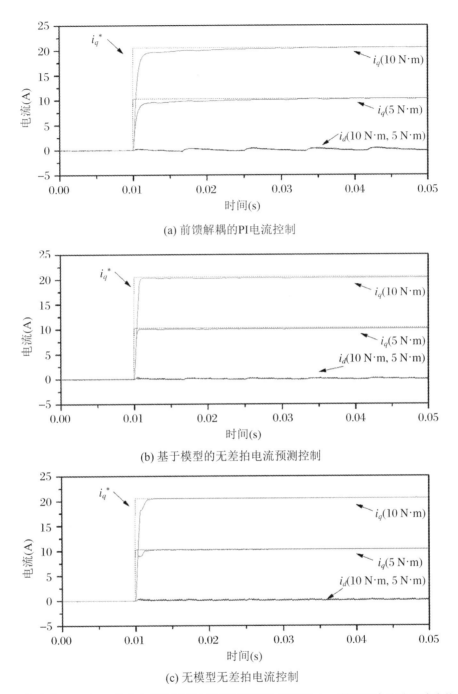

(a) 前馈解耦的PI电流控制

(b) 基于模型的无差拍电流预测控制

(c) 无模型无差拍电流控制

图 7.13 转速为 100 r/min 且存在参数不确定性与逆变器非线性时 d,q 轴定子电流阶跃响应仿真结果

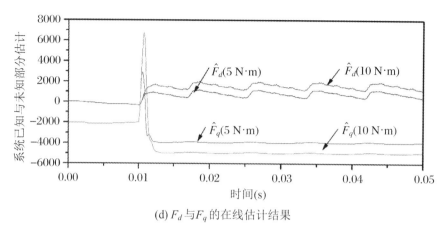

(d) F_d 与 F_q 的在线估计结果

图 7.13　转速为 100 r/min 且存在参数不确定性与逆变器非线性时 d,q 轴定子电流阶跃响应仿真结果(续)

逆变器非线性引起的扰动电压幅值与死区时间、开关器件的非线性特性、寄生电容等相关,对低速轻载运行的系统控制性能影响明显。因此,给定第 3 种仿真条件为系统中存在电机参数不确定性与逆变器非线性,且 SMPMSM 驱动系统转速为 30 r/min,d,q 轴参考电流分别为 $i_d^* = 0$ 与 $i_q^* = 5.15$ A $(2.5$ N·m$)$。系统 d,q 轴定子电流与 a 相定子电流稳态响应如图 7.15 所示,采用前馈解耦的 PI 电流控制与基于模型的无差拍电流预测控制的 SMPMSM 驱动系统 a 相定子电流均出现畸变,且 d,q 轴定子电流存在六倍频脉动分量。根据图 7.16(d) 的仿真结果与表 7.2 中 a 相定子电流总谐波失真(THD)分析结果,F_d 与 F_q 的在线估计包含逆变器非线性引起的六倍频分量,能够有效反映逆变器非线性引起的扰动,准确建立包含出计及电机参数不确定性及逆变器非线性的 SMPMSM 驱动系统电流超局部模型。

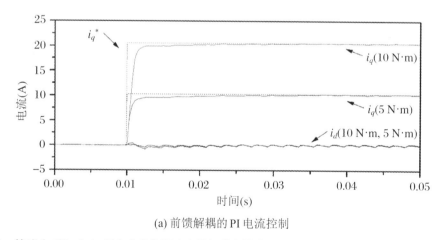

(a) 前馈解耦的 PI 电流控制

图 7.14　转速为 400 r/min 且存在参数不确定性与逆变器非线性时 d,q 轴定子电流阶跃响应仿真结果

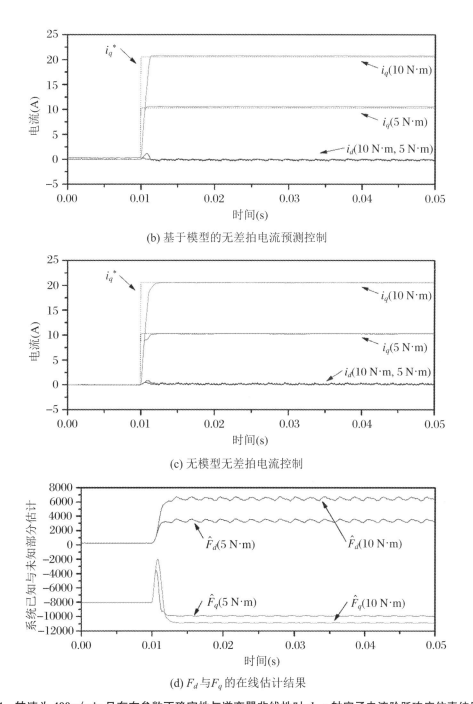

图 7.14 转速为 400 r/min 且存在参数不确定性与逆变器非线性时 d,q 轴定子电流阶跃响应仿真结果(续)

较之采用前馈解耦的 PI 电流控制、基于模型的无差拍电流预测控制的 SMPMSM 驱动系统,无模型无差拍电流控制的 SMPMSM 驱动系统的 d,q 轴定子电流脉动分量明显降低且电机相电流谐波含量最低。

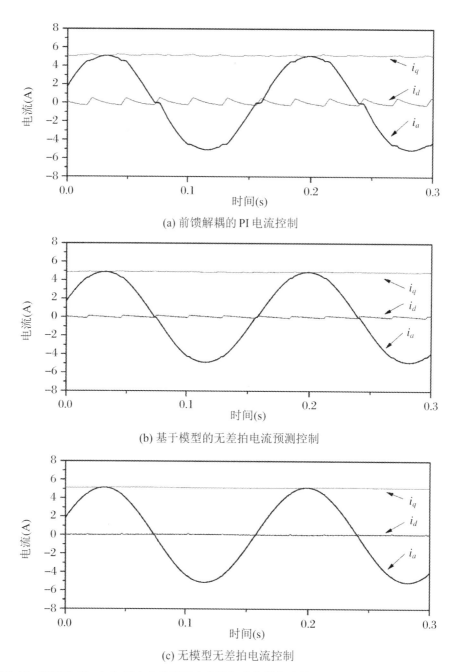

(a) 前馈解耦的 PI 电流控制

(b) 基于模型的无差拍电流预测控制

(c) 无模型无差拍电流控制

图 7.15 转速为 30 r/min 且存在参数不确定性与逆变器非线性时 d, q 轴定子电流与 a 相定子电流稳态响应仿真结果

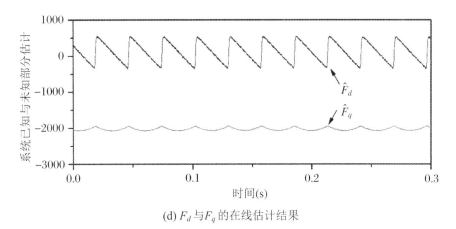

(d) F_d 与 F_q 的在线估计结果

图 7.15 转速为 30 r/min 且存在参数不确定性与逆变器非线性时 d,q 轴定子电流与 a 相定子电流稳态响应仿真结果(续)

表 7.2 a 相定子电流 THD 的仿真结果

方法	THD
前馈解耦的 PI 电流控制	4.48%
基于模型的无差拍电流预测控制	1.47%
无模型无差拍电流控制	0.62%

为了验证所提出方法对于正弦变化的 q 轴参考电流的跟踪控制性能。给定 SMPMSM 驱动系统的转速为 200 r/min, q 轴参考电流为直流分量叠加交流分量的形式,其中直流分量为 10.2881 A (5 N·m),交流分量为幅值 2 A、频率 300 rad/s 的正弦信号,系统中存在的电机参数不确定性与逆变器非线性与之前仿真一致。图 7.16 为 q 轴定子电流稳态响应的仿真结果,仿真结果表明:所提出的控制能够实现 q 轴定子电流对于正弦变化的 q 轴参考电流的准确跟踪。

系统实验包括两部分:一是基于 dSPACE 1107/DS5202 的快速原型测试平台验证本节中的系统仿真研究结果;二是基于 TI 28335 DSP 的实验平台,开展无模型电流控制、无模型无差拍电流控制的 SMPMSM 驱动系统性能对比研究。

1. 无模型无差拍电流控制的 SMPMSM 驱动系统性能测试

采用 dSPACE 1107/DS5202 作为 MOSFET 功率模块的逆变器控制器,逆变器死区时间为 2 μs。采用 ControlDesk 建立 SMPMSM 驱动系统的上位机控制界面,并用于 d,q 轴参考电流与定子电流, F_d 与 F_q 的在线估计结果等数据的记录, a 相定子电流采用示波器与电流探头记录系统稳态实验结果。

前馈解耦的 PI 电流控制、基于模型的无差拍电流预测控制、无模型无差拍电流控制 3 种不同控制方法的控制周期与系统仿真研究相同,相比于前两种控制方法,在采用双精度浮点数据格式的情况下,所提出的控制方法在 dSPACE 中的执行时间增加约 5 μs。

给定实验条件如下:SMPMSM 转速分别为 100 r/min (20 Hz) 与 400 r/min (80 Hz),在 0.01 s 时分别给定 q 轴参考电流 i_q^* 为 10.2881 A (5 N·m) 与 20.5761 A (10 N·m)。3 种不同控制方法的 d,q 轴定子电流阶跃响应实验结果如图 7.17 与图 7.18 所示,前馈解耦的 PI

电流控制的调节时间最长,并且稳态时 d,q 轴定子电流受逆变器非线性影响最为严重;基于模型的无差拍电流预测控制动态响应速度快,但实测的系统稳态性能与系统仿真研究相比有一定程度的下降;所提出的无模型无差拍电流控制具有最好的动态与稳态电流控制性能,此外,不同转速下 F_d 与 F_q 的在线估计的实测稳态收敛值与系统仿真研究获得的稳态收敛值不同。

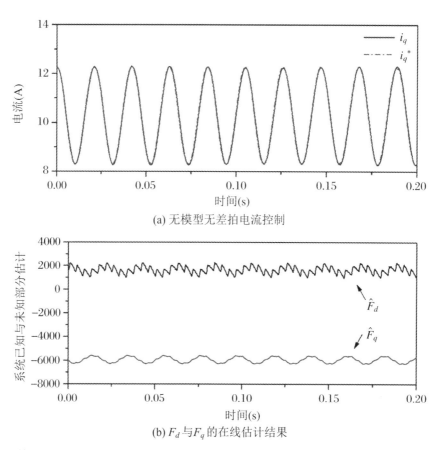

图 7.16 转速为 200 r/min 且存在参数不确定性与逆变器非线性时 q 轴定子电流正弦响应仿真结果

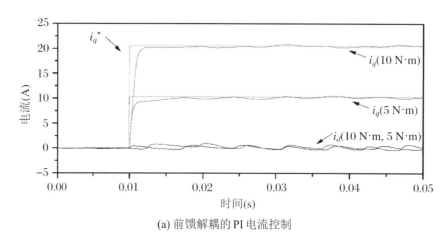

(a) 前馈解耦的 PI 电流控制

图 7.17 转速为 100 r/min 时 d,q 轴定子电流阶跃响应实验结果

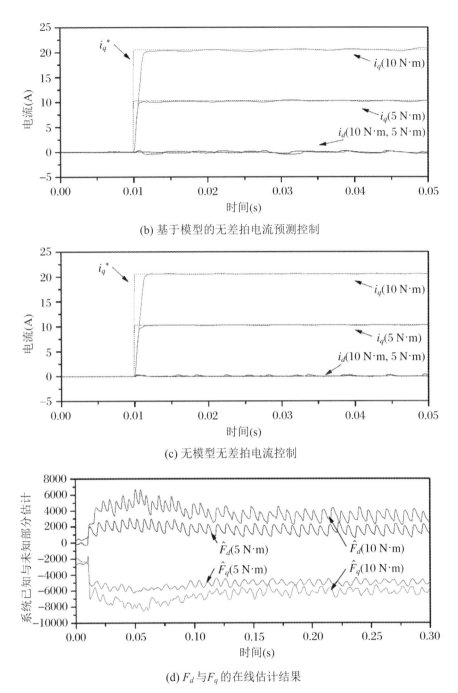

(b) 基于模型的无差拍电流预测控制

(c) 无模型无差拍电流控制

(d) F_d 与 F_q 的在线估计结果

图 7.17　转速为 100 r/min 时 d,q 轴定子电流阶跃响应实验结果(续)

图 7.17(d)与图 7.18(d)使用更长的时间轴去完整呈现 F_d 与 F_q 在线估计的动态过程,系统实验中 F_d 与 F_q 在线估计收敛到稳态的时间约为 90 ms,而系统仿真中仅为 3 ms,主要原因是:系统仿真研究中采用的理想测功机模型能够保证转矩突变情况下,系统转速仍然恒定不变,而在实验中,系统转速由 ABB ACS800 变频器驱动的异步电机控制,因此,在系统转矩突变(SMPMSM 给定阶跃 q 轴参考电流)时,系统转速必然发生变化且存在动态恢复过程。而 F_d 与 F_q 中包含与转速相关的运动反电动势项,因而存在较长的动态调整过程。

系统低速轻载情况下的 d,q 轴定子电流稳态实验如图 7.19 所示,系统转速为 30 r/min, q 轴参考电流为 5.15 A (2.5 N·m)。无模型无差拍电流控制具有最低的 d,q 轴定子电流脉动分量,图 7.19(d) 中 F_d 与 F_q 的在线估计结果明确体现了逆变器非线性引起的脉动扰动电压分量,且根据表 7.3 的 THD 分析结果,a 相定子电流谐波含量最低,所提出的方法能够有效消除逆变器非线性对电流控制性能的影响。

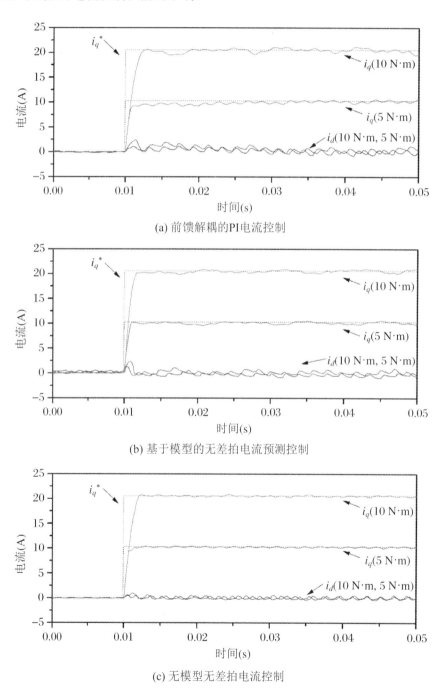

(a) 前馈解耦的 PI 电流控制

(b) 基于模型的无差拍电流预测控制

(c) 无模型无差拍电流控制

图 7.18 转速为 400 r/min 时 d,q 轴定子电流阶跃响应实验结果

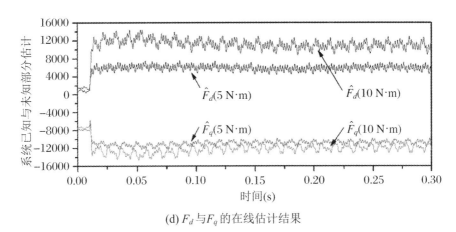

(d) F_d 与 F_q 的在线估计结果

图 7.18 转速为 400 r/min 时 d,q 轴定子电流阶跃响应实验结果(续)

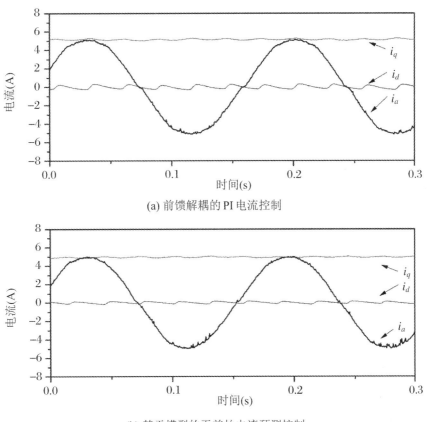

(a) 前馈解耦的 PI 电流控制

(b) 基于模型的无差拍电流预测控制

图 7.19 转速为 30 r/min 时 d,q 轴定子电流与 a 相定子电流稳态响应实验结果

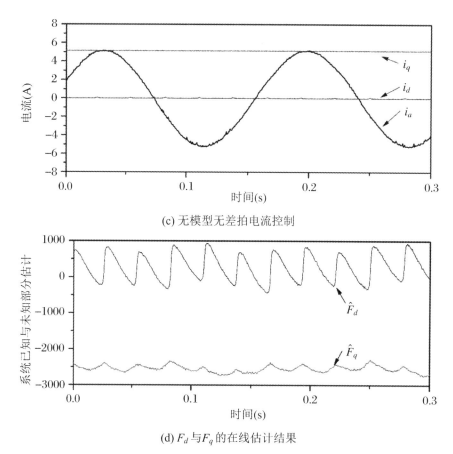

(c) 无模型无差拍电流控制

(d) F_d 与 F_q 的在线估计结果

图 7.19 转速为 30 r/min 时 d, q 轴定子电流与 a 相定子电流稳态响应实验结果(续)

表 7.3 a 相定子电流 THD 的实验结果

方法	THD
前馈解耦的 PI 电流控制	6.31%
基于模型的无差拍电流预测控制	4.22%
无模型无差拍电流控制	2.52%

为了验证所提出方法对正弦变化的 q 轴参考电流跟踪性能,图 7.20 为 200 r/min 情况下的 q 轴定子电流实验结果,实验结果与仿真结果一致,证实了所提出的无模型无差拍电流控制具有对于正弦参考电流良好跟踪性能的技术优势。

2. 无模型电流控制与无模型无差拍电流控制的实验对比研究

为了对比分析无模型电流控制与无模型无差拍电流控制的 SMPMSM 驱动系统的不同控制性能,采用基于 DSP 与 IGBT 功率模块的 SMPMSM 驱动系统测试平台开展实验研究。图 7.21 为两种不同控制方法在转速为 100 r/min、q 轴定子参考电流为 26.75 A(13 N·m)条件下的阶跃响应实验结果。从实验结果可知,无模型无差拍电流控制具有更快的 q 轴定子电流响应速度,且稳态时 d,q 轴定子电流的脉动分量更低的技术优势。

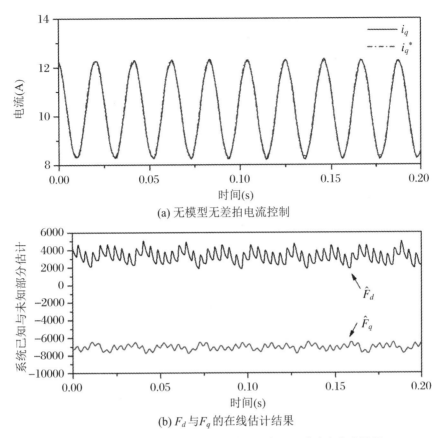

(a) 无模型无差拍电流控制

(b) F_d 与 F_q 的在线估计结果

图 7.20 转速为 200 r/min 时 q 轴定子电流正弦响应实验结果

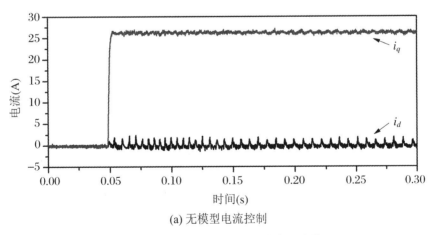

(a) 无模型电流控制

图 7.21 d,q 轴定子电流阶跃响应实验结果

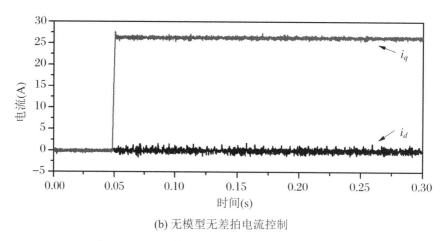

(b) 无模型无差拍电流控制

图 7.21 d,q 轴定子电流阶跃响应实验结果(续)

图 7.22 为两种不同控制方法的低速轻载实验结果对比,系统转速为 28 r/min、q 轴定子参考电流为 5.15 A(2.5 N·m)。无模型电流控制尽管有效降低了由逆变器非线性引起的 d,q 轴定子电流脉动,但是无模型无差拍电流控制在低速轻载工况下,d,q 轴定子电流脉动分量更低,同时 a 相定子电流畸变更少,拥有更为优良的电流稳态控制性能。

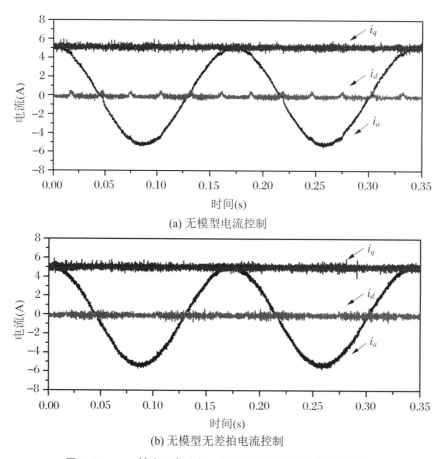

(a) 无模型电流控制

(b) 无模型无差拍电流控制

图 7.22 d,q 轴定子电流与 a 相定子电流稳态响应实验结果

7.3　SMPMSM 驱动系统的无模型无差拍转速预测控制

SMPMSM 转速控制系统中存在多种不确定与扰动,如机械参数不确定性、摩擦力矩、负载突变、齿槽转矩、谐波转矩等,导致 SMPMSM 驱动系统转速控制性能的降低。为了解决系统中存在的多种不确定性与扰动对 SMPMSM 转速控制性能的不利影响,本节将建立包含机械参数变化、负载转矩、摩擦力矩等的转速超局部模型,设计无模型无差拍转速预测控制器,与无模型无差拍电流控制器相结合,组成转速外环、电流内环双闭环控制的 SMPMSM 驱动系统,旨在全面提升 SMPMSM 驱动系统转速控制性能及鲁棒性。

7.3.1　SMPMSM 驱动系统的转速超局部模型

考虑机械参数不确定性与未知扰动后,SMPMSM 驱动系统机电运动方程为

$$\frac{\mathrm{d}\Omega_r}{\mathrm{d}t} = \frac{T_e}{J_n} - \frac{T_L}{J_n} - \frac{B_n}{J_n}\Omega_r + \frac{1}{J_n}f_\Omega \tag{7.44}$$

其中,Ω_r 为转子机械转速;J_n 与 B_n 分别表示转动惯量与黏滞摩擦系数的标称值;T_L 表示负载转矩;T_e 表示电磁转矩,$T_e = 1.5 n_p \varphi_f i_q$,$n_p$ 为电机极对数;f_Ω 表示由于机械参数不确定性与未知扰动引起的扰动分量。

$$\begin{aligned} f_\Omega &= \Delta T_e - \Delta B \Omega_r - \Delta J \frac{\mathrm{d}\Omega_r}{\mathrm{d}t} + \varepsilon \\ &= \frac{3}{2} n_p \Delta\varphi i_q - \Delta B \Omega_r - \Delta J \frac{\mathrm{d}\Omega_r}{\mathrm{d}t} + \varepsilon \end{aligned} \tag{7.45}$$

其中,φ_f 表示永磁体磁链的标称值;$\Delta\varphi = \varphi - \varphi_f$,$\Delta B = B - B_n$,$\Delta J = J - J_n$ 分别表示电机实际参数与标称参数之间的偏差;φ, B, J 分别表示电机参数实际值;ε 为系统其余未知扰动。

将 SMPMSM 驱动系统的机电运动方程改写为

$$\begin{aligned} \frac{\mathrm{d}\Omega_r}{\mathrm{d}t} &= \frac{1}{J_n}(-T_L - B_n\Omega_r + f_\Omega + T_e - J_n\alpha_\Omega T_e^*) + \alpha_\Omega T_e^* \\ &= \frac{1}{J_n}(-T_L - B_n\Omega_r + f_\Omega - e + (1 - J_n\alpha_\Omega)T_e^*) + \alpha_\Omega T_e^* \end{aligned} \tag{7.46}$$

其中,$e = T_e^* - T_e$;α_Ω 表示参考转矩的比例因子;上式等号右边括号内第一项代表负载转矩,第二项代表摩擦力矩,第三项代表由于机械参数不确定性与未知扰动引起的扰动分量,第四项代表电磁转矩跟踪误差,最后一项代表比例因子与电机转动惯量 $1/J_n$ 之间偏差产生的扰动。

选取 SMPMSM 驱动系统输入为参考转矩 T_e^*,输出为机械转速 Ω_r,将式(7.46)等式右边第一项作为系统的已知与未知部分,则 SMPMSM 驱动系统的一阶转速超局部模型可表示为

$$\frac{\mathrm{d}\Omega_r}{\mathrm{d}t} = F_\Omega + \alpha_\Omega T_e^* \tag{7.47}$$

其中,F_Ω 表示 SMPMSM 驱动系统的已知与未知部分,并在每一控制周期不断更新。基于式(7.46)与式(7.47)对比分析,F_Ω 包括系统中的多种不确定性与未知扰动,如负载转矩、摩擦力矩、参数不确定性、电磁转矩跟踪误差与比例因子偏差等引起的扰动。

7.3.2 SMPMSM 驱动系统的无模型无差拍转速预测控制

考虑到速度环的控制周期较短,因此忽略两个相邻控制周期的 F_Ω 变化,即 $F_\Omega[k-1] = F_\Omega[k]$。采用前向欧拉方法对式(7.47)进行离散,获得离散的转速超局部模型为

$$\frac{\Omega_r[k+1] - \Omega_r[k]}{T} = F_\Omega[k] + \alpha_\Omega T_e^*[k] \tag{7.48}$$

其中,T 是速度环的控制周期;$[k]$ 表示第 k 个控制周期的采样或计算值。

基于下一控制周期的实际转速跟踪参考转速的原则,采用第 $k+1$ 个控制周期的参考转速 $\Omega_r^*[k+1]$ 代替式中的 $\Omega_r[k+1]$,并且假定 F_Ω 已知,采用离散的转速超局部模型可预测获得参考转矩为

$$T_e^*[k] = \frac{1}{\alpha_\Omega}\left(\frac{\Omega_r^*[k+1] - \Omega_r[k]}{T} - F_\Omega[k]\right) \tag{7.49}$$

为实现高性能的无差拍转速预测控制,F_Ω 的在线准确估计是关键技术之一,基于代数参数辨识方法,则有

$$\hat{F} = -\frac{3!}{T_F^3}\int_0^{T_F}((T_F - 2\delta)y(\delta) + \alpha\delta(T_F - \delta)u(\delta))\mathrm{d}\delta \tag{7.50}$$

在第 k 个控制周期,将数据窗口$[0, T_F]$中采样获得机械转速与参考转矩用于 F_Ω 的在线估计,并将 SMPMSM 驱动系统的输入与输出分别定义为 $\Omega_r[0], \cdots, \Omega_r[n_F]$ 与 $T_e^*[0], \cdots, T_e^*[n_F]$,由于采用参考转矩作为转速超局部模型的输入,转矩的调节动态过程被包含到转速超局部模型中,因此,分析中可认为第 $k-1$ 个控制周期的参考转矩引起系统机械转速的变化,产生第 k 个控制周期机械转速的结果。

借鉴 SMPMSM 驱动系统电流超局部模型的建立,采用复化梯形公式获得 F_Ω 估计公式为

$$\begin{aligned}\hat{F}_\Omega[k] = -\frac{3}{n_F^3 T}\sum_{m=1}^{n_F}&((n_F - 2(m-1)) \times \Omega_r[m-1] \\&+ \alpha_\Omega(m-1)T(n_F - (m-1)) \times T_e^*[m-1] \\&+ (n_F - 2m) \times \Omega_r[m] + \alpha_\Omega mT(n_F - m) \times T_e^*[m])\end{aligned} \tag{7.51}$$

其中,

$$\begin{cases}u[0] = T_e^*[k - n_F - 1] \\ \cdots \\ u[n_F] = T_e^*[k-1]\end{cases}, \quad \begin{cases}y[0] = \Omega_r[k - n_F] \\ \cdots \\ y[n_F] = \Omega_r[k]\end{cases}$$

结合式(7.49)与式(7.51),获得参考转矩为

$$T_e^*[k] = \frac{1}{\alpha_\Omega}\left(\frac{\Omega_r^*[k+1] - \Omega_r[k]}{T} - \hat{F}_\Omega[k]\right) \tag{7.52}$$

此外,为了避免过流故障,保障 SMPMSM 驱动系统的安全运行,对参考转矩的约束如下:

$$T_e^*[k] = \begin{cases}T_e^*[k], & T_e^*[k] \leqslant 额定转矩 \\ T_{e\text{-rated}}, & T_e^*[k] > 额定转矩\end{cases} \tag{7.53}$$

其中,$T_{e\text{-rated}}$ 表示 SMPMSM 额定电磁转矩。

联立式(7.51)~式(7.53),完成无模型无差拍转速预测控制器的设计,所提出的无模型无差拍转速预测控制的 SMPMSM 驱动系统控制结构框图如图 7.23 所示,其转速外环、电流内

环均采用无模型无差拍预测控制。

无模型无差拍转速预测控制器需整定的参数为 α_Ω 与 n_F,借鉴无模型无差拍电流控制的参数整定依据,α_Ω 可基于系统的转动惯量 $1/J_n$ 计算获得,以保证转速超局部模型等式左右具有相同的尺度,再根据 SMPMSM 驱动系统的转速响应微调;n_F 可选取为 5~20 倍的转速环控制周期,并保证小于 SMPMSM 驱动系统的机械时间常数。

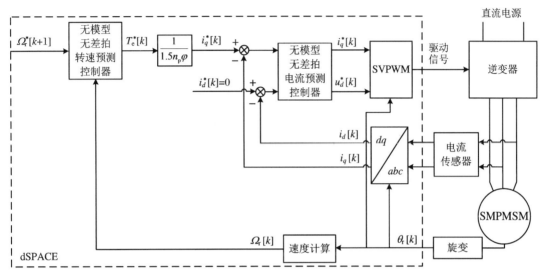

图 7.23　无模型无差拍转速预测控制的 SMPMSM 驱动系统结构框图

7.3.3　系统仿真与实验研究

基于 Matlab/Simulink 开展无模型无差拍转速预测控制的仿真研究,电流内环、速度外环的控制周期分别设置为 100 μs 与 1 ms,SMPMSM 的标称参数见表 7.1,基于标称参数设计出的无模型无差拍转速预测控制器参数为:$\alpha_\Omega = 1/J_n = 98.52$,$n_F = 10$。此外,在 SMPMSM 驱动系统模型中考虑了转子位置采样精度为 16 位,以体现实际系统中转速测量引起的测量误差。

首先开展给定阶跃参考转速时的 SMPMSM 驱动系统空载启动转速动态响应的仿真研究,在 0.1 s 分别给定 100 r/min、300 r/min 与 500 r/min 的阶跃参考转速,系统仿真结果如图 7.24~图 7.26 所示,3 种情况下的转速跟踪超调均较小,能够快速无静差地实现对参考转速的跟踪。在图 7.24(b)~图 7.26(b)中,由于转子位置采样的量化误差引起转速测量误差,导致 q 轴参考电流存在脉动分量,q 轴定子电流稳态也同样存在脉动分量。

其次开展 SMPMSM 驱动系统存在机械参数不确定性情况下系统空载启动的转速控制性能仿真研究。由于转动惯量的变化易对 SMPMSM 驱动系统的转速控制性能产生较大影响,因此,将 SMPMSM 驱动系统的转动惯量由标称参数的 0.01015 kg·m² 增加至 0.04242 kg·m²,给定与之前相同的 3 种阶跃参考转速,获得系统的转速响应的仿真结果如图 7.27~图 7.29 所示,SMPMSM 驱动系统在转动惯量发生较大变化情况下仍然保持了较好的转速动静态控制性能。对比图 7.24(a)~图 7.26(a)中基于标称参数的转速阶跃响应,由于系统转动惯量的增大,导致转速的调节时间明显增加。

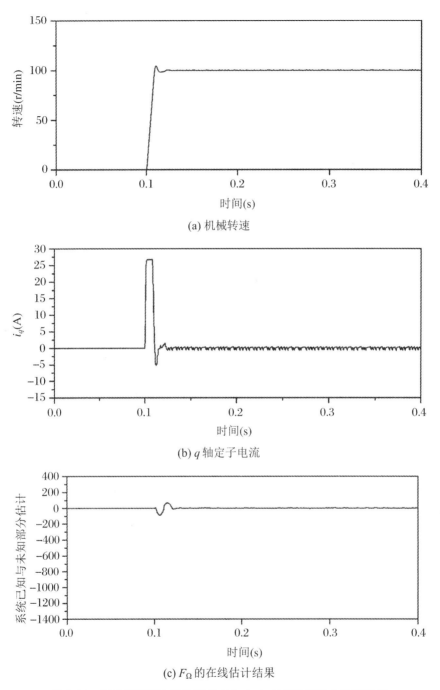

(a) 机械转速

(b) q 轴定子电流

(c) F_Ω 的在线估计结果

图 7.24 无参数不确定性条件下 100 r/min 转速阶跃响应仿真结果

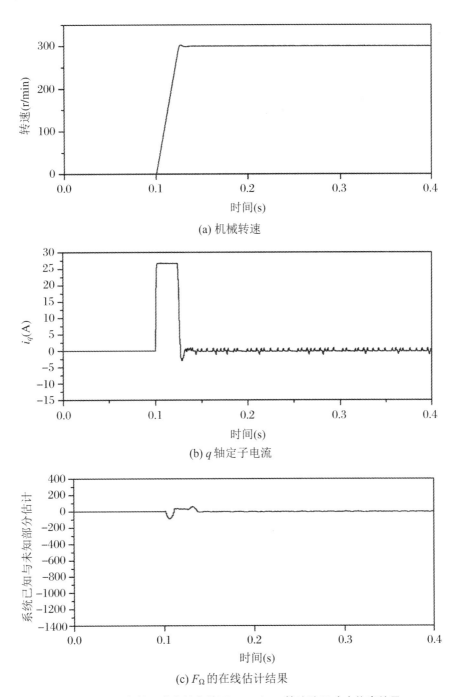

(a) 机械转速

(b) q 轴定子电流

(c) F_Ω 的在线估计结果

图 7.25　无参数不确定性条件下 300 r/min 转速阶跃响应仿真结果

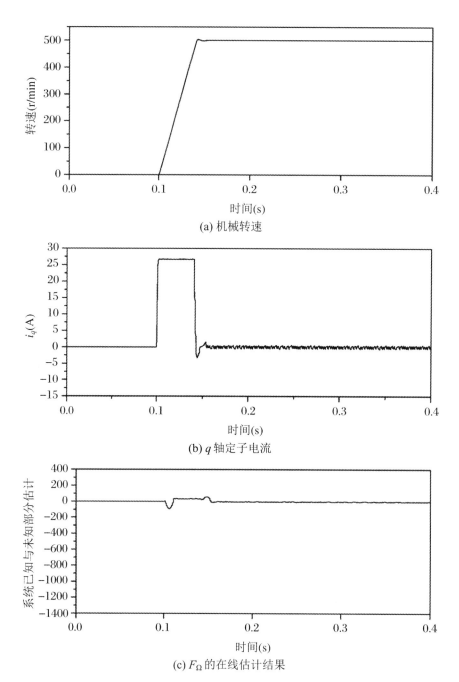

图 7.26 无参数不确定性条件下 500 r/min 转速阶跃响应仿真结果

此外,图 7.24(c)~图 7.26(c)基于标称参数情况下 F_Ω 动态过程中的在线估计结果约为 -200,而图 7.27(c)~图 7.29(c)中 F_Ω 动态过程中在线估计结果约为 -1000。该结果的主要原因是:SMPMSM 驱动系统转动惯量的增加即数学模型中的 $\Delta J > 0$,则在系统加速时($\mathrm{d}\Omega_r / \mathrm{d}t > 0$),由转动惯量变化引起的系统扰动 $-\Delta J \mathrm{d}\Omega_r / \mathrm{d}t$ 减少,由于 F_Ω 包含 $-\Delta J \mathrm{d}\Omega_r / \mathrm{d}t$,因此 F_Ω 负向增大。表明所建立的转速超局部模型能够准确反映机械参数变化引起的扰动,基于转速超局部模型的无差拍转速预测控制对于机械参数不确定性拥有强鲁棒性。

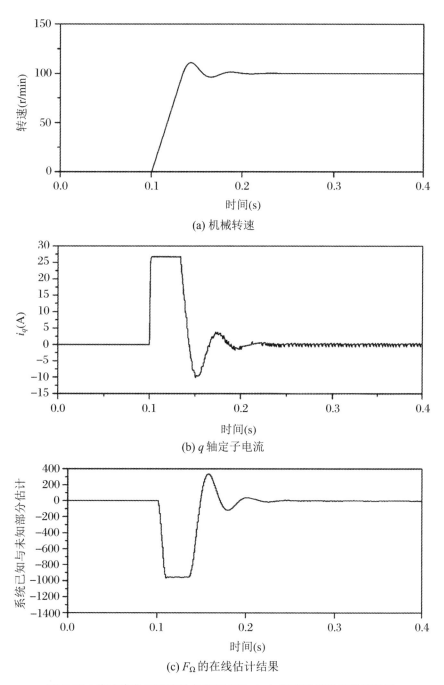

(a) 机械转速

(b) q 轴定子电流

(c) F_Ω 的在线估计结果

图 7.27 存在参数不确定性条件下 100 r/min 转速阶跃响应仿真结果

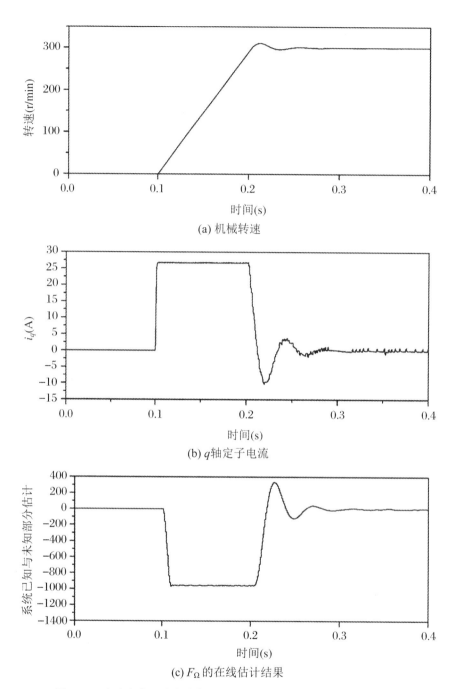

(a) 机械转速

(b) q 轴定子电流

(c) F_Ω 的在线估计结果

图 7.28　存在参数不确定性条件下 300 r/min 转速阶跃响应仿真结果

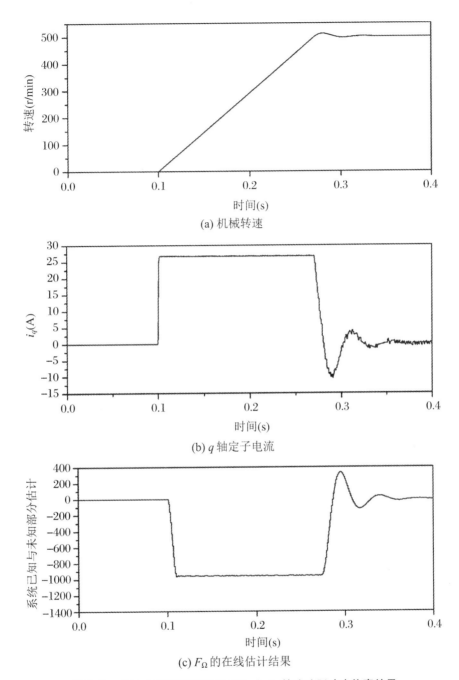

图 7.29 存在参数不确定性时 500 r/min 转速阶跃响应仿真结果

最后开展系统存在机械参数不确定性（转动惯量为 0.04242 kg·m²）条件下，负载转矩突变时 SMPMSM 驱动系统的转速动态响应性能仿真研究。分别控制系统转速为 100 r/min、300 r/min 与 500 r/min，在 0.2 s 时将系统的负载转矩由 10 N·m 突减至 0。系统仿真结果如图 7.30～图 7.32 所示，在 3 种不同的运行转速下，系统转速响应经过约 100 ms 的动态过程即可快速恢复到稳态，具有良好的转速动态响应性能，证实了所提出的控制方法对于负载突变具有良好的抗扰性。

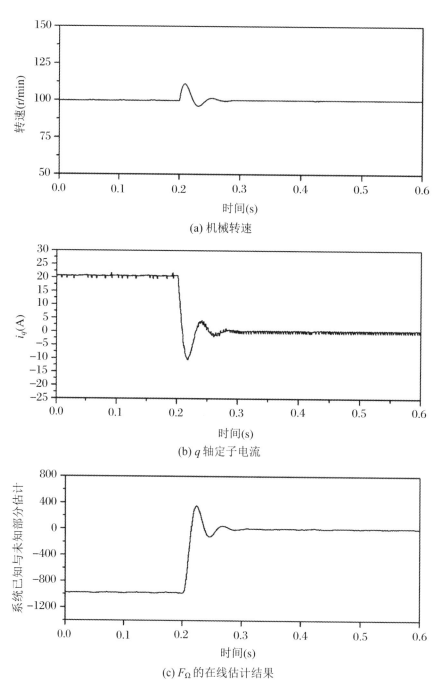

图 7.30 100 r/min 且存在参数不确定性条件下负载突变响应仿真结果

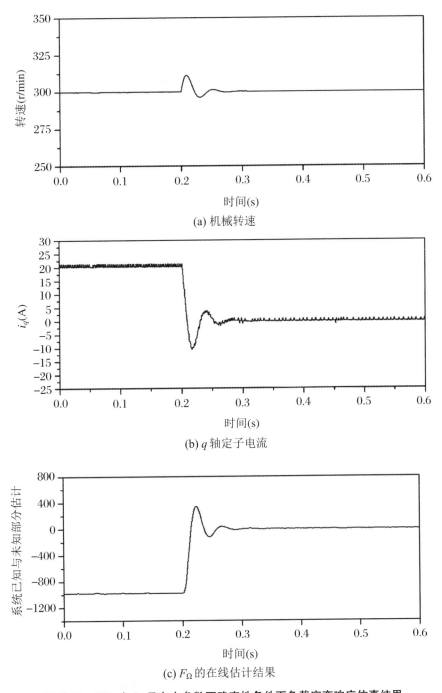

(a) 机械转速

(b) q 轴定子电流

(c) F_Ω 的在线估计结果

图 7.31　300 r/min 且存在参数不确定性条件下负载突变响应仿真结果

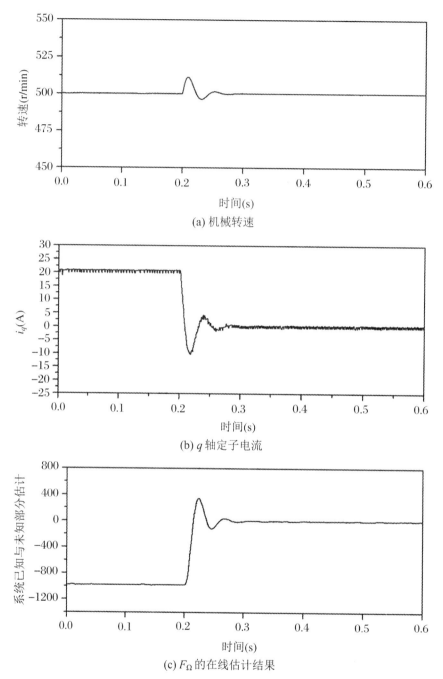

图 7.32 500 r/min 且存在参数不确定性条件下负载突变响应仿真结果

系统实验基于 dSPACE 1107/DS5202 快速原型测试平台,由于 SMPMSM 测试台架包含异步电机、联轴器、转接轴等惯性负载,系统总转动惯量约为 0.04242 kg·m²。系统实验测试中的控制器参数、控制周期与系统仿真设置完全一致。

给定与系统仿真相同的测试条件,在 0.1 s 给定阶跃参考转速分别为 100 r/min、300 r/min 与 500 r/min,测试 SMPMSM 空载启动的转速动态响应。实验结果如图 7.33~图 7.35 所示,系统的转速动态响应与仿真结果类似,在系统转动惯量约为标称参数 3 倍的情况下,基于标称

参数选择 α_Ω 的无模型无差拍转速预测控制在大部分工况下仍然具有快速的动态响应与较小的超调。对比系统仿真结果，图 7.33(c)~图 7.35(c) F_Ω 在线估计收敛动态与仿真研究略有不同，且存在由于未知不确定性与扰动引起的额外脉动分量。

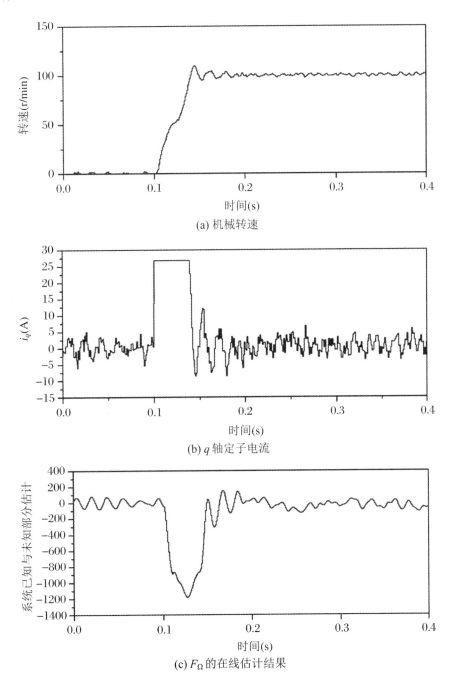

(a) 机械转速

(b) q 轴定子电流

(c) F_Ω 的在线估计结果

图 7.33　100 r/min 转速阶跃响应实验结果

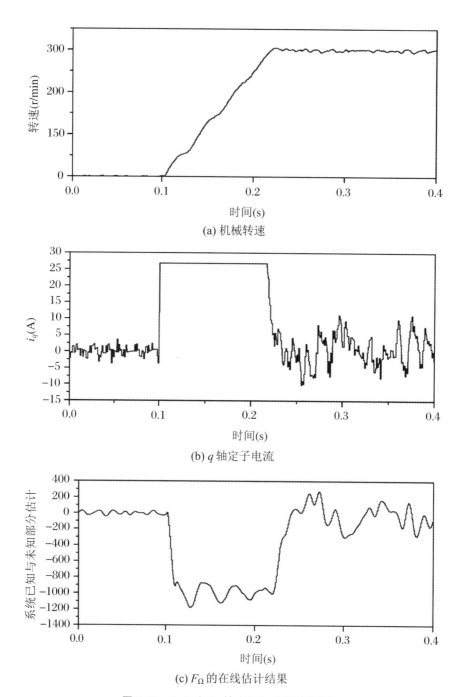

图 7.34 300 r/min 转速阶跃响应实验结果

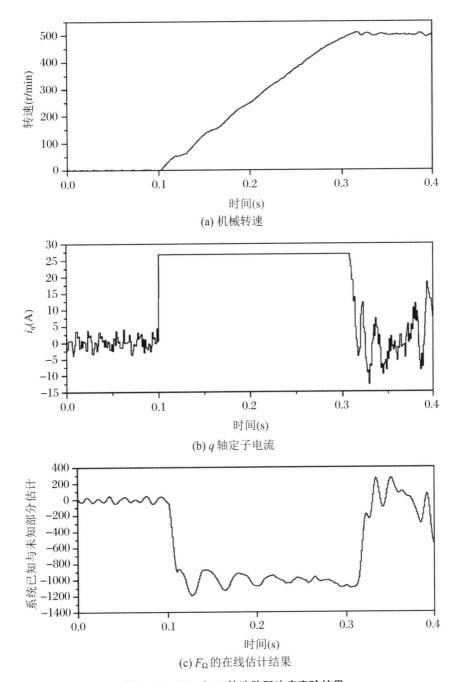

图 7.35　500 r/min 转速阶跃响应实验结果

由于采用异步电动机的测功机系统转矩动态响应速度较慢,无法实现快速的负载转矩增加,测试突加负载后 SMPMSM 驱动系统的转速控制性能,因此采用在 0.2 s 时将负载转矩由 10 N·m 突减至 0 的实验测试方法,获得 100 r/min、300 r/min 与 500 r/min 3 种不同转速,负载突变情况下的实验结果如图 7.36~图 7.38 所示。所提出的控制方法在转矩突减的动态过程中,3 种不同工况下的负载突变引起的转速超调均小于 12.5 r/min,转速超调较小且经过较短的时间(小于 100 ms)即可快速恢复到稳态,与系统仿真结果一致,说明无模型无差拍转速预测控制的 SMPMSM 驱动系统对于负载突变具有强鲁棒性。

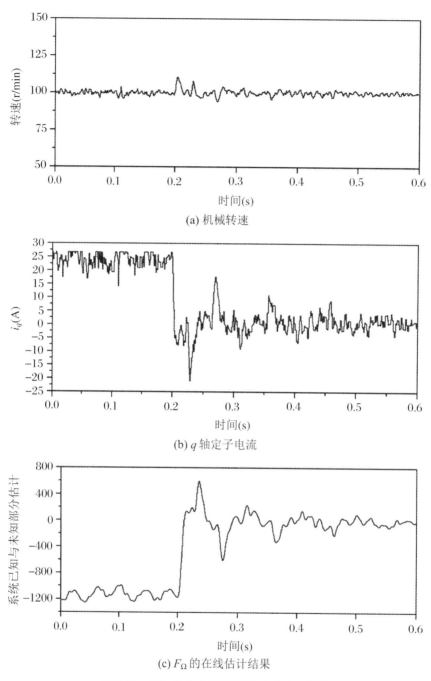

图 7.36 100 r/min 时负载突变响应实验结果

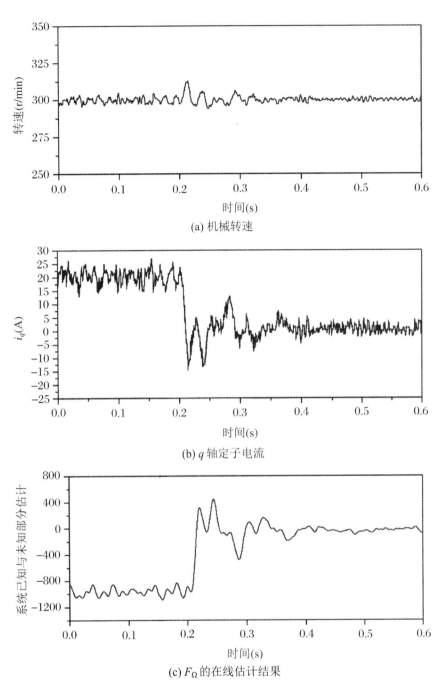

(a) 机械转速

(b) q 轴定子电流

(c) F_Ω 的在线估计结果

图 7.37　300 r/min 时负载突变响应实验结果

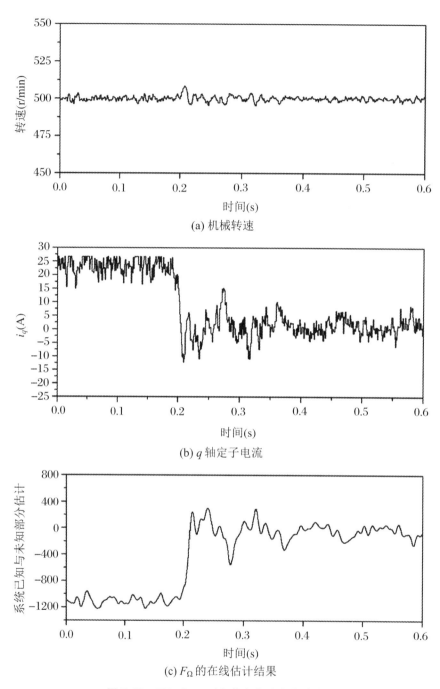

(a) 机械转速

(b) q 轴定子电流

(c) F_Ω 的在线估计结果

图 7.38　500 r/min 时负载突变响应实验结果

7.4 本章小结

为了应对 SMPMSM 驱动系统中存在的多种不确定性与未知扰动,全面提升系统的电流、转速控制性能及鲁棒性,本章提出了 SMPMSM 驱动系统的无模型控制,并将无模型控制与无差拍预测控制相结合,详细阐述了无模型无差拍电流及转速预测控制。具体内容如下:

(1) 基于 SMPMSM 驱动系统输入与输出,采用代数参数辨识方法在线建立了计及多种不确定性与扰动的 SMPMSM 驱动系统电流超局部模型,完成了无模型电流控制器的设计,并给出了无模型控制器与 PI 控制器参数间的内在关联关系,为无模型电流控制器的参数整定提供了依据。

(2) 基于离散化的电流超局部模型完成了无模型无差拍电流控制器的设计,架构了无模型无差拍电流控制的 SMPMSM 驱动系统。

(3) 基于测量转速与参考转矩建立了包含负载转矩、摩擦力矩、机械参数变化与电磁转矩跟踪误差等的转速超局部模型,完成了无模型无差拍转速预测控制器的设计,架构了无模型无差拍转速控制外环、无模型无差拍电流控制内环的双闭环控制的 SMPMSM 驱动系统。

本章提出的 SMPMSM 驱动系统电流与转速控制方法,一体化地解决了系统中存在的电气参数不确定性与逆变器非线性问题,有效提升了 SMPMSM 驱动系统对于机械参数的变化、负载扰动与未知扰动的鲁棒性,不仅拥有优良的电流与转速动态响应与稳态控制性能,而且拥有整定参数少且易于工程应用的特点,实现了 SMPMSM 驱动系统电流与转速控制性能的全面提升。

参 考 文 献

[1] Yang J, Chen W H, Li S, et al. Disturbance/uncertainty estimation and attenuation techniques in PMSM drives: a survey[J]. IEEE Transactions on Industrial Electronics, 2016, 64(4): 3273-3285.

[2] Liu K, Zhang Q A, Chen J T, et al. Online multiparameter estimation of nonsalient-pole PM synchronous machines with temperature variation tracking[J]. IEEE Transactions on Industrial Electronics, 2011, 58(5): 1776-1788.

[3] Chen W H, Yang J, Guo L, et al. Disturbance-observer-based control and related methods: an overview[J]. IEEE Transactions on Industrial Electronics, 2016, 63(2): 1083-1095.

[4] 杨立永,张云龙,陈智刚,等. 基于参数辨识的 PMSM 电流环在线自适应控制方法[J]. 电工技术学报,2012,27(3): 86-91.

[5] Gatto G, Marongiu I, Serpi A. Discrete-time parameter identification of a surface-mounted permanent magnet synchronous machine[J]. IEEE Transactions on Industrial Electronics, 2013, 60(11): 4869-4880.

[6] Park D M, Kim K H. Parameter-independent online compensation scheme for dead time and inverter nonlinearity in IPMSM drive through waveform analysis[J]. IEEE Transactions on Industrial Elec-

tronics, 2014, 61(2): 701-707.

[7] Han J Q. From PID to active disturbance rejection control [J]. IEEE Transactions on Industrial Electronics, 2009, 56(3): 900-906.

[8] Li S H, Liu Z G. Adaptive speed control for permanent-magnet synchronous motor system with variations of load inertia[J]. IEEE Transactions on Industrial Electronics, 2009, 56(8): 3050-3059.

[9] 刘志刚,李世华. 基于永磁同步电机模型辨识与补偿的自抗扰控制器[J]. 中国电机工程学报, 2008, 28(24): 118-123.

[10] Fliess M, Join C. Model-free control [J]. International Journal of Control, 2013, 86(12): 2228-2252.

[11] Lafont F, Balmat J F, Pessel N, et al. A model-free control strategy for an experimental greenhouse with an application to fault accommodation[J]. Computers and Electronics in Agriculture, 2015, 110 (C): 139-149.

[12] Fliess M, Sira-Ramírez H. Closed-loop parametric identification for continuous-time linear systems via new algebraic techniques[J]. Advances in Industrial Control, 2008, 363-391.

[13] Zhou Y N, Li H M, Yao H Y. Model-free control of surface mounted PMSM drive system [C]. IEEE International Conference on Industrial Technology, 2016: 175-180.

[14] ZhouY N, Li H M, Zhang H G. Model-free deadbeat predictive current control of a surface-mounted permanent magnet synchronous motor drive system[J]. Journal of Power Electronics, 2018, 18 (1): 103-115.

[15] Zhou Y N, Li H M, Zhang H G. Model free deadbeat predictive speed control of surface-mounted permanent magnet synchronous motor drive system[J]. Journal of Electrical Engineering & Technology, 14, 265-274.

第 8 章 PMSM 驱动系统的有限控制集无模型预测控制

PMSM 驱动系统的无差拍电流预测控制,理论上能够实现下一控制周期定子 d,q 轴电流的准确跟踪控制,无差拍电流预测控制究其本质是以 d,q 轴定子电流跟踪为控制目标,在无约束条件下生成逆变器最优参考电压矢量[1]。但是,逆变器直流母线电压有限,逆变器存在最大输出电压限制,当出现动态电压超限时,则必须采用动态电压调整方案[2-7]。同时,无差拍电流预测控制在生成逆变器参考电压矢量时,难以计及逆变器开关次数等约束,限制了该方法在 PMSM 驱动系统多目标优化驱动控制领域的应用。

有限控制集无模型预测控制利用逆变器的离散特性,将所有可能的控制量带入至灵活设置的包含逆变器最大输出电压、逆变器开关次数等约束条件的代价函数中,在线评估并从中挑选最优控制量。凭借其直观的控制结构、灵活多变的代价函数,易于实现非线性多约束系统实时控制,已成为目前预测控制的研究热点。

本章首先针对传统 FCS-MPC 的 SMPMSM 驱动系统在逆变器输出电压饱和时难以生成最优逆变器参考电压矢量,基于传统的 FCS-MPC 预测逆变器 6 个有效电压矢量未来状态并计算代价函数,再基于拉格朗日拟合与代价函数最小原则,采用幅值与相位分步优化的方法获得最优参考电压矢量,旨在提升传统 FCS-MPC 的 SMPMSM 驱动系统的稳态控制性能。此外,针对 SMPMSM 驱动系统中需兼顾稳态性能与开关损耗的双目标优化问题,详细阐述基于离散空间电压矢量调制的有限控制集双目标电流预测控制、基于有限控制集预测控制的混合调制技术研究,旨在提升 SMPMSM 驱动系统的多目标优化能力。

8.1 基于连续电压矢量的无模型电流预测控制

8.1.1 SMPMSM 驱动系统的电流超局部模型与代价函数设计

基于前向欧拉法,获得 SMPMSM 驱动系统电流超局部模型的离散形式,且有

$$\begin{cases} i_d[k+1] = T(\hat{F}_d[k] + \alpha_d u_d^*[k]) + i_d[k] \\ i_q[k+1] = T(\hat{F}_q[k] + \alpha_q u_q^*[k]) + i_q[k] \end{cases} \tag{8.1}$$

其中,$i_d[k+1]$ 与 $i_q[k+1]$ 分别表示 d,q 轴定子电流的预测值;$i_d[k]$ 与 $i_q[k]$ 分别表示第

k 个控制周期的 d,q 轴定子电流;$\hat{F}_d[k]$ 与 $\hat{F}_q[k]$ 表示第 k 个控制周期 F_d 与 F_q 的估计值;$u_d^*[k],u_q^*[k]$ 表示第 k 个控制周期的逆变器 d,q 轴参考电压;T 表示电流环控制周期。将式(8.1)作为 SMPMSM 驱动系统的预测模型用于系统未来电流状态的预测,实现系统的无模型电流预测控制。

为了衡量逆变器不同电压矢量的电流跟踪误差,设计代价函数为

$$J = (i_d^* - i_d[k+1])^2 + (i_q^* - i_q[k+1])^2 \tag{8.2}$$

其中,J 表示代价函数,i_d^* 与 i_q^* 分别表示定子 d,q 轴参考电流。

8.1.2 逆变器参考电压矢量相位的优化

首先定义两相静止坐标系下的逆变器参考电压矢量幅值为最大值,相位从 $0\sim 2\pi$ 变化,基于 Park 变换获得不同幅值参考电压矢量对应的 d,q 轴参考电压并代入 SMPMSM 驱动系统的电流超局部模型预测系统未来的定子电流,接着根据定子电流预测值与参考值计算获得代价函数。

建立参考电压矢量相位与代价函数之间的二维坐标系,横坐标为参考电压矢量相位,纵坐标为代价函数,以 SMPMSM 某一运行工况为例,获得代价函数随参考电压矢量相位变化的关系如图 8.1 所示。电压六边形空间的内切圆与外接圆半径分别为 $U_{dc}/\sqrt{3}$ 与 $2U_{dc}/3$,其中 U_{dc} 是直流母线电压,在图 8.1 中,J_CC,J_IC 与 J_HX 分别代表外接圆、内切圆与六边形不同相位参考电压矢量对应的代价函数,符号"▲"表示 6 个有效电压矢量对应的代价函数,从图中可以看出,J_CC 线与 J_HX 色线在 6 个有效电压矢量处相交,而 J_HX 线与 J_IC 线则在内切圆与六边形的切点处相切。

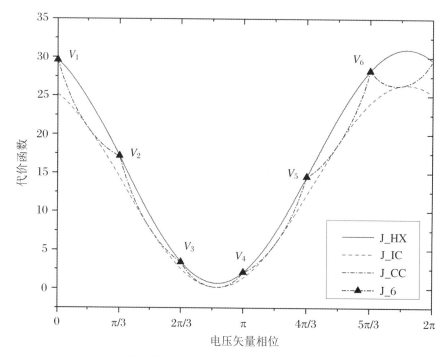

图 8.1 逆变器参考电压矢量相位与代价函数之间的关系

如果枚举电压限制内所有不同相位的参考电压矢量预测系统未来状态并计算代价函数，必定可以获得参考电压矢量的最优相位，但是，这将导致计算异常复杂，难以在微处理器上实时实现。为此，本章提出仅将逆变器 6 个有效电压矢量代入预测模型并计算代价函数，选取其中使得代价函数最优及次优的相邻 3 个电压矢量及其对应代价函数用于逆变器参考电压矢量相位的优化，如图 8.1 中 V_2，V_3 与 V_4。将这 3 个备选电压矢量及其代价函数按相位依次记为 (θ_i, J_i)，其中 $1 \leqslant i \leqslant 3$。当出现相位穿越零点的情况，例如 3 个备选矢量为 V_6，V_1 与 V_2，则有效电压矢量 V_6 对应的电压相位修改为 $-\pi/3$，因此，θ_i 可以表示为

$$\theta_i = \begin{cases} \theta_1 = -\dfrac{\pi}{3}, \theta_2 = 0, \theta_3 = \dfrac{\pi}{3}, & V = |V_6, V_1, V_2| \\ \theta_i, & V \neq |V_6, V_1, V_2| \end{cases} \quad (8.3)$$

其中，V 表示备选电压矢量。

选取 3 个备选电压矢量作为插值节点 (θ_i, J_i)，其中 $1 \leqslant i \leqslant 3$，采用拉格朗日插值法获得插值基函数为

$$L(\theta) = \sum_{i=1}^{3} J_i l_i(\theta), \quad 1 \leqslant i \leqslant 3 \quad (8.4)$$

其中，$l_i(\theta) = \prod_3 \dfrac{\theta - \theta_j}{\theta_i - \theta_j}$。

改写上述拉格朗日插值多项式，容易求得，式(8.4)是关于参考电压矢量相位 θ 的二次函数，即

$$L(\theta) = a_p \theta^2 + b_p \theta + c_p \quad (8.5)$$

其中，

$$\begin{cases} a_p = \dfrac{J_1}{(\theta_1 - \theta_2)(\theta_1 - \theta_3)} + \dfrac{J_2}{(\theta_2 - \theta_1)(\theta_2 - \theta_3)} + \dfrac{J_3}{(\theta_3 - \theta_1)(\theta_3 - \theta_2)} \\ b_p = -\dfrac{J_1(\theta_2 + \theta_3)}{(\theta_1 - \theta_2)(\theta_1 - \theta_3)} - \dfrac{J_2(\theta_1 + \theta_3)}{(\theta_2 - \theta_1)(\theta_2 - \theta_3)} + \dfrac{J_3(\theta_1 + \theta_2)}{(\theta_3 - \theta_1)(\theta_3 - \theta_2)} \\ c_p = \dfrac{J_1 \theta_2 \theta_3}{(\theta_1 - \theta_2)(\theta_1 - \theta_3)} + \dfrac{J_2 \theta_1 \theta_3}{(\theta_2 - \theta_1)(\theta_2 - \theta_3)} + \dfrac{J_3 \theta_1 \theta_2}{(\theta_3 - \theta_1)(\theta_3 - \theta_2)} \end{cases}$$

根据图 8.1，由于选取的为最优及次优的 3 个备选电压矢量，拟合表达式(8.5)是开口向上的抛物线，因此必然存在使得代价函数最小的极值点，求解获得极值点对应的参考电压矢量相位为

$$\theta_{\text{sol}} = \dfrac{J_1(\theta_2^2 - \theta_3^2) + J_2(\theta_3^2 - \theta_1^2) + J_3(\theta_1^2 - \theta_2^2)}{2(J_1(\theta_2 - \theta_3) + J_2(\theta_3 - \theta_1) + J_3(\theta_1 - \theta_3))} \quad (8.6)$$

其中，θ_{sol} 表示参考电压矢量相位的解。

由于 6 个有效矢量在 $0 \sim 2\pi$ 内均匀分布且间隔均为 $\pi/3$，因此，基于备选电压矢量的定义，3 个备选电压矢量的相位依次为 θ_1, θ_2 与 θ_3，于是可以获得下列关系，即有

$$\begin{cases} \theta_2 - \theta_3 = -\dfrac{\pi}{3} \\ \theta_3 - \theta_1 = \dfrac{2\pi}{3} \\ \theta_1 - \theta_3 = -\dfrac{2\pi}{3} \end{cases} \quad (8.7)$$

将式(8.7)代入式(8.6)，获得简化后的逆变器参考电压矢量相位的解为

$$\theta_{\text{sol}} = \frac{J_1(\theta_2 + \theta_3) + J_2(\theta_3 + \theta_1) + J_3(\theta_1 + \theta_3)}{2(J_1 - 2J_2 + 2J_3)} \tag{8.8}$$

当3个备选电压矢量为 V_6，V_1 与 V_2 时，逆变器参考电压矢量相位的解 θ_{sol} 可能会小于零，因此需要对 θ_{sol} 进行修正以保证逆变器参考电压矢量的最优相位大于或等于零，于是，参考电压矢量的最优相位可表示为

$$\theta_{\text{opt}} = \begin{cases} \theta_{\text{sol}}, & \theta_{\text{sol}} \geq 0 \\ \theta_{\text{sol}} + 2\pi, & \theta_{\text{sol}} < 0 \end{cases} \tag{8.9}$$

其中，θ_{opt} 表示逆变器参考电压矢量的最优相位。

8.1.3 逆变器参考电压矢量幅值的优化

为了研究逆变器参考电压矢量幅值与代价函数之间的关系，将电压六边形空间作为电压限制条件，逆变器参考电压矢量幅值分别设置为最大幅值的25%，50%，75%与100%，选取与图8.1相同的工况，将4种不同幅值相位依次从 $0 \sim 2\pi$ 变化的逆变器参考电压矢量代入 SMPMSM 驱动系统的预测模型获得系统未来的状态再计算代价函数，获得如图8.2所示的逆变器参考电压矢量幅值与代价函数之间的关系。符号"◆""●""■"与"▲"分别表示最大幅值为25%，50%，75%与100%的6个有效电压矢量对应的代价函数，U_s 表示六边形电压约束条件下电压矢量的最大幅值。图8.2中的100%U_s 线实际上就是图8.1中的J_HX，以此图为例，则使得代价函数最小的最优相位约为 $5\pi/6$，最优幅值约为75%。从图8.2可知，对于确定的逆变器参考电压矢量相位，改变逆变器参考电压矢量幅值会对代价函数产生影响，因此需要对逆变器参考电压矢量幅值进行二次优化获得最优逆变器参考电压矢量。

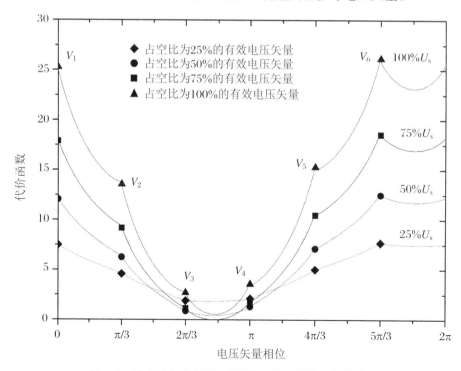

图8.2 逆变器参考电压矢量幅值与代价函数之间的关系

为了充分利用直流母线电压,选择电压六边形空间作为参考电压矢量选择的限制条件,所以基于获得的参考电压矢量最优相位,首先需计算获得该相位对应的参考电压矢量最大幅值,如图 8.3 所示。采用正弦定理,求得参考电压矢量最大幅值为

$$\frac{U_\mathrm{m}}{\sin\frac{\pi}{3}} = \frac{\frac{2}{3}U_\mathrm{dc}}{\sin\left(\frac{2\pi}{3} - \theta_\mathrm{cov}\right)} \tag{8.10}$$

其中,$\theta_\mathrm{cov} = \theta_\mathrm{opt} - floor(\theta_\mathrm{opt}/(\pi/3))\pi/3$,$floor$ 表示取整函数;U_m 表示基于最优相位的逆变器参考电压矢量最大幅值。

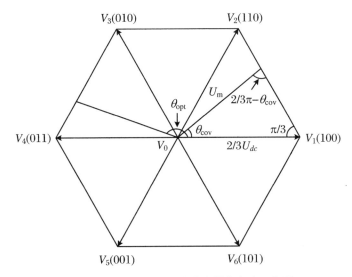

图 8.3 基于最优相位的逆变器参考电压矢量

基于坐标变换理论,将两相静止坐标下最优相位与最大幅值对应的参考电压矢量转换到两相同步速旋转的 dq 坐标系下获得

$$\begin{cases} u_\mathrm{dm} = U_\mathrm{m}\cos\theta_\mathrm{opt}\cos\theta_\mathrm{r} + U_\mathrm{m}\sin\theta_\mathrm{opt}\sin\theta_\mathrm{r} \\ u_\mathrm{qm} = -U_\mathrm{m}\cos\theta_\mathrm{opt}\sin\theta_\mathrm{r} + U_\mathrm{m}\sin\theta_\mathrm{opt}\cos\theta_\mathrm{r} \end{cases} \tag{8.11}$$

其中,u_dm 与 u_qm 分别表示最大幅值与最优相位逆变器参考电压矢量对应的 d,q 轴电压;θ_r 表示转子位置角。

增加零电压矢量用于逆变器参考电压矢量幅值的调整,并定义零电压矢量的占空比为 d_0。基于 SMPMSM 驱动系统的预测模型式(8.1),预测获得 d,q 轴定子电流为

$$\begin{cases} i_d[k+1] = T(\hat{F}_d[k] + \alpha_d(1-d_0)u_\mathrm{dm}) + i_d[k] \\ i_q[k+1] = T(\hat{F}_q[k] + \alpha_q(1-d_0)u_\mathrm{qm}) + i_q[k] \end{cases} \tag{8.12}$$

将预测的 d,q 轴定子电流代入代价函数,由于零电压矢量占空比必须大于或等于零,因此,求解下列有约束的优化问题:

$$\begin{aligned} \min \quad & J = (i_d^* - i_d[k+1])^2 + (i_q^* - i_q[k+1])^2 \\ \mathrm{s.t.} \quad & d_0 \geq 0 \end{aligned} \tag{8.13}$$

化简式(8.13)的代价函数,容易求得,代价函数是关于零电压矢量占空比 d_0 的二次函数:

$$J = a_d d_0^2 + b_d d_0 + c_d \tag{8.14}$$

其中,

$$\begin{cases} a_d = T^2 \alpha_d^2 u_{dm}^2 + T^2 \alpha_q^2 u_{qm}^2 \\ b_d = -2T(T\alpha_d^2 u_{dm}^2 + T\alpha_q^2 u_{qm}^2 + \alpha_d u_{dm} i_d[k] - \alpha_d u_{dm} i_d^* \\ \quad + \alpha_q u_{qm} i_q[k] - \alpha_q u_{qm} i_q^* + T\alpha_d u_{dm} \hat{F}_d[k] + T\alpha_q u_{qm} \hat{F}_q[k]) \\ c_d = T^2 \hat{F}_d^2[k] + 2T^2 \alpha_d u_{dm} \hat{F}_d[k] + 2Ti_d[k]\hat{F}_d[k] - 2Ti_d^* \hat{F}_d[k] \\ \quad + T^2 \hat{F}_q^2[k] + 2T^2 \alpha_q u_{qm} \hat{F}_q[k] + 2Ti_q[k]\hat{F}_q[k] - 2Ti_q^* \hat{F}_q[k] \\ \quad + T^2 \alpha_d^2 u_{dm}^2 + T^2 \alpha_q^2 u_{qm}^2 + 2T\alpha_d u_{dm} i_d[k] - 2T\alpha_d i_d^* u_{dm} \\ \quad + 2T\alpha_q u_{qm} i_q[k] - 2T\alpha_q i_q^* u_{qm} + i_d^2[k] - 2i_d^* i_d[k] + (i_d^*)^2 \\ \quad + i_q^2[k] - 2i_q^* i_q[k] + (i_q^*)^2 \end{cases}$$

由于 $a_d \geqslant 0$,所以式(8.14)为开口向上的一元二次函数,必然存在最小值。令 $J(d_0) = 0$, 则可以求得使代价函数最小的零电压矢量占空比为

$$d_0 = (T\alpha_d^2 u_{dm}^2 + T\alpha_q^2 u_{qm}^2 + \alpha_d u_{dm} i_d[k] - \alpha_d u_{dm} i_d^* + \alpha_q u_{qm} i_q[k] \\ - \alpha_q u_{qm} i_q^* + T\alpha_d u_{dm} \hat{F}_d[k] + T\alpha_q u_{qm} \hat{F}_q[k])/(T\alpha_d^2 u_{dm}^2 + T\alpha_q^2 u_{qm}^2) \tag{8.15}$$

对于 SMPMSM 驱动系统,由于 d,q 轴参考电压的比例因子 α_d 与 α_q 通常可以取相同值, 且为了实现 MTPA 控制,d 轴参考电流 i_d^* 设置为零,此外,$u_{dm}^2 + u_{qm}^2 = u_m^2$。于是式(8.15)简化为

$$d_0 = \frac{T\alpha u_m^2 + u_{dm} i_d[k] + u_{qm} i_q[k] - u_{qm} i_q^* + Tu_{dm}\hat{F}_d[k] + Tu_{qm}\hat{F}_q[k]}{T\alpha u_m^2} \tag{8.16}$$

其中,$\alpha = \alpha_d = \alpha_q$。

在系统动态控制过程中,优化获得的逆变器参考电压矢量幅值有可能超过逆变器能够提供的最大电压,此时计算获得的零电压矢量占空比会小于或等于零,因此,基于式(8.13),需要对零电压矢量占空比进行限制,即有

$$d_{0\mathrm{opt}} = \begin{cases} d_0, & d_0 > 0 \\ 0, & d_0 \leqslant 0 \end{cases} \tag{8.17}$$

其中,$d_{0\mathrm{opt}}$ 表示参考电压矢量的最优幅值,即零电压矢量的最优占空比。

8.1.4 逆变器参考电压矢量的合成

本章采用逆变器两个相邻的有效电压矢量和一个零电压矢量合成最优参考电压矢量,为了简化逆变器电压矢量的选择过程,在两个零电压矢量 V_0 与 V_7 中仅选用 V_0(000)合成所需电压矢量。同时为避免切换时发生两个桥臂同时动作,定义下列电压矢量的施加顺序:首先施加 V_0,接着施加 V_1,V_3 或 V_5,最后施加 V_2,V_4 或 V_6,三电压矢量合成的电压矢量施加顺序图如图 8.4 所示。

由于零电压矢量的最优占空比已由式(8.17)获得,因此仅需要基于正弦定理获得第一个有效电压矢量的占空比如下:

$$d_{v1} = \begin{cases} \dfrac{(1 - d_{0\text{opt}})U_{\text{m}}\sin\left(\dfrac{\pi}{3} - \theta_{\text{cov}}\right)}{\dfrac{2}{3}U_{\text{dc}}\sin\dfrac{2\pi}{3}}, & \theta_{\text{opt}} \in \left[0, \dfrac{\pi}{3}\right) \cup \left[\dfrac{2\pi}{3}, \pi\right) \cup \left[\dfrac{4\pi}{3}, \dfrac{5\pi}{3}\right) \\ \dfrac{(1 - d_{0\text{opt}})U_{\text{m}}\sin\theta_{\text{cov}}}{\dfrac{2}{3}U_{\text{dc}}\sin\dfrac{2\pi}{3}}, & \theta_{\text{opt}} \in \left[\dfrac{\pi}{3}, \dfrac{2\pi}{3}\right) \cup \left[\pi, \dfrac{4\pi}{3}\right) \cup \left[\dfrac{5\pi}{3}, 2\pi\right) \end{cases} \quad (8.18)$$

其中，d_{v1}表示第一个有效电压矢量的占空比。

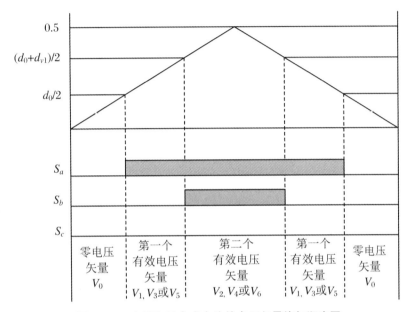

图 8.4　三电压矢量合成方法的电压矢量施加顺序图

两相静止坐标系下电压矢量有两个自由度：相位与幅值（占空比）。通过将逆变器电压矢量代入预测模型获得 SMPMSM 驱动系统的未来定子电流状态再计算代价函数，则代价函数是关于逆变器电压矢量相位与幅值的二元函数，对于电压矢量，改变电压矢量幅值不会影响电压矢量相位，反之亦然，因此，两个自由度对于代价函数的影响也是非耦合的。

基于以上的分析，所提出的 SMPMSM 驱动系统基于连续电压矢量的无模型电流预测控制由两部分组成：逆变器参考电压矢量的相位优化与幅值（占空比）优化，系统的控制流程图如图 8.5 所示。首先基于传统的 FCS-MPC 优化计算逆变器 6 个有效电压矢量对应的代价函数，再选取其中最优的 3 个有效电压矢量，基于拉格朗日数据拟合获得逆变器参考电压矢量最优相位，实现逆变器参考电压矢量幅值的优化，最后通过三矢量方法合成最优逆变器参考电压矢量。基于连续电压矢量的无模型电流预测控制 SMPMSM 驱动系统结构框图如图 8.6 所示。

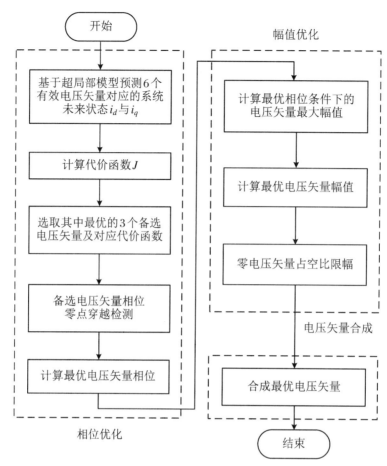

图 8.5 连续电压矢量的 SMPMSM 驱动系统无模型电流预测控制流程图

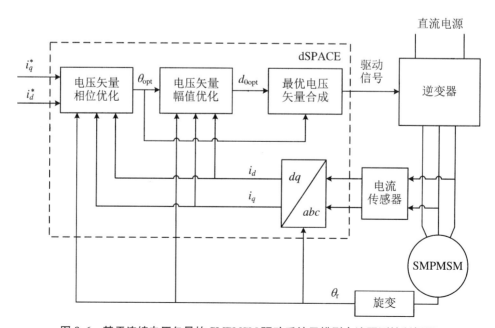

图 8.6 基于连续电压矢量的 SMPMSM 驱动系统无模型电流预测控制框图

8.1.5 系统仿真与实验研究

为了测试所提出的基于连续电压矢量的 SMPMSM 驱动系统无模型电流预测控制的技术优势,针对 SMPMSM 驱动系统,开展基于连续电压矢量的无模型电流预测控制、单矢量 FCS-MPC[8]、基于占空比控制的模型预测控制[9]的系统性能对比研究。

在 Matlab/Simulink 中建立 SMPMSM 驱动系统的仿真模型,被测 SMPMSM 驱动系统采用转矩控制,SMPMSM 转速由测功机控制。由于单矢量 FCS-MPC 每控制周期仅有一个电压矢量作用,选择较长的控制周期可能恶化 FCS-MPC 的稳态控制精度,为了提高单矢量 FCS-MPC 的系统控制性能,设置其控制周期为 50 μs,另外两种不同控制方法的控制周期均为 100 μs。所采用的被测 SMPMSM 标称参数与第 7 章相同。SMPMSM 模型参数为 $R = 1.4R_s$,$L = 1.2L_s$ 与 $\varphi = 0.8\varphi_f$,逆变器死区时间设置为 2 μs,所有控制方法均没有额外的逆变器非线性补偿策略,直流母线电压为 48 V。

单矢量 FCS-MPC、基于占空比控制的模型预测控制采用标称参数的 SMPMSM 数学模型进行控制器设计,所提出的控制方法则基于电流超局部模型进行控制器设计,且设置 $\alpha = \alpha_d = \alpha_q = 1/L_s = 1000$,$T_F = 1$ ms。

为了验证 3 种不同控制方法在不同转速与转矩运行条件下的 SMPMSM 驱动系统电流控制性能,给定 d 轴参考电流 $i_d^* = 0$,q 轴参考电流在 0.01 s 从 0 分别变为 10.2881 A(5 N·m)与 20.5761 A(10 N·m),控制 SMPMSM 驱动系统的转速分别为 100 r/min(20 Hz)与 400 r/min(80 Hz)。

图 8.7 与图 8.8 为 4 种不同控制方法下系统的 d,q 轴定子电流阶跃响应,系统仿真结果表明:4 种不同控制方法均拥有模型预测控制动态响应快的技术优势,q 轴定子电流响应速度相近,但是所提出的控制方法在动态过程中 d 轴定子电流超调量更小,拥有更好的电流动态控制性能。

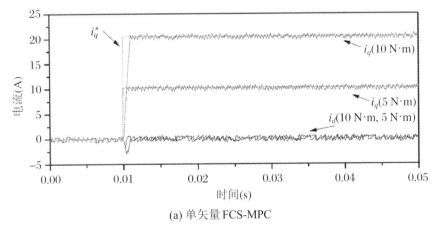

(a) 单矢量 FCS-MPC

图 8.7 转速为 100 r/min 且存在参数不确定性与逆变器非线性时 d,q 轴定子电流阶跃响应仿真结果

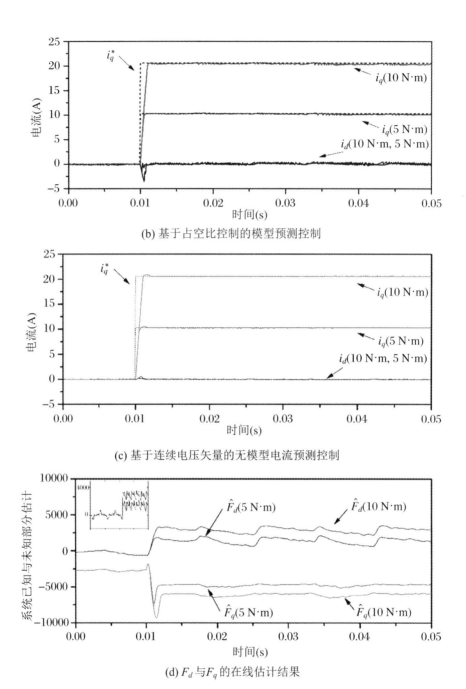

图 8.7 转速为 100 r/min 且存在参数不确定性与逆变器非线性时 d,q 轴定子电流阶跃响应仿真结果(续)

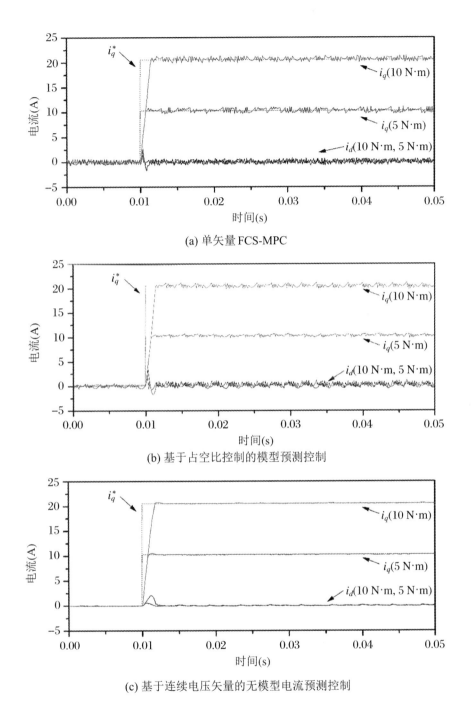

图 8.8 转速为 400 r/min 且存在参数不确定性与逆变器非线性时 d,q 轴定子电流阶跃响应仿真结果

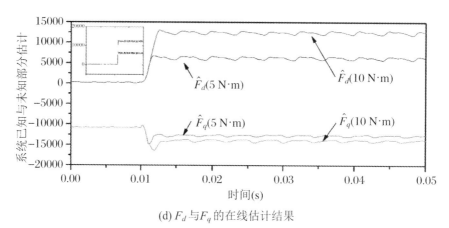

(d) F_d 与 F_q 的在线估计结果

图 8.8　转速为 400 r/min 且存在参数不确定性与逆变器非线性时 d,q 轴定子电流阶跃响应仿真结果(续)

图 8.9 与图 8.10 为 SMPMSM 驱动系统在 3 种不同控制方法下的电流稳态响应,图中自上至下依次为 d 轴定子电流、q 轴定子电流与 a 相定子电流。单矢量 FCS-MPC 稳态时 d,q 轴定子电流存在较大电流脉动,且 a 相定子电流谐波含量较高。基于占空比控制的模型预测控制在低速运行时能够较好地降低 d,q 轴定子电流脉动与 a 相定子电流谐波,但是高速运行时由于仅能合成 6 个有效电压矢量方向的电压矢量,电流稳态控制性能不佳。而提出的基于连续电压矢量的无模型电流预测控制在 4 种不同工况下均能显著降低 d,q 轴定子电流脉动和相电流谐波,拥有优良的电流稳态控制性能。

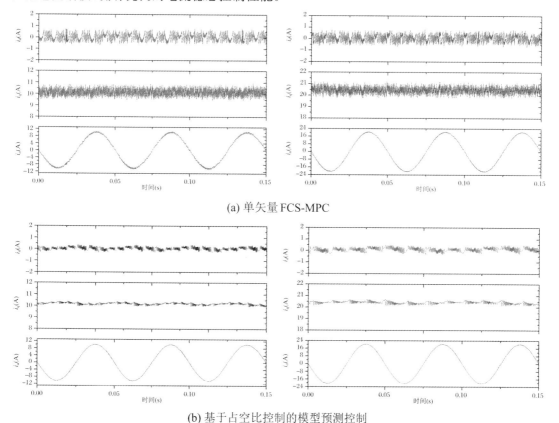

(a) 单矢量 FCS-MPC

(b) 基于占空比控制的模型预测控制

图 8.9　转速为 100 r/min 且存在参数不确定性与逆变器非线性时 d,q 轴与 a 相定子电流稳态响应仿真结果

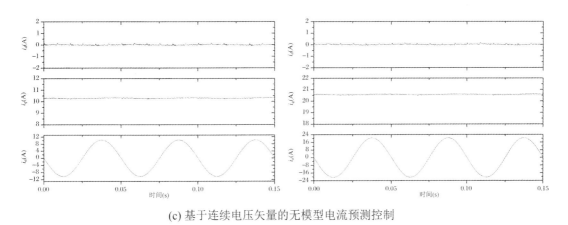

(c) 基于连续电压矢量的无模型电流预测控制

图 8.9 转速为 100 r/min 且存在参数不确定性与逆变器非线性时 d,q 轴与 a 相定子电流稳态响应仿真结果(续)

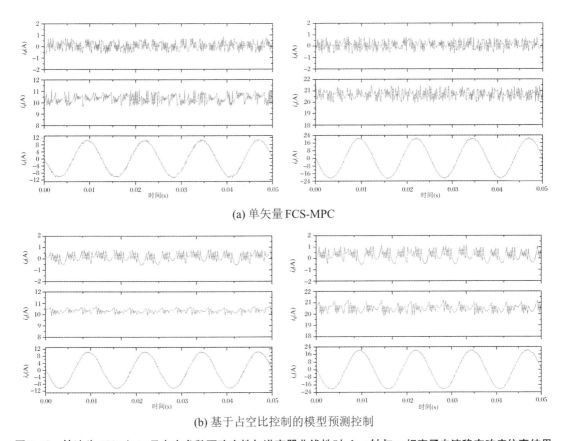

(a) 单矢量 FCS-MPC

(b) 基于占空比控制的模型预测控制

图 8.10 转速为 400 r/min 且存在参数不确定性与逆变器非线性时 d,q 轴与 a 相定子电流稳态响应仿真结果

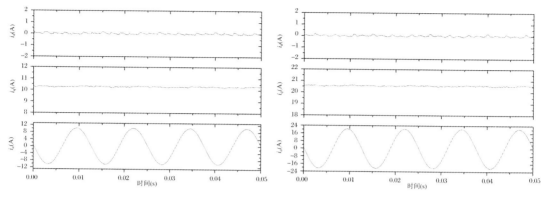

(c) 基于连续电压矢量的无模型电流预测控制

图 8.10　转速为 400 r/min 且存在参数不确定性与逆变器非线性时 d,q 轴与 a 相定子电流稳态响应仿真结果(续)

本节实验基于 dSPACE 1107/DS5202 的快速原型测试平台,逆变器死区时间为 2 μs。单矢量 FCS-MPC、基于占空比控制的模型预测控制与基于连续电压矢量的无模型电流预测控制 3 种不同控制方法的控制周期与系统仿真相同。给定实验条件与仿真相同,分别测试转速为 100 r/min（20 Hz）与 400 r/min（80 Hz）,q 轴参考电流为 10.2881 A（5 N·m）与 20.5761 A（10 N·m）4 种工况下的电流动静态控制性能。

图 8.11 与图 8.12 为转速分别给定 100 r/min 与 400 r/min 时,3 种不同控制方法的 d,q 轴定子电流阶跃响应的实验结果。3 种不同控制方法的 q 轴定子电流阶跃响应几乎相同,但是所提出的控制方法在 4 种工况下 d 轴定子电流均具有更好的动态控制性能,与系统仿真结果一致。图 8.11(d) 与图 8.12(d) 中 F_d 与 F_q 在线估计结果的稳态值与系统仿真结果不同,由系统存在的参数不确定性与逆变器非线性引起。

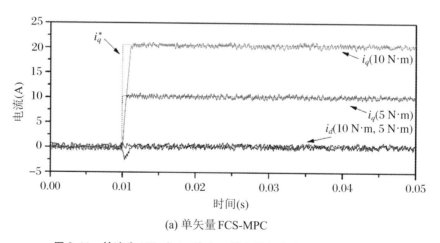

(a) 单矢量 FCS-MPC

图 8.11　转速为 100 r/min 时 d,q 轴定子电流阶跃响应实验结果

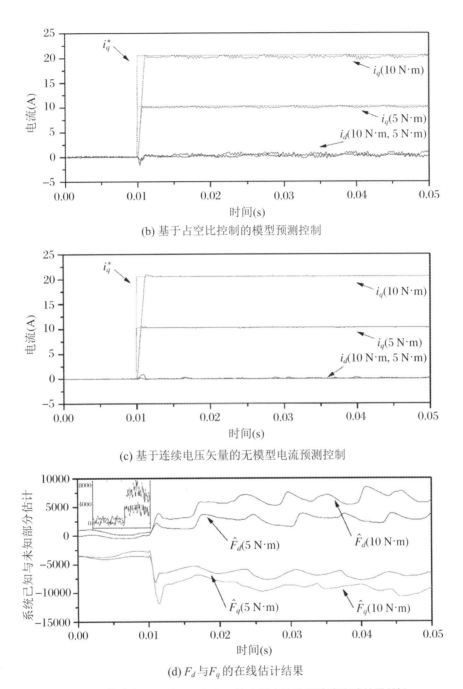

(b) 基于占空比控制的模型预测控制

(c) 基于连续电压矢量的无模型电流预测控制

(d) F_d 与 F_q 的在线估计结果

图 8.11 转速为 100 r/min 时 d,q 轴定子电流阶跃响应实验结果(续)

此外,在图 8.7(d)与图 8.8(d)中,系统仿真结果中相同转速不同参考转矩条件下,F_d 与 F_q 在线估计结果在 0.01 s 之前完全重合,但是实验中却不相同,因此在图 8.11(d)与图 8.12(d) 左上角提供更长时间尺度的 F_d 与 F_q 在线估计结果的动态过程。分析可以发现系统仿真与实验研究中,F_d 与 F_q 在线估计在 0.01 s 前均存在周期变化的脉动分量,系统仿真可以保证每次给定参考转矩时 SMPMSM 驱动系统的运行条件完全相同,因此 F_d 与 F_q 在线估计结果完全重合,但是实验中无法保证每次给定参考转矩时系统的运行条件完全相同,也就是说两次参考转矩的给定时刻可能处于 F_d 与 F_q 在线估计结果中脉动分量的不同相位处,因而获得的 F_d 与 F_q 在线估计结果在 0.01 s 前无法完全重合。

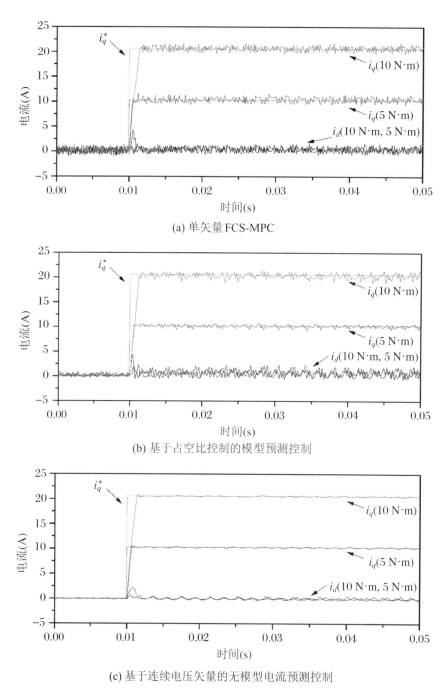

(a) 单矢量 FCS-MPC

(b) 基于占空比控制的模型预测控制

(c) 基于连续电压矢量的无模型电流预测控制

图 8.12　转速为 400 r/min 时 d,q 轴定子电流阶跃响应实验结果

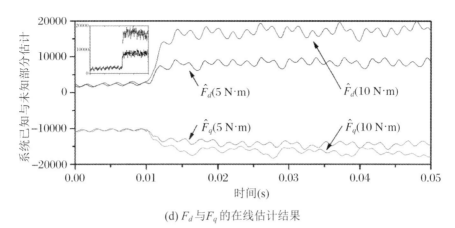

(d) F_d 与 F_q 的在线估计结果

图 8.12　转速为 400 r/min 时 d,q 轴定子电流阶跃响应实验结果(续)

3 种不同控制方法的 d,q 轴定子电流稳态响应实验结果如图 8.13 与图 8.14 所示,提出的控制方法拥有最低的 d,q 轴定子电流脉动与定子相电流谐波,稳态控制精度最高。此外,在图 8.14(a)与图 8.14(b)中,单矢量 FCS-MPC 与基于占空比控制的模型预测控制由于采用 SMPMSM 标称参数的数学模型预测系统的未来状态,难以应对系统中存在的参数不确定性与逆变器非线性,因此 d 轴定子电流在系统高速运行时出现明显的跟踪控制静差,而提出的控制方法基于离散的电流超局部模型设计控制器,对系统中存在的多种不确定性与未知扰动具有强鲁棒性,实现了无静差的电流跟踪控制。

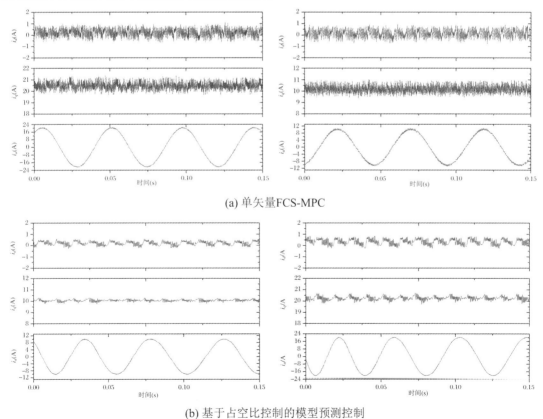

(a) 单矢量FCS-MPC

(b) 基于占空比控制的模型预测控制

图 8.13　转速为 100 r/min 时 d,q 轴与 a 相定子电流稳态响应实验结果

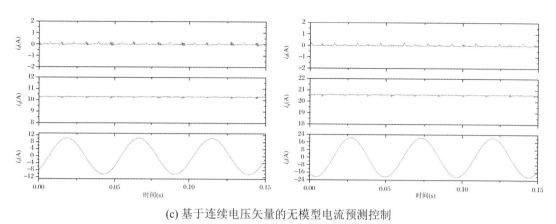

(c) 基于连续电压矢量的无模型电流预测控制

图 8.13 转速为 100 r/min 时 d, q 轴与 a 相定子电流稳态响应实验结果(续)

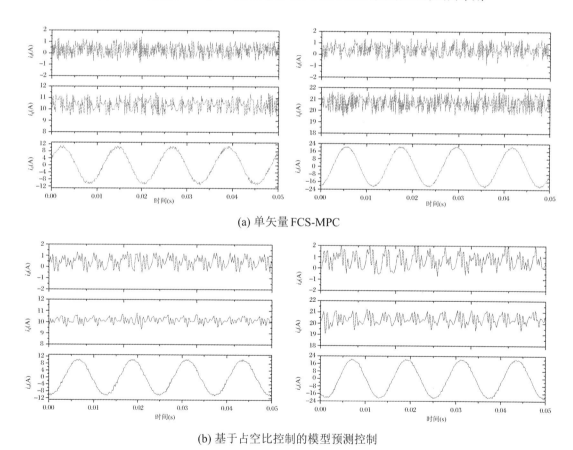

(a) 单矢量 FCS-MPC

(b) 基于占空比控制的模型预测控制

图 8.14 转速为 400 r/min 时 d, q 轴与 a 相定子电流稳态响应实验结果

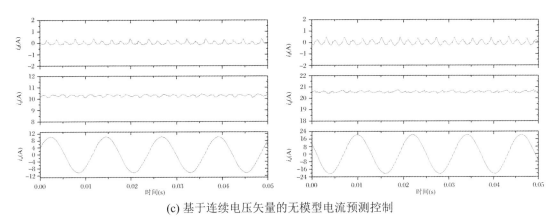

(c) 基于连续电压矢量的无模型电流预测控制

图 8.14 转速为 400 r/min 时 d,q 轴与 a 相定子电流稳态响应实验结果(续)

8.2 基于 DSVM 的 PMSM 驱动系统有限控制集双目标预测控制

基于连续电压矢量的无模型电流预测控制不仅保留了模型预测控制高动态响应的技术优势,且明显降低了系统稳态运行时的 d,q 轴定子电流脉动与电机相电流谐波,实现了有效提升 FCS-MPC 的 PMSM 驱动系统电流稳态控制性能的研究目标。但是,PMSM 驱动系统中逆变器的开关频率较高,亟须开展统筹兼顾减少逆变器开关频率以降低系统损耗的研究。

为此,本节将引入离散空间电压矢量调制(DSVM)[10],且与有限控制集无模型预测控制相结合,旨在实现 PMSM 系统的双目标优化控制。首先将逆变器电压矢量空间细分为多个子空间并获得最优候选虚拟电压矢量。然后,设计两级决策的代价函数,实现电流跟踪误差与开关频率的双目标控制。最后,基于提出的最优电压矢量计算方法与设计的两级决策代价函数,架构基于 DSVM 的有限控制集无模型电流预测控制的 SMPMSM 驱动系统,并将建议的系统与单矢量及三矢量的有限控制集电流预测控制系统进行实验对比研究,再给出评价与研究结论。

8.2.1 基于 DSVM 的有限控制集无模型电流预测控制

1. 离散空间电压矢量调制

由于一相的上下桥臂必须为互补状态,三相两电平电压型逆变器共有 8 种基本电压矢量。其中,100,010,001,110,101,011 可定义为有效电压矢量,000 和 111 定义为零矢量。"1"表示一相的上桥臂为高电平,下桥臂为低电平;"0"表示一相的上桥臂为低电平,下桥臂为高电平。离散空间电压矢量调制将采样周期平均分为 N 个时间间隔,在每一个时间间隔施加任意的基本电压矢量,从而获得了大量的虚拟电压矢量。当 N 的取值为 3,即采样周期平均分为 3 个部分时,离散空间电压矢量如图 8.15 所示。图中实心的点代表所生成的虚拟电压矢量及基本电压矢量。"226"代表该虚拟电压矢量施加 2 个时间间隔的 V_2,施加 1 个时间间隔的 V_6,

"26Z"代表该虚拟电压矢量分别施加1个时间间隔的 V_2,V_6 和零矢量。

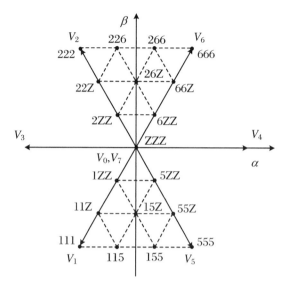

图 8.15 离散空间电压矢量

2. 基于 DSVM 的有限控制集无模型电流预测控制

FCS-MPC 将所有可能的控制量定义为一个集合,且这些控制量是有限个的,即有限控制集,通过预测公式计算这些控制量作用下的系统未来状态,再将预测的值代入代价函数,选取使代价函数获得最小值的控制量作为最优控制量输出。

针对离散空间矢量调制技术,传统的 FCS-MPC[10] 将所有可能的虚拟电压矢量与基本电压矢量代入预测公式计算各电压矢量作用下的下一时刻电流值,其表达式为

$$i_{dq}^p[k+1]_i = (\hat{F}_{dq}[k] + \alpha_{dq}u_{dq}[k]_i)T_s + i_{dq}[k] \tag{8.19}$$

其中,$i_{dq}^p[k+1]_i = (i_d^p[k+1]_i, i_q^p[k+1]_i)$,$u_{dq}[k]_i = (u_d[k]_i, u_q[k]_i)$;$u_{dq}[k]_i$ 代表不同的虚拟电压矢量与基本电压矢量,$i = 1,2,3\cdots$,$i_d^p[k+1]_i$,$i_q^p[k+1]_i$ 为各电压矢量作用下电流预测值在 d,q 轴上的分量。

再设计电流跟踪代价函数式,将获得的电流预测值代入代价函数选取最优电压矢量 V_{opt},最后通过查表或者外部 PWM 调制器输出所选择的最优电压矢量。

$$J_i = (i_d^*[k+1] - i_d^p[k+1]_i)^2 + (i_q^*[k+1] - i_q^p[k+1]_i)^2 \tag{8.20}$$

基于 DSVM 的有限控制集无模型电流预测控制器结构框图如图 8.16 所示。

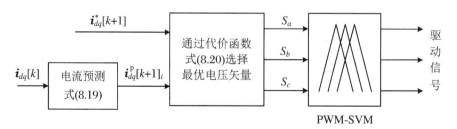

图 8.16 基于 DSVM 的有限控制集无模型电流预测控制器结构框图

8.2.2 基于 DSVM 的有限控制集双目标电流预测控制 PMSM 驱动系统

1. 最优电压矢量的在线确定

传统方法计算每一个电压矢量作用下的预测电流及代价函数,其迭代过程大大增加了算法的计算负荷。为了提高计算效率,提出了一种不需要评价代价函数的最优电压矢量在线计算方法。

首先由无模型无差拍电流控制生成逆变器参考电压矢量,其表达式为

$$u_{dq}^{\text{ref}}[k] = \frac{1}{T_s}\boldsymbol{\alpha}_{dq}^{-1}(\boldsymbol{i}_{dq}^*[k+1]-\boldsymbol{i}_{dq}[k])-\boldsymbol{\alpha}_{dq}^{-1}\hat{\boldsymbol{F}}_{dq}[k] \tag{8.21}$$

其中,$u_{dq}^{\text{ref}}[k]=(u_d^{\text{ref}}[k],u_q^{\text{ref}}[k])^{\text{T}}$,$u_d^{\text{ref}}(k)$,$u_q^{\text{ref}}(k)$ 为参考电压矢量在 d,q 轴上的分量。

利用 Park 变换将所得的逆变器参考电压矢量转换至两相静止坐标系,生成 $\boldsymbol{u}_{\alpha\beta}^{\text{ref}}(k)$。为了获得最优电压矢量,首先合成参考电压矢量。这里将介绍一种新的占空比计算方法,该方法可以计算整个电压六边形下的占空比且计算过程中无需使用三角函数。

在 $\alpha\beta$ 坐标系下,定义 ABC 轴与 6 个区域如图 8.17 所示,其中,A 轴与 α 轴同向。显然,$\boldsymbol{u}_{\alpha\beta}^{\text{ref}}(k)$ 可以由任意两个方向上的电压矢量合成,即

$$\boldsymbol{u}_{\alpha\beta}^{\text{ref}}(k)=\begin{cases}d_{a1}^1\boldsymbol{V}_4+d_{a2}^1\boldsymbol{V}_2\\ d_{a1}^2\boldsymbol{V}_4+d_{a2}^2\boldsymbol{V}_1\\ d_{a1}^3\boldsymbol{V}_2+d_{a2}^3\boldsymbol{V}_1\end{cases} \tag{8.22}$$

其中,$\boldsymbol{d}^1=(d_{a1}^1,d_{a2}^1)^{\text{T}}$,$\boldsymbol{d}^2=(d_{a1}^2,d_{a2}^2)^{\text{T}}$,$\boldsymbol{d}^3=(d_{a1}^3,d_{a2}^3)^{\text{T}}$,$\boldsymbol{d}^1$,$\boldsymbol{d}^2$ 和 $\boldsymbol{d}^3$ 为 3 对有效矢量的占空比。当占空比的值为负值时,代表使用相反的电压矢量合成。

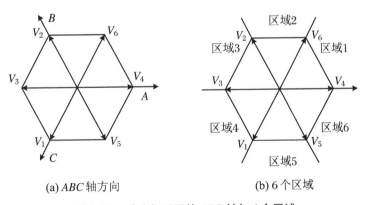

(a) ABC 轴方向 (b) 6 个区域

图 8.17 $\alpha\beta$ 坐标系下的 ABC 轴与 6 个区域

3 对占空比的计算公式为

$$\begin{cases}d_{a1}^1=\dfrac{3}{2U_{\text{dc}}}\left(u_\alpha^{\text{ref}}(k)+\dfrac{u_\beta^{\text{ref}}(k)}{\sqrt{3}}\right),& d_{a2}^1=\dfrac{\sqrt{3}u_\beta^{\text{ref}}(k)}{U_{\text{dc}}}\\ d_{a1}^2=\dfrac{3}{2U_{\text{dc}}}\left(u_\alpha^{\text{ref}}(k)-\dfrac{u_\beta^{\text{ref}}(k)}{\sqrt{3}}\right),& d_{a2}^2=-\dfrac{\sqrt{3}u_\beta^{\text{ref}}(k)}{U_{\text{dc}}}\\ d_{a1}^3=\dfrac{3}{2U_{\text{dc}}}\left(-u_\alpha^{\text{ref}}(k)+\dfrac{u_\beta^{\text{ref}}(k)}{\sqrt{3}}\right),& d_{a2}^3=-\dfrac{3}{2U_{\text{dc}}}\left(u_\alpha^{\text{ref}}(k)+\dfrac{u_\beta^{\text{ref}}(k)}{\sqrt{3}}\right)\end{cases} \tag{8.23}$$

其中，$u_\alpha^{\text{ref}}(k)$，$u_\beta^{\text{ref}}(k)$为参考电压矢量在α,β轴上的分量。

3对占空比的乘积以及合成参考电压矢量的最优有效电压矢量在6个区域的分布见表8.1。可以看出，最优有效电压矢量可以由占空比的乘积决定。当某对占空比有着相反的符号时，它们对应的电压矢量为相邻有效电压矢量，选择该对占空比为最优的并定义为$\boldsymbol{d}^{\text{opt}} = (d_{a1}^{\text{opt}}, d_{a2}^{\text{opt}})$。

表8.1 各区域内占空比乘积的极性及最优有效矢量

	$d_{a1}^1 d_{a2}^1$	$d_{a1}^2 d_{a2}^2$	$d_{a1}^3 d_{a2}^3$	最优有效矢量
区域1	>0	<0	>0	V_4, V_6
区域2	>0	>0	<0	V_6, V_2
区域3	<0	>0	>0	V_2, V_3
区域4	>0	<0	>0	V_3, V_1
区域5	>0	>0	<0	V_1, V_5
区域6	<0	>0	>0	V_5, V_4

基本电压矢量在DSVM中施加的时间间隔数量被定义为时间间隔数。例如，对于虚拟电压矢量"446"，V_4的时间间隔数为2，而V_6的时间间隔数为1。施加参考电压矢量所需相邻电压矢量的时间间隔数被定义为n_{a1}和n_{a2}，它们的计算表达式为

$$\begin{cases} n_{a1} = |d_{a1}^{\text{opt}}|N \\ n_{a2} = |d_{a2}^{\text{opt}}|N \end{cases} \tag{8.24}$$

研究表明，距离参考电压矢量最近的电压矢量将使代价函数取得最小值[11]，根据此原则，电压空间矢量被细分为更多的子空间。分别分析参考电压矢量没有超出或超出电压六边形限制两种情况。先分析第一种情况，假设参考电压矢量位于区域1，若$n_{a1} \in [k_1, k_1+1]$，$n_{a2} \in [k_2, k_2+1]$（$k_1 = 0, 1, \cdots, N-1$，$k_2 = 0, 1, \cdots, N-1$），那么参考电压矢量将位于图8.18(a)中由实线包围的三角形或四边形中，并且这些三角形与四边形由虚线细分为更多的子区域。

明显的，每个子空间距离一个电压矢量最近，因此当参考电压矢量位于某一子空间时，对应的电压矢量为最优电压矢量。参考电压矢量超过电压限制时的情况如图8.18(b)所示。当参考电压矢量位于l_1的上侧或l_3的下侧时，最优电压矢量选择V_6或者V_4；当参考电压矢量位于l_1与l_2的中间区域时，最优电压矢量为"466"。为了统一算法，电压矢量空间使用类似的划分方法细分。根据上述分析，可以根据参考电压矢量直接判断其所位于的子空间并直接计算合成最优电压矢量的时间间隔数，其关系见表8.2。n_1和n_2为合成最优电压矢量的有效电压矢量时间间隔，n_{a1}^+，n_{a1}^-和n_{a2}^+，n_{a2}^-为n_{a1}，n_{a2}分别向上取整或向下取整的结果，$\{x\}$代表x的小数部分，表8.2中的条件需要同时满足。则最优电压矢量实时求解表达式为

$$u_{dq}^*(k) = \frac{n_1}{N} V_{a1} + \frac{n_2}{N} V_{a2} \tag{8.25}$$

其中，$u_{dq}^*(k)$代表最优电压矢量；V_{a1}和V_{a2}代表合成所需的最优相邻电压矢量。值得注意的是无论N的取值为多少，式(8.25)与表8.2都成立，为最优电压矢量的一般表达式。瞬态时最优电压矢量选取综合考虑了d，q轴电流的跟踪误差。

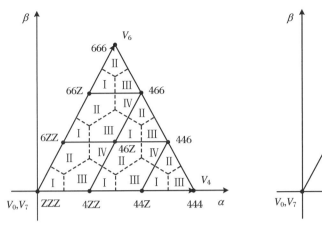
(a) 没有超过电压限制

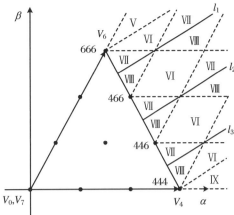
(b) 超过电压限制

图 8.18　细分的电压子空间

表 8.2　子空间判断条件及最优电压矢量的时间间隔数

子空间	参考电压矢量没有超过电压限制			
	Ⅰ	Ⅱ	Ⅲ	Ⅳ
选择条件	$C_1 \leqslant 0.5, C_2 \leqslant 1$	$C_1 > 0.5, C_3 < 0, C_2 \leqslant 2$	$C_2 > 1, C_3 \geqslant 0, C_1 \leqslant 1$	$C_1 > 1, C_2 > 2$
n_1	n_{a1}^-	n_{a1}^-	n_{a1}^+	n_{a1}^+
n_2	n_{a2}^-	n_{a2}^+	n_{a2}^-	n_{a2}^+
子空间	参考电压矢量超过电压限制				
	Ⅴ	Ⅵ	Ⅶ	Ⅷ	Ⅸ
选择条件	$C_5 \leqslant -N$	C_4 为偶数	$C_3 < 0, C_4$ 为奇数	$C_3 \geqslant 0, C_4$ 为奇数	$C_5 \geqslant N$
n_1	0	$(N+C_5)/2$	$(N+C_5-1)/2$	$(N+C_5+1)/2$	N
n_2	N	$(N-C_5)/2$	$(N-C_5+1)/2$	$(N-C_5-1)/2$	0

$C_1 = 0.5\{n_{a1}\} + \{n_{a2}\}, C_2 = 2\{n_{a1}\} + \{n_{a2}\}, C_3 = \{n_{a1}\} - \{n_{a2}\}, C_4 = n_{a1}^- + n_{a2}^- + N, C_5 = n_{a1}^- - n_{a2}^-$

2. 两级决策代价函数的设计

将 d,q 轴电流跟踪误差作为主要控制目标,设计第一级代价函数为

$$J_i^1 = (i_d^*[k+1] - i_d^p[k+1]_i)^2 + (i_q^*[k+1] - i_q^p[k+1]_i)^2 \tag{8.26}$$

最优电压矢量已经由式(8.25)求得,合成所需的相邻电压矢量以及对应的占空比由表 8.1 与表 8.2 确定。零矢量的施加时间间隔为 $n_0 = N - n_1 - n_2$。为了减小开关损耗,对电压矢量序列再进行优化。然而,因为 DSVM 在一个周期可能施加不同数量的基本电压矢量,使用枚举的方法[13]较为复杂。为了解决此问题,设计第二级的代价函数式,新的控制集由基本电压矢量组成(即两个相邻有效电压矢量与零矢量)。由于 PWM 调制技术的开关状态是中点对称的,因此只需要优化前半个周期的矢量施加顺序。

$$J_k^2 = S_k + t_k + z_k \tag{8.27}$$

其中，$k=0,1,2$ 代表基本电压矢量。

S_k 为上一时刻开关状态到所选基本电压矢量所需的开关动作次数。此外，若上一时刻开关状态为 000,100,010 或者 001，零矢量选择为 000；当上一时刻开关状态为 110,101,001 或者 111，选择 111 作为零矢量。

t_k 为评价基本电压矢量是否施加的因子，其表达式为

$$t_k = \begin{cases} 0, & n_k > 0 \\ \infty, & n_k = 0 \end{cases} \tag{8.28}$$

z_k 为确保当电压矢量有着相同的 S_k 与 t_k 时，有效矢量要优先零矢量施加的因子。任意有效矢量切换至零矢量时可以在 000,111 中选择，因此开关次数只要 1 次。而零矢量切换至有效矢量时，开关次数可能为 1 次或者 2 次。则先施加有效矢量有利于开关频率的减低。例如，假设下一周期需要施加的基本电压矢量为 100,110 和零矢量，上一时刻的开关状态为 100，则 100 首先施加。然而，100 切换到零矢量或者 110 都只需动作 1 次开关。若先施加零矢量，则电压序列为 100—000—110，开关总共动作 3 次；而先施加 110，电压序列为 100—110—111，开关只动作 2 次。z_k 的表达式为

$$z_k = \begin{cases} 0.5, & k = 0 \\ 0, & k = 1,2 \end{cases} \tag{8.29}$$

显然，相邻有效电压矢量会有着不同的 J^2，零矢量通过 z_k 与有效矢量区分。因此，虽然第二级的代价函数不是凸函数，仍然可以选择出最优的基本电压矢量。两级决策代价函数的流程图如图 8.19 所示。电压矢量序列通过不停迭代第二级代价函数完成，当 n_0, n_1, n_2 都为 0 时，电压矢量序列优化完成。

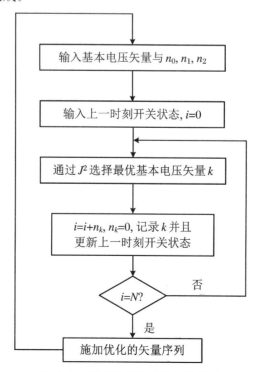

图 8.19 两级决策代价函数流程图

3. 所提出的方法与 DPWMMIN 的开关频率比较

DPWMMIN[14]只施加 V_0 作为零矢量,并且被用在三矢量控制[15]中以获得更低的开关频率。所提出方法与 DPWMMIN 关于开关信号以及 q 轴电流的比较如图 8.20 所示,其中 N 的取值为 3。当相邻电压矢量在 k 时刻施加,2 种方法的开关次数均为 4 次。在下一周期,只有一个有效电压矢量作用,此时所建议的方法只需动作 3 次开关状态。可以看出,所提出方法有效减小了开关频率。d,q 轴的电流波形显示 2 种方法具有相似电流脉动,因此所提出方法不会影响电流的稳态性能。

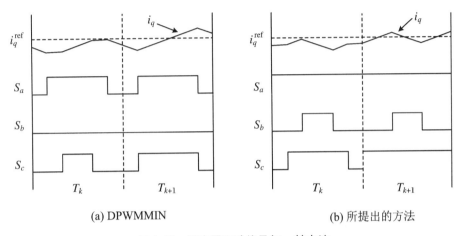

(a) DPWMMIN   (b) 所提出的方法

图 8.20 逆变器驱动信号与 q 轴电流

基于最优电压矢量的在线确定及两级决策的代价函数,架构基于 DSVM 的有限控制集双目标电流预测控制 PMSM 驱动系统,系统结构图如图 8.21 所示。

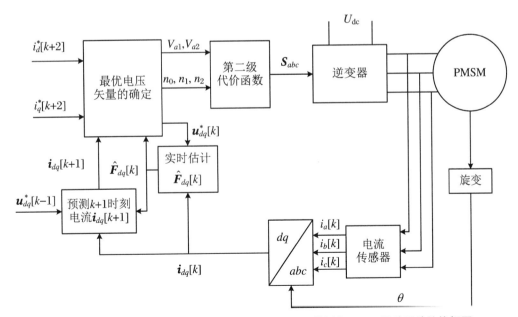

图 8.21 基于 DSVM 的有限控制集双目标电流预测控制 PMSM 驱动系统结构框图

8.2.3 系统实验研究

为了验证所建议基于 DSVM 的有限控制集双目标电流预测控制的有效性,对其进行实验研究,所使用的 SMPMSM 驱动系统测试平台与 8.1 节相同。

1. 计算效率对比

为了研究所建议方法的计算效率,将其和传统的迭代方法及挑选三个候选电压矢量的方法[10]相对比。3 种方法在 dSPACE 的总执行时间见表 8.3。

表 8.3 不同方法的执行时间对比

控制方法	传统迭代法		文献[10]的方法		所建议方法	
N	3	4	3	4	3	4
时间（μs）	19.8	23.4	12.2	12.2	8.0	8.0

可以看出,较之传统迭代法,所建议的方法有效减小了计算耗时。对比 3 个候选电压矢量的方法,所建议的方法的计算时间也减少了 $4.2~\mu s$。所建议方法在计算效率上的提高,源自于所提出的最优电压矢量在线计算方法,它避免了众多虚拟电压矢量的迭代过程。此外,增加 N 的取值并不会增大计算负荷。

2. 不同控制方法的系统性能对比

第二组实验为单矢量控制[17]、三矢量控制[16]及所建议方法的系统性能对比。为了对比的公平性,所有方法都使用了超局部模型。三矢量控制与所建议方法的采样周期设置为 $100~\mu s$,单矢量控制的采样周期设置为 $50~\mu s$,实验中 N 的取值为 4。为了对比不同方法的动态特性,在 100 rpm 和 400 rpm 转速下的 q 轴电流阶跃响应如图 8.22 及图 8.23 所示。

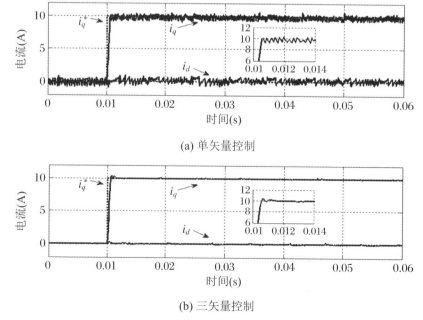

(a) 单矢量控制

(b) 三矢量控制

图 8.22　100 rpm 下 d,q 轴动态响应

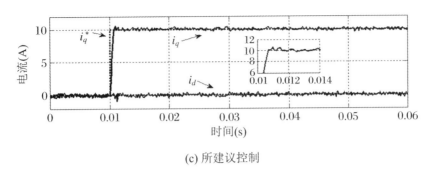

(c) 所建议控制

图 8.22 100 rpm 下 d,q 轴动态响应(续)

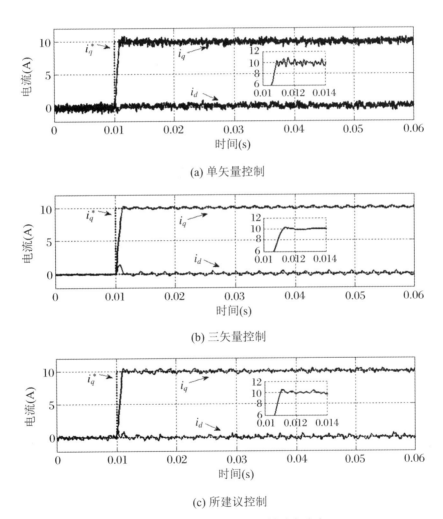

(a) 单矢量控制

(b) 三矢量控制

(c) 所建议控制

图 8.23 400 rpm 下 d,q 轴动态响应

在实验中,电机首先由测功机拖动至指定转速,$i_d^* = 0$,i_q^* 在 0.01 s 时由 0 A 增加至 10 A。3 种方法都彰显了预测控制优越的动态响应特性,且各方法间的区别不明显。此外,q 轴电流在 100 rpm 转速的上升速度比在 400 rpm 转速的速度快。

为了对比稳态性能,使用示波器抓取 a 相电流的波形如图 8.24 和图 8.25 所示。在实验中，$i_d^* = 0$，$i_q^* = 10$ A（以下稳态性能实验的电流指令相同），电机的转速为 100 rpm 与 400 rpm。单矢量控制存在比较大的相电流脉动，而三矢量控制的电流波形更为平滑。虽然所建议方法的稳态性能没有达到三矢量控制的水平，但相对于单矢量控制，仍然有效降低了电流脉动。

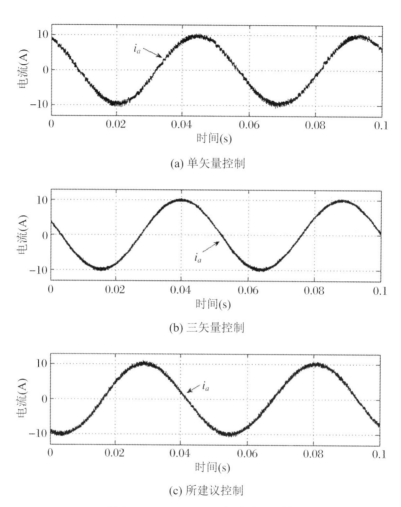

图 8.24　100 rpm 下 a 相电流稳态性能

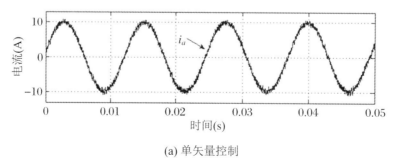

图 8.25　400 rpm 下 a 相电流稳态性能

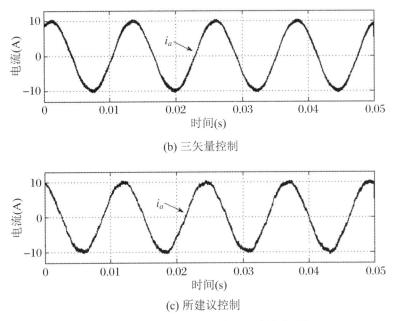

(b) 三矢量控制

(c) 所建议控制

图 8.25 400 rpm 下 a 相电流稳态性能(续)

为了进一步探究各方法的稳态性能,进行不同转速下相电流 THD 及逆变器开关频率的对比,逆变器平均开关频率的计算表达式为[18]

$$f_{av} = \frac{N_{sum}}{6T} \tag{8.30}$$

其中,N_{sum} 是所有功率器件在指定周期 T 内的动作次数总和。所有实验中 T 的取值均为 1 s。

实验结果如图 8.26 所示。可以看出,三矢量控制有着最低的 THD,然而其开关频率固定为 6.67 kHz,是所有控制中最高的。单矢量控制的开关频率较低,但其 THD 在绝大部分工况下要大于 6%。所建议控制拥有良好的稳态控制性能,同时约束了逆变器开关频率,它可以看作单矢量控制及三矢量控制的折中方案。

3. N 取值的影响

第 3 组实验研究不同 N 的取值对所建议方法系统稳态控制性能的影响。N 的取值由 2 增加至 5 时,相电流 THD 以及逆变器平均开关频率的变化如图 8.27 所示,其中虚线表示平均开关频率,实线表示 THD。随着 N 的增加,THD 减小而平均开关频率增加。虽然当 N 增大时,算法中需要考虑更多的虚拟电压矢量。但由于最优电压矢量的一般表达式中,所建议方法的计算负荷不会增加。N 的可调整性及灵活性是所建议方法的优点之一,设计者可根据实际控制需求选取合适的 N。

4. 建议方法与 DPWMMIN 的平均开关频率对比

为了证实第二级代价函数减少开关频率的有效性,将其与 DPWMMIN 对比。在实验中,两种方法只有电压矢量施加顺序不同,其他部分完全一样。相电流 THD 与平均开关频率的对比分别如表 8.4 和表 8.5 所示。在不同工作状态下,两种方法有着相似的相电流 THD 值。与理论分析一致,所建议方法在大部分工况下有着更低的平均开关频率。在低速的时候,建议方法与 DPWMMIN 有着近乎相同的开关频率。这是因为在低速区,由于反电动势较低,电机所需的参考电压幅值较低,使得每个周期都要施加零矢量。因此,相邻周期始终由零矢量连接导致第二级代价函数优化的矢量序列与 DPWMMIN 相同。

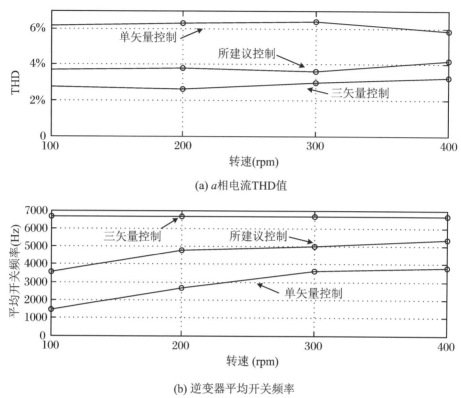

图 8.26 不同控制方法的稳态性能对比

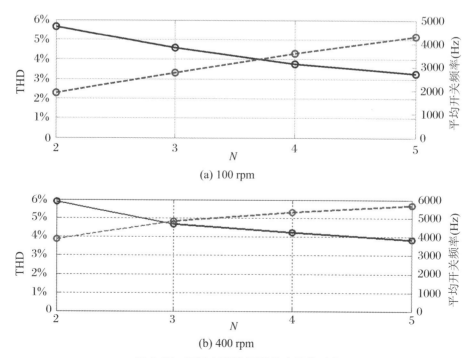

图 8.27 不同 N 取值下的稳态性能对比

表 8.4　THD 对比

N	3		4	
转速(rpm)	DPWMMIN	所建议方法	DPWMMIN	所建议方法
100	4.65%	4.68%	3.68%	3.76%
200	4.24%	4.14%	3.81%	3.77%
300	4.50%	4.46%	3.60%	3.62%
400	4.26%	4.36%	4.20%	4.25%

表 8.5　平均开关频率对比(Hz)

N	3		4	
转速(rpm)	DPWMMIN	所建议方法	DPWMMIN	所建议方法
100	2844	2740	3560	3562
200	4431	4423	5248	4771
300	5687	4957	5949	5010
400	5700	4843	5856	5349

5．抗参数变化的鲁棒性研究

最后一组实验进行抗参数变化的鲁棒性评价。将所建议方法与基于标称参数模型方法对比，控制系统的其余部分相同。电流阶跃响应的对比如图 8.28 与图 8.29 所示。设置控制器中的参数为 $R=1.4R_s$，$L=1.2L_s$ 和 $\psi=0.8\psi_f$，无模型控制中的参数则设置为 $\alpha_d=\alpha_q=1/1.2L_s=833$。在实验中，$i_d^*=0$，$i_q^*$ 在 0.01 s 从 1 A 增加至 10 A，转速为 100 rpm 和 400 rpm。若 q 轴电流指令设置为 0，基于模型的方法则会有负的 q 轴电流，此时电机工作在发电机状态，直流侧电压上升，这对整个系统是非常危险的，因此这里 q 轴电流指令的初始值设置为 1 A。可以看出，两种方法均有快速的动态响应且所建议方法有着更小的超调。

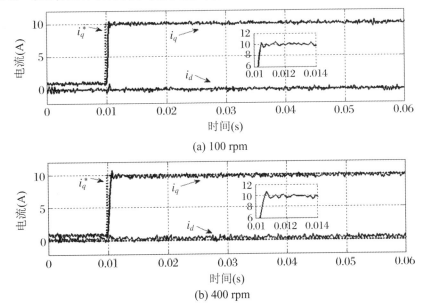

(a) 100 rpm

(b) 400 rpm

图 8.28　基于模型方法的 d,q 轴动态响应

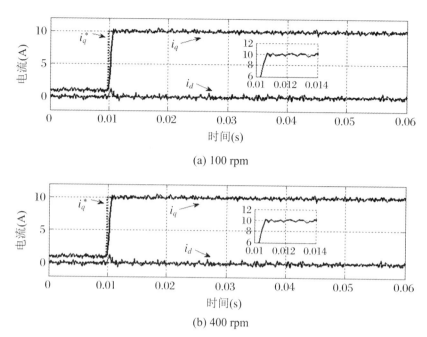

图 8.29 所建议方法的 d,q 轴动态响应

图 8.30 和图 8.31 展示了 d,q 轴电流的稳态性能。在 100 rpm 转速下,参数不确定性对稳态性能的影响并不大。在 400 rpm 转速下,基于模型方法有着明显的跟踪误差,而所建议方法实现了无静差跟踪。实验证实了控制器中的参数不确定性可以由 $\hat{F}_d$, $\hat{F}_q$ 补偿,因此所建议方法对系统参数变化具有强鲁棒性。

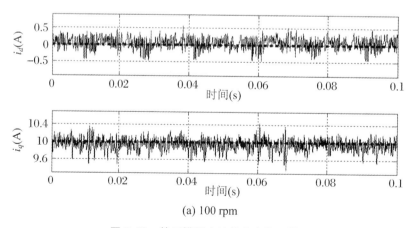

图 8.30 基于模型方法的稳态控制性能

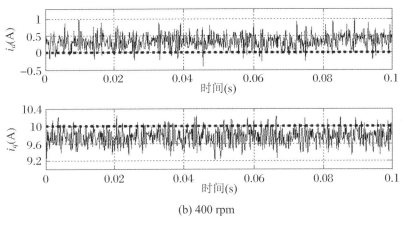

(b) 400 rpm

图 8.30 基于模型方法的稳态控制性能(续)

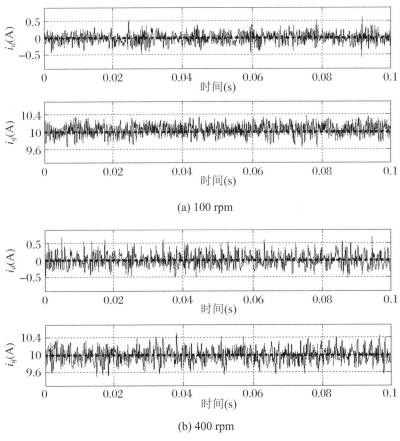

(a) 100 rpm

(b) 400 rpm

图 8.31 所建议方法的稳态控制性能

8.3 基于有限控制集预测控制的 PMSM 驱动系统混合调制技术

现存的预测控制多以采样点的电流(或转矩、磁链)为控制目标,而忽略了控制周期内的控制性能。由于逆变器功率开关器件的离散特性,逆变器瞬时的实际施加电压与基于伏秒平衡原理的等效参考电压存在差异。因此,控制周期内逆变器电压矢量的施加顺序将直接影响电机驱动系统的稳态性能。周期内转矩误差有效值被用于 PMSM 的直接转矩控制,旨在减小电机转矩脉动[19],然而,该方法在计算时采用了大量近似,可能引起转矩脉动预测值与实际值的偏差。

逆变器脉宽调制技术关注控制周期内电流的谐波失真与逆变器开关损耗,高性能 PWM 策略可以有效提升系统稳态性能且减小逆变器开关损耗。其中,混合式 PWM(HPWM)策略在不同的电压矢量区域施加合适的 PWM 策略,获得了更好的控制性能。本节将研究并提出基于 FCS-MPC 的 HPWM 策略。设计包含电流质量评价、逆变器开关损耗与死区效应惩罚项的代价函数,通过迭代不同的电压矢量序列及权重因子的合理选择,选择出最优的电压矢量序列,提高 PMSM 驱动系统的稳态控制性能,同时减小逆变器的开关损耗。最后,通过 SMPMSM 驱动系统仿真研究证实所提出的基于 FCS-MPC 的 HPWM 策略的有效性。

8.3.1 混合调制技术

PWM 可分为连续 PWM(CPWM)和离散 PWM(DPWM),CPWM 主要有正弦 PWM 与传统空间电压 PWM(CSVPWM);DPWM 可分为 DPWMMAX、DPWMMIN、DPWM0、DPWM1、DPWM2、DPWM3[14],DPWM 的每相桥臂在每个基础周期中都有 120°不会动作,因此也被称为母线钳位的 PWM(BCPWM)。理论分析与实验结果表明[14,20]:就电流谐波失真而言,SVPWM 在低调制度(即逆变器参考电压矢量幅值较低)区域具有优越性,而 DPWM 在高调制度区域具有竞争力;由于有着更低的开关次数,DPWM 的开关损耗要低于 SVPWM(在相电流为最大值时钳位可获得最低的开关损耗),相似的结论可通过更精确的模型获得[21]。文献[22]表明所有基于载波的 PWM(CBPWM)调制策略都等效为一种空间矢量调制(SVM)策略,因此,上述 CBPWM 的结论同样适用 SVM 技术。

HPWM 策略通过在不同的区域使用合适的 PWM 策略以获得更好的系统稳态控制性能。早期的探索在低调制度区域使用 SVPWM,在高调制度区域使用广义 DPWM,同时获得了好的谐波失真、开关损耗和过调制性能[23]。改进的 BCPWM(ABCPWM)在控制周期内将一个有效矢量施加两次,可在高调制区获得更低的电流谐波[24]。基于 ABCPWM 的 HPWM 被用来提高逆变器的电流质量[25]、减小电流谐波失真与开关损耗[26]、减少感应电机峰值电流脉动[27]。文献[28]将两个有效矢量均拆分为两段,通过增加新的电压矢量序列获得了新的 HPWM,经由理论分析计算出有效矢量的分配时间,获得了更低的线电压 THD 值。

上述 HPWM 的理论分析与区域划分均为离线优化,在分析谐波时使用的磁链误差法认为逆变器在采样点电流跟踪误差为零。然而,实际控制系统中存在着的模型失配、采样精度、环境噪声等问题,使上述假设无法成立。尤其当指令值发生变化时,系统控制性能大幅度下降。因此,HPWM 策略的在线优化研究具有实际意义。文献[29]对此进行了初步的探索,将所有可能的电压矢量序列作为控制集,设计代价函数在线选择最优的电压矢量序列。然而,该方法对电流谐波的评价依然延续了稳态分析时的方法,导致算法较为复杂,同时没有充分利用电流的实时采样值,这种在线优化可以认为是不完全的。

8.3.2 基于有限控制集预测控制的混合调制技术

对于电压源逆变器供电的永磁同步电机驱动系统,希望有较小的 d,q 轴电流脉动与更低的逆变器开关损耗,将代价函数设计为

$$J[i] = \Delta i_{d\max}^i[k+1] + \Delta i_{q\max}^i[k+1] + \alpha_p P_{\text{swi}}^i[k+1] + P_{\text{dead}}^i \quad (8.31)$$

其中,$i = 1,2,3\cdots$ 代表不同调制策略所对应的矢量序列;$\Delta i_{d\max}^i[k+1]$ 与 $\Delta i_{q\max}^i[k+1]$ 为在第 i 种矢量序列作用下,下一控制周期中 d,q 轴电流脉动最大值;$P_{\text{swi}}^i[k+1]$ 为逆变器开关损耗。电流脉动与逆变器开关损耗的重要程度由权重因子 α_p 决定,从而实现多目标优化控制。P_{dead}^i 为死区效应惩罚项,其作用将会在下文详细分析。

1. 候选的矢量序列

逆变器参考电压矢量 $u_{dq}^*[k]$ 可由任意电流控制器生成,经过 Park 变换可得到其在两相静止坐标系下的值 $u_{\alpha\beta}^{\text{ref}}[k]$。根据 SVM 技术,可计算出合成 $u_{\alpha\beta}^*[k]$ 所需的有效电压矢量 V_a,V_b 与对应的施加时间 T_a,T_b。其中,V_a 可代表电压矢量 100,010,001,V_b 代表电压矢量 110,101,011。控制周期的剩余时间由零矢量 V_z 填充,其施加时间为 $T_z = T_s - T_a - T_b$,零矢量可选择 000 或者 111。

在确定所需逆变器有效电压矢量与零矢量后,规定每次开关状态只可动作 1 次以获得小的开关动作次数,可得到如下候选电压矢量序列。

(1) 将零矢量平均分为 2 个部分,分别施加 000,111,即为 CSVPWM 所施加序列 0ab7-7ba0,这里的 0 和 7 分别代表电压矢量 000 与 111。

(2) 零矢量只选择 000 或 111,可获得 4 种矢量序列 0ab-ba0,ba0-0ab,7ba-ab7,ab7-7ba。这些矢量序列可以使逆变器一相开关状态不动作,属于 BCPWM,在这里可定义为 BC^1,BC^2,BC^3,BC^4。

(3) 改进的 BCPWM 将有效电压矢量分为 2 次施加,有 0aba-aba0,a0ab-ba0a,b7ba-ab7b,7bab-bab7。由于这些序列将一个有效电压矢量在半个控制周期内拆分为 2 个部分,使得该方法很难通过基于载波的 PWM 实现。

考虑到算法的复杂程度以及实现层面的问题,论文选择 CSVPWM 及 4 种 BCPWM 作为候选电压矢量序列,即 CSVPWM、BC^1、BC^2、BC^3、BC^4。为了使 CSVPWM 与 BCPWM 有着相同的开关频率,CSVPWM 的控制周期设置为 BCPWM 的 1.5 倍。值得注意的是,其他的矢量序列也可以加入到候选电压矢量中,并使用相同的理论实现混合调制。

2. 电流脉动计算

控制周期间电流脉动的大小决定了 PMSM 驱动系统的稳态控制性能,需要制定不同电压矢量序列对电流质量影响的评价标准。图像法与磁链谐波法被用来评价电流谐波[14],并且可直接由参考电压的幅值与夹角直接计算出电流谐波因子[25],然而,磁链谐波法假设控制系统

在采样点准确跟踪参考值。在实际控制中,由于电流采样误差、系统建模不准确等因素干扰,这是无法实现的。因此,将电流采样值作为电流质量预测的输入值可使得预测更加准确,提高系统的控制性能。

不同 BCPWM 所得到 d,q 轴电流波形如图 8.32 所示。可以看出,由于采样点电流偏离电流参考值,导致电流误差在图中呈现不规则的几何形状,从而难以计算其有效值。因此,本书使用 d,q 轴定子电流脉动最大值作为衡量电流稳态性能的标准。由 PMSM 超局部模型,可算出各电压矢量作用下 d,q 轴电流的变化率为

$$S_d^z[k] = \frac{\mathrm{d}i_d}{\mathrm{d}t}\Big|_{u=u_z} = F_d[k] + \alpha_d u_d\Big|_{u_d=u_{dz}}, \quad S_q^z[k] = \frac{\mathrm{d}i_q}{\mathrm{d}t}\Big|_{u=u_z} = F_q + \alpha_q u_q\Big|_{u_q=u_{qz}}$$

$$S_d^a[k] = \frac{\mathrm{d}i_d}{\mathrm{d}t}\Big|_{u=u_a} = F_d[k] + \alpha_d u_d\Big|_{u_d=u_{da}}, \quad S_q^a[k] = \frac{\mathrm{d}i_q}{\mathrm{d}t}\Big|_{u=u_a} = F_q + \alpha_q u_q\Big|_{u_q=u_{qa}}$$

$$S_d^b[k] = \frac{\mathrm{d}i_d}{\mathrm{d}t}\Big|_{u=u_b} = F_d[k] + \alpha_d u_d\Big|_{u_d=u_{db}}, \quad S_q^b[k] = \frac{\mathrm{d}i_q}{\mathrm{d}t}\Big|_{u=u_b} = F_q + \alpha_q u_q\Big|_{u_q=u_{qb}}$$

(8.32)

其中,$S_d^z[k]$,$S_q^z[k]$,$S_d^a[k]$,$S_q^a[k]$,$S_d^b[k]$,$S_q^b[k]$ 为 d,q 轴定子电流分别在 V_z,V_a,V_b 作用下的变化率,u_{dz},u_{qz},u_{da},u_{qa},u_{db},u_{qb} 分别为 V_z,V_a,V_b 在两相旋转坐标系下的分量。

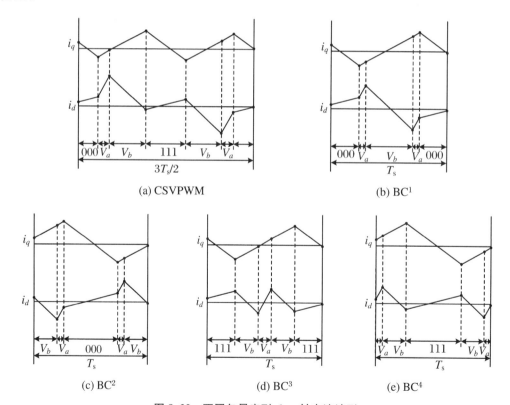

图 8.32 不同矢量序列 d,q 轴电流波形

从而 d,q 轴定子电流脉动最大值可表示为

$$i_{dj}^i = i_{d(j-1)}^i + S_{dj}^i T_j^i, \quad i_{qj}^i = i_{q(j-1)}^i + S_{qj}^i T_j^i \tag{8.33}$$

$$\Delta i_{d\max}^i[k+1] = \max\{|i_{dj}^i - i_d^*[k+1]|\}, \quad \Delta i_{q\max}^i[k+1] = \max\{|i_{qj}^i - i_q^*[k+1]|\}$$
(8.34)

其中,$i=1,2,3,4,5$ 代表 5 种电压序列,$j=1,2,3\cdots$ 代表图 8.32 中所有需要计算的电流点。i_{d0}^i, i_{q0}^i 为 k 时刻电流采样值 $i_d[k], i_q[k]$。$S_{dj}^i, S_{qj}^i, T_j^i$ 的取值可由表 8.6 获得,其中,$S_d^z - S_d^a - S_d^b - S_d^z - S_d^b - S_d^a$ 分别为 $j=1,2,3,4,5,6$ 时 S_{dj}^1 的取值,$T_z^{SV}, T_a^{SV}, T_b^{SV}$ 为 CSVPWM 下各矢量作用时间,$T_z^{BC}, T_a^{BC}, T_b^{BC}$ 为 BCPWM 下各矢量作用时间。由于电流终值为控制效果最好的点,因此不需要计算。

表 8.6 各矢量序列下 $S_{dj}^i, S_{qj}^i, T_j^i$ 的取值

矢量序列	$i=1$	$i=2$
S_{dj}^i	$S_d^z - S_d^a - S_d^b - S_d^z - S_d^b - S_d^a$	$S_d^z - S_d^a - S_d^b - S_d^a$
S_{qj}^i	$S_q^z - S_q^a - S_q^b - S_q^z - S_q^b - S_q^a$	$S_q^z - S_q^a - S_q^b - S_q^a$
T_j^i	$T_z^{SV}/4 - T_a^{SV}/2 - T_b^{SV}/2$ $- T_z^{SV}/2 - T_b^{SV}/2 - T_a^{SV}/2$	$T_z^{BC}/2 - T_a^{BC}/2 - T_b^{BC} - T_a^{BC}/2$

矢量序列	$i=3$	$i=4$	$i=5$
S_{dj}^i	$S_d^b - S_d^a - S_d^z - S_d^a$	$S_d^z - S_d^b - S_d^a - S_d^b$	$S_d^a - S_d^b - S_d^z - S_d^b$
S_{qj}^i	$S_q^b - S_q^a - S_q^z - S_q^a$	$S_q^z - S_q^b - S_q^a - S_q^b$	$S_q^a - S_q^b - S_q^z - S_q^b$
T_j^i	$T_b^{BC}/2 - T_a^{BC}/2$ $- T_z^{BC} - T_a^{BC}/2$	$T_z^{BC}/2 - T_b^{BC}/2$ $- T_a^{BC} - T_b^{BC}/2$	$T_a^{BC}/2 - T_b^{BC}/2$ $- T_z^{BC} - T_b^{BC}/2$

3. 开关损耗计算

PMSM 驱动系统中逆变器的开关频率较高,因此减小开关损耗可有效提高系统效率。通常可认为开关损耗与相电流、相电压以及开关次数成正比[22]。为了更精确地预测开关损耗,也有学者使用二阶电流模型[29]、三阶电流模型[30]来估计功率器件的开通与关断损耗。这里为了计算方便,使用如下一阶电流模型:

$$E_{on} = \frac{1}{2}\frac{2E_{ontest}}{V_{test}I_{test}}iU_{dc} = \frac{t_{on}}{2}iU_{dc}$$

$$E_{off} = \frac{1}{2}\frac{2E_{offtest}}{V_{test}I_{test}}iU_{dc} = \frac{t_{off}}{2}iU_{dc}$$

$$E_{offD} = \frac{1}{2}\frac{2E_{offDtest}}{V_{test}I_{test}}iU_{dc} = \frac{t_{offD}}{2}iU_{dc}$$
(8.35)

其中,$E_{on}, E_{off}, E_{offD}$ 为预测的 MOSFET 开通、关断及二极管关断损耗;$E_{ontest}, E_{offtest}, E_{offDtest}$ 为测试状态下的通断损耗;V_{test}, I_{test} 为测试电压与电流;i 为实际相电流;$t_{on}, t_{off}, t_{offD}$ 为对应的开通与关断时间,数值可由产品的数据手册或者测试得到。

对于 CSVPWM,可得周期内的平均开关损耗表达式为

$$P_{swi}^{1'}[k+1] = \frac{1}{3T_s}(t_{on} + t_{off} + t_{offD})U_{dc}(|i_a[k]| + |i_b[k]| + |i_c[k]|)$$
(8.36)

对于 BCPWM,由于控制周期内只有两相动作,开关损耗可写为

$$P_{swi}^{i'}[k+1] = \frac{1}{2T_s}(t_{on} + t_{off} + t_{offD})U_{dc}(|i_{a1}[k]| + |i_{a2}[k]|)$$
(8.37)

其中，$i=2,3,4,5;i_{a1}[k]$，$i_{a2}[k]$ 为开关动作的两相电流在 k 时刻的采样值。

然而，上述计算公式没有考虑相邻控制周期间开关动作所造成的开关损耗，使得开关损耗估计并不准确，并且这一问题在由零矢量 000 切换至零矢量 111 时体现得最为明显。控制周期间存在的损耗与滞环控制作用下的开关损耗相似，设计功率器件运行表可准确估计这些不对称开关损耗[31]。以 a 相为例，其等效电路图如图 8.33 所示。当驱动信号发生变化，功率器件的运行状态总结如下：

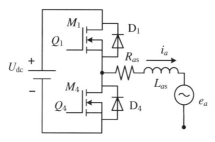

图 8.33 a 相桥臂电路示意图

（1）当 i_a 的电流方向为正向，驱动信号 Q_1 由 0 变为 1 时，电流由续流二极管 D_4 续流转变为通过 MOSFET M_1 导通向电机提供正向电压，损耗为 M_1 的导通损耗 E_{on} 加上 D_4 的关断损耗 E_{offD}。

（2）当 i_a 的电流方向为正向，驱动信号 Q_1 由 1 变为 0 时，电流由通过 M_1 导通转变为通过 D_4 续流，损耗为 M_1 的关断损耗 E_{off}。二极管 D_1 的导通损耗很小（为关断损耗的 1%），因此忽略不计。

（3）当 i_a 的电流方向为负向，驱动信号 Q_1 由 0 变为 1 时，电流由通过 M_4 导通转变为通过 D_1 续流，损耗为 M_4 的关断损耗 E_{off}。

（4）当 i_a 的电流方向为负向，驱动信号 Q_1 由 1 变为 0 时，电流由通过 D_1 续流转变为通过 M_4 导通，损耗为 M_4 的开通损耗 E_{on} 和 D_1 关断损耗 E_{offD}。

开关损耗的预测计算公式可改写为

$$P_{swi}^i[k+1] = \begin{cases} P_{swi}^{1'}[k+1] + \dfrac{1}{3T_s} U_{dc}(t_a|i_a[k]| + t_b|i_b[k]| + t_c|i_c[k]|), & i=1 \\ P_{swi}^{i'}[k+1] + \dfrac{1}{2T_s} U_{dc}(t_a|i_a[k]| + t_b|i_b[k]| + t_c|i_c[k]|), & i=2,3,4,5 \end{cases}$$

(8.38)

其中，t_a，t_b，t_c 的取值与开关动作状态与相电流有关，t_a 具体取值见表 8.7，分别对应了前文所分析的功率器件 4 种工作状态，t_b，t_c 很容易通过相同的计算方法获取。

表 8.7 t_a 取值表

状态	驱动信号 Q_1	电流方向	t_a
1	0→1	$i_a \geqslant 0$	$t_{on} + t_{offD}$
2	1→0	$i_a \geqslant 0$	t_{off}
3	0→1	$i_a < 0$	t_{off}
4	1→0	$i_a < 0$	$t_{on} + t_{offD}$

4. 死区效应惩罚

在使用 BCPWM 技术时,由于死区效应的影响将无法输出特定区域的参考电压矢量。本节详细分析了该现象的原因,确定了电压矢量无法输出的区域范围,并且通过在代价函数中添加惩罚项来估计该现象对电流脉动产生的不利影响。

以 BC^1 为例,采用直接补偿电压矢量作用时间的方法对其进行分析[33],可得三相的理想电压与实际电压波形如图 8.34 所示,其中虚线表示理想电压波形,实线表示实际电压波形,$i_{\max}, i_{\mathrm{mid}}, i_{\min}$ 分别为参考电压矢量最大项、中间项与最小项的电流。当 $i_{\mathrm{mid}} > 0$ 时,V_a 的作用时间没有发生变化,V_b 的作用时间减小了 T_{dead};当 $i_{\mathrm{mid}} < 0$ 时,V_a 的作用时间减小了 $2T_{\mathrm{dead}}$,而 V_b 的作用时间增加了 T_{dead}。由此可得补偿后的电压矢量施加时间为

$$\begin{cases} T_a^{\mathrm{BC1}} = T_a^{\mathrm{BC}}, & T_b^{\mathrm{BC1}} = T_b^{\mathrm{BC}} + T_{\mathrm{dead}}, & i_{\mathrm{mid}} > 0 \\ T_a^{\mathrm{BC1}} = T_a^{\mathrm{BC}} + 2T_{\mathrm{dead}}, & T_b^{\mathrm{BC1}} = T_b^{\mathrm{BC}} - T_{\mathrm{dead}}, & i_{\mathrm{mid}} < 0 \end{cases} \quad (8.39)$$

其中,$T_a^{\mathrm{BC1}}, T_b^{\mathrm{BC1}}$ 代表经过死区补偿后,BC^1 策略中 V_a, V_b 所施加的时间。

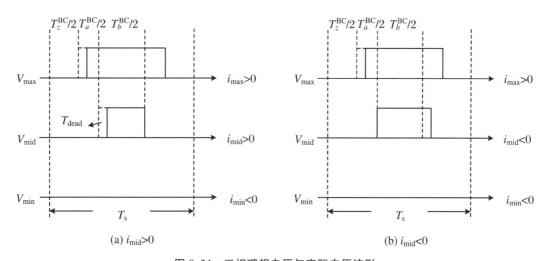

图 8.34 三相理想电压与实际电压波形

若 $i_{\mathrm{mid}} < 0, T_b^{\mathrm{BC}} < T_{\mathrm{dead}}$,由式(8.39)可得出调整后的 V_b 作用时间 $T_b^{\mathrm{BC1}} < 0$,显然这是不可能的。从具体波形分析,由于 V_{mid} 一相中理想电压波形必然会延迟 T_{dead} 时间,因此 V_b 的作用时间无法小于 T_{dead}。此时死区补偿后的电压无法输出理想电压,因此在代价函数中设置惩罚项 P_{dead}^i,以估计其对控制造成的不利影响,表达式为

$$P_{\mathrm{dead}}^i = \begin{cases} \delta, & T_a^{\mathrm{BC}(i-1)} < 0 \text{ 或 } T_b^{\mathrm{BC}(i-1)} < 0 \\ 0, & 其他 \end{cases} \quad (8.40)$$

其中,由于 CSVPWM 不存在此现象,$i = 2, 3, 4, 5$,惩罚因子 δ 为设计者确定的控制器参数。

同时,逆变器的死区效应也为混合调制技术带来挑战,主要有以下几点:

(1) 由于施加不同的电压矢量序列,相邻控制周期间的不同开关切换将改变电流预测公式(8.33)中的电流初始值。

(2) 死区效应将改变矢量的作用时间,因此,式(8.33)与表 8.6 中的时间也应发生相应的改变。

(3) 不同电压矢量序列所产生的死区误差电压不同,各 PWM 策略的补偿量需要单独计算,同时为超局部模型中 F 的在线估计带来挑战。

使用相同的死区补偿方法可补偿混合调制技术中其他各 PWM 策略所需的补偿时间，同时反馈至电流预测公式(8.33)与表 8.6 中。由于求解过程与结论十分复杂，这里不再做详细的分析。

所建议基于预测控制的混合调制技术实现流程如图 8.35 所示，具体步骤如下：

(1) 根据电流控制器所获得的 CSVPWM 参考电压矢量 u_{dq}^{SV*} 及 BCPWM 参考电压矢量 u_{dq}^{BC*} 计算相邻有效电压矢量 V_a^{SV}, V_b^{SV} 和 V_a^{BC}, V_b^{BC} 及对应的矢量施加时间 $T_z^{SV}, T_a^{SV}, T_b^{SV}$ 和 $T_z^{BC}, T_a^{BC}, T_b^{BC}$。

(2) 通过式(8.34)、式(8.38)计算不同矢量序列所产生的 d, q 轴定子电流脉动最大值 $\Delta i_{d\max}^i[k+1], \Delta i_{q\max}^i[k+1]$ 与开关损耗 $P_{swi}^i[k+1]$。

(3) 将所得结果代入代价函数式(8.31)，选择使代价函数取值最小的电压矢量序列作为最优电压矢量序列输出。

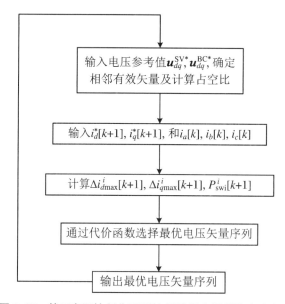

图 8.35　基于有限控制集预测控制的混合调制技术流程图

基于有限控制集预测控制混合调制的 PMSM 驱动系统结构如图 8.36 所示。使用无模型无差拍电流控制作为电流控制器，根据电流指令 $i_{dq}^*[k+1]$ 与采样电流 $i_{dq}[k]$ 计算指令电压，由于控制周期的不同，将生成 CSVPWM 的参考电压 u_{dq}^{SV*} 与 BCPWM 的参考电压 u_{dq}^{BC*}。经所建议的基于预测控制的混合调制技术，选择并输出最优的矢量序列。由于不同的矢量序列不会改变逆变器在一个控制周期内的平均电压，因此，理论上建议的调制方法不会影响控制系统在采样点的控制效果。

8.3.3　系统仿真研究

为了验证所建议的基于有限控制集预测控制混合调制技术的有效性，在 Matlab/Simulink 环境下进行 SMPMSM 驱动系统的仿真测试。电机参数与 8.2.3 小节相同，负载为理想测功机，可将电机拖动至指定转速。CSVPWM 的采样频率设置为 10 kHz，BCPWM 的采样频率设置为 15 kHz，所有 PWM 策略均有相同的开关频率 10 kHz。

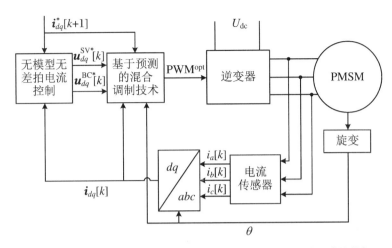

图 8.36　基于有限控制集预测控制混合调制的 PMSM 驱动系统结构框图

为了更好地评价所建议方法,定义 a 相电流误差标准差为

$$\Delta I_{\text{std}} = \sqrt{\frac{1}{N_s}\sum_{i=1}^{N_s}(i_a^{\text{ref}} - i_a)^2} \tag{8.41}$$

其中,N_s 为数据的采样个数,取 N_s 为 150000,采样频率为 1 MHz;i_a^{ref} 为 a 相电流的参考值,可由式 $i_a^{\text{ref}} = i_s\cos\theta_s$ 确定,i_s 为定子电流指令幅值,θ_s 为定子电流与 a 相夹角。由于所选控制系统电流误差值较小,因此选取相电流误差标准差作为评价标准。

定义开关损耗因子 SLF 为

$$SLF = \frac{P}{P_o} \tag{8.42}$$

其中,P_o 为 CSVPWM 的开关损耗;P 为实时估计的开关损耗,其估计表达式为

$$P = \frac{1}{N}\sum_{k=1}^{N}P_{\text{swi}}[k] \tag{8.43}$$

其中,$P_{\text{swi}}[k]$ 为开关损耗在每一周期的估计,N 的取值为 2000。

1. 惩罚因子 δ 的选择

为了衡量前文分析的 BCPWM 中某些区域参考电压矢量无法输出现象的存在对电流产生的影响,只使用 BC^1(即 DPWMMIN)输出参考电压矢量,d,q 轴稳态电流波形与 T_b^{BC1} 如图 8.37 所示,其中,$i_d^* = 0$ A,$i_q^* = 10$ A,转速为 100 rpm。0.01 s 后 T_b^{BC1} 开始出现负值,此时由于死区时间的影响,BC^1 已无法输出参考电压,d,q 轴电流出现脉动。由于 d,q 轴电流无法准确跟踪指令值,因此参考电压开始脉动,导致 T_b^{BC1} 本身也出现脉动。由图中可以看出 d 轴电流的脉动较大,约为 ± 0.1 A,而 q 轴电流脉动较小,约为 ± 0.05 A。选取惩罚因子 δ 为两者之和,即 $\delta = 0.15$,以衡量该现象对电流脉动造成的影响。

2. 权重因子的影响

第 2 组研究权重因子对控制性能的影响,调整 α_p 由 0.001 增大至 10,控制系统的 ΔI_{std} 与 SLF 如图 8.38 和图 8.39 所示。其中,虚线为 SLF 曲线,电流指令与实验 1 相同,转速为 100 rpm 与 400 rpm。当 α_p 很小时,代价函数以电流质量评价项为主要评价标准,此时相电流误差有效值最小,但开关损耗很高。随着 α_p 的增大,开关损耗的权重增加,相电流误差加大而

开关损耗减小,证明了调整 α_p 可有效控制系统的稳态控制性能以及所设计代价函数及估计方案的有效性。随着 α_p 继续增加,SLF 达到文献[14]中的理论最小值 0.75,此时每相开关管在相电流最大的 120°时钳位。

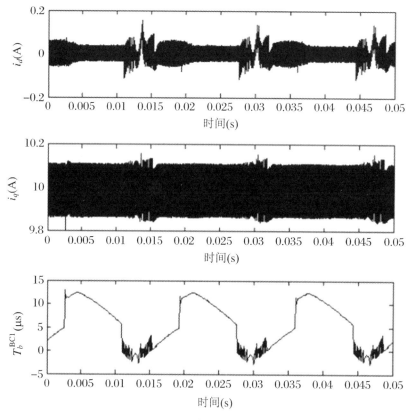

图 8.37 BC^1 的系统稳态响应

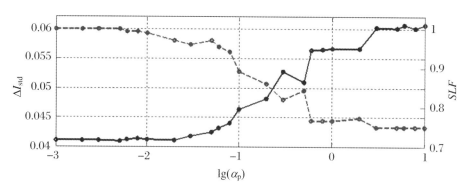

图 8.38 100 rpm 时权重因子对系统的影响

3. 开关损耗的比较

第 3 组实验为不考虑控制周期间开关损耗与所建议考虑控制周期间开关损耗方法的比较,由于 BC^1 与 BC^2,BC^3 与 BC^4 有着相同的周期间开关损耗,权重因子选择为 10 以区别两种矢量序列的不同。两种方法在 100 rpm 转速下的 a 相电流、a 相上管驱动信号 Q_1 以及所选

PWM 策略如图 8.40 和图 8.41 所示。可以看出，虽然不考虑周期间开关损耗的方法也可以使开关管在电流最大相钳位，但同时会在 2 与 3（即 BC^1 与 BC^2）以及 4 与 5（即 BC^3 与 BC^4）间切换，这种切换造成了控制器周期间额外的开关损耗。而由于所建议方法考虑了此损耗，因此在电流最大相只使用了一种 PWM 策略，拥有理论上的最小开关损耗。此时所建议方法与不考虑周期间损耗方法的 SLF 分别为 0.75 与 0.8934，证明所建议方法有效地控制了开关周期间的损耗。

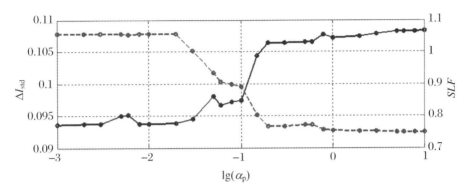

图 8.39　400 rpm 时权重因子对系统的影响

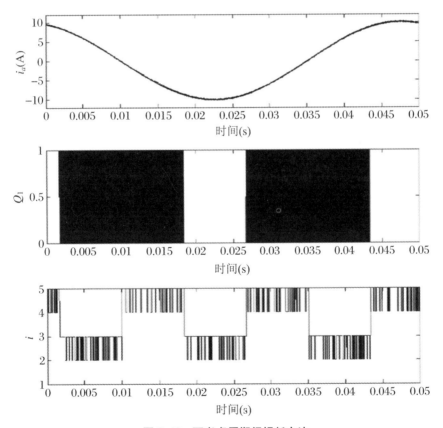

图 8.40　不考虑周期间损耗方法

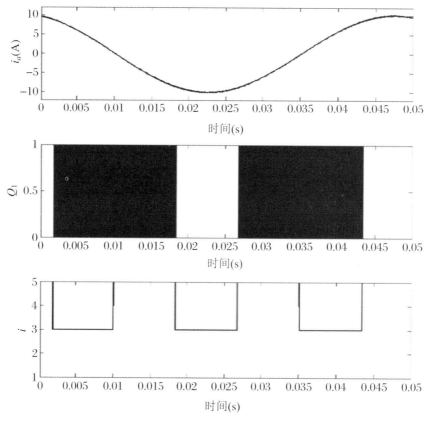

图 8.41 所建议方法

8.4 本章小结

为了解决 PMSM 驱动系统在非线性多约束条件下实时控制的技术难题,本章分别详细阐述了逆变器电压约束下单电流稳态性能优化、兼顾稳态电流性能与开关损耗的多目标优化方案,具体如下:

(1) 基于 PMSM 驱动系统的电流超局部模型对逆变器的 6 个有效电压矢量枚举优化计算,选取其中最优及次优的 3 个电压矢量及对应代价函数,采用拉格朗日插值多项式拟合建立代价函数与参考电压矢量相位之间的关系,实现对参考电压矢量相位的优化,再基于代价函数最小原则,实现对参考电压矢量幅值的优化,最后基于三矢量方法予以合成。所提出的控制方法不仅保留了模型预测控制高动态响应的优势,而且有效提升了基于 FCS-MPC 的 PMSM 驱动系统电流稳态控制精度。

(2) 基于离散空间电压矢量调制技术,根据最小距离原则将电压矢量控制重新细分为多个子空间,再由逆变器参考电压矢量所位于的子空间直接获取最优逆变器参考电压矢量,显著提升了计算效率;设计的二级决策的代价函数,对电压矢量序列进行自动优化,有效减小了开关频率,实现了双目标控制的研究目标。

(3) 以传统混合调制技术为基础,设计了包含电流质量评价、开关损耗与死区效应惩罚项的代价函数,推导了基于超局部模型的 d,q 轴电流在控制周期间的电流预测表达式,分析了不同电压矢量序列控制周期间的功率器件动作过程,给出了包括控制周期间开关损耗的估计方法,并对各电压矢量序列所拥有的不同死区效应实施补偿,对无法生成参考电压的 BCPWM 添加死区效应惩罚项估计其负面影响,有效提升了 PMSM 驱动系统兼顾电流稳态精度与开关损耗的双目标优化控制性能。

参 考 文 献

[1] Cai X B, Zhang Z B, Wang J X, et al. Optimal control solutions for pmsm drives: a comparison study with experimental assessments[J]. IEEE Journal of Emerging and Selected Topics in Power Electronics, 2018, 6(1): 352-362.

[2] Lerdudomsak S, Doki S, Okuma S. Voltage limiter calculation method for fast torque response of IPMSM in overmodulation range[J]. IEEJ Transactions on Electrical and Electronic Engineering, 2010, 5(5): 586-595.

[3] Egashira Y, Harakawa M, Ozaki T, et al. Current command compensation for PM servo motor considering voltage saturation caused by both rapid change in the current command and high-speed rotation[J]. Electrical Engineering in Japan, 2016, 196(2): 24-33.

[4] Matsumoto A, Doki S, Hasegawa M. A novel correction method for current control of PMSM operating within voltage saturation region[C]. Annual Conference of the IEEE Industrial Electronics Society, 2013: 2541-2546.

[5] Lerdudomsak S, Doki S, Okuma S. Novel voltage limiter for fast torque response of IPMSM in voltage saturation region[J]. Electrical Engineering in Japan, 2011, 175(4): 57-69.

[6] Takahashi K, Ohishi K, Kanmachi T. Fine quick servo system considering saturation of voltage and current for IPM synchronous motor[J]. IEEE International Symposium on Industrial Electronics, 2010, 1290-1295.

[7] Lerdudomsak S, Doki S, Okuma S. Voltage limiter calculation method for fast torque response of IPMSM in overmodulation range[C]. Annual Conference of Ieee Industrial Electronics, 2009: 1288-1293.

[8] Rodriguez J, Pontt J, Silva C A, et al. Predictive current control of a voltage source inverter[J]. IEEE Transactions on Industrial Electronics, 2007, 54(1): 495-503.

[9] 张永昌, 杨海涛, 魏香龙. 基于快速矢量选择的永磁同步电机模型预测控制[J]. 电工技术学报, 2016, 31(6): 66-73.

[10] Wang Y, Wang X, Xie W, et al. Deadbeat model predictive torque control with discrete space vector modulation for PMSM drives [J]. IEEE Transactions on Industrial Electronics, 2017, 64(5): 3537-3547.

[11] Vazquez S, Leon J I, Franquelo L G, et al. Model predictive control with constant switching frequency using a discrete space vector modulation with virtual state vectors[C]. 2009 IEEE International Conference on Industrial Technology, 2009: 1-6.

[12] Hu J, Zhu J, Lei G, et al. Multi-objective model-predictive control for high-power converters[J]. IEEE Transactions on Energy Conversion, 2013, 28(3): 652-663.

[13]　Zhang Y, Zhu J. A novel duty cycle control strategy to reduce both torque and flux ripples for DTC of permanent magnet synchronous motor drives with switching frequency reduction[J]. IEEE Transactions on Power Electronics, 2011, 26(10): 3055-3067.

[14]　Hava A M, Kerkman R J, Lipo T A. Simple analytical and graphical methods for carrier-based PWM-VSI drives[J]. IEEE Transactions on Power Electronics, 1999, 14(1): 49-61.

[15]　Zhou Z, Xia C, Yan Y, et al. Torque ripple minimization of predictive torque control for PMSM with extended control set[J]. IEEE Transactions on Industrial Electronics, 2017, 64(9): 6930-6939.

[16]　Wang X, Sun D. Three-vector-based low-complexity model predictive direct power control strategy for doubly fed induction generators[J]. IEEE Transactions on Power Electronics, 2017, 32(1): 773-782.

[17]　李宏韬,李红梅. PMSM驱动系统的无模型电流预测控制[J]. 微特电机, 2016, (10): 50-53.

[18]　Yan Y, Wang S, Xia C, et al. Hybrid control set-model predictive control for field-oriented control of VSI-PMSM[J]. IEEE Transactions on Energy Conversion, 2016, 31(4): 1622-1633.

[19]　Vafaie M H, Dehkordi B M, Moallem P, et al. A new predictive direct torque control method for improving both steady-state and transient-state operations of the PMSM[J]. IEEE Transactions on Power Electronics, 2016, 31(5): 3738-3753.

[20]　An S, Sun X, Zhang Q, et al. Study on the novel generalized discontinuous SVPWM strategies for three-phase voltage source inverters[J]. IEEE Transactions on Industrial Informatics, 2013, 9(2): 781-789.

[21]　Wu Y, Shafi M A, Knight A M, et al. Comparison of the effects of continuous and discontinuous PWM schemes on power losses of voltage-sourced inverters for induction motor drives[J]. IEEE Transactions on Power Electronics, 2011, 26(1): 182-191.

[22]　Zhou K, Wang D. Relationship between space-vector modulation and three-phase carrier-based PWM: a comprehensive analysis[J]. IEEE Transactions on Industrial Electronics, 2002, 49(1): 186-196.

[23]　Hava A M, Kerkman R J, Lipo T A. A high-performance generalized discontinuous PWM algorithm [J]. IEEE Transactions on Industry Applications, 1998, 34(5): 1059-1071.

[24]　Holtz J, Beyer B. Optimal pulsewidth modulation for AC servos and low-cost industrial drives[J]. IEEE Transactions on Industry Applications, 1994, 30(4): 1039-1047.

[25]　Narayanan G, Zhao D, Krishnamurthy H K, et al. Space vector based hybrid PWM techniques for reduced current ripple[J]. IEEE Transactions on Industrial Electronics, 2008. 55(4): 1614-1627.

[26]　Zhao D, Hari V S S P K, Narayanan G, et al. Space-vector-based hybrid pulsewidth modulation techniques for reduced harmonic distortion and switching loss[J]. IEEE Transactions on Industrial Electronics, 2010, 25(3): 760-774.

[27]　Hari V S S P K, Narayanan G. Space-vector-based hybrid PWM technique to reduce peak-to-peak torque ripple in induction motor drives[J]. IEEE Transactions on Industrial Applications, 2016, 52 (2): 1489-1499.

[28]　Biswas J, Nair M D, Gopinath V, et al. An optimized hybrid SVPWM strategy based on multiple division of active vector time (MDAVT)[J]. IEEE Transactions on Power Electronics, 2017, 32(6): 4607-4618.

[29]　Gendrin M, Gauthier J, Lin-Shi X. A predictive hybrid pulse-width-modulation technique for active-front-end rectifiers[J]. IEEE Transactions on Power Electronics, 2017, 32(7): 5487-5496.

[30]　Das S C, Narayanan G, Tiwari A. Variation of IGBT switching energy loss with device current: an experimental investigation [C]. 2014 IEEE 6th India International Conference on Power Electronics

(IICPE), 2014: 1-5.

[31] Delaram H, Dastfan A, Norouzi M. Optimal thermal placement and loss estimation for power electronic modules[J]. IEEE Transactions on Components, Packaging and Manufacturing Technology, 2018, 8(2): 236-243.

[32] Bazzi A M, Krein P T, Kimball J W, et al. IGBT and diode loss estimation under hysteresis switching [J]. IEEE Transactions on Power Electronics, 2012, 27(3): 1044-1048.

[33] Lee D, Ahn J. A simple and direct dead-time effect compensation scheme in PWM-VSI[J]. IEEE Transactions on Industrial Applications, 2014, 50(5): 3017-3025.

第 9 章 PMSM 驱动系统关键传感器故障诊断与容错控制

9.1 PMSM 驱动系统的关键传感器

转速控制的 PMSM 驱动系统通常由转速外环和电流内环组成。在电流内环进行电流调节时,需要实时的电流信息;同样,在进行速度调节时,需要实时检测转速。因此,至少需要一个转子位置传感器和两个定子电流传感器,如图 9.1 所示。电流传感器和位置传感器作为 PMSM 驱动系统的关键传感器,其测量精度直接影响转速控制的 PMSM 驱动系统控制性能。

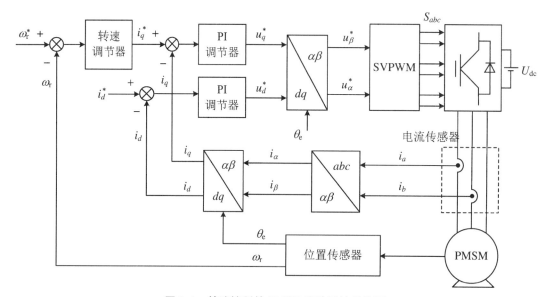

图 9.1 转速控制的 PMSM 驱动系统结构图

9.2 电流传感器故障诊断与容错控制

9.2.1 电流传感器故障分类

PMSM 驱动系统的电流传感器(如霍尔电流传感器),因其器件潜在的非线性、温度等原因引起的调理电路漂移均可能导致故障。根据发生故障后,电流传感器的不同表现,可将电流传感器故障归纳为断线故障、卡死故障、偏移故障和增益故障。

假设电流传感器在 t_0 时刻发生故障,t_1 时刻解除故障,对 4 种故障分别建模。

电流传感器的断线故障可表示为

$$x = \begin{cases} x_r, & 0 \leqslant t < t_0 \\ 0, & t_0 \leqslant t < t_1 \\ x_r, & t \geqslant t_1 \end{cases} \tag{9.1}$$

电流传感器的卡死故障可表示为

$$x = \begin{cases} x_r, & 0 \leqslant t < t_0 \\ \alpha, & t_0 \leqslant t < t_1 \\ x_r, & t \geqslant t_1 \end{cases} \tag{9.2}$$

电流传感器的偏移故障可表示为

$$x = \begin{cases} x_r, & 0 \leqslant t < t_0 \\ x_r + C, & t_0 \leqslant t < t_1 \\ x_r, & t \geqslant t_1 \end{cases} \tag{9.3}$$

电流传感器的增益故障可表示为

$$x = \begin{cases} x_r, & 0 \leqslant t < t_0 \\ \beta x_r, & t_0 \leqslant t < t_1 \\ x_r, & t \geqslant t_1 \end{cases} \tag{9.4}$$

其中,x 为传感器检测值;x_r 为传感器无故障时的检测值;α, β, C 为常量。

9.2.2 电流传感器故障建模

1. A 相电流故障

假设 A 相电流发生故障,其故障模型可表示为

$$\begin{cases} i_{a\_err} = \beta i_a + C \\ i_{b\_err} = i_b \end{cases} \tag{9.5}$$

当 $\beta = 0, C = 0$ 时,则式(9.5)中的 A 相电流与式(9.1)相同,表示电流传感器断线故障;当 $\beta = 0, C \neq 0$ 时,则式(9.5)的 A 相电流与式(9.2)相同,表示电流传感器卡死故障;当 $\beta = 1, C \neq 0$ 时,则式(9.5)的 A 相电流与式(9.3)相同,表示电流传感器偏移故障;当 $\beta \neq 1, C = 0$ 时,则式

(9.5)的 A 相电流与式(9.4)相同,表示电流传感器增益故障。

如果电流传感器无故障,使用 Clark 和 Park 变换公式将两相电流由静止 $\alpha\beta$ 坐标系变换到同步旋转 dq 坐标系,可分别得到静止坐标系和旋转坐标系下的电机相电流为

$$\begin{bmatrix} i_\alpha \\ i_\beta \end{bmatrix} = \frac{2}{3} \begin{bmatrix} \frac{3}{2} & 0 \\ \frac{\sqrt{3}}{2} & \sqrt{3} \end{bmatrix} \begin{bmatrix} i_a \\ i_b \end{bmatrix} \tag{9.6}$$

$$\begin{bmatrix} i_d \\ i_q \end{bmatrix} = \begin{bmatrix} \cos\theta_e & \sin\theta_e \\ -\sin\theta_e & \cos\theta_e \end{bmatrix} \begin{bmatrix} i_\alpha \\ i_\beta \end{bmatrix} = \frac{2\sqrt{3}}{3} \begin{bmatrix} i_a \cos\left(\theta_e - \frac{\pi}{6}\right) + i_b \sin\theta_e \\ -i_a \sin\left(\theta_e - \frac{\pi}{6}\right) + i_b \cos\theta_e \end{bmatrix} \tag{9.7}$$

同理,使用 Clark 和 Park 变换公式,把故障电流变换到旋转坐标系中,有

$$\begin{bmatrix} i_{d\_a\_err} \\ i_{q\_a\_err} \end{bmatrix} = \frac{2\sqrt{3}}{3} \begin{bmatrix} (\beta i_a + C)\cos\left(\theta_e - \frac{\pi}{6}\right) + i_b \sin\theta_e \\ -(\beta i_a + C)\sin\left(\theta_e - \frac{\pi}{6}\right) + i_b \cos\theta_e \end{bmatrix}$$

$$= \frac{2\sqrt{3}}{3} \begin{bmatrix} i_a \cos\left(\theta_e - \frac{\pi}{6}\right) + i_b \sin\theta_e + (\beta - 1)i_a \cos\left(\theta_e - \frac{\pi}{6}\right) + C\cos\left(\theta_e - \frac{\pi}{6}\right) \\ -i_a \sin\left(\theta_e - \frac{\pi}{6}\right) + i_b \cos\theta_e - (\beta - 1)i_a \sin\left(\theta_e - \frac{\pi}{6}\right) - C\sin\left(\theta_e - \frac{\pi}{6}\right) \end{bmatrix}$$

$$= \begin{bmatrix} i_d \\ i_q \end{bmatrix} + \frac{2\sqrt{3}}{3}(\beta - 1)i_a \begin{bmatrix} \cos\left(\theta_e - \frac{\pi}{6}\right) \\ -\sin\left(\theta_e - \frac{\pi}{6}\right) \end{bmatrix} + \frac{2\sqrt{3}}{3}C \begin{bmatrix} \cos\left(\theta_e - \frac{\pi}{6}\right) \\ -\sin\left(\theta_e - \frac{\pi}{6}\right) \end{bmatrix} \tag{9.8}$$

发生电流传感器故障时,$i_{d\_a\_err}$,$i_{q\_a\_err}$ 由3个分量组成,分别是电流传感器的正常值和不同故障类型的 β,C 组成的相关分量。当发生偏移故障时,与 β 相关的分量为零;当发生短线故障或增益故障时,与 C 相关的分量为零。

2. B 相电流故障

假设 B 相电流发生故障,故障信号为

$$\begin{cases} i_{a\_err} = i_a \\ i_{b\_err} = \beta i_b + C \end{cases} \tag{9.9}$$

同理,使用 Clark 和 Park 变换公式,把故障信号变换到 dq 坐标系中,有

$$\begin{bmatrix} i_{d\_b\_err} \\ i_{q\_b\_err} \end{bmatrix} = \begin{bmatrix} i_d \\ i_q \end{bmatrix} + \frac{2\sqrt{3}}{3}(\beta - 1)i_b \begin{bmatrix} \sin\theta_e \\ \cos\theta_e \end{bmatrix} + \frac{2\sqrt{3}}{3}C \begin{bmatrix} \sin\theta_e \\ \cos\theta_e \end{bmatrix} \tag{9.10}$$

发生电流传感器故障时,$i_{d\_b\_err}$,$i_{q\_b\_err}$ 仍由3个分量组成,分别是电流传感器的正常值和不同故障类型的 β,C 组成的相关分量。当发生偏移故障时,与 β 相关的分量为零;当发生短线故障或增益故障时,与 C 相关的分量为零。

9.2.3 电流传感器故障的容错控制

1. 不同坐标轴定向的 PMSM 相电流分析

对 A 相和 B 相电流采用 Clark 变换可得到静止坐标系下的 $\alpha\beta$ 分量。假设 A 相轴线与 α

轴线重合,如图 9.2(a)所示,则 A,B 相电流变换到 $\alpha\beta$ 坐标系后,可表示为

$$\begin{bmatrix} i_\alpha \\ i_\beta \end{bmatrix} = \frac{2}{3} \begin{bmatrix} \dfrac{3}{2} & 0 \\ \dfrac{\sqrt{3}}{2} & \sqrt{3} \end{bmatrix} \begin{bmatrix} i_a \\ i_b \end{bmatrix} \tag{9.11}$$

由式(9.11)可知,当 A 相传感器发生故障时,α 与 β 轴电流都会异常;当 B 相传感器发生故障时,α 轴电流正常,只有 β 轴电流发生异常。

当定子 B 相与 α 轴线重合时,如图 9.2(b)所示,即 $\alpha\beta$ 坐标系在原有基础上逆时针旋转 120°,此时相对应的坐标变换如式(9.12)所示。

$$\begin{bmatrix} i'_\alpha \\ i'_\beta \end{bmatrix} = \frac{2}{3} \begin{bmatrix} 0 & \dfrac{3}{2} \\ -\sqrt{3} & -\dfrac{\sqrt{3}}{2} \end{bmatrix} \begin{bmatrix} i_a \\ i_b \end{bmatrix} \tag{9.12}$$

可以看出,当 A 相传感器发生故障时,α 轴电流正常;当 B 相传感器发生故障时,α 与 β 轴电流都会异常。

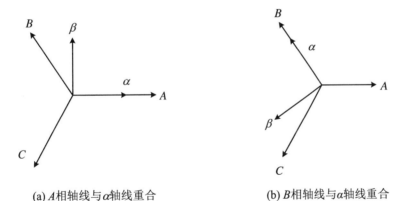

(a) A 相轴线与 α 轴线重合   (b) B 相轴线与 α 轴线重合

图 9.2 不同轴线定向的坐标变换

因此,由式(9.11)与式(9.12)可知,当发生单相电流传感器故障时,适当的坐标变换可得到正常的 α 轴电流,这是使用坐标变换进行电流容错控制的基本原理。在实际控制中,使用 Park 逆变换后,将同步旋转 dq 坐标系中的给定值变换到静止 $\alpha\beta$ 坐标系中,即有

$$\begin{bmatrix} i_\alpha^* \\ i_\beta^* \end{bmatrix} = \begin{pmatrix} \cos\theta & -\sin\theta \\ \sin\theta & \cos\theta \end{pmatrix} \begin{bmatrix} i_d^* \\ i_q^* \end{bmatrix} \tag{9.13}$$

其中,θ 为同步旋转坐标系 d 轴与 A 相轴线的夹角,如图 9.3 所示;i_d^*,i_q^* 为同步旋转 dq 坐标系的电流给定值。

当 B 相轴线与 α 相轴线重合时,如图 9.4 所示。保持电压空间矢量幅值不变,电流给定值由同步旋转 dq 坐标系变换至静止 $\alpha\beta$ 坐标系的表达式为[1]

$$\begin{bmatrix} i_{\alpha 120}^* \\ i_{\beta 120}^* \end{bmatrix} = \begin{pmatrix} -\sin(30°-\theta) & \cos(30°-\theta) \\ -\cos(30°-\theta) & -\sin(30°-\theta) \end{pmatrix} \begin{bmatrix} i_d^* \\ i_q^* \end{bmatrix} \tag{9.14}$$

其中,$i_{\alpha 120}^*$,$i_{\beta 120}^*$ 为当 α 轴与 B 相轴线重合时,α 与 β 轴的电流给定值。

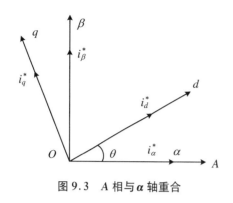

图9.3　A相与α轴重合

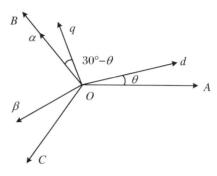

图9.4　B相与α轴重合

2. 基于坐标变换的电流传感器容错控制

基于坐标变换可获得 $i_\alpha, i_\beta; i'_\alpha, i'_\beta; i^*_\alpha, i^*_\beta; i^*_{\alpha120}, i^*_{\beta120}$ 共4组电流，基于坐标变换的电流传感器故障诊断的电流选择流程图如图9.5所示。通过比较 $\alpha\beta$ 坐标系上的给定值与实际反馈值，判断它们的差是否超过系统所设定的安全阈值，从而判断出电流传感器是否出现故障。判断出是哪一相故障之后，再选择对应的电流来实施电流环的闭环控制。安全阈值则需要通过实际所带的负载大小，经实验调试，综合考虑各种可能造成误差的因素后再确定。

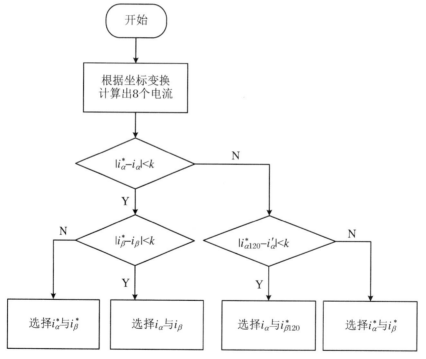

图9.5　电流选择流程图

在电流的实际选择过程中，使用 X 表示 $|i^*_\alpha - i_\alpha|$ 与安全阈值的比较结果，如果 $|i^*_\alpha - i_\alpha|$ 大于安全阈值，表示 A 相电流出现故障，$X=1$，否则 A 相电流正常，$X=0$；使用 Y 表示 $|i^*_\beta - i_\beta|$ 与安全阈值的比较结果，如果 $|i^*_\alpha - i_\alpha|$ 大于安全阈值，则 β 轴电流出现故障，$Y=1$，否则 β 轴电流正常，$Y=0$；使用 Z 表示 $|i^*_{\alpha120} - i'_\alpha|$ 与安全阈值的比较结果，如果 $|i^*_{\alpha120} - i'_\alpha|$ 大于安全阈值，则 B 相电流出现故障，$Z=1$，否则 B 相电流正常，$Z=0$。根据得到

的逻辑结果,使用 X 值和 Z 值可判断 A,B 相电流传感器的工作状态,Y 值可用来选取 β 轴的电流值。如此,A,B 相电流传感器的工作状态与 X,Z 的值一一对应,见表9.1。

表 9.1 电流传感器状态与 X,Z 的关系

X	Z	A 相	B 相	X	Z	A 相	B 相
0	0	正常	正常	1	0	故障	正常
0	1	正常	故障	1	1	故障	故障

9.2.4 基于微分代数的电流传感器故障容错控制

9.2.4.1 微分代数法

假设在静止 $\alpha\beta$ 坐标系下,电流传感器的输出电流误差为 $F=(F_\alpha,F_\beta)^\mathrm{T}$,基于定子电流动态方程,且将其定子电压进行 Park 变换,可得

$$\begin{pmatrix}\dot{i}_d\\\dot{i}_q\end{pmatrix}=\begin{pmatrix}-\dfrac{R_s}{L_d}&\dfrac{L_q}{L_d}\omega\\-\dfrac{L_d}{L_q}\omega&-\dfrac{R_s}{L_q}\end{pmatrix}\begin{pmatrix}i_d\\i_q\end{pmatrix}+\begin{pmatrix}\dfrac{\cos\theta_e}{L_d}&\dfrac{\sin\theta_e}{L_d}\\-\dfrac{\sin\theta_e}{L_q}&\dfrac{\cos\theta_e}{L_q}\end{pmatrix}\begin{pmatrix}u_\alpha\\u_\beta\end{pmatrix}-\begin{pmatrix}0\\\omega\dfrac{\psi}{L_q}\end{pmatrix} \tag{9.15}$$

$$\begin{pmatrix}F_\alpha\\F_\beta\end{pmatrix}=\begin{pmatrix}i_{\alpha m}\\i_{\beta m}\end{pmatrix}-\begin{pmatrix}\cos\theta_e&-\sin\theta_e\\\sin\theta_e&\cos\theta_e\end{pmatrix}\begin{pmatrix}i_d\\i_q\end{pmatrix} \tag{9.16}$$

其中,$i_{\alpha m}$,$i_{\beta m}$ 表示电流传感器测量值在静止 $\alpha\beta$ 坐标系下的 α,β 轴分量;u_α,u_β 表示电机定子电压在静止 $\alpha\beta$ 坐标系下的 α,β 轴分量。

对式(9.16)微分,可得

$$\begin{pmatrix}\dot{F}_\alpha\\\dot{F}_\beta\end{pmatrix}=\begin{pmatrix}\dot{i}_{\alpha m}-\dot{i}_d\cos\theta_e+\dot{i}_q\sin\theta_e+\omega i_\beta\\\dot{i}_{\beta m}-\dot{i}_q\cos\theta_e-\dot{i}_d\sin\theta_e-\omega i_\alpha\end{pmatrix} \tag{9.17}$$

将式(9.15)代入式(9.17),并整理可得

$$\begin{aligned}L_d L_q \dot{F}_\alpha &= L_d L_q \dot{i}_{\alpha m}-u_\alpha(L_d\sin^2\theta+L_q\cos^2\theta)+\omega(L_d-L_q)(i_q L_q\cos\theta-i_d L_d\sin\theta)\\&\quad+RL_d i_\alpha-R(L_d-L_q)i_d\cos\theta-\omega L_d\psi\sin\theta+u_\beta(L_d-L_q)\sin\theta\cos\theta\\L_d L_q \dot{F}_\beta &= L_d L_q \dot{i}_{\beta m}-u_\beta(L_q\sin^2\theta+L_d\cos^2\theta)+\omega(L_d-L_q)(L_d i_d\cos\theta+L_q i_q\sin\theta)\\&\quad+RL_d i_\beta+R(L_q-L_d)i_d\sin\theta+\omega L_d\psi\cos\theta+u_\alpha(L_d-L_q)\cos\theta\sin\theta\end{aligned} \tag{9.18}$$

将式(9.16)代入式(9.18),并整理可得

$$\begin{aligned}\dot{F}_\alpha &= -\frac{R}{L_q}F_\alpha+\frac{R}{L_q}i_{\alpha m}+\omega\frac{(L_q-L_d)}{L_d L_q}(L_q i_d\sin\theta+L_d i_q\cos\theta)-u_\alpha\frac{(L_d\sin^2\theta+L_q\cos^2\theta)}{L_d L_q}\\&\quad-\omega\frac{\psi}{L_q}\sin\theta+u_\beta\frac{(L_d-L_q)}{L_d L_q}\sin\theta\cos\theta+\dot{i}_{\alpha m}\\\dot{F}_\beta &= -\frac{R}{L_q}F_\beta+\frac{R}{L_q}i_{\beta m}+\omega\frac{(L_q-L_d)}{L_d L_q}(L_d i_d\cos\theta+L_q i_q\sin\theta)-u_\beta\frac{(L_q\sin^2\theta+L_d\cos^2\theta)}{L_d L_q}\end{aligned}$$

$$+ \omega \frac{\psi}{L_q} \cos\theta + u_\alpha \frac{(L_d - L_q)}{L_d L_q} \sin\theta\cos\theta + \dot{i}_{\beta m} \quad (9.19)$$

求解式(9.19)可获得电流传感器故障引起的电流测量偏差,一旦诊断出电流传感器故障,可利用计算出的 F_α 和 F_β 进行偏差电流补偿,实现 PMSM 驱动系统在电流传感器故障下的容错运行。

在静止 $\alpha\beta$ 坐标系下,补偿后的电流传感器测量值 i_{α_com},i_{β_com} 可表示为

$$\begin{cases} i_{\alpha\_com} = i_{\alpha m} - F_\alpha \\ i_{\beta\_com} = i_{\beta m} - F_\beta \end{cases} \quad (9.20)$$

9.2.4.2 计及逆变器非线性的定子电压补偿

为求解式(9.19),需要获取 u_α 和 u_β,由于逆变器供电的 PMSM 驱动系统电机定子电压为脉冲电压,需额外增设硬件电路予以检测,且存在难以实现与定子电流同步采样,为此,采用逆变器参考电压代替逆变器输出电压。鉴于电压源逆变器功率开关器件实际存在的非理想开关特性,需设置死区时间以避免上、下桥臂功率开关器件直通而产生的短路故障[2],导致逆变器输出电压与逆变器参考电压之间存在偏差电压。

在电流传感器无故障但计及逆变器死区效应的情况下,式(9.19)可表示为

$$\begin{cases} F_\alpha = \int -\frac{\Delta u_\alpha}{L} \\ F_\beta = \int -\frac{\Delta u_\beta}{L} \end{cases} \quad (9.21)$$

其中,Δu_α 与 Δu_β 分别为逆变器死区效应导致的逆变器输出电压与参考电压之间的偏差电压。

式(9.21)清楚地揭示了逆变器死区效应引起的偏差电压,直接影响电流测量偏差的准确估计,因此,亟须对逆变器死区效应进行补偿,确保基于微分代数的电流传感器故障诊断精度及容错控制效果。

1. 逆变器死区效应引起的偏差电压

两电平电压源型逆变器单相示意图如图 9.6 所示,V_{dc} 为直流母线电压,D_1,D_2 和 C_1,C_2 为反并联二极管及与之并联的寄生电容,定义逆变器输出平均电流 i 的正方向为从逆变器流向负载($i>0$),负方向为从负载流向逆变器($i<0$)。

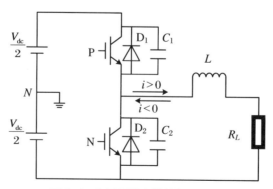

图 9.6 电压源逆变器单相示意图

鉴于死区时间占整个开关周期的 4%~9%,因此可以认为在死区时间内逆变器上桥臂 P 开关管关断时刻的纹波电流 i_p 或下桥臂 N 开关管关断时刻的纹波电流 i_n 恒定不变。桥臂输

出电压的自然上升时间 t_p 和下降时间 t_n 分别为

$$t_p = \frac{C_1 V_{dc}}{|i_p|}, \quad t_n = \frac{C_2 V_{dc}}{|i_n|} \tag{9.22}$$

式中,$C_1 = C_2 = C$。

根据电流的流向,考虑电感电流极性以及桥臂电压的上升和下降过程,考虑电感电流纹波的逆变器输出电压如图 9.7 所示。

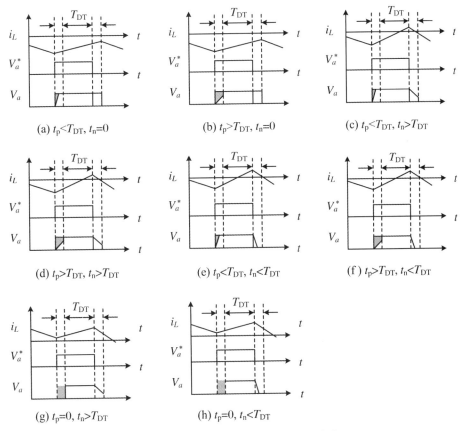

图 9.7 考虑电感电流纹波的逆变器输出电压

(1) $i_p < 0, i_n < 0, t_p < T_{DT}, t_n = 0$

如图 9.7(a)所示,开关管 N 关断之后,电感电流向 C_2 充电,输出电压近似线性上升。由于上升时间 t_p 小于死区时间 T_{DT},输出电压在上管 P 开通之前上升到了母线电压,阴影部分面积表示损失的电压伏秒值。开关管 P 关断之后,并联二极管继续导通,输出电压为母线电压,直到下管 N 导通。其中,阴影部分面积为桥臂输出电压损失的伏秒值。

死区时间引起的单个开关周期内的电压偏差 $V_e = V_a^* - V_a$ 可通过阴影部分的面积计算得到

$$V_e = \frac{V_{dc} t_p}{2 T_{sw}} - \frac{V_{dc} T_{DT}}{T_{sw}} \tag{9.23}$$

(2) $i_p < 0, i_n < 0, t_p > T_{DT}, t_n = 0$

如图 9.7(b)所示,当下管 N 关断后,电感电流值很小,C_2 两端的电压缓慢上升,导致电压自然上升到母线电压的时间超过死区时间。当死区时间结束后,上管 P 开通,桥臂输出电压

会立刻上升到母线电压。梯形阴影部分面积为损失的电压,电压偏差为

$$V_e = \frac{T_{DT}}{T_{SW}} \frac{T_{DT} i_p}{C_2} = \frac{T_{DT}^2 i_p}{2CT_{SW}} \tag{9.24}$$

(3) $i_p < 0, i_n > 0, t_p < T_{DT}, t_n > T_{DT}$

如图 9.7(c)所示,当上管 P 关断,电感电流对 C_2 放电,由于电感电流的值很小,电压下降很慢,自然降到 0 的时间超过了死区时间。死区时间结束之后,下管 N 开通,输出电压立刻下降到 0。电压偏差为

$$V_e = \frac{T_{DT}^2 i_n}{2CT_{SW}} + \frac{V_{dc} t_p}{2T_{SW}} - \frac{V_{dc} T_{DT}}{T_{SW}} \tag{9.25}$$

(4) $i_p < 0, i_n > 0, t_p > T_{DT}, t_n > T_{DT}$

如图 9.7(d)所示,该条件下桥臂输出电压的上升时间和下降时间都超过了死区时间,电压偏差为

$$V_e = \frac{T_{DT}^2 (i_p + i_n)}{2CT_{SW}} \tag{9.26}$$

(5) $i_p < 0, i_n > 0, t_p < T_{DT}, t_n < T_{DT}$

如图 9.7(e)所示,桥臂输出电压的上升时间和下降时间都小于死区时间,电压偏差为

$$V_e = \frac{V t_p - V t_n}{2T_{SW}} \tag{9.27}$$

(6) $i_p < 0, i_n > 0, t_p > T_{DT}, t_n < T_{DT}$

如图 9.7(f)所示,桥臂输出电压上升时间大于死区时间,而下降时间小于死区时间,电压偏差为

$$V_e = \frac{T_{DT}^2 i_p}{2CT_{SW}} - \frac{V t_n}{2T_{SW}} + \frac{V_{dc} T_{DT}}{T_{SW}} \tag{9.28}$$

(7) $i_p > 0, i_n > 0, t_p = 0, t_n > T_{DT}$

如图 9.7(g)所示,当下管 N 关断,D_2 继续导通,V_a 被钳位到 0,直到上开关管 P 开通,阴影部分面积为损失的电压。当上开关管 P 关断之后,电感电流对 C_2 缓慢放电,V_a 的下降时间超过了死区时间,电压误差为

$$V_e = \frac{T_{DT}^2 i_n}{2CT_{SW}} \tag{9.29}$$

(8) $i_p > 0, i_n > 0, t_p = 0, t_n < T_{DT}$

如图 9.7(h)所示,电压上升波形与图 9.7(g)类似。桥臂输出电压 V_a 在下管 N 开通之前自然下降到 0,电压偏差为

$$V_e = \frac{V_{dc} T_{DT}}{T_{SW}} - \frac{V_{dc} t_n}{2T_{SW}} \tag{9.30}$$

2. 偏差电压补偿

综合以上分析,电感电流纹波和开关管等效并联电容均会影响桥臂在死区阶段的电压波形,如图 9.8 所示。补偿死区带来误差电压时需综合考虑二者的影响,但在实际控制中,为了简化计算,往往根据实际情况,忽略不重要的因素后,采用可行的电压补偿方法。

逆变器驱动信号、参考电压、输出电压及输出电流之间的关系如图 9.8 所示,其中,T_{DT} 表示死区时间,v^* 为逆变器指令电压,v 为仅考虑死区时间的逆变器理想输出电压,v' 为考虑了死区时间及寄生电容充放电影响的逆变器实际输出电压,G_P 和 G_N 分别为开关管 P 和 N 的开

关信号，i_p 和 i_n 分别为上下桥臂开关管 P 和 N 的关断点纹波电流。

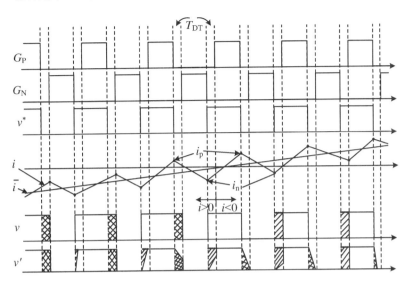

图 9.8 逆变器驱动信号、参考电压、输出电压及输出电流之间的关系

传统的死区补偿是假定三相逆变器输出电压为图 9.8 中的 v，即死区效应所造成的逆变器输出电压与参考电压之间的偏差电压是固定的，从而在逆变器参考电压中加入固定的补偿量，具体的补偿思路为：在一个 T_{SW} 内，当 $i>0$ 时，输出电压脉冲减小一个 T_{DT} 的宽度，当 $i<0$ 时，输出电压脉冲增加一个 T_{DT} 的宽度，通过判断 i 的极性在指令电压中增加或者减去死区时间造成的偏差电压实现补偿，具体的补偿电压表达式为

$$V_{com} = \begin{cases} V_{dc} \dfrac{T_{DT}}{T_{SW}}, & i<0 \\ -V_{dc} \dfrac{T_{DT}}{T_{SW}}, & i>0 \end{cases} \tag{9.31}$$

式中，V_{com} 为补偿的偏差电压，T_{SW} 为开关周期。

当计及寄生电容影响后，逆变器输出电压从 $-V_{dc}/2$ 到 $V_{dc}/2$ 的切换过程不再是瞬时完成，如图 9.7 所示。

由于开关管的电压建立时间难以检测，为了兼顾算法的简单和快速性，采用电流、时间乘积等效原理对开关管 P 和 N 的电压简化分析。

定义 i_{Ap}，i_{Bp}，i_{Cp} 为三相上桥臂开关管关断时的电流，i_{An}，i_{Bn} 和 i_{Cn} 为三相下桥臂开关管关断时的电流，以 $i = i_{Ap}$ 为例分析死区效应对补偿电压的影响，此时忽略上管 P 的电容放电时间，即认为 $t_p = 0$。

当逆变器输出电流为经 P 管流向负载，则寄生电容 C_2 两端电压为上正下负的 $V_{dc}/2$，随后进入死区阶段，P 管关断，逆变器输出电流由下桥臂二极管 D_2 续流，此时寄生电容 C_2 放电，则逆变器输出电压为

$$v' = \dfrac{V_{dc}}{2} - \dfrac{i_{Ap}}{C_2} t \tag{9.32}$$

定义临界电流为 $I_C = C_2 V_{dc}/T_{DT}$，即当 $i_{Ap} = I_C$，在死区时间结束时，逆变器输出电压正好由 $V_{dc}/2$ 切换到 $-V_{dc}/2$。

(1) $i_{Ap} < 0$

由于上桥臂二极管的续流作用,在死区时间内上管 P 关断后电压极性不变,直到死区结束,下管 N 开通,逆变器输出电压极性变为 $-V_{dc}/2$,电压误差的表达式为

$$\Delta V_{Ap}(i_{Ap}) = V_{dc}\frac{T_{DT}}{T_{SW}} \tag{9.33}$$

(2) $0 \leqslant i_{Ap} \leqslant I_C$

由于电流 i_{Ap} 小于临界电流 I_C 时,死区结束时的下桥臂寄生电容仍未放完电,此时下管 N 开通,逆变器输出电压立即跳到负电平 $-V_{dc}/2$。根据电流与时间乘积等效原则,可得出电压误差表达式为

$$\Delta V_{Ap}(i_{Ap}) = V_{dc}\frac{T_{DT}}{T_{SW}} + \frac{1}{2}\frac{i_{Ap}T_{DT}}{C_2}\frac{T_{DT}}{T_{SW}} = V_{dc}\frac{T_{DT}}{T_{SW}}\left(1 - \frac{i_{Ap}}{2I_C}\right) \tag{9.34}$$

(3) $i_{Ap} > I_C$

下桥臂寄生电容在死区结束前就已经完全放完电,放电结束后,逆变器输出电压变为负电平 $-V_{dc}/2$,根据电流与时间乘积等效原则,可知电压误差与 i_{Ap} 成反比关系,其表达式为

$$\Delta V_{Ap}(i_{Ap}) = \frac{1}{T_{SW}}\frac{1}{2}V_{dc}\frac{I_C T_{DT}}{i_{Ap}} = \frac{V_{dc}T_{DT}}{2T_{SW}}\frac{I_C}{i_{Ap}} \tag{9.35}$$

因此,计及寄生电容充放电对逆变器输出电压的影响时,电压误差可分段计算,其表达式为

$$\Delta V_{Ap}(i_{Ap}) = \begin{cases} V_{dc}\dfrac{T_{DT}}{T_{SW}}, & i_{Ap} < 0 \\ V_{dc}\dfrac{T_{DT}}{2T_{SW}}\left(1 - \dfrac{i_{Ap}}{2I_C}\right), & 0 \leqslant i_{Ap} \leqslant I_C \\ V_{dc}\dfrac{T_{DT}}{2T_{SW}}\dfrac{I_C}{i_{Ap}}, & i_{Ap} > I_C \end{cases} \tag{9.36}$$

当 $i = i_{An}$ 时,分析过程亦同理可得出

$$\Delta V_{An}(i_{An}) = \begin{cases} V_{dc}\dfrac{T_{DT}}{2T_{SW}}\dfrac{I_C}{i_{An}}, & i_{An} < -I_C \\ -V_{dc}\dfrac{T_{DT}}{2T_{SW}}\left(1 + \dfrac{i_{An}}{2I_C}\right), & -I_C \leqslant i_{An} < 0 \\ -V_{dc}\dfrac{T_{DT}}{T_{SW}}, & i_{An} > 0 \end{cases} \tag{9.37}$$

因此,计及寄生电容影响的逆变器 A 相死区效应补偿电压 $V_{Acom} = v^* - v$ 可表示为

$$V_{com} = -\Delta V_A = -(\Delta V_{Ap}(i_{Ap}) + \Delta V_{An}(i_{An})) \tag{9.38}$$

为解决瞬时电流 i_p 和 i_n 不能直接获取的问题,通过开关周期内的电流的平均值 $\bar{i}$ 计算:

$$\begin{cases} i_p = \bar{i} + i_{ripple} \\ i_n = \bar{i} - i_{ripple} \end{cases} \tag{9.39}$$

其中,i_{ripple} 为电感电流的纹波电流值。

传统的补偿电压及建议的补偿电压与平均电流的关系对比如图 9.9 所示,当平均电流 $\bar{i}$ 较大时,寄生电容的充、放电时间远小于死区时间,其影响可忽略不计,两种补偿电压的补偿效果近乎一致;在平均电流 $\bar{i}$ 过零点附近,传统的补偿电压随平均电流 $\bar{i}$ 极性的变化而发生突

变,存在平均电流 $\bar{i}$ 过零点判断不准确而极易产生误补偿的不足。所建议的补偿电压考虑了寄生电容及纹波电流的影响,克服了传统补偿电压存在的过补偿及补偿电压在平均电流 $\bar{i}$ 过零点附近的突变问题。

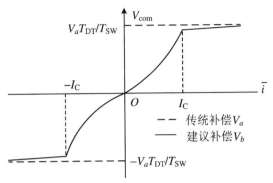

图 9.9 传统补偿电压与建议的补偿电压对比图

9.3 电流传感器故障诊断与容错控制实验

9.3.1 转速控制的 PMSM 驱动系统电流传感器故障诊断与容错控制实验

集成逆变器死区补偿、电流传感器故障诊断与容错控制的 PMSM 驱动系统如图 9.10 所示。

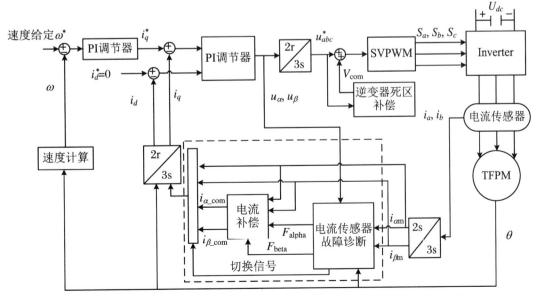

图 9.10 集成死区补偿、电流传感器故障诊断与容错控制的 PMSM 驱动系统

u_{abc}^* 为逆变器三相参考电压，V_{com} 为三相补偿电压，ω 和 ω^* 分别为实际转速和转速指令；i_d^* 和 i_q^* 为同步旋转坐标系下 d,q 轴定子电流指令，i_d 和 i_q 为同步旋转坐标系下 d,q 轴定子实际电流。逆变器采用空间矢量脉宽调制(SVPWM)，其死区时间设置为 9 μs，采用计及寄生电容影响的逆变器死区补偿以降低死区效应。逆变器死区补偿模块计算出的三相补偿电压与电流控制器输出的三相参考电压相加送入 SVPWM 模块。电流传感器故障诊断模块的输入为转子转速与转子位置、静止 $\alpha\beta$ 坐标下的电流传感器测量值 $i_{\alpha m}$ 和 $i_{\beta m}$ 及逆变器参考电压 u_α 和 u_β，其输出为电流传感器测量偏差 F_{alpha} 和 F_{beta}，电流补偿模块根据式(9.20)对基于电流传感器获取的测量电流进行补偿。电流传感器故障诊断模块一旦诊断出故障，输出触发信号将补偿后的测量电流进行电流闭环控制实现电流传感器故障的自适应容错运行。

PMSM 标称参数见表 9.2，逆变器参数见表 9.3。

表 9.2 PMSM 标称参数

名称	参数
额定转速	500 r/min
额定电流	19 A
定子电阻	0.04 Ω
永磁体磁链	0.0372 Wb
定子电感	1.1 mH
极对数	12
直流侧电压	48 V
转动惯量	0.01015 kg·m²

表 9.3 逆变器参数

名称	参数
开关周期(T_{SW})	10 kHz
死区时间(T_{DT})	9 μs
寄生电容(C_1,C_2)	15 nF

基于 PMSM 驱动系统实验平台，对所建议的集成逆变器死区补偿、电流故障诊断与容错控制的 PMSM 驱动系统进行实验验证，转速给定为 350 rpm，负载转矩为 5 N·m。

A 相电流传感器发生 15% 的增益故障且未实施死区补偿的系统稳态运行实测结果如图 9.11 所示，F_{alpha} 和 F_{beta} 基本保持不变，死区效应的存在导致基于微分代数的电流传感器故障诊断方法失效。

A 相电流传感器出现 15% 增益故障，使用传统死区补偿方法的系统稳态运行实测结果如图 9.12 所示，F_{alpha} 和 F_{beta} 出现较大的脉动，直接影响电流传感器故障诊断精度，且较大的脉动导致建议的容错控制策略难以实现系统的电流闭环运行。A 相电流传感器出现 15% 的增益故障，使用建议的死区补偿方法的系统稳态运行实测结果如图 9.13 所示，F_{alpha} 和 F_{beta} 脉动明显削弱，实验结果表明：集成逆变器死区补偿及基于微分代数的电流传感器故障诊断方案能够实现电流传感器故障的快速准确诊断。

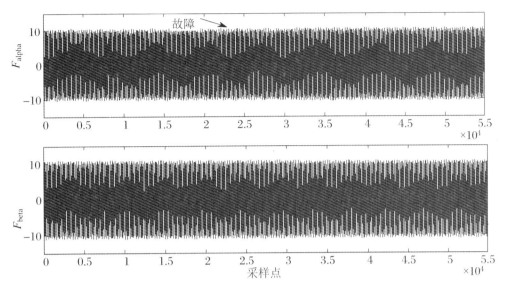

图 9.11 未实施死区补偿，A 相增益故障时的 F_{alpha}，F_{beta}

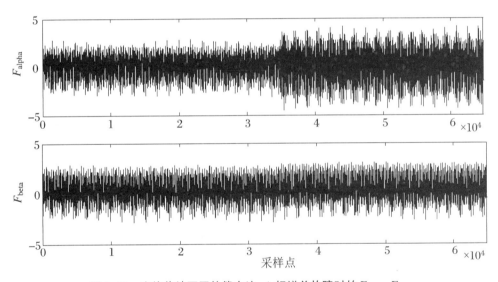

图 9.12 实施传统死区补偿方法，A 相增益故障时的 F_{alpha}，F_{beta}

当 A 相电流传感器仅发生 2A 偏置故障，或同时发生 15% 的增益故障和 2A 偏置故障时，使用建议的死区补偿及故障诊断方法的系统稳态运行实测结果分别如图 9.14 和图 9.15 所示，F_{alpha} 发生突变而 F_{beta} 几乎不变，证实了集成逆变器死区补偿及基于微分代数的电流传感器故障诊断方案能够实现 A 相电流传感器故障的快速准确诊断。电流传感器故障前、故障后及采用式 (9.20) 所示的电流传感器故障容错控制策略后的定子电流波形如图 9.16 所示，实验结果证实了所提出的容错控制策略能够实现 A 相电流传感器故障后的容错运行。

B 相电流传感器发生 15% 的增益故障，发生 2A 的偏置故障或二者同时发生时，使用建议的故障诊断方法的系统稳态运行实测结果分别如图 9.17、图 9.18 及图 9.19 所示。当 B 相发生增益故障时，F_{alpha} 发生突变而 F_{beta} 几乎不变，当 B 相发生偏置故障，或者增益与偏置故障同时发生时，F_{alpha} 发生突变均值为负，F_{beta} 同样发生突变均值为正。

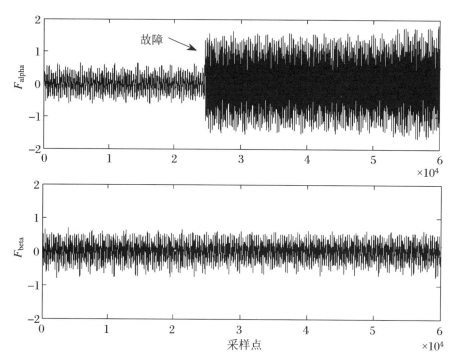

图 9.13 实施所建议的死区补偿方法，A 相增益故障时的 F_{alpha}，F_{beta}

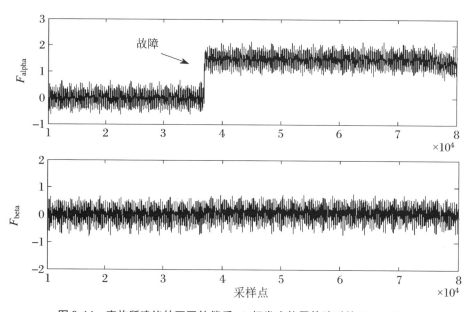

图 9.14 实施所建议的死区补偿后，A 相发生偏置故障时的 F_{alpha}，F_{beta}

B 相电流传感器故障前、故障后及实施故障容错控制后的定子电流波形如图 9.20 所示，实测结果表明：所提出的集成逆变器死区补偿、电流传感器故障诊断与容错控制的 PMSM 驱动系统能够实现 B 相电流传感器故障的准确诊断及容错运行。

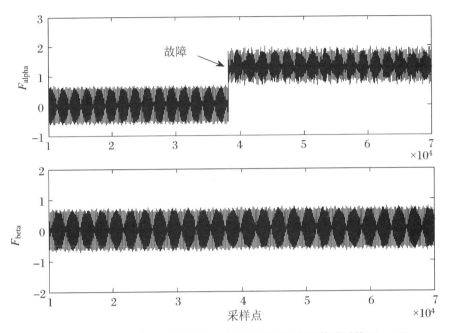

图 9.15 实施所建议的死区补偿后，A 相发生增益和偏置故障时的 F_{alpha}，F_{beta}

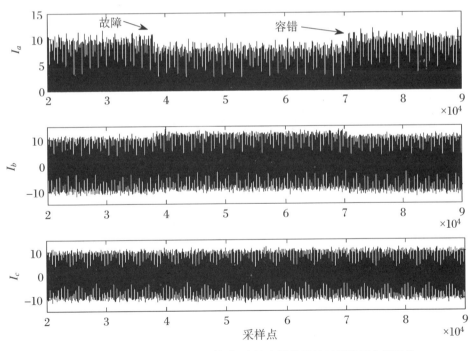

图 9.16 A 相发生增益和偏置故障，实施容错前后的三相定子电流对比

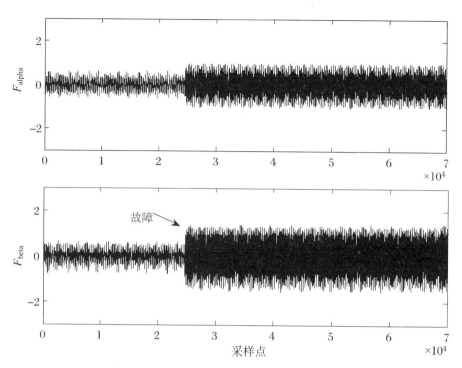

图 9.17 实施所建议的死区补偿后，B 相发生增益故障时的 F_{alpha}，F_{beta}

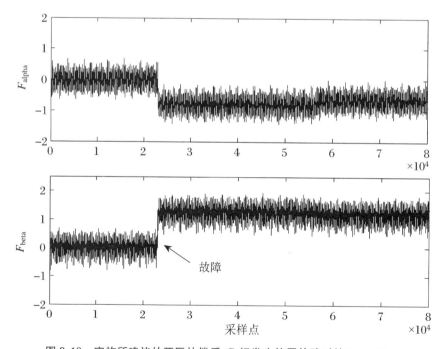

图 9.18 实施所建议的死区补偿后，B 相发生偏置故障时的 F_{alpha}，F_{beta}

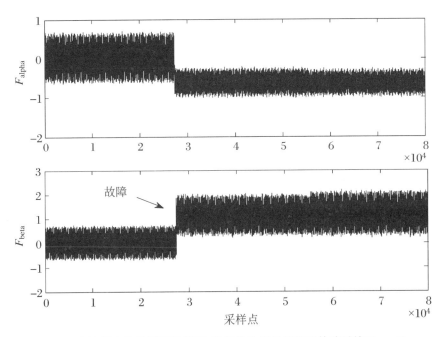

图 9.19 实施所建议的死区补偿后，B 相发生增益和偏置故障时的 F_{alpha}，F_{beta}

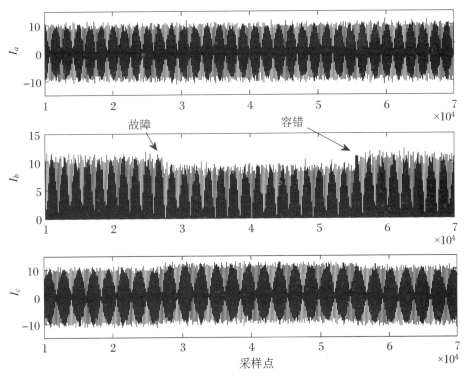

图 9.20 B 相发生增益和偏置故障，实施容错前后的三相定子电流对比

9.3.2 转矩控制的 PMSM 驱动系统电流传感器故障诊断与容错控制实验

对集成逆变器死区补偿、电流故障诊断与容错控制的 PMSM 驱动系统再进行转矩控制模式下的实验研究,转矩给定 5 N·m,作为负载的异步电机驱动系统工作于转速控制模式,保持转速为 350 rpm 不变。

当 A 相发生 15% 的增益与 2A 的偏置故障时,建议的 PMSM 驱动系统稳态运行实测结果如图 9.21 所示,电流传感器故障前、故障后及自适应地实施容错控制后的定子电流波形如图 9.22 所示。当 B 相发生 15% 的增益与 2A 的偏置故障时,建议的 PMSM 驱动系统稳态运行实测结果如图 9.23 所示,电流传感器故障前、故障后及自适应地实施容错控制后的定子电流波形如图 9.24 所示,实验结果表明:在转矩控制模式下运行的 PMSM 驱动系统,仍然能够实现电流传感器故障的在线诊断与自适应容错控制。

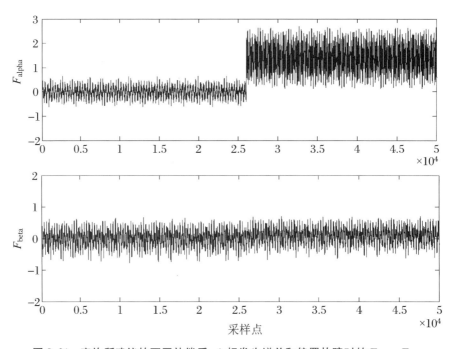

图 9.21 实施所建议的死区补偿后,A 相发生增益和偏置故障时的 F_{alpha},F_{beta}

9.4 位置传感器故障诊断与容错控制

与光电编码器和霍尔传感器等位置传感器相对比,旋转变压器(旋变)具有抗冲击与振动、环境适应性强和输出绝对位置的明显优势。然而,由于旋变加工和安装误差、励磁与输出调理电路器件的温度漂移等非线性影响,使得旋变正、余弦绕组的输出出现幅值不平衡和正交不完善故障[3,4],导致基于旋变获取的电机转子位置产生偏差,引起电机转矩和转速出现持续振荡。

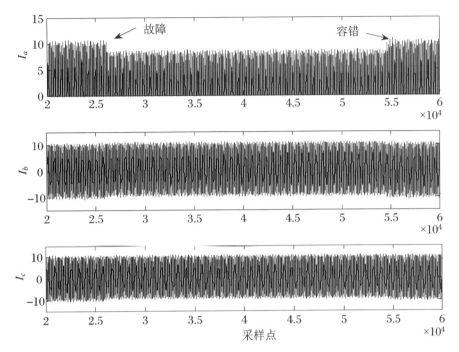

图 9.22　A 相发生增益和偏置故障,实施容错前、后的三相定子电流对比

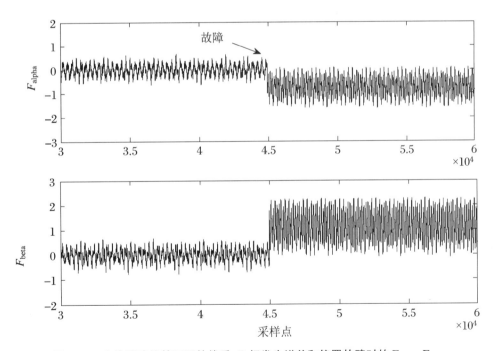

图 9.23　实施所建议的死区补偿后,B 相发生增益和偏置故障时的 F_{alpha},F_{beta}

为实现 PMSM 驱动系统的安全可靠运行,亟须研究并提出集成旋变位置传感器故障定位与识别、故障程度评估及容错控制于一体的 PMSM 驱动系统位置传感器故障综合解决方案。为此,首先分析旋变幅值不平衡与正交不完善故障所导致的位置偏差及在 d,q 轴定子电流中所呈现的故障特征,提出基于定子 q 轴电流故障特征的有效提取,通过故障模式定位、识别和

故障程度评估实现位置传感器故障的在线诊断,巧妙地回避逆变器死区效应引起的 q 轴电流脉动对位置传感器故障诊断精度的影响;再基于获取的位置偏差实现容错控制;最后,通过系统建模与仿真研究、系统实验测试证实所提出的位置传感器故障在线诊断与故障容错策略的合理有效性。

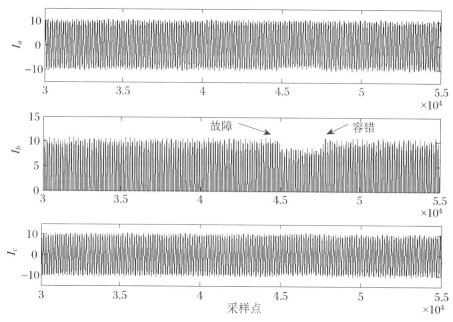

图 9.24 B 相发生增益和偏置故障,实施容错前、后的三相定子电流对比

9.4.1 旋变故障引起转子位置偏差及定子电流振荡的原因

1. 旋转变压器工作原理

旋变的基本原理与变压器类似,其原边和副边对应旋变定子和转子,旋变转子(副边)随电机转轴同步旋转,原边和副边之间的磁场耦合度与旋变转子所在的不同位置相关,使得转子绕组输出的感应电压与转子的绝对位置相关。

正、余弦旋变的定、转子绕组分布如图 9.25(a)所示,其中 D_1D_2 和 D_3D_4 分别为空间上互差 $90°$ 的定子励磁绕组和补偿绕组;Z_1Z_2 和 Z_3Z_4 分别是空间互差 $90°$ 的正弦输出绕组和余弦输出绕组。

在励磁绕组 D_1D_2 上施加一个交变的励磁电压 U_s 时,气隙中会产生一个脉振的磁场,其方向与 D_1D_2 绕组轴线方向相同,此脉振磁场在转子的两个绕组中分别感应出相位差 $90°$ 的脉振感应电动势,随着 Z_1Z_2 轴线与 D_1D_2 轴线夹角 θ 的变化,在 Z_1Z_2 和 Z_3Z_4 中感应出的电动势相位也相应随之变化。

依据变压器原理,在 Z_1Z_2 和 Z_3Z_4 中感应出的电动势可以表示为气隙磁通 Φ_D 和 θ 的函数关系,如下所示:

$$\begin{cases} E_{Z12} = 4.44fN_1\Phi_D\sin\theta = E_m\sin\theta \\ E_{Z34} = 4.44fN_1\Phi_D\cos\theta = E_m\cos\theta \end{cases} \tag{9.40}$$

其中,N_1 和 f 分别为励磁绕组匝数和励磁电压频率;E_m 为励磁绕组轴线和转子绕组轴线重合时的感应电动势幅值。

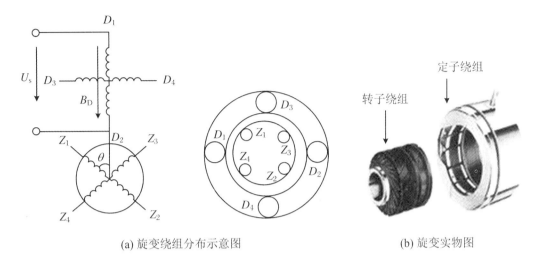

(a) 旋变绕组分布示意图　　　　　　(b) 旋变实物图

图 9.25　旋转变压器结构

设电动势 E_D 为气隙磁通 Φ_D 在定子励磁绕组 D_1D_2 中感应而得，其中 E 和 ω_s 分别为励磁电压的幅值和角频率，且有

$$E_D = E\sin(\omega_s t) \tag{9.41}$$

根据变压器原理可知

$$k = \frac{E_m}{E_D} = \frac{N_1}{N_2} \tag{9.42}$$

其中，N_1 和 N_2 分别为励磁绕组与转子正、余弦输出绕组的匝数。

因此，旋变正、余弦输出绕组的输出电压可以整理为

$$\begin{cases} E_{Z12} = E_m\sin\theta = kE\sin(\omega_s t)\sin\theta \\ E_{Z34} = E_m\cos\theta = kE\sin(\omega_s t)\cos\theta \end{cases} \tag{9.43}$$

由以上分析可知，旋变输出信号为包含电机位置信息的正、余弦电压信号，健康状态下其正、余弦输出电压信号幅值均为 kE 且相位相差 $90°$，两路正、余弦电压信号经由 AD2S1205 解调芯片解调后输出实际电机转子位置信号 θ。

2. 解码原理

解码芯片 AD2S1205 内部结构框图如图 9.26 所示。

AD2S1205 采用 TypeⅡ闭环跟踪原理，TypeⅡ闭环由乘法器、相敏解调器、积分器、滤波器等组成。由 EXC 和 EXC- 两个引脚提供正弦激励信号给旋转变压器的激励绕组，获得承载转子位置信息的旋变正弦输出信号和旋变余弦输出信号，经过相应处理后送入 AD2S1205 的 Sin/SinLO 和 Cos/CosLO 输入端，分别经过 ADC 变换后，送入 TypeⅡ闭环。环路连续跟踪旋转变压器的位置和速度，而不需要外部转换和等待状态。当旋转变压器的位置旋转了相当于最低有效位的角度时，跟踪闭环输出更新 1 LSB（最低有效位）。

旋变解码芯片解调原理如图 9.27 所示。旋转变压器数字转换器内部产生的输出角 φ 反馈并且与转子位置 θ 进行比较，借此来跟踪电机转子位置 θ，θ 与 φ 之间的差值即为误差，如果旋转变压器数字转换器能正确跟踪转子位置 θ，则误差就趋于零；具体地说，两路旋变模拟输出信号经过 ADC 采样后送入 TypeⅡ闭环中的乘法器，此时解码芯片内部产生的输出角 φ 也

送入乘法器。

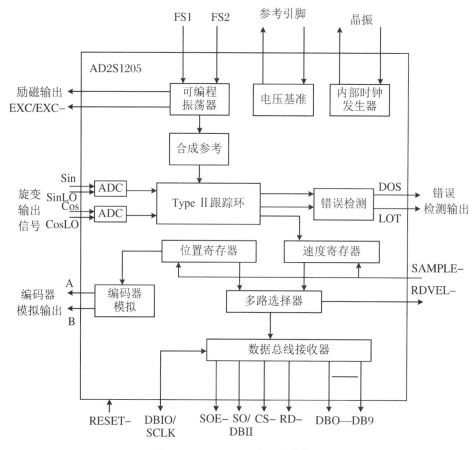

图 9.26 AD2S1205 内部结构框图

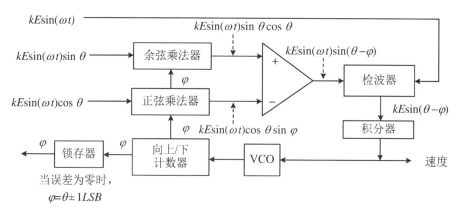

图 9.27 旋变解码芯片解调原理

旋转变压器输出（即旋变解码芯片的输入）的包含转子位置信息的正、余弦信号分别与估计位置角的余弦和正弦值相乘，得到

$$\begin{cases} E_{z_1-z_2} = kE\sin(\omega t)\sin\theta\cos\varphi \\ E_{z_3-z_4} = kE\sin(\omega t)\cos\theta\sin\varphi \end{cases} \tag{9.44}$$

上述两式相减,可得

$$E_{z_1-z_2} - E_{z_3-z_4} = kE\sin(\omega t)(\sin\theta\cos\varphi - \cos\theta\sin\varphi)$$
$$= kE\sin(\omega t)\sin(\theta - \varphi) \tag{9.45}$$

检波器采用相敏解调的原理,如图 9.28 和图 9.29 所示,首先采用乘法器将输入信号 $V_i(t)$ 与参考信号 $V_r(t)$(正弦波或者方波均可)相乘,然后采用低通滤波器滤除高频信号(2倍及以上参考信号频率的信号),即可得到解调信号 $V_o(t)$。

图 9.28 检波器原理

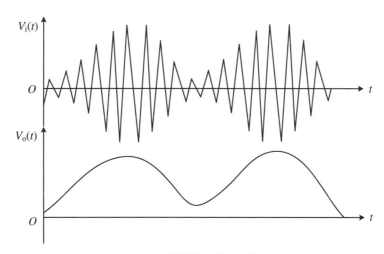

图 9.29 相敏解调检波示意图

3. 旋变故障对 PMSM 驱动系统的影响

由于旋变加工和安装误差、旋变励磁与调理电路非线性等影响,导致旋变正、余弦输出信号出现幅值不完全相等的幅值不平衡故障和(或)相位不完全相差 90°的正交不完善故障,α 表示幅值不平衡度,β 为正交不完善度,如图 9.30 所示。

PMSM 驱动系统位置传感器采用日本多摩川公司的单极正、余弦旋转变压器,包含正交不完善和幅值不平衡故障的旋变正、余弦输出信号可表示为[5]

$$\begin{cases} U_{\sin} = kE \times \sin(\omega_s t) \times \sin(\theta + \beta) \\ U_{\cos} = kE \times (1+\alpha)\sin(\omega_s t) \times \cos\theta \end{cases} \tag{9.46}$$

其中,$U_{\sin}$,$U_{\cos}$ 分别表示旋变正、余弦绕组的输出电压;ω_s 为旋变定子励磁绕组的励磁电压角频率。

根据旋变解码原理,AD2S1205 位置解调芯片基于下式进行位置解调:

$$U_{err} = U_{\sin\text{-}\cos} = kE \times \sin(\omega_s t) \times [\sin(\theta+\beta)\cos\varphi - (1+\alpha)\cos\theta\sin\varphi] \tag{9.47}$$

其中,φ 为基于解码芯片获取的电机转子位置。

AD2S1205 解调芯片的内部闭环反馈算法使得 φ 跟踪电机实际位置 θ,继而使得 U_{err} 趋于

0,式(9.47)变为

$$0 \approx \sin(\theta + \beta)\cos\varphi - (1+\alpha)\cos\theta\sin\varphi \tag{9.48}$$

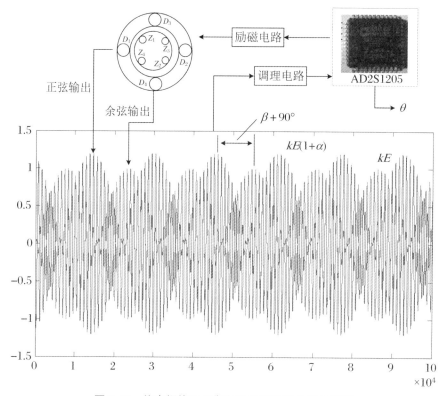

图 9.30 旋变幅值不平衡和正交不完善故障示意图

因此,有

$$(\sin\theta\cos\beta + \cos\theta\sin\beta)\cos\varphi \approx (1+\alpha)\cos\theta\sin\varphi \tag{9.49}$$

由于 $\beta \approx 0$,此时 $\sin\beta \approx \beta$,$\cos\beta \approx 1$,上式可进一步简化为

$$\sin(\theta - \varphi) \approx -\beta\cos\theta\cos\varphi + \alpha\cos\theta\sin\varphi \tag{9.50}$$

令 $\varphi - \theta = \theta_{\text{err}}$,将式(9.50)化简:

$$\sin\theta_{\text{err}} \approx \beta\cos\theta\cos(\theta + \theta_{\text{err}}) - \alpha\cos\theta\sin(\theta + \theta_{\text{err}}) \tag{9.51}$$

当 $\theta_{\text{err}} \approx 0$ 时,$\sin\theta_{\text{err}} \approx \theta_{\text{err}}$,$\cos(\theta + \theta_{\text{err}}) \approx \cos\theta$,$\sin(\theta + \theta_{\text{err}}) \approx \sin\theta$,可得旋变正交不完善和幅值不平衡位置传感器故障产生的位置偏差为

$$\theta_{\text{err}} \approx \beta\frac{1+\cos 2\theta}{2} - \frac{\alpha}{2}\sin 2\theta \tag{9.52}$$

假设定子的三相电流为

$$\begin{cases} i_A = -I_n\sin\omega t \\ i_B = -I_n\sin(\omega t - 120°) \\ i_C = -I_n\sin(\omega t + 120°) \end{cases} \tag{9.53}$$

其中,I_n 为定子电流幅值,ω 为电机定子旋转磁场的同步速度。

使用坐标变换将 A,B 两相电流变换到两相静止坐标系中,可得

$$\begin{pmatrix} i_\alpha \\ i_\beta \end{pmatrix} = \begin{pmatrix} 1 & 0 \\ \dfrac{1}{\sqrt{3}} & \dfrac{2}{\sqrt{3}} \end{pmatrix} \begin{pmatrix} i_A \\ i_B \end{pmatrix} = I_n \begin{pmatrix} -\sin(\omega t) \\ \cos(\omega t) \end{pmatrix} = I_n \begin{pmatrix} -\sin\theta \\ \cos\theta \end{pmatrix} \tag{9.54}$$

其中，$\theta = \omega t$。

如果位置传感器能够准确检测转子角度，则

$$\begin{pmatrix} i_{d0} \\ i_{q0} \end{pmatrix} = \begin{pmatrix} \cos\theta & \sin\theta \\ -\sin\theta & \cos\theta \end{pmatrix} \begin{pmatrix} -I_n\sin\theta \\ I_n\cos\theta \end{pmatrix} = I_n \begin{pmatrix} 0 \\ 1 \end{pmatrix} \quad (9.55)$$

一旦旋变发生正交不完善和幅值不平衡位置传感器故障时，基于 AD2S1205 解调出的转子位置进行坐标变换，获得同步旋转坐标系下电机 d,q 轴定子电流的表达式为[4]

$$\begin{pmatrix} i_d \\ i_q \end{pmatrix} = \begin{pmatrix} (1+\alpha)\cos\theta & \sin(\theta+\beta) \\ -\sin(\theta+\beta) & (1+\alpha)\cos\theta \end{pmatrix} \begin{pmatrix} -I_n\sin\theta \\ I_n\cos\theta \end{pmatrix}$$

$$= I_n \begin{pmatrix} -(1+\alpha-\cos\beta)\cos\theta\sin\theta + \cos\theta\sin\beta\cos\theta \\ \sin^2\theta\cos\beta + (1+\alpha)\cos^2\theta + \sin\beta\cos\theta\sin\theta \end{pmatrix} \quad (9.56)$$

鉴于 β 值比较小，$\sin\beta \approx \beta$ 和 $\cos\beta \approx 1$，将式(9.56)化简为

$$\begin{pmatrix} i_d \\ i_q \end{pmatrix} = I_n \begin{pmatrix} \beta\dfrac{1+\cos 2\theta}{2} - \dfrac{\alpha}{2}\sin 2\theta \\ 1 + \alpha\dfrac{1+\cos 2\theta}{2} + \dfrac{\beta}{2}\sin 2\theta \end{pmatrix} \quad (9.57)$$

式(9.57)清晰地揭示了一旦旋变出现正交不完善和幅值不平衡位置传感器故障，基于 AD2S1205 位置解调芯片获取的转子位置存在位置误差，导致基于旋变获取的转子位置呈现出周期性的持续振荡。此外，位置偏差将导致定子 d,q 轴电流存在二倍频的脉动分量，使 PMSM 驱动系统出现转矩和转速的持续振荡，直接影响驱动系统的控制性能及其安全可靠运行。

9.4.2 旋变故障的在线诊断与容错控制

根据式(9.55)与式(9.57)可求得电流的误差为

$$\begin{pmatrix} i_{d\_err} \\ i_{q\_err} \end{pmatrix} = \begin{pmatrix} i_d \\ i_q \end{pmatrix} - \begin{pmatrix} i_{d0} \\ i_{q0} \end{pmatrix} = I_n \begin{pmatrix} \beta\dfrac{\cos 2\theta}{2} - \dfrac{\alpha}{2}\sin 2\theta \\ \alpha\dfrac{\cos 2\theta}{2} + \dfrac{\beta}{2}\sin 2\theta \end{pmatrix} + I_n \begin{pmatrix} \dfrac{\beta}{2} \\ \dfrac{\alpha}{2} \end{pmatrix} \quad (9.58)$$

可以看出电流误差由直流分量和脉动分量组成。为了求出幅值不平衡系数 α 和正交不完善角度 β，将 q 轴电流提取直流分量后，剩余的部分使用 Δi_q 表示，显然有

$$\Delta i_q = \left(\alpha\dfrac{\cos 2\theta}{2} + \dfrac{\beta}{2}\sin 2\theta\right)I_n \quad (9.59)$$

定义幅值不平衡故障分量 $i_{q\alpha\_rip}$ 和正交不完善故障分量 $i_{q\beta\_rip}$ 分别为

$$\begin{cases} i_{q\alpha\_rip} = \Delta i_q \times \text{sign}(\cos 2\theta) \\ i_{q\beta\_rip} = \Delta i_q \times \text{sign}(\sin 2\theta) \end{cases} \quad (9.60)$$

对式(9.60)积分后，可获得正比于 αI_n、βI_n 的数值，在进一步处理后，可得到 α,β。因此，基于 $\Delta i_q \times \text{sign}(\sin 2\theta)$ 和 $\Delta i_q \times \text{sign}(\cos 2\theta)$ 的计算可实现幅值不平衡和正交不完善不同故障模式的定位和识别，经积分和 PI 调节器输出不同故障模式的故障程度，再基于式(9.52)计算出位置偏差。

提出的位置传感器故障在线诊断及位置误差获取方案如图 9.31 所示。当仅存在幅值不平衡故障时，定子 q 轴电流幅值不平衡分量 $\Delta i_q \times \text{sign}(\cos 2\theta)$ 的积分不为零，经过 PI 调节器

后输出不为 0;而正交不完善故障分量 $\Delta i_q \times \mathrm{sign}(\cos 2\theta)$ 的积分等于 0,经过 PI 调节器后输出亦为 0,即幅值不平衡故障对正交不完善故障程度的获取无影响。

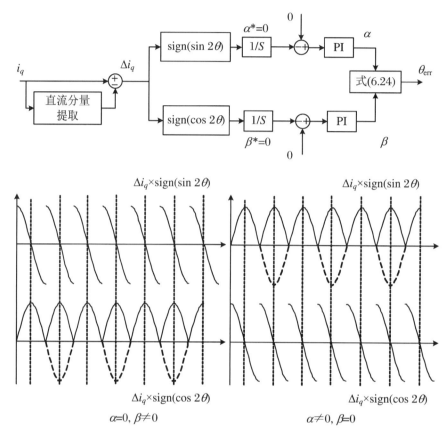

图 9.31 位置传感器故障在线诊断及位置误差获取方案

同理,当仅存在正交不完善故障时,定子 q 轴电流正交不完善故障分量 $\Delta i_q \times \mathrm{sign}(\sin 2\theta)$ 的积分不为 0,经过 PI 调节器后输出也不为 0,而幅值不平衡分量分量 $\Delta i_q \times \mathrm{sign}(\cos 2\theta)$ 的积分为零,经过 PI 调节器后输出依然为 0,正交不完善故障对幅值不平衡故障程度的获取也没有影响。当幅值不平衡和正交不完善故障均存在时,$\Delta i_q \times \mathrm{sign}(\sin 2\theta)$ 和 $\Delta i_q \times \mathrm{sign}(\cos 2\theta)$ 相互正交、互不影响。

由于逆变器死区时间的存在将产生死区效应,导致定子 d,q 轴电流产生六倍频周期性脉动[6],定子 q 轴电流剔除直流分量后的 Δi_q 中也包含六倍频的周期性脉动,采用 $\mathrm{sign}(\sin 2\theta)$ 和 $\mathrm{sign}(\cos 2\theta)$ 进行旋变故障脉动分量提取时,死区效应引起的定子 q 轴电流六倍频周期性脉动同时被整周期提取,如图 9.32 所示。图 9.32 中 $i_{\mathrm{dead\_rip}}$ 表示定子 q 轴电流六倍频周期脉动,$i_{\mathrm{dead\_rip}} \times \mathrm{sign}(\sin 2\theta)$ 和 $i_{\mathrm{dead\_rip}} \times \mathrm{sign}(\cos 2\theta)$ 经图 9.31 的积分器进行积分,其积分值始终为 0,所提出的位置传感器故障在线诊断方法巧妙地回避了逆变器死区效应对位置传感器故障在线诊断精度的影响。

基于所提出的位置传感器故障诊断及容错控制方法,架构集成位置传感器故障在线诊断与容错控制的 PMSM 驱动系统如图 9.33 所示。该系统运行在转速外环和电流内环相结合的双闭环控制模式,其中 ω 和 ω^* 分别为转速实测值和转速指令值;i_d^* 和 i_q^* 为同步旋转坐标系下 d,q 轴定子电流指令;θ 和 i_{abc} 分别为旋变输出经 AD2S1205 解调后获取的转子位置和基于电流传感器获取的三相定子电流；i_d 和 i_q 为 i_{abc} 经坐标变换在同步旋转坐标系下 d,q 轴定子电流。α^*，β^* 分别为位置传感器无故障时的给定值。一旦发生位置传感器故障，位置传感器故障诊断及位置误差获取模块输出 θ_{err}，基于 AD2S1205 解调出的转子位置和 θ_{err} 相加来实现位置误差的实时补偿，实现位置传感器故障后的容错控制。

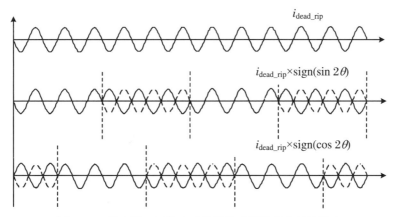

图 9.32 逆变器死区效应对位置传感器故障诊断的影响

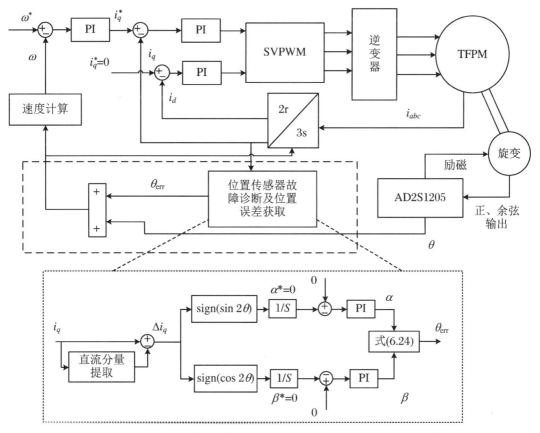

图 9.33 集成位置传感器故障在线诊断和容错控制的 PMSM 驱动系统

9.5 集成旋变故障在线诊断与容错控制的 PMSM 驱动系统仿真研究

基于 Matlab/Simulink 软件,建立集成位置传感器故障在线诊断与容错控制的 PMSM 驱动系统仿真模型,电机标称参数见表 9.2,系统运行在转速控制模式,转速指令值设定为 188 r/min,负载转矩为 3 N·m。

在 $t=0.15\text{ s}$ 旋变同时发生 $\alpha=3\%$ 的幅值不平衡故障和 $\beta=2\%$ 的正交不完善故障,在 $t=0.25\text{ s}$ 将位置传感器故障在线诊断与容错控制算法切入系统闭环运行,位置传感器故障在线诊断结果如图 9.34 所示,图 9.35 为正交不完善和幅值不平衡故障出现前、后及切换至建议的 PMSM 驱动系统运行后的电机转速与定子 q 轴电流动态,系统仿真结果表明:一旦出现位置传感器故障,电机转速和定子 q 轴电流呈现与理论分析相一致的持续振荡;此外,即使在两种故障同时发生的情况下,提出的位置传感器故障在线诊断方法依然能够通过故障模式识别、定位及故障程度评估实现位置传感器故障的在线准确诊断,集成的容错控制策略能够实现位置偏差的合理补偿,有效抑制电机转速与 q 轴电流持续振荡,实现系统的稳定运行。

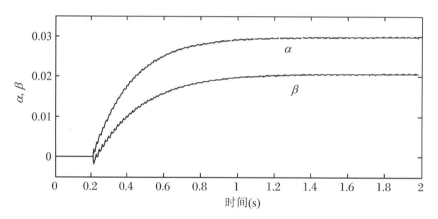

图 9.34 正交不完善和幅值不平衡位置传感器故障的在线诊断

基于 dSPACE 搭建了集成位置传感器故障诊断与容错控制的 PMSM 驱动系统实验测试平台,受控电机标称参数见表 9.2,以日本多摩川公司的单极正、余弦旋变作为位置传感器,负载为变频器控制的工作于转矩控制模式的异步电机驱动系统。旋变的励磁与其输出的正、余弦信号解调均由 dSPACE DS5202 板卡实现,dSPACE 核心板 DS1007 运行建议的 PMSM 驱动系统核心控制算法且输出逆变器功率开关器件的驱动信号,控制驱动系统运行于转速外环和电流内环相结合的双闭环转速控制模式,逆变器开关频率为 10 kHz,死区时间设置为 9 μs,转速给定 188 rpm,负载转矩为 0.5 N·m。

针对集成位置传感器故障在线诊断与容错控制的 PMSM 驱动系统,仅发生不同故障程度幅值不平衡故障的在线动态诊断实测结果如图 9.36 所示,幅值不平衡故障出现前后及切换至建议的 PMSM 驱动系统运行后的电机转速与定子 q 轴电流实测结果如图 9.37 所示。

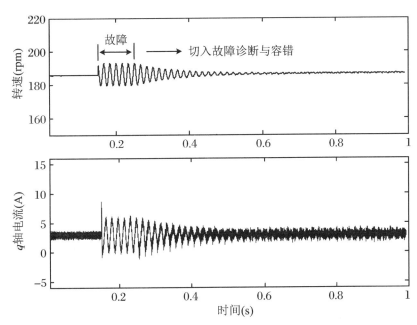

图 9.35 正交不完善和幅值不平衡故障出现前后及切换至建议的 PMSM 驱动系统运行后的电机转速与定子 q 轴电流动态

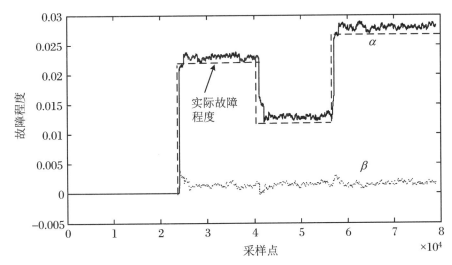

图 9.36 仅发生不同故障程度的幅值不平衡故障的在线动态诊断结果

发生不同故障程度正交不完善故障的在线动态诊断结果如图 9.38 所示,正交不完善故障出现前后及切换至建议的 PMSM 驱动系统运行后的电机转速与定子 q 轴电流实测结果如图 9.39 所示。

同时发生不同程度的正交不完善和幅值不平衡故障的在线动态诊断如图 9.40 所示;同时发生幅值不平衡故障和正交不完善故障前后及切换至建议的驱动系统运行后的电机转速与定子 q 轴电流实测结果如图 9.41 所示。

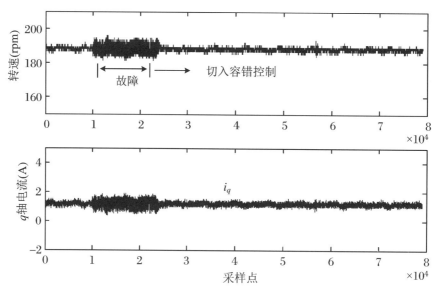

图 9.37 幅值不平衡故障出现前后及切换至建议的 PMSM 驱动系统运行后的电机转速与定子 q 轴电流动态

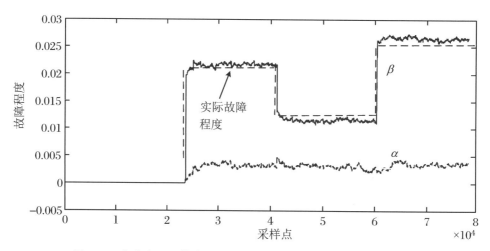

图 9.38 仅存在不同故障程度的正交不完善故障的在线动态诊断结果

系统实验研究表明：不管旋变是同时出现幅值不平衡和正交不完善故障，还是仅出现幅值不平衡故障或正交不完善故障，建议的集成故障在线诊断与容错控制的驱动系统均能够实现位置传感器故障的在线准确诊断及容错控制，能够有效抑制位置传感器故障时的转速与定子 q 轴电流持续振荡，并将系统重新镇定至稳态，实现位置传感器故障下的系统安全可靠运行，且具有不受逆变器死区效应影响的技术优势。

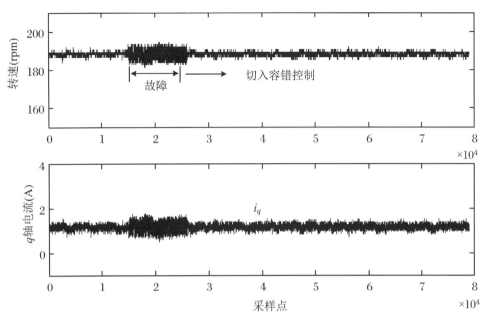

图 9.39　正交不完善故障出现前后及切换后的转速与定子 q 轴电流动态

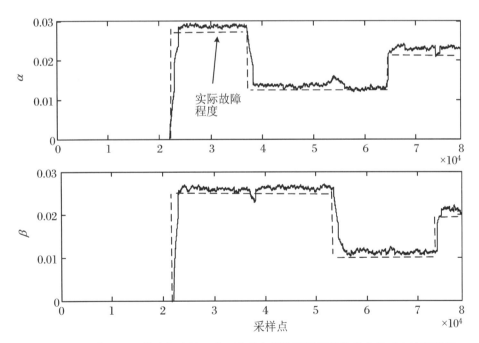

图 9.40　同时发生不同故障程度的正交不完善和幅值不平衡故障的在线动态诊断结果

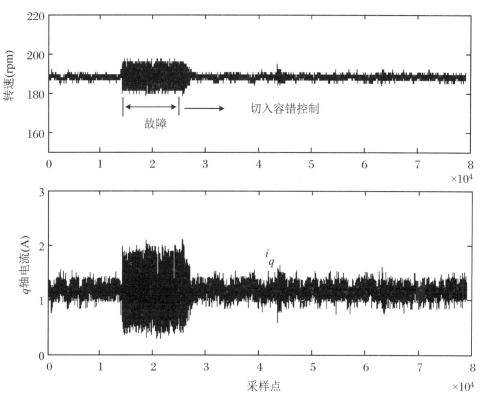

图 9.41 正交不完善和幅值不平衡故障出现前后及切换后的转速与定子 q 轴电流动态

9.6 本章小结

  本章重点研究 PMSM 驱动系统关键传感器的电流传感器、位置传感器的故障在线诊断与容错控制。针对电流传感器偏置和(或)增益故障,在基于微分代数的电流传感器故障诊断研究工作的启发下,首次研究了逆变器死区效应对基于微分代数的电流传感器故障诊断精度的影响,创新性地提出了集成逆变器死区补偿、电流传感器故障诊断与自适应容错控制的驱动系统安全稳定运行的一体化解决方案,该方案巧妙地回避了逆变器输出电压采样困难的问题,而且有效地解决了逆变器指令电压与参考电压偏差过大导致的基于微分代数的电流传感器故障诊断失效,及系统难于实现电流传感器故障的自适应容错运行的难题,实现了电流传感器偏置和(或)增益故障的在线准确诊断与容错控制。

  针对旋转变压器正交不完善和(或)幅值不平衡位置传感器故障,基于位置传感器故障所产生的位置偏差及在 d,q 轴定子电流中所表征出的故障特征分析,提出了提取和分离定子 q 轴电流中的故障脉动分量、匹配积分器及 PI 调节器的设计,通过幅值不平衡和(或)正交不完善故障模式定位、识别和故障程度评估实现位置传感器故障的在线诊断,再基于获取的故障程度对旋变解调芯片输出的解调位置进行补偿的自适应容错控制,不仅实现了位置传感器故障的在线准确诊断和自适应容错控制,而且具有巧妙回避逆变器死区效应对位置传感器故障在线诊断与容错控制影响的技术优势。

参 考 文 献

[1] 陈伯时. 电力拖动自动控制系统:运动控制系统[M]. 北京:机械工业出版社,2003.

[2] Nandi S, Toliyat H A, Senior, et al. Condition monitoring and fault diagnosis of electrical motors: a review[J]. IEEE TRANSACTIONS ON ENERGY CONVERSION, 2005, 20(4): 719-729.

[3] 黄苏融,罗志武,王爽,等. 车用磁阻式旋变解码器及其校正算法研究[J]. 电机与控制应用,2011,38(12):1-9.

[4] 文建平. 具有在线故障诊断与容错控制功能的 PMSM 转子位置获取技术研究[D]. 合肥:合肥工业大学,2015.

[5] 江战红,李红梅,刘应龙. 基于旋转变压器的 IPMSM 系统转子位置获取[J]. 微电机,2013,49(11):92-99.

[6] Zhou Y N, Li H M, Yao H Y. Model-free control of surface mounted PMSM drive system[C]. IEEE International Conference on Industrial Technology, 2019: 175-180.

第 10 章　永磁体退磁故障诊断与容错控制

受功率密度、控制方式以及运行环境的影响，PMSM 驱动系统易出现永磁体局部退磁或均匀退磁故障，为了实现电动汽车 PMSM 驱动系统的安全可靠运行，PMSM 退磁故障诊断与故障模式识别已成为亟须解决的关键技术之一。本章通过对永磁体退磁故障形成机理的分析，建立计及永磁体退磁故障的 PMSM 模型，并分别针对均匀退磁与局部退磁故障介绍常用的故障诊断方法，给出了集退磁故障模式识别、故障程度评估与容错控制为一体的 PMSM 驱动系统退磁故障诊断与容错控制方案。

10.1　PMSM 退磁故障与建模

10.1.1　永磁体退磁故障形成机理

PMSM 永磁体退磁故障形成机理，源于永磁材料稳定性易受电机电枢反应、工作温度、酸碱腐蚀环境、制造缺陷及自然寿命等因素的综合影响而导致磁感应强度幅值减小或畸变，形成永磁体局部退磁或均匀退磁故障。退磁机理分析如下：

(1) PMSM 驱动系统过载或散热条件无法满足要求时，永磁体工作温度将显著升高，增强其内部磁畴活跃程度并影响其磁化能力。PMSM 中常用的钕铁硼等永磁材料的居里温度较低(310～410 ℃)，磁化强度矫顽力 H_{ci} 的温度系数为 $-(0.6\%\sim0.7\%)\mathrm{K}^{-1}$，而剩余磁感应强度 B_r 的温度系数则达 $-0.013\%\ \mathrm{K}^{-1}$，因此，工作温度的升高将引起永磁材料明显的磁损失。受此影响，PMSM 电磁转矩降低，特别是在驱动恒转矩负载时，定子电枢电流明显升高，导致电机铜耗增加并进一步提高永磁体工作温度，加快永磁体退磁进程[1]，形成 PMSM 永磁体工作温度与永磁体退磁故障之间的恶性循环，永磁体动态退磁过程如图 10.1 所示[2]。

(2) 由于 PMSM 电枢反应磁场与永磁体磁场方向相反，其具有天然的永磁体退磁作用。尤其在大转速动态或大负载工况时，PMSM 瞬态电枢电流明显增加，电枢反应磁场的永磁体退磁作用增强，极易引起不可逆的永磁体局部退磁故障或均匀退磁故障[3-5]，并形成电枢反应与退磁故障之间的恶性循环，扩大故障程度。

(3) 稀土永磁材料内部含有大量的金属元素，导致其易受外部环境影响而出现氧化或腐蚀现象，引起不可逆的永磁材料组织变化，从而导致永磁体退磁故障[6-8]。永磁材料的氧化程度随其工作寿命的增加而加剧，氧化后的永磁材料特性松脆，在 PMSM 驱动系统高速运行等极端工况下存在永磁体瓦解的风险,影响系统的运行安全。

(4) 钐钴、钕铁硼等烧结永磁材料在高性能 PMSM 驱动系统中获得了广泛应用,上述材料特性松脆,在永磁体的制造、装配及 PMSM 运行过程中容易出现裂纹等技术瑕疵[9-11]。而在车用领域,受不可避免的振动与冲击影响,烧结永磁材料处于高能量不稳定运行状态的原有磁矩可能向低能量方向摆动与偏转,上述磁矩的摆动及偏转随着时间的推移将趋于稳定,形成不可逆退磁。此外,永磁材料也有一定的时效性,随着使用寿命的增加,

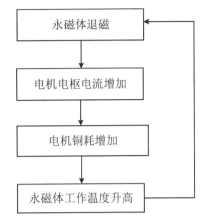

图 10.1 受工作温度影响的永磁体动态退磁过程

不可避免地会出现一定的磁损失,损失量与其使用时间的对数近似呈现出线性关系[12-13]。

综上所述,永磁体退磁故障的出现,可以归咎于上述因素的单独或联合作用,在不同应用领域,上述因素的影响程度不同。在车用领域,受运行环境、电机功率密度、散热条件及电机运行工况的限制,氧化、腐蚀、振动、时效等因素对永磁体产生的影响相对有限,而电机过载、散热条件不满足要求和定子绕组故障等原因引起的环境温度升高及大瞬态电流引起的强电枢反应磁场则是导致永磁体退磁故障的主要因素[14],前者通常会导致永磁体均匀退磁故障,后者则常引起局部退磁故障。尽管在 PMSM 永磁体的设计、制造、装配及电机运行等环节已采取了多种技术措施来预防永磁体局部退磁故障与均匀退磁故障的发生[15-19],但在上述因素的综合作用下,永磁体退磁故障依然难以完全避免。

10.1.2 计及退磁故障的 PMSM 系统建模

为了实现 PMSM 永磁体退磁故障电气特征的定性分析与定量描述,通过有限元分析软件建立描述永磁体退磁故障的 PMSM 物理模型,从而获取永磁体空载径向气隙磁密。再通过傅里叶变换,实现退磁故障时永磁体空载径向气隙磁密的频谱分析,建立计及永磁体退磁故障的 PMSM 数学模型。计及退磁故障的 PMSM 物理模型与数学模型是开展 PMSM 驱动系统永磁体退磁故障诊断、故障模式识别及容错控制的研究基础。

1. 计及永磁体退磁故障的 PMSM 物理模型

有限元分析(finite element analysis,FEA)是一种建立在离散化基础之上的数值计算方法。本章采用 Ansoft 公司的 MAXWELL 有限元分析软件建立计及永磁体退磁故障的 PMSM 物理模型以获取永磁体退磁故障时的空载径向气隙磁密,永磁体磁链求解流程如图 10.2 所示。

在此求解流程中,需要设置材料属性、边界条件、网格、可执行参数及后处理等多个步骤。其中,网格的设置划分对有限元分析结果起着至关重要的作用,其不仅决定了有限元软件解决问题和分析问题的能力,也决定了有限元分析过程的计算量及分析精度。网格剖分可以通过自动剖分和手工剖分两种途径实现,自动网格剖分设置相对简单且计算量小,而手工剖分则可以获得更高的求解精度,但计算量相对较大,尤其是在 PMSM 故障状态下,由于此时电机物理结构不再对称,需要建立有限元全模型来实现内部电磁关系的分析与处理,若采用精细的手工

剖分,计算量将成倍增加。

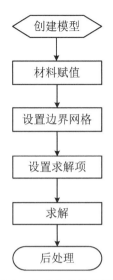

图 10.2 永磁体磁链求解流程

在永磁体退磁故障物理建模过程中,对于电机过载、散热条件不满足要求和定子绕组故障原因引起的环境温度升高及大瞬态电流引起的强电枢反应产生的外磁场所导致的永磁体退磁故障,在永磁体物理结构上采用集中方式予以表征。由于永磁体出现局部退磁故障时 PMSM 的物理结构不再对称,因此,建立 PMSM 的有限元全模型来分析其内部电磁关系及永磁体空载径向气隙磁密的变化。对永磁体退磁故障中的局部退磁与均匀退磁的有限元建模分析过程将予以分别介绍。

(1) 局部退磁的建模分析:鉴于永磁体局部退磁故障的形式过于繁杂,通常以局部退磁故障集中在一个永磁体上为例予以研究。具体表征为在构建有限元模型时,将某个永磁体的材料属性设置为空气。为了分析比较永磁体出现退磁故障与永磁体健康状态时的差别。图 10.3～图 10.5 给出了永磁体健康状态时的有限元分析模型、永磁体空载径向气隙磁密及其傅里叶频谱图。

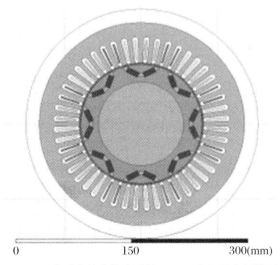

图 10.3 永磁体健康状态时的 PMSM 有限元分析模型

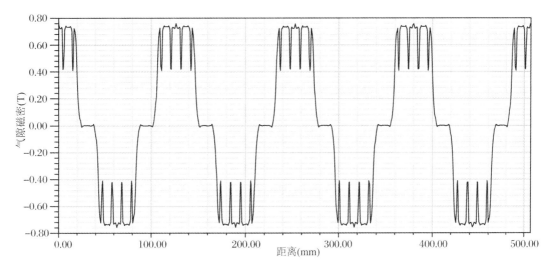

图 10.4 永磁体健康状态时的空载径向气隙磁密

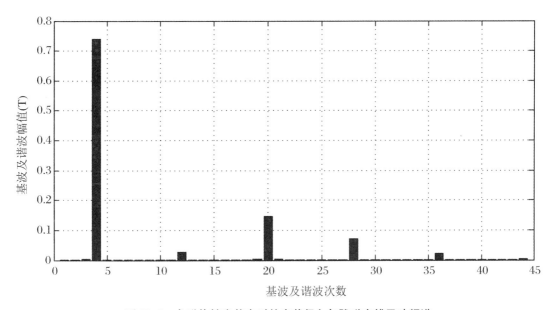

图 10.5 永磁体健康状态时的空载径向气隙磁密傅里叶频谱

单个永磁体退磁 50%时的 PMSM 有限元分析模型、永磁体空载径向气隙磁密及其傅里叶频谱图分别如图 10.6～图 10.8 所示。

所分析的 PMSM 极对数为 4,故图 10.5 和图 10.8 中的 4 次谐波为永磁体空载径向气隙磁密基波,其余谐波为整数次(4 的整数倍谐波)或非整数次谐波(4 的非整数倍谐波)。在图 10.7 中,与永磁体健康状态相比,PMSM 出现永磁体局部退磁故障,单个永磁体退磁 50%时,在该处的空载径向气隙磁密降低一半左右。在图 10.8 中,永磁体径向空载气隙磁密的 k/n_p(n_p 为极对数,k 为正整数)次非整数次谐波明显增加,而各整数次谐波的变化则较为微弱。

(2) 均匀退磁的建模分析:为了表征永磁体的均匀退磁情况,以均匀退磁 50%为例,均匀对称地移去沿定子内径分布的永磁体,有限元模型如图 10.9 所示,将移去永磁体的部分材料设置为空气。永磁体空载径向气隙磁密及其傅里叶频谱如图 10.10 和图 10.11 所示。由图 10.11 可见,与永磁体健康状态时相比,PMSM 出现永磁体均匀退磁故障时并没有出现如图 10.8 所示的永磁体气隙磁密非整数次特征谐波的明显变化,只是呈现出永磁体空载径向气隙磁密基波及各整数次谐波与永磁体均匀退磁程度成比例的衰减。同时,由于永磁体的大量退磁会使气隙磁密较低。

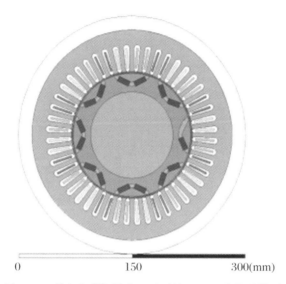

图 10.6　单个永磁体退磁 50% 时的 PMSM 有限元模型

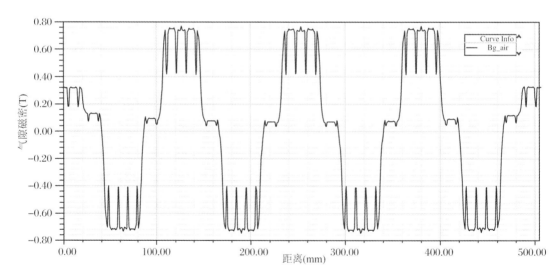

图 10.7　单个永磁体退磁 50% 时的空载径向气隙磁密

2. 计及永磁体退磁故障的 PMSM 数学模型

为了建立永磁体退磁故障的 PMSM 数学模型,首先分析退磁故障时永磁体定子绕组磁链。PMSM 永磁体出现局部退磁故障时,永磁体空载径向气隙磁场中出现了明显的非整数次谐波,其傅里叶频谱可以表示为

$$B_r(\theta) = \sum_{k=1}^{\infty} B_{k/n_p} \cos\left(\frac{k}{n_p}\theta\right) \tag{10.1}$$

式中，k 为正整数，n_p 为极对数，θ 为 d 轴（永磁体气隙磁场轴线）与 PMSM A 相轴线之间的夹角。

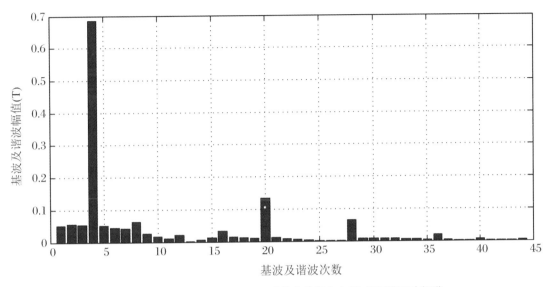

图 10.8 单个永磁体退磁 50% 时的空载径向气隙磁密傅里叶频谱

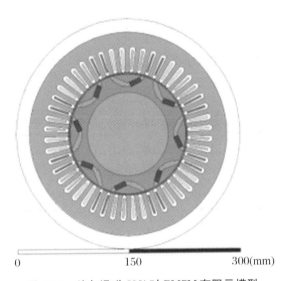

图 10.9 均匀退磁 50% 时 PMSM 有限元模型

永磁体在 PMSM 定子三相绕组中产生的磁链可以表示为

$$\begin{cases} \psi_A = \sum_{k=1}^{\infty} \psi_{k/n_p} \cos\left(\dfrac{k}{n_p}\theta\right) \\ \psi_B = \sum_{k=1}^{\infty} \psi_{k/n_p} \cos\left[\dfrac{k}{n_p}\left(\theta - \dfrac{2}{3}\pi\right)\right] \\ \psi_C = \sum_{k=1}^{\infty} \psi_{k/n_p} \cos\left[\dfrac{k}{n_p}\left(\theta + \dfrac{2}{3}\pi\right)\right] \end{cases} \quad (10.2)$$

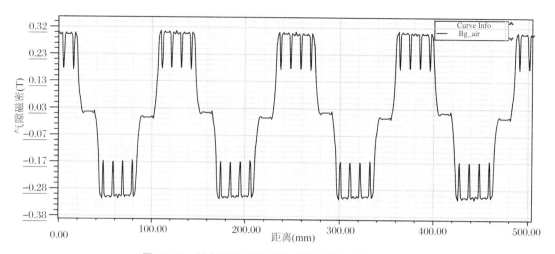

图 10.10　均匀退磁 50%时永磁体空载径向气隙磁密

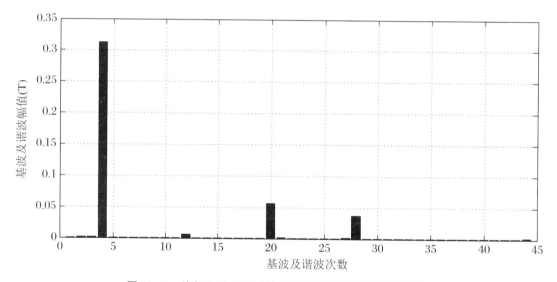

图 10.11　均匀退磁 50%时的空载径向气隙磁密傅里叶频谱

式中,ψ_{k/n_p} 为永磁体在 PMSM 三相定子绕组中产生的基波(正整数 k 取为极对数 n_p)与各次谐波磁链幅值,其值可以通过式(10.3)计算获取:

$$\psi_v = \frac{2}{\pi}\left(l_{ef}\frac{\tau}{v}\right)B_v(NK_{dpv}) \tag{10.3}$$

式中,l_{ef} 表示电枢铁心有效长度;τ 表示电机极距;ψ_v 为永磁体第 v 次谐波磁密幅值;N 为定子电枢绕组每相串联匝数;K_{dpv} 为第 v 次谐波绕组系数,v 为永磁体磁链谐波次数,取为式(10.2)中的 k/n_p。

为了建立同步速旋转的 dq 坐标系下的 PMSM 数学模型,作如下假设:

(1) 忽略铁心饱和、涡流损耗及磁滞损耗。
(2) 转子上无阻尼绕组。
(3) 永磁材料电导率为零。
(4) 定子绕组中感应电势正弦。

基于上述假设和坐标变换理论，获得 PMSM 定子端电压约束方程为

$$\begin{cases} u_d = R_s i_d + \dfrac{\mathrm{d}\psi_d}{\mathrm{d}t} - \omega_e \psi_q \\ u_q = R_s i_d + \dfrac{\mathrm{d}\psi_q}{\mathrm{d}t} - \omega_e \psi_d \end{cases} \tag{10.4}$$

d,q 轴定子磁链方程为

$$\begin{cases} \psi_d = L_d i_d + \psi_f \\ \psi_q = L_q i_q \end{cases} \tag{10.5}$$

电磁转矩方程为

$$T_e = n_p (\psi_d i_q - \psi_q i_d) \tag{10.6}$$

机电运动方程为

$$T_e - T_L = J \dfrac{\mathrm{d}(\omega_e / n_p)}{\mathrm{d}t} \tag{10.7}$$

式中，u_d, u_q 为 d,q 轴定子电压；i_d, i_q 为 d,q 轴定子电流；ψ_d, ψ_q 为 d,q 轴定子磁链；L_d, L_q 为 d,q 轴定子绕组电感；ψ_f 为永磁体基波磁场在定子绕组中产生的磁链；ω_e 表示转子电气角速度；n_p 表示电机极对数。

一旦出现永磁体局部退磁故障，永磁体磁场中除基波成分外，亦将出现大量的非整数次谐波，并产生大量如式(10.2)所示的永磁体定子绕组谐波磁链，对于式(10.2)所示的 abc 坐标系上的定子磁链仍然可以通过坐标变换转换为 dq 坐标系上的定子磁链[20]。

为了在保证 PMSM 局部退磁故障建模精度的同时兼顾模型复杂度，降低计算量，需要重点关注能够有效描述局部退磁故障的非整数次谐波磁链。由图 10.8 可知，出现永磁体局部退磁故障时，以 $\dfrac{7}{4}$ 次以内的非整数次气隙磁密的变化最为明显，因此，将非整数次气隙磁密特征谐波取到 $\dfrac{7}{4}$ 次；同时，考虑到 $6n \pm 1$（n 为正整数）次气隙磁密谐波主要由 PMSM 转子结构不完全对称所导致，受永磁体局部退磁故障的影响较小，且其产生的谐波磁链随着谐波次数的升高而明显下降，故在建模过程中仅取幅值较大的 5 次和 7 次谐波，变换结果如下式：

$$\begin{cases} \psi_{rd} = \dfrac{1+\sqrt{3}}{3}(\psi_{3/4} + \psi_{5/4})\cos(\theta/4) + \dfrac{2}{3}(\psi_{2/4} + \psi_{6/4})\cos(2\theta/4) + \dfrac{1}{3}(\psi_{1/4} + \psi_{7/4})\cos(3\theta/4) + \psi_1 \\ \quad + \dfrac{1-\sqrt{3}}{3}\psi_{1/4}\cos(5\theta/4) - \dfrac{1}{3}\psi_{2/4}\cos(6\theta/4) + \dfrac{1-\sqrt{3}}{3}\psi_{3/4}\cos(7\theta/4) + \psi_2\cos(3\theta) + \dfrac{1}{3}\psi_{5/4}\cos(9\theta/4) \\ \quad + \dfrac{2}{3}\psi_{6/4}\cos(10\theta/4) + \dfrac{1+\sqrt{3}}{3}\psi_{7/4}\cos(11\theta/4) + (\psi_5 + \psi_7)\cos(6\theta) \\ \psi_{rq} = \dfrac{1+\sqrt{3}}{3}(\psi_{5/4} - \psi_{3/4})\sin(\theta/4) + \dfrac{2}{3}(\psi_{6/4} - \psi_{2/4})\sin(2\theta/4) + \dfrac{1}{3}(\psi_{7/4} - \psi_{1/4})\sin(3\theta/4) \\ \quad + \dfrac{\sqrt{3}-1}{3}\psi_{1/4}\sin(5\theta/4) + \dfrac{1}{3}\psi_{2/4}\sin(6\theta/4) + \dfrac{\sqrt{3}-1}{3}\psi_{3/4}\sin(7\theta/4) - \psi_2\sin(3\theta) - \dfrac{1}{3}\psi_{5/4}\sin(9\theta/4) \\ \quad - \dfrac{2}{3}\psi_{6/4}\sin(10\theta/4) - \dfrac{1+\sqrt{3}}{3}\psi_{7/4}\sin(11\theta/4) + (-\psi_5 + \psi_7)\sin(6\theta) \end{cases} \tag{10.8}$$

根据式(10.8)，即可获得永磁体退磁故障时的 PMSM 磁链方程为

$$\begin{cases} \psi_{fd} = L_d i_d + \psi_{rd} \\ \psi_{fq} = L_q i_q + \psi_{rq} \end{cases} \tag{10.9}$$

式中,ψ_{rd},ψ_{rq} 为退磁故障时 d,q 轴永磁体磁链,ψ_{fd},ψ_{fq} 为永磁体退磁故障时 d,q 轴定子磁链。

将式(10.8)代入式(10.4)和式(10.6),获得永磁体退磁故障时 PMSM 端电压约束方程和电磁转矩方程为

$$\begin{cases} u_d = R_s i_d + \dfrac{\mathrm{d}\psi_{fd}}{\mathrm{d}t} - \omega_e \psi_{fq} \\ u_q = R_s i_q + \dfrac{\mathrm{d}\psi_{fq}}{\mathrm{d}t} - \omega_e \psi_{fd} \end{cases} \tag{10.10}$$

$$T_e = n_p(\psi_{fd} i_q - \psi_{fq} i_d) \tag{10.11}$$

联立式(10.7)和式(10.9)~式(10.11)即可获得计及永磁体退磁故障同步旋转 dq 坐标系的 PMSM 数学模型。

尽管上述计及永磁体退磁故障的 PMSM 数学模型的建模思路建立在永磁体局部退磁故障分析基础之上,但鉴于永磁体退磁故障是通过 PMSM 磁链方程来描述的,因此,所建立的计及永磁体退磁故障的 PMSM 数学模型具有普遍适用性,可以作为永磁体健康状态、永磁体局部退磁故障、永磁体均匀退磁故障及考虑转子结构不完全对称所引起的空间气隙磁密谐波时的统一数学模型。

10.2 PMSM 退磁故障诊断

10.2.1 基于模型驱动的 PMSM 均匀退磁故障诊断

基于永磁体磁链辨识的 PMSM 均匀退磁故障诊断对于 PMSM 运行工况而言,常因过载、散热条件不满足要求以及定子绕组故障等原因而导致永磁体环境温度升高,引起永磁体均匀退磁故障,并形成永磁体均匀退磁故障与环境温度之间的恶性循环,加快退磁进程。该故障模式不会造成 PMSM 永磁体等效物理结构的不对称,在电机定子电流中不会出现故障特征谐波。针对 PMSM 永磁体均匀退磁故障,通常采用基于模型驱动的方法辨识永磁体磁链,实现 PMSM 均匀退磁故障的诊断。

基于模型驱动的永磁体退磁故障诊断方法通过对 PMSM 物理模型或数学模型分析而获得永磁体磁链,实现永磁体退磁故障的定性描述与定量诊断。基于模型驱动的 PMSM 永磁体磁链辨识方法主要包括 PMSM 有限元模型法、以进化算法为代表的人工智能法以及基于动态数据处理技术的在线辨识法。有限元模型法通过对 PMSM 有限元模型的分析、处理,获取 PMSM 准确的永磁体磁链,但其为物理模型,难以实现与实际 PMSM 驱动系统的衔接,且计算量大,无法实现 PMSM 运行过程中永磁体磁链的实时获取及退磁故障诊断,多用于 PMSM 设计过程中的永磁体抗退磁性能优化。

以进化算法为代表的人工智能方法由于具有较强的非线性处理能力,可以将 PMSM 永磁

体磁链辨识问题转化为非线性系统的动态寻优问题,实现 PMSM 永磁体磁链的准确辨识,辨识结果可以作为永磁体均匀退磁故障诊断的依据,但其计算量较大。

基于动态数据处理技术构建永磁体磁链在线观测器能够在线准确获取 PMSM 永磁体磁链,为均匀退磁故障诊断提供准确的定量数据,且便于与其他方案融合实现永磁体退磁故障模式识别与容错控制,但龙贝格观测器、最小二乘法等观测器设计算法普遍受到测量噪声、电机参数变化以及考虑参数变化时辨识模型欠秩等因素的联合制约,在实际应用中直接影响永磁体磁链的辨识精度。

综上所述,本节基于动态数据处理技术构建永磁体磁链在线观测器以实现 PMSM 永磁体磁链的在线辨识,重点介绍永磁体磁链辨识过程中噪声干扰、电机参数变化及考虑参数变化时的辨识模型欠秩、合理兼顾永磁体辨识精度、辨识速度与计算量等关键技术问题,获取准确的永磁体磁链,为永磁体均匀退磁故障的在线诊断提供依据。

10.2.1.1 永磁体磁链辨识的 PMSM 状态方程

基于模型驱动的 PMSM 均匀退磁故障诊断关键技术是永磁体磁链的辨识。首先介绍永磁体磁链辨识的 PMSM 状态方程。

在同步旋转 dq 坐标系下,PMSM 的电流动态方程为

$$\begin{cases} \dfrac{\mathrm{d}i_d}{\mathrm{d}t} = \dfrac{u_d}{L_d} - \dfrac{R_s}{L_d}i_d + \dfrac{\omega_e L_q}{L_d}i_q \\ \dfrac{\mathrm{d}i_q}{\mathrm{d}t} = \dfrac{u_q}{L_q} - \dfrac{R_s}{L_q}i_q - \dfrac{\omega_e L_d}{L_q}i_d - \dfrac{\omega_e \psi_f}{L_q} \end{cases} \quad (10.12)$$

式中,u_d,u_q 为 d,q 轴定子电压;i_d,i_q 为 d,q 轴定子电流;ψ_d,ψ_q 为 d,q 轴定子磁链;L_d,L_q 为 d,q 轴定子绕组电感;ψ_f 为永磁体磁链,ω_e 为转子电气角速度;n_p 为电机极对数。

为实现 PMSM 永磁体磁链 ψ_f 的在线辨识,需要将其作为状态变量来处理。考虑到永磁体磁链的缓变特性,在动态系统的一个控制周期内可以认为其变化量为零,联立式(10.12)即可获得永磁体磁链辨识的 PMSM 状态方程,如下式[21-23]:

$$\begin{cases} \dfrac{\mathrm{d}i_d}{\mathrm{d}t} = \dfrac{u_d}{L_d} - \dfrac{R_s}{L_d}i_d + \dfrac{\omega_e L_q}{L_d}i_q \\ \dfrac{\mathrm{d}i_q}{\mathrm{d}t} = \dfrac{u_q}{L_q} - \dfrac{R_s}{L_q}i_q - \dfrac{\omega_e L_d}{L_q}i_d - \dfrac{\omega_e \psi_f}{L_q} \\ \dfrac{\mathrm{d}\psi_f}{\mathrm{d}t} = 0 \end{cases} \quad (10.13)$$

根据式(10.13)描述的 PMSM 状态方程,系统状态向量 x、输入向量 u 及输出向量 y 可以分别表示为

$$x = (i_d, i_q, \psi_f)^\mathrm{T}, \quad u = \left(\dfrac{u_d}{L_d}, \dfrac{u_q}{L_q}\right), \quad y = (i_d, i_q)^\mathrm{T} \quad (10.14)$$

由于永磁体磁链包含在状态变量中,通过一定的非线性滤波方法即能实现非线性系统的状态估计,从而实现 PMSM 永磁体磁链的在线辨识。

10.2.1.2 PMSM 永磁体磁链的非线性辨识

非线性辨识方法以扩展卡尔曼滤波、无迹卡尔曼滤波、粒子滤波以及无迹粒子滤波等典型非线性滤波算法为例,研究其在永磁体磁链辨识中的应用,并对上述算法的辨识性能进行综合

比较分析。

1. 基于扩展卡尔曼滤波的 PMSM 永磁体磁链辨识

卡尔曼滤波(Kalman filter,KF)为线性、高斯条件下递推贝叶斯估计问题的最优解,而在一般非线性系统中,满足最优解的条件已不再成立。在寻求各种不同的近似途径以获取次优解的方法中,最直接的途径就是对系统的非线性函数进行近似化处理。扩展卡尔曼滤波(extended Kalman filter,EKF)即是对非线性函数进行近似线性化处理的非线性高斯滤波方法。下面首先简单介绍一下用于 PMSM 永磁体磁链辨识以实现永磁体健康状态监控的扩展卡尔曼滤波。

对于一般非线性系统,其系统状态方程和离散化的测量方程可表示为

$$\begin{cases} \dot{x}(t) = f[x(t)] + Bu(t) + \sigma(t) \\ y(t_k) = h[x(t_k)] + \mu(t_k) \end{cases} \tag{10.15}$$

式中,$\dot{x}(t)$ 为系统状态变量,$y(t_k)$ 为观测(测量)量;$f(\cdot)$,$h(\cdot)$ 分别表示系统状态转移方程和测量方程;$\sigma(t)$,$\mu(t_k)$ 分别为考虑模型不确定性和测量不确定性的系统噪声与测量噪声,其方差矩阵分别为 $Q(t)$,$R(t)$;$u(t)$ 为确定性输入向量。

EKF 算法针对上述非线性系统,利用噪声与信号的状态空间在时域内设计滤波器,并利用测量数据对预测值的修正能力,在最小方差约束下消除随机噪声干扰,实现式(10.15)所示的非线性系统在噪声环境下状态变量的最小方差估计[24-25]。该过程包括预测与更新两个阶段,预测阶段首先采用矩形积分技术将式(10.15)中的系统状态方程离散化,再采用 t_{k-1} 到 t_k 采样间隔中作用于系统的输入向量和最新状态估计,计算获取 k 时刻状态向量预测值 $x_{k|k-1}$ 和预测误差协方差 $P_{k|k-1}$;修正阶段则利用实际测量值 y_k 来修正 $x_{k|k-1}$ 和 $P_{k|k-1}$,得到 k 时刻的估计值 $x_{k|k}$ 和估计误差协方差 $P_{k|k}$,并将其作为 k 时刻的最优估计予以输出,其算法见表 10.1。

表 10.1 扩展卡尔曼滤波算法

阶段	算法
预测阶段	$x_{k|k-1} = x_{k-1|k-1} + [f(x_{k-1|k-1}) + B \cdot u_{k-1}]T_s$ $P_{k|k-1} = P_{k-1|k-1} + [F_{k-1}P_{k-1|k-1} + P_{k-1|k-1}F_{k-1}^T]T_s + Q_d$
修正阶段	$x_{k|k} = x_{k|k-1} + K_k[y_k - h(x_{k|k-1})]$ $P_{k|k} = P_{k|k-1} - K_k H_k P_{k|k-1}$
卡尔曼增益	$K_k = P_{k|k-1} H_k^T (H_k P_{k|k-1} H_k^T + R)^{-1}$

表 10.1 中,Q_d,R 分别表示系统噪声和测量噪声协方差矩阵,一般取为恒值对角矩阵;T_s 为控制周期;F_{k-1},H_k 分别表示系统方程和测量方程的雅可比矩阵,计算公式如下:

$$F_{k-1} = \frac{\partial f(x)}{\partial x}\bigg|_{x = x_{k-1|k-1}} \tag{10.16}$$

$$H_k = \frac{\partial h(x)}{\partial x}\bigg|_{x = x_{k|k-1}} \tag{10.17}$$

将式(10.13)及式(10.14)所描述的 PMSM 状态方程、状态向量、输入向量及输出向量代入表 10.1 所示的 EKF 算法流程中,即可实现状态向量的递推估计,亦即实现 PMSM 永磁体磁链的在线辨识。

2. 基于无迹卡尔曼滤波的 PMSM 永磁体磁链辨识

无迹卡尔曼滤波(unscented Kalman filter,UKF)是建立在无迹变化数学基础之上的非线性滤波方法。与 EKF 算法一样,UKF 算法亦将状态近似为高斯随机变量,并采用标准卡尔曼滤波器的基本框架进行状态滤波,该算法无需对非线性的系统状态方程或测量方程进行近似线性化处理,而是直接利用系统模型,通过确定的采样样本及无迹变换直接近似系统状态向量的后验 PDF,从而获得状态均值和协方差等统计信息。因此,该算法可以有效解决 EKF 算法由于线性化误差引起的辨识结果不收敛或发散问题,提高了滤波精度且无需计算雅克比矩阵,针对雅克比矩阵难以计算的系统而言降低了实现难度[26]。将其应用拓展至实现 PMSM 永磁体磁链辨识步骤如下:

步骤1:状态向量初始化。

根据先验知识设定系统噪声协方差矩阵 Q 及测量噪声协方差矩阵 R,并初始化状态向量 x 及其状态协方差矩阵 P,即

$$\hat{x}_0 = E[x_0], \quad P_0 = E[(x_0 - \hat{x}_0)(x_0 - \hat{x}_0)^\mathrm{T}] \tag{10.18}$$

步骤2:Sigma 点计算。

在每个采样周期内($k = 1,2,\cdots,\infty$)按照式(10.19)计算 Sigma 点,从而获得一个 $n \times (2n+1)$ 的 Sigma 点矩阵,其中 n 为状态向量维数,$l = a^2(n+b) - n$ 是标量,为一比例参数,其中 a 决定 Sigma 点分布,即 Sigma 点在状态变量均值附近的散布程度,通常取在区间 $[10^{-4},1]$ 上的小正数,b 为尺度系数,通常取为 0 或 $3-n$。

$$\chi_{k-1} = (\hat{x}_{k-1}, \hat{x}_{k-1} + \sqrt{(n+\lambda)P_{k-1}}, \hat{x}_{k-1} - \sqrt{(n+\lambda)P_{k-1}}) \tag{10.19}$$

步骤3:时间更新(一步预测)。

该阶段通过离散化的系统状态方程实现 Sigma 点的传递,如式(10.20)所示。并根据传递结果获得状态向量的预测均值及其协方差,如式(10.21)所示。其中 $W_i^{(c)}$,$W_i^{(m)}$ 分别代表状态向量均值权重及协方差权重,且存在式(10.22)所示的数量关系。

$$\chi_{i,k|k-1}^* = f(\chi_{i,k-1}) + Bu(k-1) \tag{10.20}$$

$$\begin{cases} \hat{x}_k^- = \sum_{i=0}^{2n} W_i^{(m)} \chi_{i,k|k-1}^* \\ P_k^- = \sum_{i=0}^{2n} W_i^{(c)} [\chi_{i,k|k-1}^* - \hat{x}_k^-][\chi_{i,k|k-1}^* - \hat{x}_k^-]^\mathrm{T} + Q \end{cases} \tag{10.21}$$

$$\begin{cases} W_0^{(m)} = \dfrac{\lambda}{n+\lambda} \\ W_0^{(c)} = \dfrac{\lambda}{n+\lambda} + (1 - \alpha^2 + \beta) \quad (i = 1,2,\cdots,2n) \\ W_i^{(m)} = W_i^{(c)} = \dfrac{1}{2(n+\lambda)} \end{cases} \tag{10.22}$$

步骤4:测量更新。

根据测量数据,经由式(10.23)~式(10.28)即可实现一步预测及卡尔曼增益的更新,从而获得状态向量及其方差矩阵的最优估计。

$$\hat{y}_k^- = H\hat{x}_k^- \tag{10.23}$$

$$P_{y_k y_k}^- = HP_k^- H^\mathrm{T} + R \tag{10.24}$$

$$P_{x_k y_k} = P_k^- H^T \tag{10.25}$$

$$K_k = P_{x_k y_k} P_{x_k y_k}^- \tag{10.26}$$

$$\hat{x}_k = \hat{x}_k^- + K_k [y_k - \hat{y}_k^-] \tag{10.27}$$

$$P_k = P_k^- - K_k P_{y_k y_k}^- K_k^T \tag{10.28}$$

步骤5：令 $k = k + 1$，重复步骤步骤2～4，实现状态向量的迭代输出。

将式(10.13)及式(10.14)所描述的 PMSM 状态方程及状态向量、输入向量及输出向量代入式(10.18)~式(10.28)所描述的 UKF 算法流程中，即可实现状态向量的递推估计及 PMSM 永磁体磁链的在线辨识。

3. 基于标准粒子滤波的 PMSM 永磁体磁链辨识

由卡尔曼滤波原理可知，系统状态向量最优估计的求解过程需传播系统状态的整个后验概率密度函数，这只有在高斯及线性条件约束下才能实现，对于一般的非高斯、非线性系统，难以获取状态变量估计的完整解析解，因此，常采用某种近似手段实现状态变量的次优估计。EKF 与 UKF 算法分别从不同近似角度实现状态变量的次优估计，但上述两种算法，均采用高斯分布来逼近系统状态后验概率密度，在其不满足高斯分布要求时，滤波结果可能出现较大误差。

与 EKF，UKF 及其衍生算法等基于高斯近似的方法不同，另一类非线性递推滤波算法通过贝叶斯定理实现条件概率转移，并通过近似系统状态的条件概率分布实现状态估计，通常称为粒子滤波算法[27-28]。粒子滤波的核心思想是利用一系列随机样本(粒子)的加权和表示系统状态的后验概率密度，并通过求和操作来近似积分运算，由于产生随机粒子的蒙特卡罗方法所具有的广泛适用性，使得粒子滤波能够较好地适用于一般的非线性、非高斯系统。

此外，EKF，UKF 等传统解析高斯滤波方法对状态初值的选择较为敏感，若状态初值选择不当，滤波收敛速度与收敛精度将严重下降，甚至导致滤波结果不能正确收敛，而对于粒子滤波算法而言，由于其随机采样样本(粒子)的散布性，在一定的误差范围内能够实现系统真实状态的快速捕捉，提高滤波收敛速度。

对于式(10.15)描述的一般非线性系统，其离散化形式可以描述为

$$\begin{cases} x_{k+1} = f(x_k, u_k, \sigma(t_k)) \\ y_k = h(x_k, \mu(t_k)) \end{cases} \tag{10.29}$$

式中，x_k 为系统状态变量，y_k 为观测(测量)量；$\sigma(t_k)$，$\mu(t_k)$ 分别表示系统过程噪声与系统测量噪声；$f(\cdot)$，$h(\cdot)$ 则分别表示系统状态转移函数与系统测量函数。

利用时刻 0 到 k 的所有观测值 $y_{0:k}$ 实现各个时刻系统状态 $x_{0:k}$ 的估计，即可实现系统状态后验概率分布函数 $p(x_{0:k}|y_{0:k})$ 及其边缘分布函数 $p(x_k|y_{0:k})$ 的估计，根据蒙特卡罗数字模拟方法，后验概率分布可近似描述为

$$\hat{p}(x_{0:k} | y_{0:k}) = \frac{1}{N} \sum_{i=1}^{N} \delta_{x_{0:k}^{(i)}}(dx_{0:k}) \tag{10.30}$$

其中，随机采样样本 $\{x_{0:k}^{(i)} | i = 1, \cdots, N\}$ 从 k 时刻的后验概率分布中抽取，$\delta(d \cdot)$ 表示狄拉克采样函数。

对于一般非线性系统而言，通常难以实现后验概率分布封闭解析解的求取，也就无法从后验概率分布中抽取样本。因此，常通过重要采样从某个已知且易于采样的函数中进行间接采样，实现样本抽取，上述采样函数称为重要密度函数(importance density function, IDF)，其分

布称为建议分布(proposal distribution)。若不考虑重要密度函数的具体形式,令满足要求的函数为 $q(x_{0:k}|y_{0:k})$,且其支撑集涵盖 $p(x)$ 支撑集,即 $\{x|q(x)>0\} \supseteq \{x|p(x)>0\}$,则可采用从 $q(x)$ 中抽取的 N 个独立同分布样本对式(10.30)描述的概率分布进行加权近似。因此,系统在 k 时刻的后验分布可以采用下式近似表示为

$$\hat{p}(x_{0:k}|y_{0:k}) = \frac{1}{N}\sum_{i=1}^{N}\frac{p(x_{0:k}^{(i)}|y_{0:k})}{q(x_{0:k}^{(i)}|y_{0:k})}\delta_{x_{0:k}^{(i)}}(dx_{0:k}) = \frac{1}{N}\sum_{i=1}^{N}\omega_k^{(i)}\delta_{x_{0:k}^{(i)}}(dx_{0:k}) \tag{10.31}$$

式中,$\omega_k^{(i)} = \dfrac{p(x_{0:k}^{(i)}|y_{0:k})}{q(x_{0:k}^{(i)}|y_{0:k})}$ 为原始权重,为保证所有采样的权重之和为1,需要对采样权重进行归一化处理:

$$\omega_k^{(i)} = \frac{\omega_k^{(i)}}{\sum_{j=1}^{N}\omega_k^{(j)}} \tag{10.32}$$

上述采样过程被称为重要性采样,其通过合适的权重补偿从后验概率密度抽取样本与从建议分布 $q(x_{0:k}|y_{0:k})$ 抽取样本之间的差别,提高了状态估计的准确性[29-30]。

为了采用递推方式实现状态估计,并在不改变已估计系统状态 $x_{0:k-1}$ 条件下估计新的系统状态,则建议分布应存在可分解的形式,即

$$q(x_{0:k}|y_{0:k}) = q(x_k|x_{0:k-1},y_{0:k})q(x_{0:k-1}|y_{0:k}) \tag{10.33}$$

若系统初始状态给定,观测信息之间互不相关且系统为一马尔科夫过程,则可得到如下方程:

$$p(x_{0:k}) = p(x_0)\prod_{j=1}^{k}p(x_j|x_{j-1}) \tag{10.34}$$

$$p(y_{0:k}) = \prod_{j=1}^{k}p(y_j|x_{j-1}) \tag{10.35}$$

从而得到权值计算公式为

$$\omega_k^{(i)} = \frac{p(y_{0:k}|x_{0:k}^{(i)})p(x_{0:k}^{(i)})}{q(x_{0:k-1}^{(i)}|y_{0:k-1})q(x_k^{(i)}|x_{0:k-1}^{(i)},y_{0:k})} = \omega_{k-1}^{(i)}\frac{p(y_k|x_k^{(i)})p(x_k^{(i)}|x_{k-1}^{(i)})}{q(x_k^{(i)}|x_{0:k-1}^{(i)},y_{0:k-1})} \tag{10.36}$$

在选择合适的建议分布函数之后,可根据式(10.36)进行权重迭代计算,由于该公式表示了一个序列的计算过程,故该方法又称为序贯重要性采样(sequence importance sampling, SIS)。对于标准粒子滤波算法而言,通常取先验概率密度函数作为重要性密度函数,即

$$q(x_k^{(i)}|x_{0:k-1}^{(i)},y_{0:k-1}) = p(x_k^{(i)}|x_{k-1}^{(i)}) \tag{10.37}$$

将式(10.37)代入式(10.36),则有

$$\omega_k^{(i)} = \omega_{k-1}^{(i)}p(y_k|x_k^{(i)}) \tag{10.38}$$

将式(10.38)代入式(10.31),并在 $N\rightarrow\infty$ 时,即可以由大数定理保证式(10.31)近似真实后验概率密度 $p(x_{0:k}|y_{0:k})$ 的成立。

采样样本的权值方差将随着时间的递推而迅速增加,若干步迭代之后,除少数粒子外,其余粒子的权值急剧减小,这些粒子对后验概率估计将不再起作用,这种现象称为粒子退化。为了解决粒子退化问题,一个有效的解决方案是引入重采样技术。上述引入重采样技术的重要性采样称为序贯重要性重采样(sequence importance resampling, SIR),亦即标准粒子滤波算

法,完整算法流程如下。

将式(10.13)及式(10.14)所描述的 PMSM 状态方程及状态向量、输入向量及输出向量代入如下描述的标准粒子滤波算法中,即可实现 PMSM 永磁体磁链的在线辨识:

步骤1:算法初始化。

令 $k=0$,并从先验概率分布 $p(x_0)$ 中抽取 N 个粒子,即 $\{x_0^{(i)}\}_{i=1}^{N} \sim p(x_0)$,令权值 $\omega_0^{(i)} = \frac{1}{N}$。

步骤2:按照式(10.37)计算每个采样样本的新权值,按照式(10.31)对权值进行归一化处理。

步骤3:按照重新采样算法对粒子集进行重新采样。

步骤4:状态估计结果输出。

$$\hat{x}_k = \sum_{i=1}^{N} \widetilde{\omega}_k^{(i)} x_k^{(i)} \quad P_k = \sum_{i=1}^{N} \widetilde{\omega}_k^{(i)} (x_k^{(i)} - \hat{x})(x_k^{(i)} - \hat{x})^{\mathrm{T}}$$

步骤5:时间更新。

根据状态转移函数产生新粒子 $\{x_{k+1}^{(i)}\}_{i=1}^{N} \sim p(x_{k+1} | x_k^{(i)})$。

步骤6:令 $k = k+1$,返回步骤2执行算法循环。

4. 基于无迹粒子滤波的 PMSM 永磁体磁链辨识

标准粒子滤波算法直接从先验概率密度分布中生成样本(粒子),无法考虑测量信息的影响,从而降低了算法的状态估计效果,为提高粒子滤波算法的估计性能,一个有效的途径即是优选重要性密度函数,保证在随机粒子生成时能够融入最新测量信息。

鉴于 UKF 算法能够融合最新观测信息,并通过该观测信息将粒子推向高似然区域,基于 UKF 算法产生粒子滤波重要性密度函数形成了 UPF 算法。该算法的基本思路为:通过 UKF 算法产生重要密度函数,并对每次采样获得的粒子进行更新,所得权值和方差用于采样新粒子。由于 UKF 算法产生的重要性密度函数与系统真实状态后验概率密度函数的支集重叠部分更大,可以获得更高的估计精度,因此,该算法在许多场合得到了广泛应用。将式(10.13)及式(10.14)所描述的 PMSM 状态方程、状态向量、输入向量及输出向量代入如下的 UPF 算法中,即可实现 PMSM 永磁体磁链的在线辨识:

步骤1:算法初始化。

确定粒子数目 N,令 $k=0$,并从先验概率分布 $p(x_0)$ 中抽取 N 个粒子,即 $\{x_0^{(i)}\}_{i=1}^{N} \sim p(x_0)$,令权值 $\omega_0^{(i)} = 1/N$,同时令 $k=1$。

步骤2:重要性密度采样。

对每个随机采样点(粒子) $x_k^{(i)}, i=1,2,\cdots,N$,利用 UKF 算法得到其通过系统状态方程传播到下一步的均值和方差 $\bar{x}_k^i, \bar{P}_k^i$ 以及通过测量方程传递到下一步的观测均值 y_k,从而获取建议分布函数 $N(\bar{x}_k^i, \bar{P}_k^i)$,并从此建议分布中抽取粒子 $\hat{x}_k^{(i)} \sim N(\bar{x}_k^i, \bar{P}_k^i)$,按照式(10.37)和式(10.31)计算粒子权值并进行归一化处理。

步骤3:重采样。

按照重新采样算法对粒子集 $\{\hat{x}_k^{(i)}, \omega_k^{(i)}\}, i=1,2,\cdots,N$,进行重新采样,获得新的粒子集,$\{x_k^{(i)}, \widetilde{\omega}_k^{(i)}\}$,令 $\widetilde{\omega}_k^{(i)} = 1/N$。

步骤4:结果输出。

$$\hat{x}_k = \sum_{i=1}^{N} \widetilde{\omega}_k^{(i)} x_k^{(i)}, \quad P_k = \sum_{i=1}^{N} \widetilde{\omega}_k^{(i)} (x_k^{(i)} - \hat{x})(x_k^{(i)} - \hat{x})^{\mathrm{T}}$$

步骤5:令 $k = k + 1$,转步骤2执行算法循环。

10.2.1.3 考虑电机参数变化的 PMSM 永磁体磁链满秩辨识

受电机磁路饱和及运行温升的影响,PMSM 定子电阻 R_s 和 d,q 轴电感 L_d, L_q 均会出现一定程度的变化,导致永磁体磁链估计精度的降低[31]。为此,需要考虑电机参数变化的 PMSM 永磁体磁链的辨识方法。

针对电机参数变化问题,可以建立同时辨识 R_s, L_d, L_q 及永磁体磁链 ψ_f 的自适应模型以消除电机参数变化对永磁体磁链辨识精度的影响。然而,采用自适应算法进行多参数同步辨识时,确保辨识参数收敛的自适应率是非常困难的,且与单参数辨识不同,多参数辨识极易出现因辨识方程欠秩而导致辨识结果陷入局部最优甚至发散的问题,对辨识结果的唯一性缺乏理论支撑[32]。

基于扩展卡尔曼滤波算法的永磁体磁链联合满秩辨识方法,通过两个扩展卡尔曼滤波器的相互更新,克服多参数同时辨识时存在的辨识方程欠秩问题,保证永磁体磁链辨识结果的唯一性,消除其他电机参数变化及测量噪声对永磁体磁链辨识精度的影响。同时,对 R_s, L_d 和 L_q 参数变化对永磁体磁链 ψ_f 辨识结果的影响程度进行分析,减少算法执行过程中的待辨识参数个数,降低计算量,保证永磁体磁链辨识的实时性且实现辨识精度和辨识速度的合理兼顾。

1. 永磁体磁链辨识精度的参数敏感性分析

以车用 PMSM 为例,R_s 受系统运行温升影响可以出现最高约25%的增加,L_d 常因 d 轴负电流引起的磁路退饱和而在系统实际运行中略有增加,而 L_q 受电机磁路饱和及交叉耦合影响将会出现较大程度的减小。为此,首先分析 PMSM 驱动系统不同运行工况下 R_s, L_d, L_q 分别变化25%,10%和−15%时基于 EKF 算法的永磁体磁链辨识误差。

如图10.12所示,R_s 变化对永磁体磁链辨识精度的影响主要体现在低速、大负载区,一旦转速升高,由于定子电阻压降在 PMSM 电压方程中的权重急剧下降,其影响迅速减小,转速达到 100 rpm 时,不同负载下的最大辨识误差均可控制在 6.0%以内,且随着电机速度的升高,辨识误差进一步急剧减小。L_d 只在极低负载区对永磁体磁链辨识精度的影响较小,随着负载的增加,在整个运行速度范围内,辨识误差增加明显;L_q 对辨识精度的影响则主要体现在高速区,在 500 rpm 以下运行区间,对辨识精度的影响均可控制在 3.2%以内。

2. 永磁体磁链的满秩辨识

为降低系统实际运行中 PMSM 其他参数的变化对永磁体磁链辨识精度的影响,将变化的电机参数处理为状态变量,基于 EKF 算法实现包括永磁体磁链在内的 PMSM 多参数同时辨识。但由式(10.13)可知,EKF 状态方程的秩为2,R_s, L_d, L_q, ψ_f 的同时辨识存在辨识方程欠秩问题,辨识结果的唯一性缺乏理论性支撑。为了消除测量噪声及其他参数变化对磁链辨识精度的影响,同时解决上述4个参数同时辨识时辨识方程欠秩问题并合理兼顾辨识速度,在参数敏感性分析的基础上,运用基于 EKF 算法的永磁体磁链分区辨识方法。

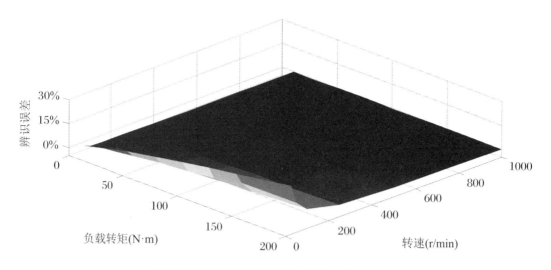

(a) 定子电阻变化对永磁磁链辨识精度影响($\Delta R_s = 25\% R_s$)

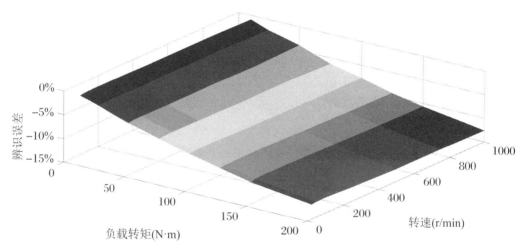

(b) d轴电感变化对永磁磁链辨识精度的影响($\Delta L_d = +10\% L_d$)

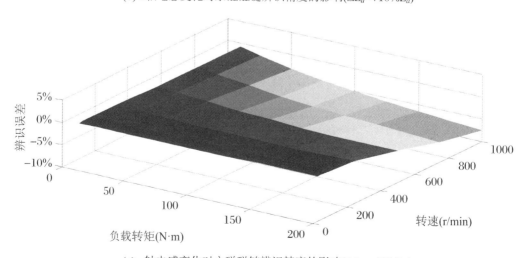

(c) q轴电感变化对永磁磁链辨识精度的影响($\Delta L_d = +10\% L_d$)

图 10.12　永磁体磁链辨识精度参数敏感性分析

由参数敏感性分析结果可知，低速区 L_q 对 ψ_f 辨识精度的直接影响较小，但在联合辨识中，由于 L_d，L_q 与 R_s 辨识过程的耦合，L_q 的变化将会影响 L_d 与 R_s 的辨识精度，进而间接影响 ψ_f 辨识精度。因此，仍需将 L_d，L_q 进行联合估计，并与 R_s，ψ_f 联合估计相结合、互为更新，在辨识方程满秩状态下，消除 R_s，L_d，L_q 变化对 ψ_f 估计精度的影响，辨识方程如式(10.39)和式(10.40)所示。在中高速区，由于定子电阻压降在 PMSM 电压方程中的权重急剧减小，R_s 对 ψ_f 辨识精度影响可以忽略，如图 10.12(a)所示；基于同样原因，R_s 对 L_d，L_q 辨识精度影响亦可忽略，故采用式(10.13) ψ_f 估计和式(10.40) L_d，L_q 联合估计相结合的方法，消除 L_d，L_q 变化对 ψ_f 辨识精度的影响，形成如图 10.13 所示的考虑电机参数变化的永磁体磁链满秩辨识方法。

$$\begin{cases} \dfrac{\mathrm{d}i_d}{\mathrm{d}t} = \dfrac{u_d}{L_d} - \dfrac{R_s}{L_d}i_d + \dfrac{\omega_e L_q}{L_d}i_q \\ \dfrac{\mathrm{d}i_q}{\mathrm{d}t} = \dfrac{u_q}{L_q} - \dfrac{R_s}{L_q}i_q - \dfrac{\omega_e L_d}{L_q}i_d - \dfrac{\omega_e \psi_f}{L_q} \\ \dfrac{\mathrm{d}\psi_f}{\mathrm{d}t} = 0 \\ \dfrac{\mathrm{d}R_s}{\mathrm{d}t} = 0 \end{cases} \tag{10.39}$$

$$\begin{cases} \dfrac{\mathrm{d}i_d}{\mathrm{d}t} = \dfrac{u_d}{L_d} - \dfrac{R_s}{L_d}i_d + \dfrac{\omega_e L_q}{L_d}i_q \\ \dfrac{\mathrm{d}i_q}{\mathrm{d}t} = \dfrac{u_q}{L_q} - \dfrac{R_s}{L_q}i_q - \dfrac{\omega_e L_d}{L_q}i_d - \dfrac{\omega_e \psi_f}{L_q} \\ \dfrac{\mathrm{d}L_d}{\mathrm{d}t} = 0 \\ \dfrac{\mathrm{d}L_q}{\mathrm{d}t} = 0 \end{cases} \tag{10.40}$$

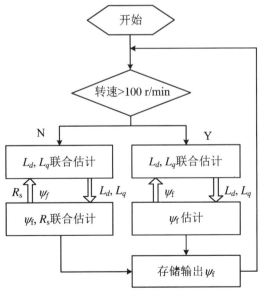

图 10.13　永磁体磁链满秩辨识方法

由图 10.13 可知，基于 EKF 算法的分区联合辨识方案，能够消除随机测量噪声干扰，且能够在无需扰动电流注入的情况下解决辨识方程欠秩问题,实现 R_s、L_d、L_q 及 ψ_f 4 个参数的同时满秩辨识,克服电机参数变化对永磁体磁链辨识精度的影响,并保证了辨识结果的唯一性。在系统中,高速运行区减少了一个待辨识参数,将永磁体磁链辨识模型降低一阶,这对包含大量矩阵计算的扩展卡尔曼滤波算法而言,计算量降低明显,有利于实现辨识精度和辨识速度的合理兼顾。此外,由参数敏感性分析可知,图 10.13 中低速区域较窄,PMSM 驱动系统大部分时间将运行在中、高速区域,因此该方法对永磁体磁链辨识速度的提升十分有利。

集成永磁体磁链满秩辨识方法的 PMSM 驱动系统结构框图如图 10.14 所示。

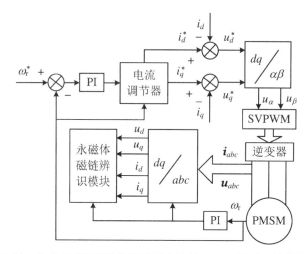

图 10.14 集成永磁体磁链满秩辨识方法的 PMSM 驱动系统结构框图

10.2.1.4 基于代数法的 PMSM 永磁体磁链辨识

首先将 PMSM 的 q 轴电压方程重新列写并整理为

$$u_q = R_s i_q + L_q \frac{\mathrm{d} i_q}{\mathrm{d} t} + \omega_e L_d i_d + \omega_e \psi_f \tag{10.41}$$

式中,u_d、u_q 为 d、q 轴定子电压;i_d、i_q 为 d、q 轴定子电流;L_d、L_q 为 d、q 轴定子电感;R_s、ψ_f 及 ω_e 则分别表示 PMSM 定子电阻、永磁体磁链及转子电气角速度。

式(10.41)两边乘以 t,并在 $[0, t]$ 上积分,得

$$\int t u_q = R_s \int t i_q + L_q \int t \frac{\mathrm{d} i_q}{\mathrm{d} t} + L_d \int t \omega_e i_d + \psi_f \int t \omega_e \tag{10.42}$$

整理为

$$\int t u_q = R_s \int t i_q + L_q (t i_q - \int i_q) + L_d \int t \omega_e i_d + \psi_f \int t \omega_e \tag{10.43}$$

令

$$\boldsymbol{\gamma} = (L_q, L_d, R_s, \psi_f)^{\mathrm{T}}$$

$$\boldsymbol{P}_t = \left(t i_q - \int i_q, \int t \omega_e i_d, \int t i_q, \int t \omega_e \right)$$

$$q_t = \int t u_q$$

则存在

$$\boldsymbol{P}_t \times \boldsymbol{\gamma} = q_t \tag{10.44}$$

由于矩阵 P_t 为典型的奇异矩阵,将上述方程转化为优化问题对式(10.44)进行求解。定义误差向量 $e(t) = P_t\gamma - q_t$ 和式(10.45)所示的平方误差准则函数:

$$J_{(\gamma,t)} = \frac{1}{2}\int_0^t \varepsilon^2(t)dt \tag{10.45}$$

将误差向量 $e(t) = P_t\gamma - q_t$ 代入式(10.45),可得

$$J_{(\gamma,t)} = \frac{1}{2}\int_0^t (P_t\gamma - q_t)^2 dt \tag{10.46}$$

将式(10.46)对待辨识参数向量 γ 求微分,则有

$$\nabla_\gamma J_{(\gamma,t)} = \int_0^t P_t^T(P_t\gamma - q_t)dt \tag{10.47}$$

式中,P_t^T 为 P_t 的转置矩阵。

令 $\nabla_\gamma J_{(\gamma,t)} = 0$,可以获得

$$\int_0^t P_t^T(P_t\gamma - q_t)dt = 0 \tag{10.48}$$

由式(10.48),获得待辨识参数表达式为

$$\hat{\gamma} = \left[\int_0^t P_t^T P_t dt\right]^{-1} \int_0^t P_t^T q_t dt \tag{10.49}$$

由推导可知,代数辨识算法较为简单,可以以较小计算量,在无需注入扰动电流,无须设置待辨识参数初值的条件下实现 PMSM 包含永磁体磁链在内的多参数同时在线辨识,辨识结果可直接用于 PMSM 永磁体均匀退磁故障诊断。

10.2.2 基于数据驱动的 PMSM 局部退磁故障诊断

10.2.2.1 基于数据驱动诊断方法基本原理

基于数据驱动诊断方法的基本思路是以 PMSM 驱动系统的终端测量数据为分析对象,通过有效的数据处理技术提取表征永磁体退磁的故障特征信号。该方法的分析对象主要集中在 PMSM 电流信号[33]、电压信号[34]、噪声与振动信号[35]等几个方面;而数据处理技术则主要集中在快速傅里叶变换(FFT)、小波变换(wavelet transform)以及希尔伯特黄变换(HHT)[36]等几个领域。这些方法可以在独立于电机参数和系统控制方式的前提下,通过对 PMSM 驱动系统输入、输出数据的分析与处理,获取 PMSM 永磁体退磁故障诊断依据。

但是,基于数据驱动的故障诊断方法无论采取何种分析对象与处理技术,其本质均是利用 PMSM 局部退磁时所导致的永磁体等效物理结构的不对称性,处理并提取出表征故障的电气特征信号,并将其作为永磁体局部退磁故障的诊断依据。而对于永磁体均匀退磁而言,故障的存在并不会导致 PMSM 永磁体等效物理结构的变化,故不会出现上述表征永磁体局部退磁故障的电气特征信号,所以基于数据驱动的永磁体退磁故障诊断方法只适用于永磁体局部退磁故障的诊断,而不适用永磁体均匀退磁故障的诊断。

对于常处于转速变化状态的 PMSM,其产生较大的瞬态电流及较强的电枢反应容易导致永磁体出现局部退磁故障[37]。与均匀退磁故障不同,永磁体局部退磁故障的出现不仅导致 PMSM 电磁转矩下降以及相同电磁转矩约束下定子电流增加,亦将在 PMSM 定子电流中出现如式(10.50)所示的故障特征谐波[38],导致电磁转矩脉动,直接影响 PMSM 驱动系统的控

制性能。

$$f_{\text{fault}} = f_s \left(1 \pm \frac{k}{p}\right) \tag{10.50}$$

式中,f_s 为定子基波电流频率,p 表示电机极对数,k 取正整数。

针对 PMSM 永磁体退磁故障的诊断,一般采用无需增加驱动系统硬件开销的基于电流信号的诊断方法。一旦从 PMSM 定子电流中提取到式(10.50)描述的故障特征谐波,即可将其作为 PMSM 永磁体局部退磁故障的诊断依据。非平稳运行工况将导致该微弱故障特征信号表现出明显的非平稳特性,且极易受基波电流及 PMSM 驱动系统噪声影响而被湮没,限制了其对永磁体局部退磁故障物理解释的难度和电气表征的直观性。以全局变换为基础的傅里叶变换及以傅里叶变换为理论支撑的短时傅里叶变换、Wing-Vill 分布、小波变换等方法在处理此类信号时存在时频分辨率矛盾、交叉项干扰、虚假高频、兼顾全局最优和局部最优的小波基函数难以选择等技术不足[39]。而 HHT 通过信号本身产生自适应基函数,是一种更具适应性的时频局部化分析方法,在非平稳信号的处理过程中具有更为优异的局部适应性[40]。下面介绍基于 HHT 的 PMSM 永磁体局部退磁故障诊断方法和基于分形维数的 PMSM 永磁体局部退磁故障诊断方法,并对不同的诊断方法进行比较分析。

10.2.2.2 基于 HHT 的 PMSM 局部退磁故障诊断

HHT 是一种基于瞬时频率的非线性、非平稳信号的处理方法,由美籍华裔科学家黄鄂于 1998 年提出[40],由经验模态分解(empirical mode decomposition,EMD)和希尔伯特变换(Hilbert transform)两部分组成。经验模态分解作为 HHT 的重要组成部分,可以按照一定的筛选原则自适应地将非平稳信号分解为一系列对瞬时频率具有明确物理意义的单分量本征模态函数(intrinsic mode function,IMF),并采用希尔伯特变换计算各本征模态函数的瞬时频率,进而获得原始信号的时间-频率(时频)关系,即瞬时频率。

图 10.15 描述了 HHT 的基本过程,即对任意信号 $x(t)$ 进行 EMD 分解,获得本征模态函数 IMF_i,对每个 IMF_i 进行希尔伯特变换,得到相应的希尔伯特谱,将每一个 IMF 的希尔伯特谱表征在同一个时频图中,即可得到含时间、频率及幅值信息的原始信号三维时频谱 $H(\omega(t),t)$。

原始信号 $x(t)$ → EMD → IMF_i → HT → $H(\omega(t),t)$

图 10.15 希尔伯特黄变换过程

1. 经验模态分解原理

为了分析非平稳信号的瞬时频率特性,需将信号频率表征为时间的函数。在 HHT 中,瞬时频率(instantaneous frequency,IF)具有非常直观的物理意义,在摆脱传统傅里叶变换的影响之后,瞬时频率的存在需要满足一些特定条件,如信号的单组分特性。因此,全局化的定义对于频率随时间变化的非平稳信号而言没有任何意义,为了得到有意义的瞬时频率,必须将基于全局性的限制条件修改为基于局部性的限制条件。定义瞬时频率的必要条件包括函数对称、局部零均值、相同的极值点与过零点,以此为基础定义本征模态函数的两个条件:

① 任意时刻,由本征模态函数极值点定义的上、下包络线均值为零。

② 整个信号长度上,本征模态函数的过零点和极值点相等或最多相差1。

本征模态函数存在具有明确物理意义的瞬时频率，并可通过希尔伯特变换求得。然而，对于一般信号而言，通常并不满足上述两个条件，瞬时频率往往无法求出，因此做出如下假设[40]：

① 任何复杂信号均可视为由一组简单的、互不相同的本征模态函数组成。
② 每个本征模态函数可为线性的，亦可为非线性的。
③ 一个信号常包含多个本征模态函数，若各本征模态函数之间互相重叠即形成复合信号。

经验模态分解法正是基于上述假设条件下，按照一定的筛选原则自适应地将一个非平稳信号分解为一系列对瞬时频率具有明确物理意义的单分量本征模态函数，是希尔伯特黄变换的重要组成部分，其具体实现步骤如下：

步骤 1：令 $x_{i,l}(t)$ 为原始信号 $x(t)$，$i=1,l=1$。

步骤 2：获取 $x_{i,l}(t)$ 的所有极值点及其上、下包络线 $e_{\max}(t)$ 和 $e_{\min}(t)$。

步骤 3：由步骤步骤 2 获取的上、下包络线计算瞬时包络均值 $m_{i,l}(t) = \dfrac{e_{\max}(t) + e_{\min}(t)}{2}$。

步骤 4：计算 $x(t)$ 与 $m_{i,l}(t)$ 差值 $h_{i,l}(t) = x(t) - m_{i,l}(t)$。

$h_{1,1}(t)$ 一般不满足式(10.51)描述的标准差条件，需将其作为原始信号 $x_{i,l}(t)$，重复步骤 2～4，假设经过 k 次分解后，获得的 $h_{1k}(t)$ 满足式(10.51)描述的标准差条件，则获得第一个本征模态函数 $h_{1k}(t)$，记为 C_1；

$$sd = \sum_{t=0}^{T} \left[\frac{h_{1,(k-1)}(t) - h_{1k}(t)}{h_{1(k-1)}(t)} \right]^2 \tag{10.51}$$

式中，sd 一般取 $0.2 \sim 0.3$[36]。

步骤 5：令 $r_i(t) = x_{i,l}(t) - h_{1k}(t)$，同时令 $r_i(t)$ 为原始信号 $x_{i,l}(t)$，即 $x_{i,l}(t) = r_i(t)$，重复步骤 2～5，直至经 n 次分解后的 $r_n(t)$ 比预定值小或为单调函数，EMD 分解结束，并获得 n 个频率组分依次降低的本征模态函数 $C_1, C_2, \cdots, C_n$ 和一个不再含有任何频率信息的残余分量 r_n。此时，原始信号 $x(t)$ 的分解式可以表示为

$$x(t) = \sum_{i=1}^{n} C_i + r_n \tag{10.52}$$

经过 EMD 分解，获取原始信号的一组本征模态函数后，即可采用希尔伯特变换计算各本征模态函数的瞬时频率，从而获取原始信号时间与频率(时频)的关系，即瞬时频率。

2. 希尔伯特变换原理与希尔伯特谱

采用 EMD 方法得到的单分量本征模态函数，可通过希尔伯特变换计算其瞬时频率，从而得到希尔伯特谱。希尔伯特变换是一种强调局部性质的线性变换，由其可获得具有明确物理意义的瞬时频率，同时避免了傅里叶变换为了拟合原始数据而产生的虚假高频。

对单个本征模态函数 $c_i(t)$ 进行希尔伯特变换，可得

$$H[c_i(t)] = c_i(t) * \frac{1}{\pi t} = P \cdot V \cdot \int_{-\infty}^{\infty} \frac{c_i(t-\tau)}{\pi \tau} d\tau \tag{10.53}$$

式中，$P \cdot V \cdot$ 表示柯西主值积分。

构造 $c_i(t)$ 的解析信号为

$$z_i(t) = c_i(t) + jH[c_i(t)] = a_i(t) e^{-j\varphi_i(t)} \tag{10.54}$$

式中，幅值函数 $a_i(t)$ 和相位函数 $\varphi_i(t)$ 分别为

$$\begin{cases} a_i(t) = \sqrt{c_i^2(t) + H^2[c_i(t)]} \\ \varphi_i(t) = \arctan(H[c_i(t)]/c_i(t)) \end{cases} \quad (10.55)$$

式(10.54)和式(10.55)以极坐标的形式描述了本征模态函数的瞬时幅值与瞬时相位,精确表征了本征模态函数的瞬时特性。

定义瞬时频率为

$$f_i(t) = (1/2\pi)\mathrm{d}(\varphi_i(t))/\mathrm{d}t \quad (10.56)$$

因此,由希尔伯特变换得到的幅值和频率均为时间的函数,如果把幅值按照式(10.57)集中于时频平面上,便可得到希尔伯特谱,即信号的时间、频率、幅值三维谱。

$$H(t,f) = \mathrm{Re}\sum_{i=1}^{n} a_i(t)\mathrm{e}^{\int \omega_i(t)\mathrm{d}t} \quad (10.57)$$

综上分析,EMD 方法的独特之处在于其没有固定的先验基底,其基底通过所分析数据自适应产生。同时,由于本征模态函数基于信号的时间特征获得,故每一个本征模态函数均可视为一个单组分时间序列,任意时刻均具有唯一的瞬时频率。因此,通过希尔伯特变换得到的本征模态函数的瞬时频率具有明确的物理意义,不会发生悖论[41],能够准确表征信号时、频域的局部特性。此外,基于经验模态分解和希尔伯特变换的 HHT 方法,将信号瞬时频率定义为本征模态函数相位的导数,将基于全局性定义的限制条件修改为基于局部性定义的限制条件,从而不受海森测不准原理的制约,在时域和频域范围内均具有较高分辨率,与以傅里叶变换为理论支撑的小波变换等时频分析工具相比有了明显进步[42]。

10.2.2.3 基于分形维数的 PMSM 局部退磁故障诊断

HHT 是一种基于瞬时频率和自适应基函数的非线性、非平稳信号处理方法,能够在PMSM 驱动系统平稳与非平稳运行工况下实现永磁体局部退磁故障特征信号的提取,为PMSM 永磁体局部退磁故障提供诊断依据。该方法由经验模态分解和希尔伯特变换两部分组成,后者物理意义明确,方法成熟,而前者虽然在理论上比小波分析等传统时频分析方法更为合理,但至今尚无完善的数学理论证明,而是通过大量实践总结出来的"经验"规律,仍然存在诸如端点效应、模态混叠、虚假模态及模态裂解等技术不足,且在实际系统中受逆变器谐波影响及 EMD 分解能力限制,存在微弱故障特征信号及基波成分附近故障特征信号难以有效分解等问题,增加了对所分解出的信号进行物理解释及实现永磁体局部退磁故障诊断的难度。

分形维数采用数值化的方法刻画故障特征,与频谱方法相比,故障描述更为清晰、直观,因此,在故障诊断领域具有更为明显的技术优势[43]。但是分形维数的计算对噪声信号较为敏感,要获得准确的表征永磁体局部退磁故障的分形维数值,必须剔除干扰噪声[44]。而在电动汽车等一些非平稳运行领域,逆变器产生的谐波噪声及检测装置的测量噪声较为复杂,且随系统运行工况的变化而变化,传统滤波方法的滤波效果有限。EMD 基于信号的局部时间尺度,能够把含有永磁体退磁故障特征信号的 PMSM 定子电流分解为一系列 IMF 之和,是一种自适应的信号处理方法,适用于非线性和非平稳过程的滤波处理。但 EMD 分解能力有限,分解过程中存在微弱故障特征信号湮没及基波附近故障特征信号难以有效分解的问题,且较大的基波成分会导致退磁故障时含有故障特征信号的定子电流分形维数变化不明显,从而影响永磁体局部退磁故障的准确诊断。因此,针对 PMSM 永磁体局部退磁故障,首先采用自适应基波提取算法提取定子电流基波,消除定子谐波电流对微弱故障特征信号分形维数计算结果的影响。在此基础上,将基于 EMD 方法获取的包含主要故障信息的本征模态函数进行重构,消除 PMSM 驱动系统高频谐波及 EMD 分解低频趋势项对微弱故障特征信号分形维数计算结果的影响,实现微弱故障特征信号分形维数的准确计算和及故障特征清晰、直观、数值化表征,从而实现 PMSM 永磁体局部退磁故障的准确诊断。下面详细介绍自适应基波提取算法以及盒维数计算方法的应用。

1. 自适应基波提取算法

自适应基波提取算法[45]应用于 PMSM 局部退磁故障诊断的推导过程如下:

定义 $i(t)$ 为 PMSM 定子电流,其包括基波电流 $i_o(t)$ 和其他各种谐波电流 $i_1(t)$,表达式为

$$i(t) = i_o(t) + i_1(t) \tag{10.58}$$

定义 $i_{ext}(t)$ 为从定子电流 $i(t)$ 中提取到的基波成分,提取过程中采用梯度下降法减小定子电流 $i(t)$ 与提取基波电流 $i_{ext}(t)$ 之间的最小平方误差,定义代价函数为

$$J(t,\boldsymbol{\theta}) = \frac{1}{2}\left[i(t) - i_{ext}(t,\boldsymbol{\theta})\right]^2 = \frac{1}{2}e^2(t,\boldsymbol{\theta}) \tag{10.59}$$

式中,$\boldsymbol{\theta}$ 为表征基波提取电流幅值 $I(t)$、频率 $\omega(t)$ 和相位瞬时值 $\phi(t)$ 的参数向量。梯度下降法提供了一个使代价函数 $J(t,\boldsymbol{\theta})$ 收敛于最小值点的未知参数向量 $\boldsymbol{\theta}$ 的调整方法,调整过程可描述为

$$\frac{\mathrm{d}\boldsymbol{\theta}}{\mathrm{d}t} = -\mu\frac{\partial[J(t,\boldsymbol{\theta}(t))]}{\partial\boldsymbol{\theta}} \tag{10.60}$$

式(10.60)中代价函数的收敛过程可以生成一组表征基波信号幅值、频率及相位瞬时值提取过程的非线性微分方程,其表达式为[46]

$$\begin{cases}\dfrac{\mathrm{d}I(t)}{\mathrm{d}t} = \mu_1 e(t)\sin\phi(t) \\ \dfrac{\mathrm{d}\omega(t)}{\mathrm{d}t} = \mu_2 I(t)e(t)\cos\phi(t) \\ \dfrac{\mathrm{d}\phi(t)}{\mathrm{d}t} = \mu_2\mu_3 e(t)\cos\phi(t) + \omega(t) \\ i_{ext}(t) = I(t)\sin\phi\end{cases} \tag{10.61}$$

式中,$I(t)$,$\omega(t)$,$\phi(t)$ 分别代表实际提取基波信号 $i_{ext}(t)$ 的幅值、频率及相位瞬时值;$e(t)$ 表征提取误差;μ_1,μ_2,μ_3 为正常数,其大小将决定基波提取精度和提取速度,选取时应综合考虑二者因素进行折中。

求解公式(10.61)非线性微分方程,即可实现定子电流基波信号的自适应提取,其算法流程如图 10.16 所示。图中,$\omega_o(t)$ 为指定提取频率,这里为定子电流基波频率。

2. 盒维数计算方法

分形维数是分形信号处理技术的度量工具,能够实现对所处理信号分形集的刻画[47],基于分形维数的特征提取能够反映信号复杂程度分布的变化,在故障诊断领域,可将其用于度量故障前后相关特征信号的变化以实现故障判断。分形维数根据其计算方法的不同可以分为盒维数、关联维数以及豪斯道夫维数。其中,盒维数由于涉及参数少,实现简单、易于数字实现,常用来描述分形信号的几何尺度信息[48],其定义方法如下:

设 X 是 $\mathbf{R}^n$ 的非空有界子集,$N(X,\varepsilon)$ 表示最大直径为 ε 且能够覆盖 X 集合的最少个数,则 X 的盒维数定义为

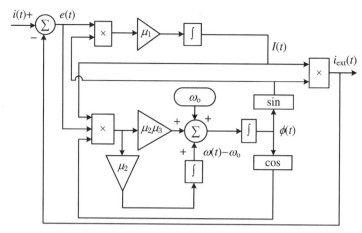

图 10.16 自适应基波提取算法框图

$$dim_B X = \lim \frac{\ln N(X, \varepsilon)}{\ln(1/\varepsilon)} \tag{10.62}$$

由于式(10.62)中的极限无法按照定义求出,所以在计算离散信号盒维数时通常采用近似方法。设离散信号 $y(i) \subset Y$,Y 是 n 维欧式空间 $\mathbf{R}^n$ 上的闭集。用尽可能细的 ε 网格划分 $\mathbf{R}^n$,N_ε 是集合 Y 的网格计数。以 ε 尺寸网格作为基准,逐步放大到 $k\varepsilon$ 尺寸网格,其中 k 取正整数。令 $N_{k\varepsilon}$ 为离散空间上集合 Y 的网格计数,则有

$$P(k\varepsilon) = \sum_{i=1}^{N/k} |\max\{y_{k(i-1)+1}, y_{k(i-1)+2}, \cdots, y_{k(i-1)+k+1}\}| - |\min\{y_{k(i-1)+1}, y_{k(i-1)+2}, \cdots, y_{k(i-1)+k+1}\}| \tag{10.63}$$

式中,$i = 1,2,\cdots,N/k$,N 为采样点数;$k = 1,2,\cdots,M(M<N)$。

网格计数 $N_{k\varepsilon}$ 为

$$N_{k\varepsilon} = \frac{P(k\varepsilon)}{\varepsilon} + 1 \tag{10.64}$$

式中,$N_{k\varepsilon} > 1$。

在 $\lg(k\varepsilon) - \lg N_{k\varepsilon}$ 图中确定线性较好的一段,并令其起点和终点分别为 k_1 和 k_2,则存在

$$\lg N_{k\varepsilon} = a\lg(k\varepsilon) + b, \quad k_1 \leqslant k \leqslant k_2 \tag{10.65}$$

采用最小二乘法确定该直线斜率,即可获得盒维数 dim_B,其表达式为

$$dim_B = -\frac{(k_2 - k_1 + 1)\sum \lg k \lg N_{k\varepsilon} - \sum \lg k \sum \lg N_{k\varepsilon}}{(k_2 - k_1 + 1)\sum \lg^2 k - (\sum \lg k)^2} \tag{10.66}$$

对于盒维数而言,其数值会随着所分析信号形状的改变而变化。可以预期:永磁体局部退磁故障产生的特征谐波会改变定子电流或某些特征频段信号的波形,从而在盒维数数值上得以体现,并将其作为 PMSM 局部退磁故障诊断的依据。

10.3 PMSM 退磁故障模式识别、故障程度评估及容错控制

基于前述介绍的计及永磁体退磁故障的 PMSM 建模、均匀和局部退磁故障诊断方法,对

PMSM 永磁体退磁故障模式识别、故障程度评估及容错控制等关键技术进行详细阐述,介绍集永磁体退磁故障建模、故障诊断、故障模式识别、故障程度评估及容错控制于一体的 PMSM 永磁体退磁故障综合解决方案。

10.3.1 PMSM 退磁故障模式识别

PMSM 均匀退磁故障与局部退磁故障的形成机理不同,电气表征亦不完全相同。因此,基于模型驱动或数据驱动的故障诊断方法难以实现永磁体两种故障模式的统一在线诊断及不同故障模式的有效识别。但无论是永磁体均匀退磁故障还是局部非均匀退磁故障,永磁体磁链幅值均会出现不同程度的降低,因此,永磁体磁链幅值的辨识可以作为永磁体退磁故障出现与否的有效判据。此外,一旦出现永磁体局部退磁故障,将打破 PMSM 转子等效物理结构的对称性,且在 PMSM 中以故障电流特征谐波的形式予以表征;而均匀退磁故障并不会打破 PMSM 转子等效物理结构的对称性,故不会出现对应永磁体局部退磁故障的故障特征谐波。因此,永磁体局部退磁故障需在永磁体退磁故障定性诊断的基础上,再采用基于数据驱动的诊断方法进行识别。

根据上述原理,永磁体均匀退磁与局部退磁两种故障模式的识别方法具体流程描述如下:

(1) 基于模型驱动的非线性滤波满秩辨识方法或代数辨识方法,在测量噪声、非平稳系统运行工况、电机参数变化等车用工况约束下,实现永磁体磁链幅值的高精度、在线、满秩辨识,辨识结果作为判断 PMSM 是否出现退磁故障的依据。

(2) 将自适应基波提取和 EMD 重构滤波相结合,再基于分形维数的故障诊断方法实现 PMSM 永磁体局部退磁故障诊断。

(3) 若第(2)步诊断结果得以证实,则可判定为永磁体局部退磁故障,否则可判定出现的是永磁体均匀退磁故障。

PMSM 永磁体退磁故障故障模式识别流程图如图 10.17 所示。

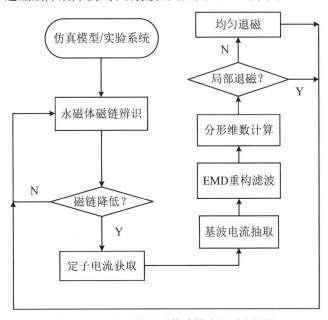

图 10.17 永磁体退磁故障模式识别流程图

10.3.2 PMSM 退磁故障程度评估

任何故障形式均存在一个由轻微到严重的动态演变过程,对于此过程的精确把控,有利于采取有效措施避免故障扩大,确保设备及系统的安全可靠运行。

1. 永磁体均匀退磁故障程度评估

永磁体均匀退磁故障并没有打破 PMSM 转子等效物理结构的对称性,仅导致永磁体磁链幅值降低。对于均匀退磁故障程度的评估,基于 10.2 节介绍的满足诸多约束条件的 PMSM 永磁体磁链辨识方法,将磁链辨识的结果作为永磁体均匀退磁故障程度评估的依据,可以直接通过永磁体磁链辨识结果与实际值的比对实现,一旦准确辨识出永磁体磁链幅值,即可实现均匀退磁故障程度的高精度评估。

2. 永磁体局部退磁故障程度评估

永磁体局部退磁故障的存在不仅会降低永磁体磁链幅值,亦会因转子等效物理结构的对称性被打破而在 PMSM 定子电流中出现特定次故障特征谐波,导致 PMSM 电磁转矩的降低及其驱动系统控制性能的下降。因此,对于永磁体局部退磁故障的评估,不能仅从永磁体磁链幅值降低单一影响角度考虑,而应从永磁体磁链幅值降低导致的电磁转矩降低及故障谐波出现导致的 PMSM 驱动系统性能下降两个方面进行综合考量。对于永磁体局部退磁故障程度的评估,应侧重于其对 PMSM 驱动系统所产生的综合影响,将其作为 PMSM 驱动系统带载能力及控制性能的综合影响因素加以评估。

PMSM 局部退磁故障的出现将导致永磁体基波磁链及特定次谐波磁链幅值的变化,并随着故障程度的变化呈现出复杂的变化规律,导致故障特征谐波电流亦呈现出复杂的变化规律,因此,难以根据某一特定次谐波的变化实现局部退磁故障程度的精确描述。根据 10.2.2 小节介绍的以定子电流自适应基波抽取和 EMD 重构、滤波相结合,再进行故障特征信号分形盒维数计算的永磁体局部退磁故障诊断方法,不再以某一特定次谐波为分析对象,而将定子电流中的故障特征谐波统筹考虑,计算其盒维数的值以描述故障特征信号的波形复杂程度。随着永磁体局部退磁故障程度的变化,故障特征信号盒维数计算值亦将发生变化,因此,可将故障特征谐波盒维数值作为衡量永磁体局部退磁故障对 PMSM 驱动系统性能所产生影响的综合评价指标,即基于故障特征谐波盒维数值实现永磁体局部退磁故障程度的评估。

根据上述介绍的基于故障特征谐波盒维数值实现 PMSM 永磁体局部退磁故障程度的评估方法,对 PMSM 永磁体局部退磁故障程度进一步细化处理。针对如图 10.18 所示的 PMSM 驱动系统,PMSM 参数如表 10.2 所示,设定参考转速为 750 r/min、负载转矩为 50 N·m 的系统稳态运行工况,表 10.3 和图 10.19 分别为 PMSM 单个永磁体不同局部退磁故障程度的故障特征信号盒维数计算值及二者之间函数关系的拟合曲线。由表格和拟合曲线结果可知,PMSM 永磁体局部退磁故障程度与其故障特征信号盒维数值之间近似存在简单的二次多项式关系,实际应用中可存储此数据关系,获取故障特征信号盒维数值后,通过反向查取即可实现永磁体局部退磁故障程度的可靠评估。

表 10.2 电机参数

电机参数	数值	电机参数	数值
额定功率	50 kW	d 轴电感	$L_d = 0.002517$ H
额定转速	900 rpm	q 轴电感	$L_q = 0.00599$ H
极对数	$p = 4$	永磁体磁链	0.1732 Wb
定子电阻	0.0154 Ω	转动惯量	0.00625 kg·m^2

表 10.3 单个永磁体不同局部退磁故障程度的故障特征信号盒维数计算值

健康	5%局部退磁	10%局部退磁	15%局部退磁	20%局部退磁	25%局部退磁
1.8281	1.8392	1.8631	1.8873	1.8961	1.9005
30%局部退磁	35%局部退磁	40%局部退磁	45%局部退磁	50%局部退磁	
1.9172	1.9222	1.9268	1.9315	1.9333	

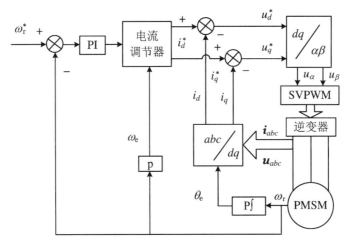

图 10.18 矢量控制的 PMSM 驱动系统

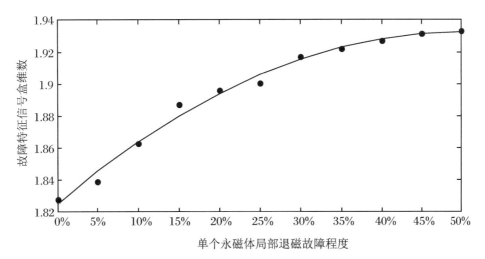

图 10.19 局部退磁故障程度与故障特征信号盒维数关系拟合曲线

实际应用中，难以实现诸多系统工况下永磁体健康状态与不同退磁故障程度故障特征信号盒维数值的一并存储，并与永磁体局部退磁故障特征信号盒维数的实际计算值相比较以实现局部退磁故障诊断与故障程度评估。因此，以自适应基波提取和 EMD 重构滤波相结合，再基于分形维数的 PMSM 永磁体局部退磁故障诊断方法更为适合 PMSM 永磁体局部退磁故障的定点（速度点）诊断与退磁故障程度的定点评估。

10.3.3　PMSM 退磁故障的容错控制

永磁体退磁故障将降低 PMSM 的输出电磁转矩，对于转矩控制精度有约束的 PMSM 驱动系统，将导致 PMSM 电枢电流增加及永磁体环境温度升高，加剧永磁体退磁进程并影响 PMSM 驱动系统的安全可靠运行。因此，对安全性、可靠性要求较高的应用场合，必须针对永磁体退磁故障做出及时响应，避免故障恶化，确保 PMSM 驱动系统安全。下面介绍永磁体退磁故障导致永磁体基波磁链幅值降低的容错控制方法。

PMSM 驱动系统通常具有较宽的调速范围，在电机基速以下时运行在恒转矩区，并采用最大转矩电流比（maximum torque per ampere，MTPA）控制方式维持较大电磁转矩输出以适配 PMSM 驱动系统的起动、加速等复杂工况[49]，而在基速以上时则运行于恒功率区，并采用弱磁控制（flux weakening，FW）方式拓宽电机调速范围以适配高速运行需求[50]，MTPA 及弱磁控制在电流极限圆上与电流极限圆内的 d,q 轴电流分配方法分别如式（10.67）和式（10.68）以及式（10.69）和式（10.70）所示[51]。

$$\begin{cases} i_d^* = \dfrac{\psi_f}{4(L_q - L_d)} - \sqrt{\dfrac{\psi_f^2}{16(L_q - L_d)^2} + \dfrac{I_{max}^2}{2}} \\ i_q^* = \text{sign}(n^*)\sqrt{I_{max}^2 - i_{dmax1}^2} \end{cases} \quad (10.67)$$

$$\begin{cases} i_d^* = \dfrac{\psi_f}{4(L_q - L_d)} - \sqrt{\dfrac{\psi_f^2}{16(L_q - L_d)^2} + i_q^2} \\ i_q^* = i_q \end{cases} \quad (10.68)$$

$$\begin{cases} i_d^* = \dfrac{L_d\psi_f - L_q\sqrt{\psi_f^2 + (L_q^2 - L_d^2)\left(I_{max}^2 - \dfrac{U_{max}^2}{\omega_e^2 \cdot L_q^2}\right)}}{L_q^2 - L_d^2} \\ i_q^* = \sqrt{I_{max}^2 - i_{dmax2}^2} \end{cases} \quad (10.69)$$

$$\begin{cases} i_d^* = \dfrac{-\psi_f + \sqrt{\left(\dfrac{U_{max}}{\omega_e}\right)^2 - (L_q i_q^*)^2}}{L_d} \\ i_q^* = i_q \end{cases} \quad (10.70)$$

式中，ψ_f 为永磁体磁链；L_d，L_q 分别为 d，q 轴电感；ω_e 为电机电气角速度；i_{dmax1}，i_{dmax2} 分别为 MTPA 及弱磁控制方式下电流极限圆上的 d 轴最大允许电流，其计算公式为

$$\begin{cases} i_{d\max1} = \dfrac{\psi_f}{4(L_q - L_d)} - \sqrt{\dfrac{\psi_f^2}{16(L_q - L_d)^2} + \dfrac{I_{\max}^2}{2}} \\ i_{d\max2} = \dfrac{L_d\psi_f - L_q\sqrt{\psi_f^2 + (L_q^2 - L_d^2)\left(I_{\max}^2 - \dfrac{U_{\max}^2}{\omega_r^2 L_q^2}\right)}}{L_q^2 - L_d^2} \end{cases} \quad (10.71)$$

由式(10.67)~式(10.70)可见,一旦控制算法中的永磁体磁链与实际值不符,将会影响 MTPA 及弱磁控制方式下的 d,q 轴电流分配,使电流控制角偏离最佳值,影响系统控制性能。若将永磁体磁链的最新辨识值及时代入式(10.67)~式(10.70)所示的 MTPA 及弱磁控制算法中,则可以有效纠正上述偏差,在永磁体退磁故障发生时最大限度地实现被动容错控制。

10.4 永磁体退磁故障诊断与容错控制实验研究

10.4.1 基于模型驱动的 PMSM 均匀退磁故障诊断实验研究

PMSM 参数见表 10.4,设定负载转矩为 3 N·m,转速从 900 r/min 降至 450 r/min,实测电机转速动态如图 10.20 所示,图 10.21 为电机转速降到 450 r/min 时的实测定子电流波形。图 10.22 为不考虑电机参数变化,上述系统运行工况下基于 EKF,UKF,PF,UPF 算法的 PMSM 永磁体磁链辨识结果,与永磁体磁链实际值相比,上述 4 种算法获得的辨识均值均能较好地与永磁体磁链实际值相吻合,这是因为实验室条件下的电机参数基本上稳定在设计值附近,而测量噪声较为微弱又基本服从高斯分布。所以,在较好地匹配算法初值时,EKF,UKF,PF,UPF 算法均能获得接近于最优的次优估计,获得高精度的永磁体磁链辨识。而 PF 滤波结果有时会偏离真实状态,其原因在于 PF 的似然函数与转移密度函数相比过于简单且所取粒子数过少(只有 100 个),而 UPF 与 PF 取相同的粒子数时,其滤波性能要显著优于 PF,能够实现永磁体磁链的近似最优估计。为了清晰地表征滤波结果,图 10.22 在作图过程中对实际数据进行了稀疏取值,即每隔 500 个辨识数据取一个值进行作图。

表 10.4 PMSM 参数

电机参数	数值	电机参数	数值
额定电压	380 V	d 轴电感	$L_d = 1.273$ mH
额定转速	2500 rpm	q 轴电感	$L_q = 1.273$ mH
极对数	$p = 4$	永磁体磁链	0.1283 Wb
定子电阻	0.28 Ω	转动惯量	0.00214 kg·m²

图 10.23 为相同实验工况下,采用满秩辨识方法并基于 EKF 算法的 d,q 轴电感 L_d,L_q 及永磁体磁链 ψ_f 辨识结果;而图 10.24 和图 10.25 为采用代数法的 PMSM 定子电阻 R_s,d,q 轴电感 L_d,L_q 及永磁体磁链 ψ_f 的实验辨识结果。

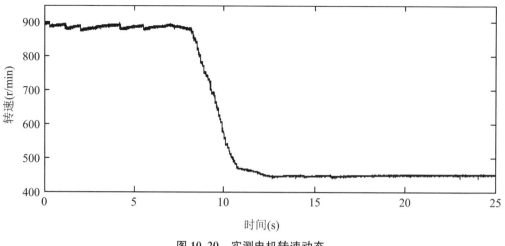

图 10.20　实测电机转速动态

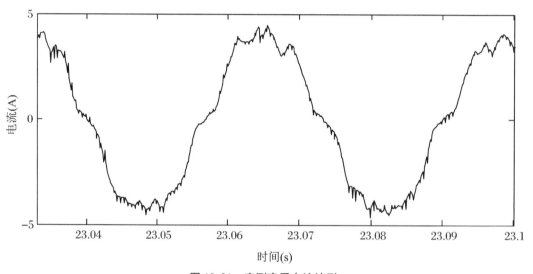

图 10.21　实测定子电流波形

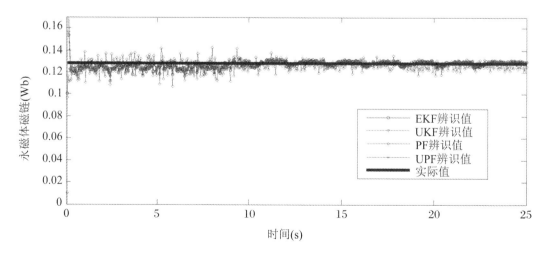

图 10.22　基于 EKF,UKF,PF,UPF 的永磁体磁链辨识结果

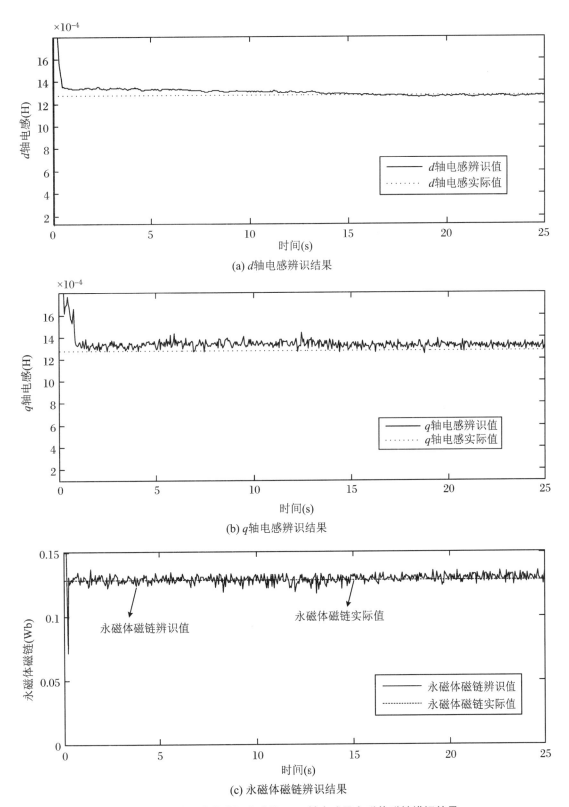

图 10.23　基于满秩辨识方法的 d,q 轴电感及永磁体磁链辨识结果

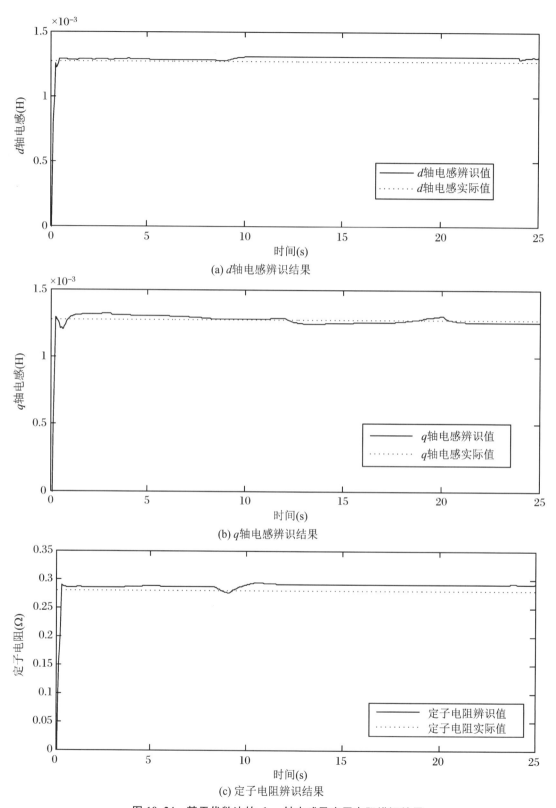

(a) d 轴电感辨识结果

(b) q 轴电感辨识结果

(c) 定子电阻辨识结果

图 10.24　基于代数法的 d,q 轴电感及定子电阻辨识结果

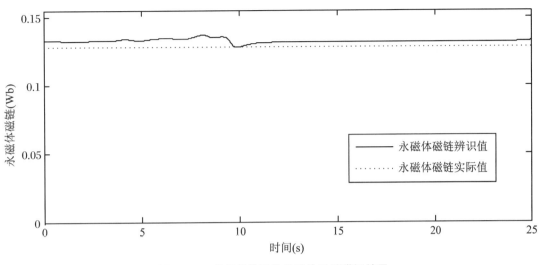

图 10.25　基于代数法的永磁体磁链辨识结果

10.4.2　基于 HHT 的 PMSM 永磁体局部退磁故障诊断的实验研究

鉴于 HHT 的技术优势在于其所具备的基于瞬时频率的非线性、非平稳信号处理能力,因此仅针对 PMSM 驱动系统的动态运行工况进行实验验证。由于实验室环境下很难获取实际意义上的永磁体局部退磁故障,为此,采取注入故障电流的方式进行故障模拟,实验中注入 $\frac{1}{4}$ 次故障特征谐波来模拟 PMSM 永磁体局部退磁故障。设定负载转矩为 3 N·m,转速从 900 r/min 降至 450 r/min,实测电机转速动态如图 10.26 所示,为降低 HHT 的计算量,定子电流采样频率设定为 1 kHz,图 10.27 为电机转速降到 450 r/min 时的实测定子电流波形。

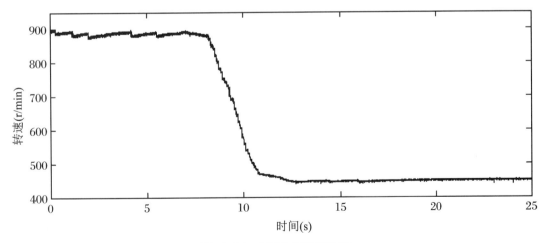

图 10.26　实测电机转速动态

图 10.28 为永磁体健康状态时 PMSM 定子电流三维时频实测图,该时频图中除 30～60 Hz 的电流基波瞬时频率外,仅含有逆变器谐波分量的瞬时频率。而在注入表征永磁体

局部退磁故障的 $\frac{1}{4}$ 次故障特征谐波后,基于 HHT 能够在定子电流中精确提取出该非平稳故障特征谐波的瞬时频率(15～7.5 Hz),如图 10.29 所示。图 10.29 中提取出来的基波频率 $\frac{1}{4}$ 次故障特征谐波瞬时频率可以作为电动汽车非平稳运行状态下局部退磁故障的诊断依据。

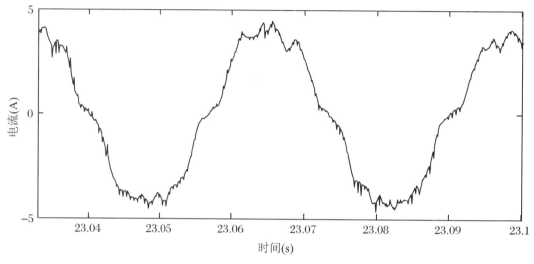

图 10.27　实测定子电流波形

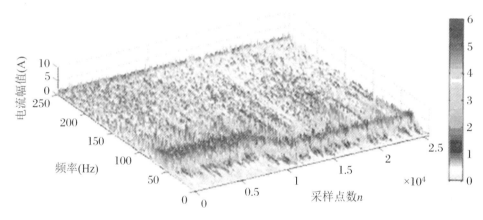

图 10.28　永磁体健康状态时 PMSM 定子电流三维时频图

尽管 HHT 能够在系统非平稳运行工况下从定子电流中提取出表征 PMSM 永磁体局部退磁的非平稳故障特征信号,实现 PMSM 永磁体局部退磁故障的诊断。但由实验结果可知,受系统实际运行中逆变器输出谐波影响,EMD 分解能力严重下降,对永磁体局部退磁故障特征的表征较为模糊,随着描述 PMSM 永磁体局部退磁故障特征信号的减弱及频谱成分复杂度的增加,其表征能力将持续降低,难以实现永磁体局部退磁故障,尤其是故障特征信号较为微弱的早期局部退磁故障的可靠诊断。

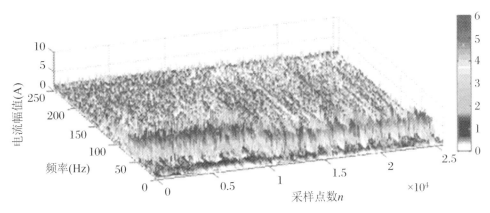

图 10.29　永磁体局部退磁时 PMSM 定子电流三维时频图

10.4.3　基于分形维数的 PMSM 永磁体局部退磁故障诊断的实验研究

采用故障注入方式实施基于分形维数 PMSM 永磁体局部退磁故障诊断方法的实验验证，注入与仿真研究相同的特征谐波/基波电流幅值比的故障信号，并分稳态和动态两种系统运行工况分别进行测试验证。图 10.30 是给定转速为 750 r/min，负载转矩为 3 N·m，注入单个永磁体 50% 局部退磁故障谐波电流后的定子电流波形，图 10.31 为其基波提取电流。对单个永磁体不同退磁故障程度下的 PMSM 定子电流进行基波抽取，对抽去基波电流后的剩余定子电流信号进行 EMD 重构滤波后再进行盒维数计算，并与永磁体健康状态下的定子电流经上述相同处理后获得的盒维数计算值进行比较，比较结果见表 10.5。

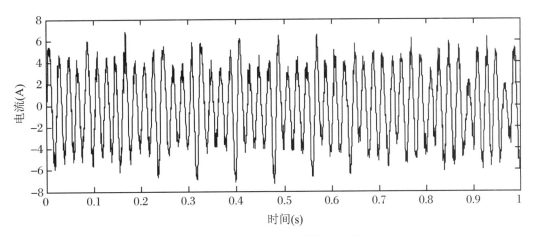

图 10.30　注入故障谐波后的定子电流

设定 PMSM 驱动系统转速动态为 900~450 r/min，负载转矩为 3 N·m，图 10.32 为实测转速波形，图 10.33 为定子故障电流及其基波提取电流。对单个永磁体不同退磁故障程度抽去基波电流后的剩余定子电流信号进行 EMD 重构滤波后再进行盒维数计算，并与永磁体健康状态下的定子电流经上述处理后获得的盒维数值进行比较，比较结果见表 10.6。由表 10.5、表 10.6 可知，无论系统运行在稳态工况或是动态工况下，基于分形维数的故障诊断方法均能实现永磁体微弱局部退磁故障的有效诊断。

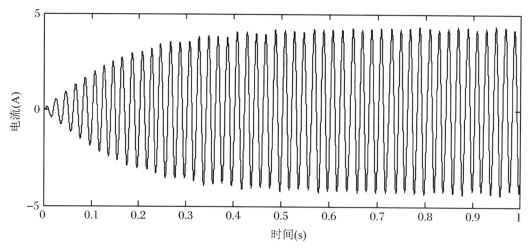

图 10.31　基波提取电流

表 10.5　稳态工况时不同退磁故障程度的故障特征信号盒维数值

健康	10%局部退磁	20%局部退磁	30%局部退磁	40%局部退磁	50%局部退磁
1.4441	1.4915	1.5311	1.5405	1.5510	1.5671

表 10.6　动态工况时不同退磁故障程度的故障特征信号盒维数值

健康	10%局部退磁	20%局部退磁	30%局部退磁	40%局部退磁	50%局部退磁
1.5561	1.5811	1.5860	1.5968	1.6165	1.6285

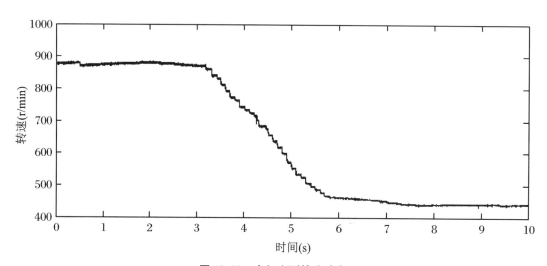

图 10.32　电机实测转速动态

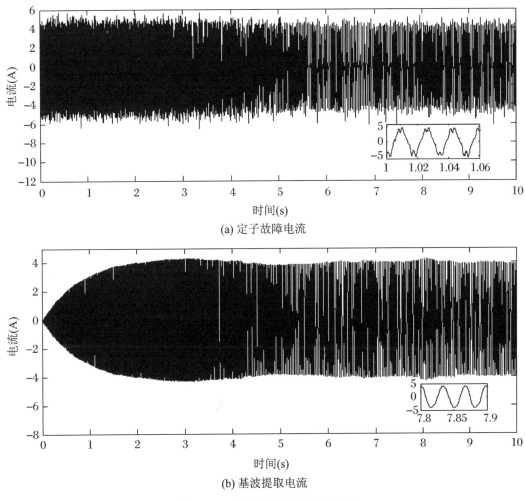

图 10.33 定子故障电流及基波成分

10.4.4 PMSM 局部退磁故障程度评估方法的实验研究

设定参考转速为 750 r/min、负载转矩为 3 N·m 的系统稳态运行工况，表 10.7 和图 10.34 分别为 PMSM 单个永磁体不同局部退磁故障程度的故障特征信号盒维数值及二者之间函数关系的拟合曲线。永磁体局部退磁故障程度与其故障特征信号盒维数值之间亦近似存在简单的二次多项式关系。实际应用中，可存储若干典型转速工作点下此二次多项式关系，在获取实际故障特征信号盒维数值后，通过反向查取，即可实现永磁体局部退磁故障程度的准确评估。

表 10.7 单个永磁体不同局部退磁程度的故障特征信号盒维数值

健康	5%局部退磁	10%局部退磁	15%局部退磁	20%局部退磁	25%局部退磁
1.4441	1.4722	1.4915	1.5185	1.5311	1.5423
30%局部退磁	35%局部退磁	40%局部退磁	45%局部退磁	50%局部退磁	
1.5405	1.5489	1.5510	1.5627	1.5671	

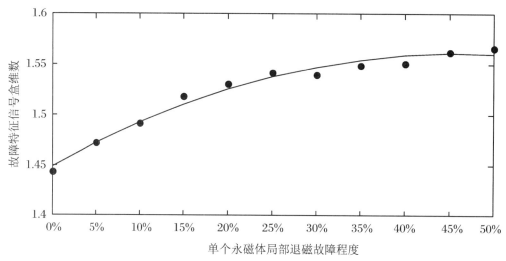

图 10.34　局部退磁故障程度与故障特征信号盒维数关系拟合曲线

10.4.5　PMSM 退磁故障容错控制策略对系统性能影响研究

1．动态性能影响研究

通过设置永磁体磁链偏差的形式模拟 PMSM 永磁体退磁故障,设定永磁体磁链下降 15%,研究建议的容错控制策略对 PMSM 驱动系统性能的影响。

设定转速为 175 r/s、负载为 50 N·m,PMSM 驱动系统工作于 MTPA 控制模式,以启动过程为例进行仿真测试。由图 10.35 可知,较之未启用 PMSM 永磁体退磁故障容错控制策略的 PMSM 驱动系统,启用 PMSM 永磁体退磁故障容错控制策略的 PMSM 驱动系统能够自动优化定子 d、q 轴电流分配,产生更高的 PMSM 电磁转矩,随着永磁体退磁故障程度的增加,该影响亦将愈为明显。

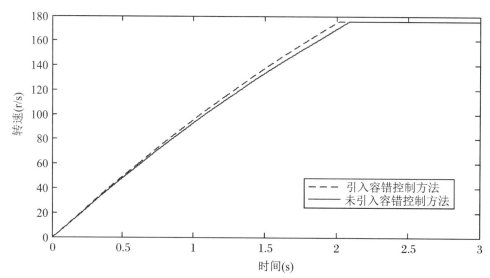

图 10.35　容错控制策略对系统动态性能的影响

2. 稳态性能影响研究

设定转速为 50 r/s、负载为 50 N·m 及转速为 375 r/s、负载为 20 N·m 两种系统运行工况,前者工作在 MTPA 控制模式下,后者则工作于弱磁控制模式下,分析永磁体退磁故障容错控制策略在上述两种控制模式下对 PMSM 驱动系统稳态性能的影响。

在系统运行 1.5 s 时启用 PMSM 退磁故障容错控制策略,启用前、后 PMSM 定子电流矢量幅值分别如图 10.36 和图 10.37 所示。出现永磁体退磁故障后,使用所介绍的容错控制策略,可以自动优化 PMSM 驱动系统定子 d、q 轴电流分配,降低 MTPA 区及弱磁区的 PMSM 定子电流矢量的幅值,且弱磁区定子电流矢量幅值下降的程度更为明显,容错控制效果更为突出;同时,随着永磁体退磁程度的增加,容错控制策略的容错效果亦将更加明显。

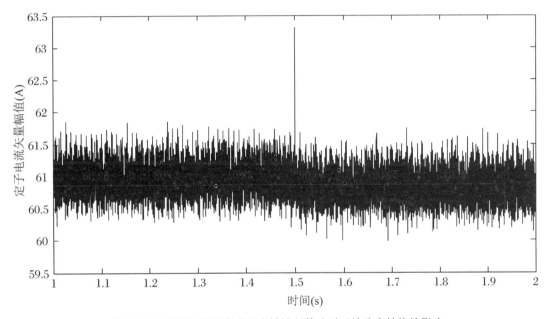

图 10.36 MTPA 控制方式下容错控制策略对系统稳态性能的影响

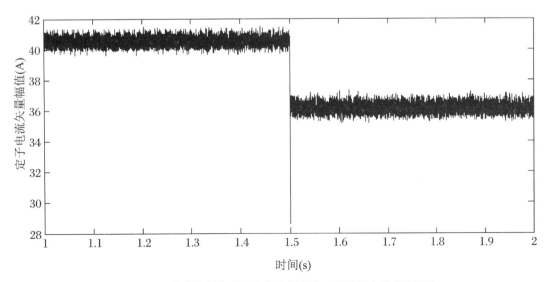

图 10.37 弱磁控制方式下容错控制策略对系统稳态性能的影响

参 考 文 献

[1] Jung J W, Lee S H, Hong J P, et al. Optimum design for eddy current reduction in permanent magnet to prevent irreversible demagnetization[C]. International Conference on Electrical Machines and Systems, Seoul, 2007:949-954.

[2] 李红梅,陈涛,姚宏洋. 电动汽车 PMSM 退磁故障机理、诊断及其发展[J]. 电工技术学报, 2013, 28(8):276-284.

[3] Farooq J A, Dherdir A, Miraoui A. Analytical modeling approach to detect magnet defects in permanent magnet brushless motors[J]. IEEE Transactions on Magnetics, 2008, 44(12): 668-673.

[4] Vagati A, Boazzo B, Guglielmi P. Design of ferrite assisted synchronous reluctance machines robust towards demagnetization[J]. IEEE Trans. Ind. Appl., 2014, 50(3):1768-1779.

[5] Farooq J A, Srairi S, Miraoui A. Use of permeance network method in the demagnetization phenomenon modeling in a permanent magnet motor[J]. IEEE Trans. Mag., 2006, 42(4):1295-1298.

[6] Hendershot J R, Miller T J E. Design of brushless permanent magnet motors[M]. London: Magna Physics Publishing & Oxford Science Publication, 1994.

[7] Pal S K. Direct drive high energy permanent magnet brush and brushless DC Motors for robotic application[C]. Proceedings of IEEE colloquium on rotor actuators, London, 1991:1-4.

[8] Cheng C W, Man H C, Cheng F T. Magnetic and corrosion characteristics of NdFeB magnet with various surface coatings[J]. IEEE Transactions on Magnetics, 1997, 33(5):3910-3912.

[9] Urresty J, Riba J R, Romeral A. Back-emf based method to detect magnet failures in PMSMs magnetic[J]. IEEE Transactions on Magnetics, 2013, 49(1):591-598.

[10] Da Y, Shi X D, Krishnamurthy M. Health monitoring fault diagnosis and failure prognosis techniques for brushless permanent magnet machines[C]. 2011 IEEE Vehicle Power and Propulsion Conference, Chicago, 2011:1-7.

[11] Li W, Li A, Wang H. Anisotropic fracture behavior of sintered rare earth permanent magnets[J]. IEEE Transactions on Magnetics, 2005, 41(8):2339-2342.

[12] Clegg A G, Coulson I M, Hilton G, et al. The temperature stability of Nd-Fe-B and Nd-Fe-B-Co magnets[J]. IEEE Transactions on Magnetics,1990, 26(5):1942-1944.

[13] 刘国征,夏宁,赵明静. 永磁材料长期稳定性研究进展[J]. 稀土, 2010, 31(2):40-44.

[14] 陈致初,符敏利,彭俊. 永磁牵引电动机的失磁故障分析及预防措施[J]. 大功率变流技术, 2010, 55(3):42-45.

[15] 冒爱琴,沙菲. Ni-P 化学镀层对 Nd-Fe-B 永磁材料耐腐蚀性的改善[J]. 腐蚀与防护, 2009, 30(12): 896-898.

[16] Kim K C, Lim S B, Koo D H, et al. The shape design of permanent magnet for permanent magnet synchronous motor considering partial demagnetization[J]. IEEE Transactions on Magnetics, 2006, 42(10):3485-3487.

[17] Hong H, Yoo J. Shape design of the surface mounted permanent magnet in a synchronous machine [J]. IEEE Transactions on Magnetics, 2011, 47(8):2109-2117.

[18] Jang S M, Park H L, Choi J Y, et al. Magnet pole shape design of permanent magnet machine for minimization of torque ripple based on electromagnetic field thirty[J]. IEEE Transactions on Mag-

netics, 2011, 47(10):3586-3589.

[19] Xing J Q, Wang F X, Wang T Y, et al. Study on anti-demagnetization of magnet for high speed permanent magnet machine[J]. IEEE Transactions on Applied Superconductivity, 2010, 20(3): 856-860.

[20] 李景灿, 廖勇. 考虑饱和及转子磁场谐波的永磁同步电机模型[J]. 中国电机工程学报, 2011, 31(3): 60-66.

[21] 文传博, 齐亮. 永磁同步电机磁链信息在线监测新方法[J]. 电力系统及其自动化学报, 2010, 22(2): 22-26.

[22] Ramakrishnan R, Islam R, Islam M, et al. Real time estimation of parameters for controlling and monitoring permanent magnet synchronous motors[C]. Miami: IEEE International Electric Machines and Drives Conference, 2009: 1194-1199.

[23] Lee J, Jeon Y J, Choi D C, et al. Demagnetization fault diagnosis method for PMSM of electric vehicle[J]. 39th Annual Conference of the IEEE industrial Electronics Society, 2013:2709-2713.

[24] 王笑笑, 杨志家, 王英男, 等. 双卡尔曼滤波算法在锂电池 SOC 估算中的应用[J]. 仪器仪表学报, 2013, 34(8):1732-1738.

[25] 夏凌楠, 张波, 王营冠, 等. 基于惯性传感器和视觉历程计的机器人定位[J]. 仪器仪表学报, 2013, 34(1):166-172.

[26] 潘泉, 杨峰, 叶亮, 等. 一类非线性滤波器:UKF综述[J]. 控制与决策, 2005, 20(5):481-494.

[27] Andrieu C, Doucet A. Particle filtering for partially observerd Gaussian state space models[J]. Journal of the Royal statistical Society-Series B, 2002, 64(4):827-836.

[28] Djuric P M, Kotecha J H, Zhang J, et al. Particle filtering[J]. IEEE Signal Processing Magazine. 2003, 20(5):19-38.

[29] German S. Stochastic relaxation, Gibbs distributions and the Bayesian restoration of images[J]. IEEE Transactions on Pattern Analysis and Machine Intelligence, 1984, 6(6):721-741.

[30] Geweke J. Bsyesian inference in econometric models using monte carlo integration[J]. Econometrion, 1989, 57(6):1317-1399.

[31] Ramakrishnan R, Islam R, Islam M, et al. Real time estimation of parameters for controlling and monitoring permanent magnet synchronous motors[C]. Miami: IEEE International Electric Machines and Drives Conference, 2009:1194-1199.

[32] 杨宗军, 王莉娜. 表贴式永磁同步电机的多参数在线辨识[J]. 电工技术学报, 2014, 29(3):111-118.

[33] Le Roux W, Harley R G, Habetler T G. Detecting rotor faults in low power permanent magnet synchronous machines[J]. IEEE Transaction on Power Electronics, 2007, 22(1):322-328.

[34] Urresty J, Riba J, Saavedra H, et al. Analysis of demagnetization faults in surface-mounted permanent magnet synchronous motors with symmetric windings[C]. Bologna: 8th IEEE Symposium on Diagnostics for Electrical Machines, Power Electronics and Drives, 2011:240-245.

[35] Torregrossa D, Khoobroo A, Fahimi B. Prediction of acoustic noise and torque pulsation in PM synchronous machines with static eccentricity and partial demagnetization using field reconstruction method[J]. IEEE Transaction on Industrial Electronics, 2012, 59(2):934-944.

[36] Rosero J A, Romeral L, Ortega J A, et al. Demagnetization fault detection by means of Hilbert-Huang transforms of the stator current decomposition in PMSM[C]. Cambridge: 2008 IEEE International Symposium on Industrial Electronics, 2008:172-177.

[37] 陈致初, 符敏利, 彭俊. 永磁牵引电动机的失磁故障分析及预防措施[J]. 大功率变流技术, 2010, 55(3):42-45.

[38] Zhao G X, Tian L J, Shen Q P, et al. Demagnetization analysis of permanent magnet synchronous

machines under short circuit fault[C]. Chengdu: Asia-Pacific Power and Energy Engineering Conference, 2010:1-4.

[39] 陈雨红, 杨长春, 曹齐放, 等. 几种时频分析方法比较[J]. 地球物理学进展, 2006, 21(4): 1180-1185.

[40] Huang N E, Shen Z, Long S R, et al. The empirical mode decomposition and the Hilbert spectrum for nonlinear and non-stationary time series analysis[J]. Proc. of the Royal Society, 1998, A(454): 903-995.

[41] Boashash B. Estimation and interpreting the instantaneous frequency of a signal: part Ⅰ: fundamentals[J]. Proceedings of the IEEE, 1992, 80:520-538.

[42] 熊卫华. 经验模态分解方法及其在变压器状态监测中的应用研究[D]. 杭州:浙江大学电气工程学院, 2006.

[43] 杜必强. 振动故障远程诊断中的分形压缩机分形诊断技术研究[D]. 保定:华北电力大学能源与动力工程学院, 2009.

[44] 夏均忠, 刘远宏, 但佳壁. 基于EMD分形技术提取变速器轴承故障特征[J]. 噪声与振动冲击, 2012, 32(2):119-122.

[45] Ziarani A K. Extraction of non-stationary sinusoids[D]. Canada: University of Toronto, 2002.

[46] Douglas H, Pillay P, Ziarani A K. A new algorithm for transient motor current signature analysis using wavelets[J]. IEEE transactions on industry application, 2004, 40(5):1361-1367.

[47] 程军圣, 于德介, 杨宇. 基于EMD和分形维数的转子系统故障诊断[J]. 中国机械工程, 2005, 16(12):1088-1091.

[48] Riba Ruiz J R, Urresty J C, Ortega J A. Feature extraction of demagnetization faults in permanent-magnet synchronous motors based on box-counting fractal dimension[J]. IEEE Transactions on industry electronics, 2011, 58(5):1594-1605.

[49] Niazi P, Toliyat H A, Goodarzi A. Robust maximum torque per ampere control of PM-assised syn-RM for traction applications[J]. LEEE Transaction on Vehicular Technology, 2007, 56(4) 1538-1545.

[50] Han S H. Reducing harmonic eddy-current losses in the stator teeth of interior permanent magnet synchronous machines during flux weakening[J]. IEEE Transactions on Energy Conversion, 2010, 25(2):441-449.

[51] 王艾萌. 内置式永磁同步电动机的优化设计及弱磁控制研究[D]. 保定:华北电力大学电气与电子工程学院, 2010.